宜興市文體廣電和旅遊局
宜興市文物管理委員會辦公室 編

宜興碑刻集

告諭禁約
寺院宮觀

第一册

上海古籍出版社

圖書在版編目（CIP）數據

宜興碑刻集 / 宜興市文物管理委員會辦公室編 . --
上海：上海古籍出版社 , 2021.10
ISBN 978-7-5732-0011-2

Ⅰ . ①宜… Ⅱ . ①宜… Ⅲ . ①碑刻－彙編－宜興 Ⅳ . ① K877.42

中國版本圖書館 CIP 數據核字 (2021) 第 139450 號

ISBN 978-7-5732-0011-2

宜 興 碑 刻 集
（全三册）

宜 興 市 文 體 廣 電 和 旅 遊 局
宜 興 市 文 物 管 理 委 員 會 辦 公 室　編

上 海 古 籍 出 版 社 出 版 發 行
（上海瑞金二路 272 號　郵政編碼 200020）

網　　址：www.guji.com.cn
E-mail：guji1@guji.com.cn
易文網：www.ewen.co

上海界龍藝術印刷有限公司印製
開本 889×1194　1/16　印張 71
2021 年 10 月第 1 版　2021 年 10 月第 1 次印刷
978-7-5732-0011-2/K.3018
定價：1280.00 元
如發生質量問題，請與承印公司聯繫

《宜興碑刻集》編纂委員會

總目

宜興碑刻集序

夏維中

社會各界翹首以待的《宜興碑刻集》，歷經九年的努力，終於付梓。這是一項填補空白、造福地方、嘉惠學林的重大學術成果，可喜可賀。承蒙黃興南先生抬愛，求序於我，而我作為一位長期從事江南史研究的宜興籍學者，同時也是這項工作的倡導者之一，也覺得有必要就宜興碑刻的相關問題發表一些自己的看法，以拋磚引玉，求教於方家。

一

眾所周知，碑刻是最具民族特色的中國古代文物之一，是中國歷史文化不可或缺的組成部分。在地域史研究方興未艾的今天，碑刻更已突破了傳統金石學的範疇，越來越彰顯出其獨特的學術價值，並與方志和家譜一起，成為地域史研究的三大史料支柱。在一定程度上而言，碑刻數量的多少、品質的高低等，是評價一個地區歷史發展水準及其貢獻的重要依據之一；而碑刻的收集、保護和展示，以及相關的整理、研究等工作，則是反映一個地區文物保護、歷史研究和文化傳承總體水準的重要尺度之一。

作為中國歷史文化名城，宜興曾擁有過豐富的碑刻文物，在江南碑刻史中也享有較高的地位。宜興的一些重要碑刻，如《禪國山碑》《晉故散騎常侍新平廣漢二郡太守尋除楚內史御史中丞使持節大都督塗中京下諸軍事平西將軍孝侯周府君之碑》（以下簡稱《平西將軍周府君碑》）《許馘妻劉氏墓碑》等，在傳統金石學中也頗受關注。不過，宜興碑刻的系統整理，卻一直不盡如人意。以方志為例，宋咸淳《（重修）毗陵志》收錄了 61 通碑目，其中絕大部分為當時仍然存世的碑刻，且以宋碑為主，內容較為豐富。而萬曆《宜興縣志》則未設碑碣專目，相關內容被列入《碑碣記序備遺》之中，其中近 80 通的碑碣（含《記》），是在舊志的基礎上稍加增補，並無考述，為此編志者也坦陳：「此皆文之無考及文存而多不可勝載者，姑著其目，以俟將來。」康熙《宜興縣志》僅在《藝文志》中收錄若干碑文，但未列碑碣專目。值得肯定的是嘉慶《重修宜興縣舊志》。該志在《古跡志》專列了碑刻一目，比較詳細地記錄了當時尚存的 120 餘通（組）碑刻的信息，同時還列出了「各書記載今皆不存」的百餘通碑刻名錄。這些資料，對宜興碑刻的研究具有重要意義。此後的一些方志雖列有碑刻專目，但基本上都是虛應故事，沒有實質性的內容。如現在流行的寧楷《宜興碑刻志》《荊溪碑刻志》、吳德旋《宜興荊溪碑刻志》、吳景牆《宜興荊溪金石考》等書目，就來自於這些方志。

明清時期可圈可點的相關工作，除前述嘉慶《重修宜興縣舊志》外，僅有明代方冊的《善權寺古今錄》、清代吳騫的《國山碑考》《陽羨摩崖紀略》和陳經的《荊南碑刻錄》等。晚清至民初編撰的《江蘇金石志》，僅收錄宜興 18 通碑刻，其中多數是涉及周處、張公洞的。1959 年出版的《江蘇省明清以來碑刻資料選編》，沒有涉及到宜興。1980 年代以來，僅有吳恩甲先生《宜興碑林》之類的介紹性文章。這種局面，無論是與宜興碑刻的歷史地位，還是與宜興歷史文化研究和傳承的現實需求，都是極不相稱的。

為了扭轉這一不利局面，同時也是為了配合《宜興通史》的編撰，宜興市文物管理委員會辦公室在宜興市文化廣電新聞出版局（宜興市文體廣電和旅遊局）的支持下，於 2012 年啟動了《宜興碑刻集》的編撰工作。在此前相關文物普查與保護等工作的基礎上，動員全市文化系統對現存碑刻進行了全面梳理、登記造冊，同時也加大了社會徵集的力度。經過數年的努力，宜興市文管辦基本摸清了全市的碑刻家底。而隨後啟動的碑刻拓印、釋讀、校對等工作，又費時數年。這些初期成果，最終由編撰委員會組織審讀、分類，編成初稿，並通過專家審稿。這些工作，由黃興南先生統籌，主要承擔者為宜興市文物系統的人員。宜興及南京等地的一些專家也應邀參與了相關工作。其間，為推動宜興碑刻的研究，解決疑難問題，宜興市還舉辦過若干次學術討論會，其中以 2012 年的「國山碑文化論壇」影響最大。此次會議由宜興市人民政府、中國書協學術委員會、南京大學、江蘇省地震局等單位聯合主辦，來自全國史學、書法、文博、地震等專業的近 30 位專家出席。總之，此項工作前後歷時近十年，其間的困難、曲折自不待言，而其中的甘苦滋味，也是局外人很難真正體會的。

也正是由於這種「板凳須坐十年冷」的秉持和「十年磨一劍」的專注，黃興南先生及其團隊終於交出了一份令人滿意的答卷。現在呈現在我們面前的這部《宜興碑刻集》，共收錄了各類碑刻 382 通（組），其中唐代及唐以前 4 通，宋代 11 通，元代 3 通，明代 75 通（組），清代 239 通（組），民國 50 通（組）。這些碑刻，又按照告諭禁約、寺院宮觀、祀廟祠堂、義莊善堂、墓誌塔銘、橋樑路堤、學宮書院、刻帖題記等，分門別類，依次編排。這種體例，既提綱挈領，令人一目了然，便於使用者查閱，又充分考慮到了宜興現存碑刻的歷史背景和地域特色。應該說，《宜興碑刻集》的出版，是對宜興碑刻資料的第一次全面、系統的總結。這一工作，對了解宜興的人文基礎，認識宜興的歷史變遷，傳承宜興的優秀傳統文化，推動宜興文化事業發展，都具有十分重要的意義。

二

宜興的山水之勝及其高度人文化，是孕育宜興碑刻的重要因素之一。"山水之勝在吳，宜邑又吳中最勝"。宜興東瀕萬頃太湖，西南山巒疊嶂、嶺巖洞塢、溪澗潭泉，景色獨秀，所謂"嶽、國、君、章，雄麗峙於前，都、柯、陽、計、蜿蜒拱其後；兩溪夾翼於肩肋，百瀆分疏於尾閭，西北則洮滆遠引乎三江，東南則具區震盪乎二曜，此一邑之形勝也。若夫張公、玉女之逞其天巧，善權、龍池之振乎地靈，望之而明秀如畫，即之而幽奇絕塵，此高人逸士之所謂佳勝耳，其去形勝遠矣！"而宜興南部之山水，堪稱江南所獨有，最具特色。至少從六朝開始，宜興山水的人文構建就已開始，持續千餘年之久。在這一過程中，其內容、門類也不斷增加，層層累積，融會貫通，此消彼長，精彩紛呈。而碑刻則是承載和記述這一過程的最重要的載體，並由此奠定了自身的歷史地位和鮮明特色。

宜興現存最為重要的碑刻之一《禪國山碑》，就是宜興山水人文化的標誌性碑刻。《禪國山碑》是東吳時期的國山（離墨山）封禪的產物。此事起因，源於宜興山區的一地質事件。宜興的離墨山，可能因地震或因喀斯特溶洞地陷而致山崩，形成了新的山形，此事隨即被作為祥瑞上報，朝廷因此"遂於吳興國山之陰，告祭刊石，以對揚乾命，廣報坤德"。儘管封禪不久吳國遽亡，貽人話柄，後世對此頗多譏諷，但對宜興山水人文化而言，國山封禪卻是一件劃時代的事件。由於山崩這一自然現象被昇華為具有重大標誌意義的政治大事，原先主要以自然形態存在的宜興山水，第一次被賦予了如此之高的人文象徵意義，並由此而獲得了前所未有的關注，開始聲名遠揚。而國山碑就是當時的朝廷通過石刻的形式而對其所作的文化解讀和歷史定格，是這一事件現存的重要見證。僅此而言，國山碑就應該被視為宜興山水人文化的肇始，其意義自然非同一般。

大量體現宜興濃郁地域特色的宗教類碑刻，也與宜興山水人文化的過程息息相關。宜興寺觀眾多，歷史悠久，是江南的宗教重地。而吸引眾多高僧大德、羽士真人來宜興開山建寺、立觀設壇的主要原因之一，正是此地的優美山水。大量寺觀的修建，使得宜興的自然山水得以不斷開發，同時也被賦予了濃烈的宗教內涵。晨鐘暮鼓下的宜興山水，儼然已昇華為洞天福地、靈山秀水。而佛寺、道觀長期興盛的結果之一，就是大量宗教類碑刻的產生。

善權寺就是一個典型事例。國山封禪，帶動了周邊地區的人文開發。而南朝善權寺的興建，則是其標誌性成果之一。宜興的自然山水，不僅因此而新增了佛教的文化特質，更重要的是，它還整合了該地區諸多的自然景觀與人文景觀，山水、佛寺、閟碑、溶洞、名人遺跡等，水乳交融，渾然天成。也正是擁有了這一優越的資源稟賦，善權寺最終成為江南名剎，千年不倒。而歷朝歷代以善權寺為主題的各類碑刻，更是層出不窮，數量眾多，成為宜興碑刻史中最具特色的亮點之一。明代方策《善權寺古今錄》對此曾作過系統的梳理，可以參考。

與客籍名流相關的眾多碑刻，更是與宜興山水有著直接的關係。歷代的文人雅士、高僧大德、流寓隱士等，對宜興山水趨之若鶩、歎為觀止。他們用詩詞、書畫等形式，讚美宜興山水，記述遊歷過程及感悟。宜興山水的文化內涵也因此而不斷擴充，其文化品味也大幅提升。這些活動和相關作品，當然又成為宜興引以為傲的地方文化資源，而其中相當一部分就以碑刻的形式被永久展示和流傳。元末倪瓚曾這樣總結過名人對宜興山水人文化所作的重要貢獻："荊溪岡隴起伏，煙霞吞吐，名人逸流，遊蹤寓宅，不可勝記。是以杜樊川（牧）之水榭光溢雙溪，蘇眉山（軾）之草堂名齊萬嶺，他如到氏（溉、洽）田舍、陸相（希聲）山房、後湖居士、赤城居士、玉陽山人，後先相望，易代傳稱，地以人重，寧必生長於斯者乎？"蘇東坡在宜興的故事，就是"地以人重"最典型的例子。明代徐溥所謂"吾鄉山水佳勝，昔蘇文忠公（東坡）嘗愛而居之，故其名益著"，可謂一語中的。

三

傑出人物是宜興碑刻的重大主題之一。宜興雖為蕞爾之地，但其"人才之廣，自古皆然"，堪稱江南的人文淵藪。而人才輩出，固然與宜興自然環境優越、物產資源豐富、經濟發展較好、民眾生活安逸等因素有關，但最主要的還是與崇尚讀書、重視教育這一融入宜興人骨子裏的悠久傳統分不開。宜興的古代傑出人物，大致可以唐代為界。唐代以前，宜興名人多出世家大族，屬士族之流，其中以六朝最為輝煌。而唐朝以來，宜興的名人，則多與科舉有關，其中以兩宋、明代最為耀眼。宜興如此之多的名人主題碑刻，就是在這一歷史背景下產生的。其中最為典型的事例，就是周處。

周處是宜興歷史上的重要人物，享有"宜興第一人"的美譽。作為一個歷史傑出人物，周處不僅得到歷代官方的褒揚，不斷加封，而且也深受宜興人民的崇敬，最終演變為護佑宜興的地方神祇。宜興也因周處而產生了系列碑刻，其前後時間之長，內容之豐富，至少在江南地區是非常少見的。據清嘉慶年間周之冕所集《忠義錄》記載，宜興周處專祠周孝侯廟（俗稱周王廟）中先後保存的碑刻有 28

通，依次是晉陸機《晉平西將軍周孝侯碑》、南唐徐鍇《宜興周將軍廟記》《劉勳題平西將軍廟贊亭》、宋周絳《周將軍廟記》、沃彥《重修周將軍廟記》、胡靖《晉平西將軍周孝侯廟簽記》、劉宰《塋兆記》、蕭德藻《重修周將軍廟記》、李衡《孝侯公祠堂記》、洪個《跋周將軍像》、道士劉守和《英烈廟檀越題名碑記》、元汪澤民《英烈廟新殿記》、曹復亨《晉御史中丞追封英義武惠正應王周將軍碑有歌》、吳澄《題晉平西改勵圖》、明趙琬《重修晉平西將軍周公廟記》、王述祖《重建周孝侯廟記》、萬士和《重建周孝侯廟記》《周孝侯廟碑跋》、徐顯卿《移建英烈坊碑記並銘》、史孟麟《重修周孝侯祠記》、陳謙《題周侯廟碑》、危山《跋周平西畫像》、清儲欣《擬周孝侯廟碑記》、史陸興《重修晉平西將軍周孝侯廟記》、潘宗洛《新修周孝侯祠記》、蔣錫震《擬重修周孝侯廟碑記》、蔣汝誠《重修周孝侯祠堂碑記》、沈初《重修晉平西將軍周孝侯廟碑記》等。其中的不少碑刻，現在仍得以倖存。

四

宜興的書法名帖碑刻，與明中期以來宜興濃厚的書畫收藏氛圍和較高的書畫水準有著密切關係，是特定歷史時期宜興重大文化活動的產物。

明清宜興的書畫收藏，始於明代宜興籍名臣徐溥。徐溥是著名的收藏家，曾經收藏過張擇端《清明上河圖》、懷素《自敘帖》及蘇軾的《陽羨帖》等。因蘇東坡與宜興有著特殊關係，其作品歷來就受到宜興人的高度關注，而與宜興直接關聯的《橘頌帖》《陽羨帖》等手跡，更是被宜興人奉為瑰寶。因此，當徐溥從蘇州名士李應禎手中獲得《橘頌帖》後，欣喜之餘，決定摹刻於石。徐溥後來又將陸續獲得的蘇東坡《乞居常州奏狀》及歷代題跋等依次摹刻。這些碑刻，被永久保存在宜興東門的湫溪書堂（後為徐義莊祠），留存至今。

儘管徐溥聲稱其收藏、摹刻東坡手跡之舉，僅是為了"起鄉人子弟景仰先賢之意，豈徒玩筆劃之妙而已"，但事實上卻開啟了宜興文化史上一個非常輝煌的時代。從此以後，宜興的書畫收藏蔚然成風，並在江南書畫收藏界爭得了一席之地，令人矚目。茲以徐溥的姻親濟美堂吳氏為例加以說明。與徐溥同時代的宜興名士吳綸，不僅是一位大名鼎鼎的茶藝家，同時還是一位檔次極高的書畫收藏家。他曾先後收藏過《鬼子母揭缽圖》、南宋趙伯駒的《春山樓臺卷》，也極有可能收藏過蔡襄的《進御詩表》、趙伯驌的《桃源圖》。此外，吳綸還是其同時代名家之畫的熱心收藏人，其關注的重點是與其關係密切的沈周。吳綸的子姪輩也繼承了這一家族傳統，其中尤以吳儼最為出色。吳儼的收藏喜好，跟其舅舅徐溥和叔父吳綸有關。他收藏的字畫，除了徐溥傳給他的《自敘帖》外，還有蘇東坡的《墨竹》，以及元代宜興著名收藏家張鶴溪家族的尺牘等，吳寬、文徵明都曾給他的收藏作過鑒賞。吳儼與浙派畫家汪肇關係也很好，有關收藏也不少。吳儼的這些收藏，後來主要由其"能詩文，善畫竹"的長子吳驥所繼承。此外，吳儼的弟弟吳儉雖未得功名，但也熱衷於書畫收藏。他曾收藏過戴進的《禪宗六代祖師像卷》，祝允明、唐寅曾為其題跋。他還極有可能收藏過"宋宮所藏唐人《十八學士》袖軸一卷"。吳儉的子孫，仍熱衷於收藏，其中最為有名的就是吳達可、吳正志和吳洪裕。其祖孫三代經營的雲起樓，在明末清初的江南曾非常顯赫，也是董其昌、沈顥等名家的流連忘返之所。近年來引起廣泛關注的黃公望《富春山居圖》，就曾是雲起樓的藏品。

正是這種收藏文化氛圍的長期薰陶，宜興才最終孕育出像蔣如奇這樣的書法大家，以及像《淨雲枝藏帖》這樣的書法碑刻集成。蔣如奇，字一先，號盤初，宜興西圩人，萬曆四十四年（1616）進士，崇禎十五年（1642）以浙江道督糧副使身份北運漕糧，因操勞過度而殉職於山東。蔣如奇自幼酷愛書法，其子稱"吾父性澹拓，獨嗜書法，四十年來未嘗須臾忘。此畫指幾穿，操管食廢，與曩時漆版皆破，胯馬不釋，並成勝事，故能以唐人之骨，追晉人之韻，不落近今姿格"。董其昌也曾這樣高度評價過蔣如奇："蔣大夫海內書家，今見妙跡，天骨超逸，功力複深。假令米漫仕同時，必下石兄之拜。"對書法幾近癡狂的蔣如奇，竟然憑一家之力，收集、摹刻名帖；而其子嗣又將蔣如奇的自撰、自書的詩文精品補刻成碑，最終形成了洋洋大觀的《淨雲枝藏帖》碑刻。

容庚先生《叢帖目》曾收錄《淨雲枝藏帖》八卷目錄，具體如下：卷一王羲之《敬和帖》王稚登跋，《蘭亭敘》潁上本蔣如奇跋，王獻之《顧餘帖》《阮新婦帖》，張旭《肚痛帖》王稚登、蔣如奇跋；卷二歐陽璨《蔣老師贊像》、蔣如奇《六十自壽五古》侯峒曾、蔣允儀跋，懷素《千字文》趙孟頫、姚樞觀款，王稚登、張納陛、蔣如奇跋；卷三蔡襄《海隅帖》，蘇軾《買田帖》董其昌跋、《詩文之學帖》，黃庭堅《公以道安帖》王稚登跋，米芾《向太后挽詞》孫慎行、蔣如奇跋；卷四蔣之奇《荊溪十景七律詩十首》（原注：明崇禎間，樂安蔣如奇書，子胤敬、胤容摹勒，帖名篆書）；卷五蔣之奇《閑情賦》《談禪五言詩十九首》《西湖七月六日別文美人等七絕八首》《別素止擬六憶詩六首》《遊記二則》董其昌跋；卷六《遊武夷和晦庵先生九曲棹歌九首》《九日遊武夷、大王峰、雙屏、水簾洞七律》《縣建至鐔清溪白石應接不暇五古》《孫鳳林園看宋石五律》《過曹能始石巢閣七律》《許在謝貽詩次韻以答七律》《遊小西湖五古》《訪曹能始五律》；卷七《觀世音菩薩誦》《漁家五律》《山行陪友、文峰閣、遊謝公岩、寄遂上人、贊淵明、送友、小隱五律七首》《了無意緒七絕九首》胤敬、胤容跋；卷八《入崖口五渡五古》《黃山石筍矼七古》《遊黃海七古並跋》等。

由此可知，《淨雲枝藏帖》不僅收羅了不少當時已十分珍貴的書帖，而且還收錄了蔣如奇本人的許多書法精品。今人論《淨雲枝藏帖》，多重前者，其實對宜興地域史甚至明代後期書法史而言，後者的價值也不容低估。蔣如奇的書法地位和價值，明顯被後世低估，其作品存世不多，流傳也不是太廣。不過，相對而言，蔣如奇還是幸運的，因為後人還能從《淨雲枝藏帖》中欣賞到他的部分作品，而與他同時代的那些宜興著名的書法家，如吳應運（字大來，號南隱）、吳洪化（字以藩，號貳公，又號分霞居士）等，則早已被人遺忘，幾乎無人提及。

五

宜興的宗祠碑刻，數量比較多，也較具特色。這些碑刻，不僅涉及到傳統社會的家族和宗族，而且也關乎當時的地方行政、社會、經濟、文化、科舉、教育、城鎮化等各個方面，是全面探討和揭示宜興地方社會變遷的重要資料。也正因為如此，這些原本不入傳統金石學甚至歷史學法眼的碑刻，在今天卻受到學術界前所未有的高度重視。

明清宜興的宗祠組織非常發達，而族譜的修撰則能反映一個地區的宗族組織的發達程度。晚清宜興籍名臣周家楣曾說過："吾邑風氣近古，族必有譜，譜閱十年或二十年必一修。"宜興市檔案館目前館藏的宜興家譜有近500部，110個姓氏，總數達5000多册，具體可見宗偉方先生主編的《宜興家譜提要》。劫後倖存的家譜尚且有如此之多，由此也可以想象當年宜興的家譜之盛。宜興的有些家族，如周氏、蔣氏等豪族顯宗，其譜牒源遠流長，屢經續纂，千餘年不斷。如宜興臨津周氏譜，屬國山周氏分支，其入宋以來的家譜續修，至少就有南宋紹興，明洪武、正統、嘉靖，清康熙、乾隆、嘉慶、道光、同治、光緒等十次之多。不過，更多的宜興家譜編纂，是從明中期開始的。這與當時宗族勃興這一歷史背景是分不開的。

宜興宗族組織的勃興，大致是在明嘉靖後期。這一方面是與朝廷放寬家祭的限制有關，另一方面也是與宜興世家大族的提倡分不開的。宜興籍官員徐溥，早在弘治年間就在家鄉興修祠堂、捐助族田，並獲得了最高當局的支持。當時的名流如李東陽、吳寬等，曾專門撰文，給予高度評價。徐溥此舉，對明中期以後宜興乃至江南的宗族發展有相當大的影響。從此以後，宜興宗族進入了一個高速發展時期，其數量之多、勢力之大，即使是在整個江南地區也是不遑多讓的。

宗族組織曾是明清時期宜興最廣泛的基層組織，對當時的社會產生過全面、巨大的影響。宗族組織的功能，已遠遠超出"敬宗收族、光前裕後"的範疇。它一方面要通過族長、宗正等人員，承擔宗族管理職能，如制定族規，祭祀祖先，管理祠堂，編修族譜，經營族田，興辦教學，救濟族人，等等；另一方面，它同時又以農村基層準政權組織的角色，從事鄉村管理，全面參與諸如交通、宗教、教育、救災、慈善之類的地方公益性事務。吳滔先生《宗族與義倉：清代宜興荊溪社區賑濟實態》一文，曾對清代宜興、荊溪地區的義倉這一宗族賑濟設施的發展概況作過系統分析。他認為，在當時宜興地區的義倉管理運營乃至社區賑濟中，宗族組織通過發揮其功能性職責，突破宗族觀念的限制，融合血緣和地緣，整合社區，從而真正達到控制地方社會的目的。這一模式，在當時其他地方公益性事務中也同樣得到體現。

六

有一些宜興的著名碑刻，歷來存在著爭議。其中爭議最大的就是陸機撰寫、王羲之書丹的《平西將軍周府君碑》。相關的文獻，前引《忠義集》卷七已稍加羅列，今人劉運好先生也在其《陸文衡文集校注》（鳳凰出版社，2007 年，第 1105-1111 頁）摘錄了一些。其中比較全面、中肯的質疑，應該是明萬曆《宜興縣志》的主要編撰者即宜興籍學者王升所指出的六點。而其中最大的疑點，一是陸機之死早於周處"歸葬勒銘之期" 17 年，不合常理；二是周處的死亡方式、享年和子嗣與史書記載有出入。毋庸諱言，這些疑點確實是非常棘手的問題，相信短期內也無法解決。不過，即便如此，我們今天對待此碑的態度，也絕不能像顧炎武、朱彝尊等古人那樣，將其視作偽碑而簡單地予以徹底否定，而是應該繼續探討，且必須突破傳統碑帖學的局限，在史料和視角上另闢蹊徑。

宜興國山周氏的族譜資料，也許能給我們提供一些新的啟示。歷代學者在論及此碑時，多聚焦於碑刻的正文，而幾乎不提及碑尾落款中所保存的周氏家族人員名單。其實，這些人員恰恰才是當時謀劃立碑的主角，具體為"勾當造廟廿（五）代孫故湖州司士息瑰、副元惜、宗錄同晁、宗典士琳、惟良與諸宗子"。這些人員，在現存周氏族譜中皆有記載。據載，國山周氏的譜牒，初修於南朝劉宋，顏延之為序；二修於中唐元和之前，常袞、張籍作序（已佚）；三修於南宋初期，張九成、周葵作序。後面還有多次編修，茲不贅述。其中與碑刻密切相關的是二修，而發起二修的就是碑尾中提的周息瑰，為宜興國山周氏 25 代。光緒《重修臨津周氏族譜（追養堂）》稱，周息瑰（726-813），名素儉，字良玉，建中四年（783）中賢良方正，曾任湖州司士，後又任拾遺待詔，參與過貞元十一年（795）著名的反對裴延齡任相事件（此事存疑）。致仕返鄉後，周息瑰"敦請群彥常袞、張籍等纂輯家乘。痛祖孝侯殞身國難、飲恨權奸，青史雖炙，千秋芳節未揚州里，爰率弟侄董建祠肖像，重樹陸機碑銘。元和六年（811）工畢，祀以太牢，維時同宗侄孫董百人分庭贊拜，濟濟衣冠，有敦本睦族之思焉"。據此可知，周氏家族正是在周息瑰的領導下，續修了族譜，興建了周處專祠，重樹了《平西將軍周府君碑》。

族譜還提供了碑尾名單中其他周氏人員的信息和貢獻。如周息瑰的副手周元惜（720-812），為 25 世，"字良德，孳孳為善，惟日不足。治生有法，纍資巨萬。祠事所需，多出其所有，毫無吝惜焉"。宗錄周同晁（750-839），為26世，周息瑰侄子，"字智囊。倜儻不羈，調度有法。鼓眾捐貲，建立侯廟，與有功焉"。宗典周士琳（728-811），為25世，"一名廷光，字良史。長於用人，善於度事，祠中楹椽受其成算，礴石出其經營，大功告成，當道旌賢勞"；另一名宗典周惟良（748-796），為26世，字智達。有些族人雖沒有上碑，但也為修祠立碑作出了貢獻，如周息瑰次子同文（754-844），"字智遠，識見高遠，博通古今，親董廟役，遂成百世不朽之功"。又如周士琳之子思勖（751-822），"字智，端重寡言，寬仁慈愛。恪遵父命，經營祠宇，夙夜不懈，寒暑無閑"。

　　從族譜的記載來看，宜興國山周氏在唐德宗元和初期或稍前有過一次重大的家族復興之舉。在周氏墓地興建周處專祠（屬墳祠性質）是其標誌性工程，而《平西將軍周府君碑》就是為專祠而重樹的。為體現地方官府對周氏之舉的大力支持，此碑是以義興縣令陳從諫的名義重立的。既然稱之為"重樹此碑"，說明此碑原先存在過。按照王昇的看法，此碑最早應該是立在墓地的神道碑。也正因為是重立，當時的立碑者就要將原碑碑文的作者和書丹者，以及書丹、鐫刻和篆額者等信息作一交代，這就是碑首刻有"晉平原內史陸機撰" "右軍將軍王羲之書"和碑尾刻有"前試太常寺協律郎黃□書，琅琊承仕榮鐫" "平原華明素篆額"的緣由。

　　理清這一背景，有利於我們今天重新認識《平西將軍周府君碑》的真實歷史面貌。首先，應該否定朱彝尊所謂此碑碑文和書法全是義興縣令陳從諫作偽的看法。周氏建祠立碑，是地方社會上的一件大事，不可能也沒有必要憑空作假。退一步說，即使作偽，其水準也不至於低到如此錯誤百出的地步。其實，在周氏之前，宜興已有兩個大族做過類似的事情，但具體做法並不一樣。如許氏家族，就是將其先祖東漢許馘的舊碑（《許馘妻劉氏墓碑》）重立了一次；而另一大族蔣氏，原本無碑，因此就由當時位居高位的蔣沔新撰了一篇《蔣氏大宗碑記》。周氏的做法應該與許氏相同，就是舊碑重立。其次，應該確認書丹者就是碑尾所立的那位黃某，其書法水準也可圈可點。原碑是否由王羲之所寫，當然可以存疑。但據《金石錄考略》作者李光暎稱，他本人曾見過行書本的碑刻拓片，其"筆法與《聖教序》如出一轍"，但此本是否像李光暎所推測的那樣是"唐人集右軍書"，還是王羲之所撰舊碑原拓，尚不能確定。第三，陸機應該是此碑的作者。以陸機之死與周處"歸葬勒銘之期"相距17年而否定陸機作文的觀點，不能成立。至於碑文中存在的問題，諸如追補之事蹟、誤訛庸俗之句等，可能正如姜亮夫先生在《陸平原年譜》中指出的那樣，或由"六朝以來碑文，本有後人就死時原作追補事蹟之例，作者主名，仍本舊題"之類的做法所致，或與"文為後人刪削者多矣"有關。而劉運好先生則認為，"因為碑文漫滅，後人妄補，導致敘事間有抵牾"，但從此碑的"語言、結構、敘事、文風看，與陸文差近"。具體而言，"大臣以身徇國，不亦可乎"以上文字，必為陸機所作；"韓信背水之軍"至"名臣名將者乎”，也當為陸機所作，但邏輯混亂，可能由後人拼湊而成；“元康九年”一段錯訛史實，全係後人所加；銘文部分，也為陸機所作，或有漫滅，間有增補，但仍保留原作主體。最後，也是最為困惑的問題，那就是碑文中既然存在著如此多問題，那麼當時參與此事之人為什麼會聽之任之呢？以縣令陳從諫之類的文人學士及周氏家族的主事者周息瑛等人的水準，應該不難發現此碑的瑕疵。而他們之所以不輕易改動，可能就是因為此文為周氏家族傳承有序的舊作。因此，在某種意義上，這些瑕疵反而是此碑非偽作的佐證之一。此外，相關的考古資料也提供了一些重要信息，惜長期以來未能引起重視。限於篇幅，此處不再展開，容後另撰專文再議。

有些碑刻，則可以利用歷史文獻學的方法進行精確的考證。如唐代李陽冰撰刻的李白《史貞義女碑》（李白文集中稱《溧陽瀨水貞義女碑銘並序》），自1975年重新面世以來，就受到各方面的廣泛關注。但對這通碑刻的來歷，則有唐刻、宋刻或偽刻等說法，分歧較大。而朱玉麒先生《李白〈貞義女碑〉考辨》一文，根據方志、金石志、拓本及碑刻實物等，對該碑流傳的天寶唐碑、淳化宋刻和民國今刻之三個階段進行了精闢的考辨，並得出了令人信服的如下結論：今碑是民國初年利用宋碑重新洗刻而成，其地點是在水因寺內（碑題也因此改成了《水因寺史貞義女碑銘》）；其碑文與淳化宋刻沒有版本上的繼承關係，而是來自《文苑英華》本系統的嘉慶《溧陽縣志》，其出處又當是南宋的《景定建康志》。根據這一結論，現在流行的有關此碑為“民國初重新剔刻摹勒”這一定性，並不是十分準確。

有些傳世碑刻的認定，需要進一步斟酌，而廣泛梳理與碑刻同時代的文獻則是其前提之一。如蔣如奇《淨雲枝法帖》中收錄的《宜興十景詩》碑刻，現殘存三方，分別是《銅峰疊翠》《龍池曉雲》（已殘）和《國山煙雲》。其中《銅峰疊翠》內容如下：“芙蓉削出秀琅玕，俯視諸峰但一丸。入夏每生冰雪想，凌虛欲並斗牛看。湖心影浸留雲濕，天外峰孤落日寒。怪道終南深未極，猶煩好事說銅棺。”《龍池曉雲》內容為：“（前缺）冷。分賓嶺界萬條清，峰頭暝色和煙散，海上霞光帶鳥醒。兀坐憑虛幽思發，如攜風雨閣中經。”《國山煙雲》：“巍巍古刹與雲平，夾砌松濤入檻迎。陸洞千尋環水洞，三生一偈證無生。蒼茫薜蘇殘碑立，峭削琅琊玉柱明。貪看翠煙迷不去，移時淒梵喚人清。”現存殘碑，已無法顯示這組詩的作者和全貌。不過，容庚先生《叢帖目》曾對此作過記載，其《淨雲枝藏帖》卷四有以下記載：“蔣之奇《荊溪十景》七律詩十首。明崇禎間，樂安蔣如奇書，子胤敬、胤睿摹勒，帖名篆書。”由此可見，容先生認定這組詩的作者是北宋宜興籍名臣蔣之奇，而其書丹者則是蔣如奇。但是，如果查閱明清之際宜興進士徐懋曙《且樸齋詩存》一書，就會發現徐懋曙不僅作過《詠荊溪十景》組詩，而且還專門為此寫下了這樣一段詩序：“我宜山水甲東南，今䌠縶潞陽，故園名勝，悉入夢中，身不克至，因為十詠。盤初年丈喜而書之勒石。”文中的“盤初年丈”，就是蔣如奇。由此可見，《淨雲枝法帖》中收錄的《宜興十景詩》，為徐懋曙所寫，由蔣如奇書丹刻石。上述三首詩，除個別地方有所改動外，與徐懋曙《詠荊溪十景》完全相同。據蔣氏族譜載，道光年間蔣氏仍保存著"荊溪十景詩十方又徐懋曙跋一方"，徐懋曙的跋文，大概就是上引的那段詩序，或至少兩者的内容不會相差太大，這說明當時蔣如奇是交代清楚的。不知何種原因，容庚先生竟然將這組詩的作者記為蔣之奇。更有意思的是，蔣氏後人不察，竟然將這組《荊溪十景詩》誤認為蔣如奇的作品，並記入蔣氏族譜。

以上幾點，僅是我研讀《宜興碑刻集》之後的一些初步感想和心得，挂一漏萬，既不成熟，更不系統。此書的史料貢獻和學術價值，尚有待學術界的進一步評判。但我堅信，此書一定經得起時間的檢驗。

是為序。

2021 年 5 月於南京大學

凝固在石刻上的區域社會史

——《宜興碑刻集》閱讀報告

朱玉麒

一

　　刻石銘功和結繩記事一樣，都是人類很古老的記憶行為。如何將有限生命裏的所作所為傳及子孫而永垂不朽，金石等超越人類個體生命年壽的載體，很早就承擔了傳遞文明信息的功能。刻石行為的普及，更是在金石兩大類別之中後來居上而踵事增華，逐漸形成了豐富的種類和程式，反映著社會生活的方方面面。石刻的稱謂很多，而碑是最為常見的一種方式，因此碑刻便常常用來指代各種石刻集合的整體。

　　《宜興碑刻集》（以下簡稱"《碑刻集》"）是以石刻的方式呈現的太湖流域歷史文明的重要個案。感謝家鄉的文化工作者，他們在多年的辛勤工作中，廣事搜集，逐一整理，將 382 方（組）碑刻，分為告諭禁約、寺院宮觀、祠堂祀廟、義莊善堂、墓誌塔銘、橋樑路堤、學宮書院、刻帖題記等八個類別，第一次匯總了現存宜興碑刻的全貌而公諸世間。統觀所載碑刻，刻立年代最早的，是三國吳天璽元年（276）的《禪國山碑》。當然，依照覆刻碑撰寫的最早年代，把東漢光和四年（181）初刊、唐代重立、民國二十六年（1937）摹刻的《許司農夫人劉氏碑》也算進來的話，則還要提前將近百年。《碑刻集》收錄年代最晚的碑刻，為民國三十六年（1947）十月所刊的《宜興籌設公醫院建築募款徵信序》。總之，一千七百年左右發生在宜興歷史上的很多瞬間，在《碑刻集》裏被凝固下來。

　　這部碑刻集以拓片的形式反映了石刻的面貌。拓片就是用墨將石刻表面的文字和圖像等複製到宣紙上。捶製拓片的技藝是中國人的發明，有的研究認為中國人發明的印刷術，其濫觴就是拓片技術。

毫無疑問，拓片上計白當黑的文字識讀，較之原石的凹凸一色，辨認起來更為分明；這些拓片再經過現代影印製版技術的復原，石刻面貌可以完整而逼真地呈顯在我們眼前。

《碑刻集》更為重要的整理工作，則是編著者對石刻文字的著錄和錄文。著錄是對石刻物理性質的描述，分成了簡稱、尺寸、刊立日期、撰書人、保存地址、現狀、備註若干項，使讀者能夠對於這些體現在文字內外的重要元素一目了然。錄文則是識讀、標點碑刻所有的文字，對於瞭解碑刻的內容，做出了非常重要的文獻整理工作。因為石刻的漫漶和異體字的問題，這個識讀的過程，工作量非常之大。工作者肯定是在反復比對了原石和拓片之後，才做出最有把握的認定。因此，即使在《碑刻集》中有辨認的錯誤，也絲毫不影響其完整錄文的首創之功。我想，這是任何認真處理過碑刻文獻的作者和讀者都能夠認同的看法。這部煌煌近50萬字的巨著，又一次以不同凡響的形式，展現了宜興歷史文化的精神內涵。

二

《碑刻集》除了本身作為一件出版藝術品而具有欣賞價值之外，更重要的是其中的碑刻所蘊含的多方面的文化史意義。這種意義，有時候是具有普遍性和典型性的。

在中國碑刻史上，與宜興有關的一則典故，是史籍記載裏最早的宜興碑刻，即東漢末年許劭所撰《許馘妻劉氏墓碑》。北宋吳處厚《青箱雜記》記載，這一碑刻因為漫漶而在唐代開元年間由許氏子孫重刻，碑陰增添了"談馬礪畢，王田數七"八字。直到唐末五代，徐延休任宜興縣令，才拆字解讀出八個字是"許碑重立"的謎底。徐延休是五代時期著名的文字學家徐鉉、徐鍇的父親，"許碑重立"與劉義慶《世說新語》記載曹操解讀《曹娥碑》碑陰"黃絹幼婦，外孫齏臼"為"絕妙好辭"一樣，成為隱語的聯璧範例。辛棄疾"擬向詩人求幼婦，倩諸君、妙手皆談馬"，即用此二典。

在中國碑刻史上最具有劃時代意義的宜興碑刻，當然是目前留存的年代最早的國寶級文物《禪國山碑》。無論是從書體、碑制的沿革，還是對三國歷史、封禪制度的研究，甚至是古代關於地震的記載，它的文化內涵都非常豐富。正因為如此，改革開放不久後的1981年，日本的書法大師青山杉雨（1912—1993）就迫不及待地帶著日本的書法家進行了一次尋根般的書法巡禮，完成了《江南遊——中國文人風土記》散文集。我們看到他在江南，圍繞著太湖走了一圈。在太湖的西邊，吸引他駐足的，祇有宜興。在宜興，吸引他眼球的，也祇有以鐫刻文字為意趣的紫砂壺和《禪國山碑》。在《江南遊》卷前的彩頁中，此次訪碑活動唯一的碑刻留影，就是他的同道在《禪國山碑》用乾拓法製作的《禪國山碑》拓本，上面留下了他的題跋，可見他對於《禪國山碑》的情有獨鍾。

因此，作為一個區域的碑刻而具有普遍的、典型的歷史意義，是最值得碑刻研究者引起重視而我們宜興人引以為自豪的文化現象。

作為宜興人，我個人的研究遠離家鄉的區域史研究，卻也總是獲益於家鄉的碑刻。我曾經從事唐代文學的教學與研究工作，對李白的文化影響做過一些探究。論及李白在詩歌之外的文學成就時，我想起少年時代宜興的亦園有一個半邊亭，亭中李白的《史貞義女碑》給我留下了深刻的印象，因此在後來的研究中，琢磨過這一碑刻的來歷以及碑文的意義。在拙稿《李白貞義女碑考辨》中，我論述流傳江南的浣紗女本事的演變，認為在漢代以來封建禮教觀念的"貞女型"文本外，李白碑文首倡反映婦女平等意識的"義女型"文本，並對其積極影響給予了較為詳細的闡發。由這一碑刻，可以瞭解到李白之所以代表了唐代文學的最強音，其在思想史上的偉大之處也顯而易見。毫無疑問，《史貞義女碑》為李白的文學和思想研究提供了重要的例證。如今，這塊碑刻也為我們宜興的文化界所重視，保存在周王廟的碑刻博物館中；在團汣的西北，甚至還仿製了一塊，供遊人觀摩。

我還一直從事西域史的研究。其中的一個課題，是討論清代平定西北邊疆的戰事在康雍乾時期出現的一個重要現象，即歷次在取得勝利後都舉行隆重的凱旋慶典。這些慶典禮儀的獨特性，在於祭拜孔子並建告成碑於太學之中。告成太學的儀式重建，等於是向知識精英傳達了新的帝國疆域與民族構成。將這種儀式普及開來，通過告成太學而達到告成天下的宣傳攻略，是在全國各地的文廟仿建了告成太學碑，地方府、州、縣的文廟造碑運動曾經在那個時期達到高潮，影響了清代文廟的建置。我的這個觀點，曾經寫成《從告於廟社到告成天下——清代西北邊疆平定的禮儀重建》，還接受過《東方早報·上海書評》的採訪，該報據此發表了《朱玉麒談清代邊塞紀功碑與國家認同》的文章。在該文中，我提到："不僅這些府、州的文廟裏有（告成碑），江蘇的丹陽、宜興、溧陽、吳江等縣學也都有發現。"如今，我們走進周王廟後，右手邊那塊倚牆而立的最大的碑刻，就是從宜興文廟遺址遷來的雍正三年（1725）御製《平定青海告成太學碑》。

以上就我個人研究中遇到的兩個事例，足證宜興碑刻確實折射著中國文化史上的許多重大事件。

二

事實上，《碑刻集》最令我感動的，是它記錄下了宜興本土文化在長時段裏逐漸形成的點點滴滴，亦即宜興區域社會史的方方面面。作為個人的閱讀觀感，我從《碑刻集》得以窺見的是：

1. 宜興民眾精神信仰的構建過程

周王廟是宜興地方獨一無二的禮儀建築，關於周王廟修建的歷代碑刻，是樹立地方英雄崇拜的記錄，反映了宜興地方建立人倫信仰的努力。因為《除三害》的故事被選入小學課本，宜興人周處改過自新的形象已經是家喻户曉。在宜興，周王廟千年祭祀不絕，從傳為陸機所撰、王羲之書寫的《平西將軍周府君碑》起，歷代碑石流傳至今，成為《碑刻集》的最大宗。周處在不同時期的廟宇修葺和祭祀崇拜過程中，已經成為宜興民眾的精神依託。宜興本土地方的這種英雄神靈崇拜，還有祭奠祠山大帝的《移建龍溪殿碑》《重建靈山殿碑》等等，都是民俗文化研究中討論地方民眾信仰的重要資料。

這種精神文化的培養，在家族宗祠的碑刻中也凸顯出來，如清康熙二十九年（1690）《重修美櫸宗忠簡公祠碑》、乾隆中期《重脩唐門鄂忠武王宗祠碑》等，是宋代名將宗澤、岳飛遷徙到宜興的後人通過宗祠建設而確立家族文化精神的表徵。《碑刻集》中廟宇篇的碑石特多，也反映了封建時代宜興基層民眾豐富的人生信仰，如反映儒家思想的《恭建三皇廟碑》《城隍廟碑記》，反映道教思想的《復修東嶽殿碑》，反映佛教思想的碑刻則更多，甚至還有大量表現諸教合一思想的。理解當代宜興人民的精神風貌，可以在《碑刻集》中得見其歷史的淵源。

2. 宜興基層社會公益事業的運行過程

《碑刻集》中有好幾方在宜興各地修建魯仙宮的碑刻，從中可以看到行業信仰凝聚百工傳承的努力。宗祠碑更是宜興家族生活的化石，如徐溥的《新建徐氏祠堂記》、李東陽的《宜興徐氏義田記》、嚴宏綸的《嚴莊大宗祠祭田記》等，反映了在宗族社會下民眾捐獻義田、賑濟窮困的社會形態。通過在寺觀建立捨飯、施茶、修建石堤等的公眾建設，也反映了急公好義的民間風俗，如明隆慶元年（1567）《西干圓通堂亭田記》、清康熙三十三年（1694）《博濟禪院飯僧碑》、乾隆五年（1740）《茶庵碑》、乾隆三十七年《廣福庵碑》、乾隆五十九年《移造尋真觀茶亭碑》、民國十年（1921）《興築庵東石堤碑》等，均體現了在民間公共事業方面的集體善舉。

大量的民間建橋碑刻，成為江南水澤之地民眾協力濟渡的社會景觀史。從現在留存下來的明景泰七年（1456）刻立、嘉靖十八年（1539）該橋重建時又增刻內容的《亳村永安橋銘》開始，到民國二十三年《重修張澤橋碑》，記載了四百多年裏宜興民間合力興修橋樑的公益行為。咸豐六年（1856）宗器撰《重修大興橋記》，稱“予嘉諸君之見義必為，黽勉同心，而又喜斯里之風俗淳厚，樂事勸功，為能相與以有成也”，光緒二十一年（1895）任道鎔撰《重建蛟橋碑》，稱“則此一役也，觀於吾鄉，而人心風俗之厚正，大可恃也”，都對建橋過程中民眾踴躍的風俗予以褒揚。民國七年潘勳華撰《重建萬安橋碑》，甚至將這種風俗與“合群力，謀公益，為西人所最重者”的西方精神相比照，以“今觀於此橋之建，吾鄉人之見義勇為，與四方君子之優於好善，人同此心，心同此理，而知吾國之人心之不死也”，上升到了“合同胞四百兆之群力，謀國家億萬年之利益”的國家高度。

這些公益事業在宜興的推進，也體現了民眾的精神面貌。直到民國三十六年（1947），沙彥楷撰《宜興籌設公醫院建築募款徵信序》，反映了晚近宜興公衆醫院也是在這樣一種民衆基礎上，上下勸募，得以擴建。

3. 宜興法制社會的健全歷程。

文字勒石最初的功能之一，即有將具有法律意義的公文、禁令、規約長期保存、廣而告之的法律效應。《碑刻集》中清光緒十六年（1890）丁鍔章《重建褚店橋碑》所言“俾循名核實，有所稽考”，即此意。大量的碑刻體現了這種建規、示禁、確權的法律功能，展示了宜興地方建設對於公共制度的遵循。如崇禎三年（1630），行年八旬的老翁擔心房產被盜賣，“同親族公議”，樹立了《□靖立永守房產碑》，是以公議的方式確立家產世守的原則。乾隆五十七年（1785）的《建造普濟堂碑記》，則通過抄錄常州知府轉達江蘇布政使關於普濟堂批復的飭令，規定了下級地方官員不許干擾民間普濟堂事務的紀律。他如清道光十二年（1832）《宗茂源助田崇聖院契》、道光十六年《薛益元助田大士庵絕單》、光緒二十二年《一匡上人田產記》、民國十年（1921）《重建集慶庵碑》等，是對於供養人捐贈田產不得反悔的約束；道光二十六年《邵瑢上元懺田碑》、民國二十三年《妙清許願文》等，則是對於寺院禮拜的約束。

規章以外，法律碑刻還反映在諸多的示禁碑上，如明代《永禁宰牛碑》確立保護耕牛的措施、清乾隆二十一年《蜀山東坡書院禁碑》申令東坡書院田產不得侵佔、嘉慶十八年（1813）《少鶴公吳氏墳山界碑》規定墓產四至。而大量“奉憲永禁”的告諭碑刻，也體現在宜興基層社會法制建設的各個領域。如作為陶都的宜興，製陶業發達，光緒八年《嚴禁陶器刻印字跡告示》也為這一行業規定了陶器刻字的一些禁令，如“溺器刻字，尤屬荒謬穢褻，亟應從嚴查禁，俾知敬惜”，可見社會行業的良性發展中法制保障的重要作用。

4. 宜興教育文化的發展史。

《碑刻集》編輯有“學宮書院”一類，反映了宜興地方儒學思想的傳播。從嘉靖五年（1526）的《御製敬一箴》，到《康熙御製訓飭士子文》，是明清兩朝通過官學制度貫徹儒家統治思想的明證。而大量東坡書院的碑刻，則反映了宜興士人珍惜蘇軾對宜興的感情、在學問之途上確立精神偶像的行為。從明景泰元年（1450）的《宜興縣儒學鄉貢題名記》對於科舉入仕者的尊崇，到興建義學的《桂芳吳氏宗祠義學碑》，歷次學宮、書院的重修碑，再到各類捐資、捐地助學碑，也都顯示了宜興人文建樹的地方淵源。

《碑刻集》中，還有原屬周鐵鎮文昌閣舊物的嘉慶十六年（1811）《奉憲給示碑》和《惜字會碑記》

兩方碑刻，它反映了"敬惜字紙"的風俗在宜興地方的表現，碑文闡釋敬惜字紙的意義以及製定焚化字紙的章程，體現了通過"天下文明莫如字"（《惜字會碑記》）的愛惜行為來昭彰文化的用意。民國二十九年（1940）《重建惜字會碑記》解讀這一行為乃"以文會友，造就人才"，確實反映了這種努力的教育指歸，以及它在宜興文化建設中得到的回饋。

同樣，《碑刻集》也是一部宜興地方的簡明文學史。在《碑刻集》中出現的作者如陸機、謝安、李白、徐一夔、李東陽、許之漸、吳仕、儲欣、袁枚、唐仲冕、吳德旋、俞樾等，都是在中國文學史上的重要文人。他們的作品記載宜興，又以碑刻的形式留在宜興，作為一種文化景觀，確實為宜興的湖山增色。

特別重要的是，《碑刻集》中的一些作品，在當代的總集和別集整理中，還都是重要的佚文，如南宋紹熙五年（1194）袁熠的《英烈廟籤記》題記，南宋寶慶元年（1225）劉守和《英烈廟置田檀越題名記》，均不見於《全宋文》收錄。元惠宗至元四年（1338）汪澤民《英烈廟新殿記》，不見於《全元文》收錄，直到最近才有學者據民國《江蘇通志稿》輯佚此篇，但因為沒有石刻對照，當時闕文，依舊不能據補。此外，如一代名家李東陽所撰《宜興徐氏義田記》《徐溥墓誌》，也不見於整理本《李東陽集》。

5. 宜興地方的碑刻書法史

碑刻的製作過程，也是綜合性的藝術表達過程，因此碑刻往往有所謂"三絕"之稱，指所記錄的主人之品節、撰者之文章、書家之技藝，此外還有紋飾、刻工等，都是圍繞一塊碑刻的綜合的藝術呈現。即以書藝而言，碑額、正文的書寫，以及刻工上石，也都是全面的藝術表現。

在《碑刻集》中，王羲之書法不論，從宋代以來，蘇軾、周必大、趙孟頫、泰不華、蘇天爵、柯九思、李東陽、吳寬、吳仕、李應禎、王穉登、張鳳翼、蔣如奇、王問、錢伯坰、周家楣、俞樾、王禔等，這支書家隊伍毫無疑問也是中國書法史上的第一流編隊。同樣，在《碑刻集》中，中國書法的真草篆隸，堪稱各體兼備；一些過渡時期的書體，如《禪國山碑》，更是獨一無二的書法和文字學資料。以篆書而言，從元和六年（1811）華明素的《周孝侯碑》篆額，到民國年間王禔篆蓋的《朱樹亭墓誌》，近百方碑刻上的篆書可見不同時代與階層的書體變遷史，豐富而多元。

此外，徐義莊祠保存的《楚頌帖》及其題跋，在真跡不存的情況下，是蘇軾與趙孟頫、柯九思等人重要的作品呈現；蔣如奇的《淨雲枝藏帖》，也填補了明清私家園林刻製法帖蔚成風氣的情況下宜興地方的空白。而明萬曆十年（1582）《重刻周孝侯碑》，其實有一段崇尚王羲之書法的明代集字社會文化史背景；清乾隆五十九年（1794）的《國山碑亭記》，則是乾嘉樸學大家錢大昕、張燕昌、唐仲冕、陳鱣、陳經、吳騫等遊歷善卷三洞、探訪國山碑刻的一次重要學術活動，吳騫在當時撰寫的《國山碑考》，成為《禪國山碑》學術研究史上最重要的原創性論文。總之，《碑刻集》體現出的書法活動，為中國書法史在江南的歷程提供了豐富的見證。

四

1985 年夏天我大學畢業，在宜興度過了最後一個暑假，此後前往新疆，決定了我後來的生活和事業遠離了生長於斯的家鄉。雖然遠方新的生活等待我去準備，我卻在那個暑假，在縣檔案館連續讀完了很多種不同時期的《宜興縣志》。檔案館的管理員是我在城北小學讀書時期的瑞教導，一位在我的小學時代能夠用標準的普通話連續和我們流利講話的老師。我記得她姓吳，但是學校裏的吳老師太多了，她來得晚，就用名字裏的"瑞"代替了姓氏。

在我即將告別的家鄉，我迫不及待地想要知道她以怎樣的方式給了我遠征的滋養。後來我的行囊裏多了厚厚一摞抄寫下來的縣志筆記。我覺得在遠方感到孤獨的時候，我會打開這一摞關於家鄉的文字，回到我的童年和少年時代，尋找安全的避風港灣。

在縣志裏，我第一次系統地看到了家鄉過去的面貌，看到了比我的爺爺還要年長的地方風物，看到了在我出生不久便已拆除的蛟橋，看到了橫亘在我家門外的城牆西門，知道父親總說"西門外頭打聽打聽看"這句口頭禪反映的我們生活的地理位置。當然，也看到了蘇東坡買田陽羨里、岳武穆大戰百合場等等與外邊的世界聯繫著的歷史瞬間，看到了紫砂壺的前世、烏米飯的今生，看到了西氿、氿亭這些僅僅屬於宜興地名的用字，看到了 lubu 寫作了湖㳇、oju 寫作了下邾。縣志，讓我對宜興的過去知道了一些所以然。

其實，改革開放以來逐漸便利的交通，使我並沒有像我們年輕時代的歌星費翔所唱，一直漂泊異鄉。此後三十多年，我差不多每隔一兩年都會回家鄉看看。到北京工作不久，高鐵也直達宜興，回來的次數更增。如果沒有別的干擾，拜年、掃墓，差不多是一年中回鄉的標配。只是，讓我感到無所適從的是，隨著時間的流逝，現代化的步伐，讓宜興與江南的任何一個城市一樣同步發展著，站在城東的新地標八佰伴和萬達廣場前，讓我恍惚仍在他鄉。我的宜興之行，越來越局促在老城的一角，與逐漸老去的親友攀談攀談，吃一碗爛糊面，便扯龍離開。

然而我為什麼還是不斷地想著回來呢？我也總在自為發問。

當鄉友黃興南學長將《碑刻集》的稿子寄給我時，我幡然醒悟：即使天翻地覆，面貌變得陌生，但宜興的歷史文化，滲透在太湖西邊這塊上風上水的寶地上，生我養我，是我的胎記，無法磨滅，是我的血型，無法改變。從鄉音到習俗，到被現代化建築包圍著的宜興山山水水，這種文化的表現，仍無處不在；而《碑刻集》更是將漫長的時間和廣闊的空間裏，宜興文化最顯性的存在物——宜興碑刻推送到了我的眼前。

今年的暑假，我非常愉快地享受了《碑刻集》在出版之前的先睹為快，在凝固的碑刻中看到了凝固在其中的宜興歷史文化。雖然它只是一些歷史記憶的殘片，卻像一支百年墨錠，攪起我們的思緒，在我們的眼前，滿滿的都是宜興流動的、色彩斑斕的畫面。

2019 年 9 月 8 日於北大朗潤園

幸有殘碑留字痕
—— 宜興碑刻概述

　　宜興古稱荊邑、陽羨，建邑於東周時代，地處江蘇南部，界交浙皖兩省，其境內山巒雄秀，河湖縱橫。自古以來，即是膏腴之地、人文之邦，為我國著名歷史文化名城。

　　由於歷史悠久，宜興境內曾有大量古代碑刻，雖歷經劫難，保存至今的至少在 600 通以上。上始東漢三國，下至民國現代，其時間跨度之長久、數目品類之繁多、內容涵蓋之豐富，國內城市中亦不多見。

　　2016 年夏天開始，宜興市文管辦投入巨大精力，對境內所存古代碑刻進行系統的抄錄、釋讀、校勘，現將整理結果粗略分為若干小節，概述如下：

一、內容與分類

　　此次收錄的宜興碑刻共有 382 通（組）（有的一件包含幾塊甚至幾十塊古碑，但按其品類只能算一件），按內容可劃分為如下幾類：

　　（一）告諭禁約　此類包括歷代官府公告和鄉民公約，如東吳刻立的《禪國山碑》、清代刻立的《永禁侵伐盧狄二氏祖塋告示》《通塘合禁》等。收錄 25 通（組）。

　　（二）寺院宮觀　此類包括各時期修造祀神場所刻立的修造原委、置產買田及捐款芳名碑，如明代刻立的《重建福源禪院碑》、清代刻立的《復修東嶽殿碑》、民國刻立的《萬福庵碑》等。收錄 107 通（組）。

　　（三）祀廟祠堂　此類包括修造祠堂、編修家譜、設立義田義倉義學等家族事務而刻立的碑，如明代《新建徐氏祠堂記》、清代《嚴莊大宗祠祭田記》等。收錄 66 通（組）。

（四）義莊善堂　此類包括家族、鄉里為設立公共善堂、義田義莊而刻立的碑，如《宜興徐氏義田記》《成裕堂業田碑》《重建惜字會碑》等。收錄 13 通（組）。

（五）墓誌塔銘　此類包括唐至民國時代名人墓碑、墓誌銘以及僧侶塔陵和紀念塔碑，如南宋《李曾伯墓誌》、明《徐溥墓誌》、清《圓慧禪師正受塔》、民國《潘仲六紀念碑》等。收錄 63 通（組）。

（六）橋樑路堤　此類包括修造橋樑、路堤而刻立的記事碑和捐款芳名碑，如明代的《亳村永安橋銘》、清代的《重建桐梓橋碑》、民國的《重修張澤橋碑》等。收錄 63 通（組）。

（七）學宮書院　此類包括修造學宮書院等有關教育事務的碑刻，如明代的《宜興縣儒學鄉貢題名記》、清代的《重脩蜀山東坡書院碑》等。收錄 20 通（組）。

（八）刻帖題記　此類主要包括明清兩代所刻的法帖，也包括唐和唐以前的一些著名碑刻，如唐代集王羲之書體刻立的《平西將軍周府君碑》，明代所刻的《淨雲枝藏帖》、蘇東坡《楚頌帖》等。收錄 25 通（組）。

以上碑刻按年代可以分為如下幾類：

（一）明代以前碑刻　收錄 18 通（組）。

（二）明代碑刻　收錄 75 通（組）。

（三）清代碑刻　收錄 239 通（組）。

（四）民國碑刻　收錄 50 通（組）。

參見《宜興碑刻年表》。

二、移民與宗族

史前宜興就有大量居民，及至東周建邑，人口更加衆多，但先秦時代就居住於宜興的家族，因史料缺乏今天已難確知。

及至東漢時代，蔣澄、蔣默兄弟避難來到宜興，後來都被封侯於宜，從此在宜興繁衍紮根；其宗族歷代名人輩出，宋有名臣蔣之奇、明有大書法家蔣如奇。關於蔣氏的碑刻有很多，如《蔣澄墓碑》《重修集慶庵碑》《澗橋蔣氏祠堂碑》等。

西漢開國功臣周勃的第十六代孫周賓也在東漢末期來到宜興定居，其孫周處仕晉任平西將軍，戰死沙場，得到晉室及其後歷代王朝的襃封；其宗族在宜興十分顯赫，至明代尚有周延儒以狀元任崇禎朝首輔。關於周氏的碑刻非常多，如唐代刻立的《平西將軍周府君碑》、宋代刻立的《斬蛟射虎碑》、元代刻立的《英烈廟新殿記》等。

東漢時代宜興還有許氏、劉氏居住，關於許、劉二氏的碑刻有重刻於民國的漢《許馘妻劉氏墓碑》。

宜興儲氏是唐代詩人儲光羲的後代，他們自唐代就聚居於宜興官林一帶，近代最著名人物是儲南強，他是宜興旅遊開發的先驅，關於他的碑刻有《開山紀念》等。

南唐時期，宰相張居詠的後裔遷居來到宜興，張渚和金紫圩的地名即源自其家族的聚居；吳中尉徐綱也是南唐時期自鍾離遷居宜興的，徐舍地名即源自其家族的聚居。徐氏一脈在明代中期因出了大學士徐溥而顯赫一時，及至民國尚有徐悲鴻以畫名揚世界。宜興地區關於徐氏族人的碑刻極多，如《徐溥墓誌》《新建徐氏祠堂記》《宜興徐氏義田記》等。

兩宋之際，女真南侵，神州陸沉，大批士民官吏追隨宋室南渡，落戶於宜興。見諸碑刻中的有原籍河南湯陰的岳飛後裔、原籍浙江義烏的宗澤後裔、原籍安徽泗州的曹氏宗族、原籍廣西的欽氏宗族以及遷居宜興筱里的任氏宗族和遷居宜興徐舍的丁氏宗族；關於這些宗族的歷史在《重修唐門鄂忠武王宗祠碑》《重修美槽宗氏祠堂碑》《陽羨曹氏祠碑》《新建宜興欽氏祠堂碑》《重建丁氏南北報本祠碑》等碑刻中均有明確的記載。

元代由江蘇淮陰遷居宜興的堵氏宗族和明初由浙江鄞縣遷居宜興的盧氏宗族，在宜興都很有名；明清易祚之際，盧氏宗族中的盧象昇（謚忠肅）、堵氏宗族中的堵胤錫（謚文忠），都因抗清殉國不失大節，為國人景仰，清代刻立的《史玉池祠堂碑》和《永禁侵伐盧狄二氏祖塋告示》中均有提及。

宜興的杭氏和吳氏宗族在明代也很著名，兩族均與徐氏有姻婭。在《杭濟墓誌》中記述"其先自中州來居於杭，後徙宜興"，推測也是隨宋高宗南渡的士民；其宗族中的杭濟、杭淮兩兄弟在明中期都位至顯宦。吳氏宗族中的吳儼官至禮部尚書，是大學士徐溥的外甥，他居官剛正不阿，為士林推崇，紫砂壺的創始者之一吳仕和《富春山居圖》的收藏者吳洪裕均出自這個宗族。宜興現有明代杭氏、吳氏宗族的墓誌銘多方，記錄其族人事蹟均十分詳細。

明、清時期遷居宜興的宗族也有不少，見諸碑刻的有自新安遷入的程氏和胡氏，在《重建和橋程氏宗祠記》和《重建后塘胡氏宗祠碑》中分別有清楚的記述。

另一些宗族也常見諸宜興的碑刻，如邵氏、潘氏、路氏、錢氏、薛氏、談氏、湯氏、朱氏、莊氏、萬氏，由於碑刻資料的缺乏或語焉不詳，有的知道其來源而不知其遷入的時代，有的知道其遷入時代而不知其源，非常遺憾。

宗族由於枝派紛繁，族員常常貧富不均，有些人因讀書做官、經商致富而改變了命運，擁有大量土地和財富；而另一些人則因父母早逝、家人病厄、天災人禍而陷入貧困，以致缾無儲粟、朝夕不飽；然不論貧富與高低，宗族的歲節祭祀、定期的修訂家譜、不定期的修建祠堂，全體族員都要共同參與、攤派出資。《義捐碑》中就記載族員貧富不均，公共經費沒有著落，有錢者在外肯破慳囊，而對貧困的族員則一毛不拔。也有一些宗族中，其精英分子文化素養高、心地善良，有較高的社會地位、優裕的經濟條件，積極無私地為族人謀取福利：或承擔修建祠堂廟宇、橋樑道路的全部或大部費用，或捐出自己的田宅作為公產，或捐出自己的積蓄充當公款，或效仿宋代范仲淹設立義田、義倉、義學；有了公共田產的收入，宗族公共建設的經費就可免向貧困族員攤派，還能利用贏餘救助貧困的族員。刻立於明代的《宜興徐氏義田記》《新建徐氏祠堂記》，刻立於清代的《捐田碑》《程氏宗祠義捐碑》《重建后塘胡氏宗祠啟》《桂芳吳氏宗祠義學碑》分別記載了宜興徐氏、程氏、胡氏、吳氏宗族中富裕成員的感人義舉。

大宗族為保家聲不隳墜、財產不流失，常將一些家規、協議刊刻於碑，俾子弟永遠遵守。如《□靖立永守房產碑》就是為防止兒孫變賣祖屋及田產而刻立的家規；《雲靄周氏祠規》則規定了從宗法到祭儀、從公款公糧的徵收分配到子弟讀書進學的獎罰措施等一係列規章。宗族內部經常因瑣事而發生尖銳的矛盾。如《澗橋蔣氏祠堂碑》中就記載了蔣氏宗族中分為兩派，都在爭奪擁有宗族事務處置權的族長一職，在其中一派的蔣繼珍擔任族長後，另一派落選的"屑小"對他展開了持續達二十年的攻擊，矛盾一直未曾冰釋。在《潘仲六紀念碑》中，記述了民國十六年（1927）宜興地區掀起減租運動，潘氏宗族內的貧困佃農與外姓佃農聯合起來要求本族大地主減租，互不讓步，矛盾一觸即發，族長潘仲六夾在其中，左右為難，最後無奈沉水自戕。宗族與宗族之間，也常常爆發衝突，乾隆年間的《薛家瀆記》碑中記述薛氏族人與觀村的宗氏、史氏族人在乾旱時節為爭奪灌溉用水發生了械鬥，後來在官府干涉下賠償和解。

三、宗教與信仰

江南多淫祀，自六朝至民國，宗教活動在宜興都很興盛，散見於收錄碑刻中的宗教場所先後多達近百處。

其中佛教場所有：茶庵、興福庵、興隆庵、善慶庵、高士庵、大士庵、崇善庵、青龍庵、慶雲庵、普雲庵、廣福庵、永潮庵、吉祥庵、大悲庵、西乾庵、從善庵、雪蓑庵、碧鮮庵、替目庵、伏龍寺、芙蓉寺、澄光寺、大蘆寺、東城寺、潮音寺、化城寺、永安寺、法華寺、福泉寺、金銘寺、萬壽禪林、慧林禪寺、南嶽禪寺、靜壽禪寺、圓通堂、敬節堂、寶相院、妙泉院、大覺院、崇聖院、在水禪院、滄浦禪院、福慶禪院、福源禪院、順昌禪院、萬福禪院、真武禪院、東林禪院、博濟禪院、正覺禪院、永寧禪院等。

道教場所有：古廟、關帝廟、東嶽廟、真武廟、雷祖殿、靈山殿、龍溪殿、永安廟、司徒廟、土地廟、三皇廟、城隍廟、周王廟、李王廟、龍王廟、張王廟、張公廟、靈山殿、魯仙宮、尋真觀、五忠閣、集慶庵、土地神祠、朝陽道院等。

這些佛、道教場所除了本教神祇，也互相供奉對方的神祇和神化的歷史人物。如：魯仙宮供奉周代巧匠公輸班，周王廟供奉晉代忠臣周處，司徒廟供奉漢代水利專家張渤、漢代官員蔣澄、隋代官員陳杲仁、宋代戶部尚書吳邦翰，關帝廟供奉蜀漢忠臣關羽，城隍廟供奉明初為保衛宜興而戰死的楊國興，張公廟供奉保全黎民的清初將領張健，古廟供奉孝養父母疏財濟人的王氏女子長舍夫人，土地神祠供奉明末剿滅匪寇被害的水師營軍尉薛公。

一些歷史人物由於德行和功績而被百姓世代供奉紀念，又被有意無意地神化，而變成了神祇。以周處為例，他本是西晉大臣，因戰死沙場，從西晉至清代，歷代統治者為了號召人民學習他的忠義精神，不斷給他追加封號，使他由侯爵升為王爵，祭祀他的周孝侯祠也從周氏家廟變成由道士住持的、可以祈福滅災的公共宗教場所，周處遂由已故的歷史人物變成了永生的、無所不能的神祇，一躍成為宜興的頭號保護神。

除了神化的歷史名人崇拜外，宜興還流行靈異動物神崇拜和儺會。宣統三年（1911）刻立的《重建集慶庵碑》中記載了兩位來無影去無蹤的大仙，一姓張、一姓白，應是民間崇拜的黃鼠狼神之類；民國十六年（1927）刻立的《儺禮出巡名單序列》則記述了宜興自古以來就盛行儺會的史實。由此可以看出宜興地區宗教信仰的世俗化與多元化，互相兼融而不抵迕。

四、寺廟與僧侶

寺廟始建的資金，如果完全是僧侶自外募化的，其寺廟住持則多由寺中住持僧人師徒相傳，如世襲之不可更替。《永禁盜賣南岳寺產告示》就記載了"寺係僧人自建，一派相傳，本不便另舉別僧住持"。寺廟建造的資金是由當地捐助，則當地百姓有權決定住持的廢立，如民主之可選舉；《重振大蘆寺產記》就記載了當地百姓聯合驅逐了敗壞寺廟的德機和尚，共同邀請了品行高尚的奕能和尚前來駐錫；《河橋化城寺記》碑中也記載了當地百姓"具函公請"在水禪院的晨初和尚來化城寺住持。

有些寺廟是地方百姓主動捐資預先建造、修復好後，再請僧侶來住持的。《重建下邾橋碑記》中就記載了橋旁的樂善庵是"眾姓樂捐而成，延僧住持"的；《重建集慶庵碑記》記載了鄉紳蔣瑞能把集慶庵重建後，"延僧長悟、長道住持，皈依三寶"。更多寺廟的建造修復由僧人自己募化資金完成。《重修萬壽禪林碑記》記載了住持雪厂大師為募集寺廟維修資金，在身患重病的情況下依然"率眾號於塗，結萬人緣"；《化城寺增置田產碑》記載了化城寺修復過程中"資金不給"，覺身和尚"閉關三年拜《華嚴經》為地方祈福，以其佈施之資歸住持支應"。

僧侶除了為本寺募化外，也常為地方上公共建築的修造而募化，宜興關於橋樑修造的古代碑刻上常有募化僧侶的名字；如龍眼橋的重修是僧侶文傑、圓融募資的，新芳橋的石埠是僧侶性玄及其弟子海緣募資的,嘉靖年間鯨塘大橋的修造資金是僧侶馬龍募化的,新芳橋旁的茶亭是僧侶寶傑募資修造的,壓渚橋的修造資金是由永安寺住持戒明募化的……如此的例子非常多。

為了保證寺廟的維修基金和日常開支,寺廟裏通常都會置辦一些田地作為固定資產。其方式有兩個:一種即買入,如《福慶禪院後法堂碑》中就記載了"適有槽口圬田貳畝肆分有零將售,僧即備價壹佰餘金置入法堂,庶供香火";另一種即來自信眾的捐贈,大多數捐贈是無條件的,完全出自於對宗教的虔誠信仰,也有一些捐贈附帶著要求,如刻立於清道光二十六年(1846)的《邵瑢上元懺田碑》就記載邵裕成兄弟捐田給金銘寺,但要求每年正月十五、十六兩日寺僧要為自己父母做佛事,並置辦素筵一席給自己的人禮佛時享用;還有一些捐贈疑似是假冒捐贈之名的投靠,因為出於對宗教的信仰和利用,歷代王朝統治者都允許寺廟一定數目內的田產少交甚至免交租稅,這就使得一些迫於田租雜稅過重的貧農只好將自己名下的田產"捐贈"給寺廟,再從寺廟裏租來耕種;刻立於道光十二年的《宗茂源助田崇聖院契》和刻立於道光十六年的《薛益元助田大士庵絕單》都疑似這種情況。

寺廟在重建、修造後所刻的記事碑上都會附刻田產數目,並上報縣府備案,以防僧侶的盜賣和周邊豪強的侵奪,《福泉寺田山細目》和《永安寺香火田碑》便是此類碑刻;而《永禁盜賣南嶽寺產告示》一碑中記載了南嶽禪寺前任住持聿修因盜賣寺廟田產,被荊溪縣令審訊枷責後驅逐出寺,同時縣令也命令南嶽禪寺"將原存田、山各寺產,逐一查明細號勒碑,永禁後僧盜賣"。

社會上對寺廟住持的臧否也常常取決於他能否更新殿宇、添置田產。《善慶庵續置田碑》就記載了善慶庵住持洪順和尚在數十年中將庵田數目從十八畝擴張到數十畝;而其出家不久的徒孫明秀更有手段,居然幾年內就替庵中弄來了七畝良田,洪順因此對他十分欣賞。距離寺廟近的田產,僧人有時會自己耕種一些,《重建福泉寺大殿山門碑》中就記載了"寺中居僧十數,皆操耜而耕,世其業";而大部分田產由於距離太遠,都租借給失地的佃農耕種,寺廟坐抽租稅,充當地主。

五、訴訟與調解

宜興現存的古代碑刻中,有一些是訴訟判決結束後,將訴訟原委和官府判決文合在一起刻立的。如《永禁盜賣南嶽寺產告示》碑中記述了一起寺廟田產買賣贖回的糾紛,原任住持聿修變賣寺廟田產,現任住持本祈要求贖回,引起了已購者的憤恨。他們以吳春昱為首,將本祈告上荊溪縣衙,誣蔑他"蕩廢寺產"。官司久拖不決,打了五年,直到江蘇巡撫和布政使聞訊出面干涉,荊溪縣令才將原任住持聿修驅逐出寺,但對誣告者竟沒有一點懲罰,整個案件的判決十分蹊蹺。

刻立於光緒十一年(1885)的《永禁侵伐盧狄二氏祖塋告示》記載了金壇張某私自佔用盧、狄兩家族的墓地,並將盧象昇墓地的樹木砍伐盜賣,引發盧氏和狄氏兩大家族聯名控告,荊溪縣和溧陽縣立即嚴懲了張某，並發告示警告，不允許破壞先賢墓地，盧、狄兩家族將訴訟始末連同判詞內容刻碑立於墓側，以儆效尤。

乾隆五十二年（1787）刻立的《薛家瀆記》碑和民國十四年（1925）刻立的《後畷墅塘水道碑》記載的都是因灌溉引發的大規模民眾械鬥類訴訟，這兩起訴訟雖相隔一百多年，但官方的處理方式、判決結果卻驚人地一致：沒有對鬥毆者進行抓捕枷號，而是反復耐心的調解勸和，讓傷人者賠償，讓用水者出錢，結果鬥毆雙方對判決均感滿意；民國五年刻立的《旱圩橋碑》則記了湯盤圩和洪港村兩村村民因修建旱圩橋下的河道，為河道寬窄發生了爭執，隨時能爆發毆鬥，經"在地紳耆舌敝唇焦"的調解下，雙方終於和解，矛盾被化解於未激化之前。

刻立於民國十五年的《和橋敬節堂碑》記載了一起對官方判決失望、轉而依靠宗教勢力的調解，平息了糾紛的案例；敬節堂創始者的後裔與敬節堂現任管理者因爭奪管理權發生訴訟，官方久拖不判，兩造疲於訟爭，在澄光寺方丈恒海等眾多宗教界領袖的調解下，和平解決了糾紛。

通過以上碑刻中的記載，可以清晰看出：凡牽涉到群體與群體之間的矛盾，官方因為擔心引發民變，常常會認真調查，迅速公平地調解處理，不輕易地對某一群體做出處罰，而是以耐心勸和為主；而對於群體與個體之間的矛盾，則毫不猶豫地偏袒群體嚴懲個體；至於個體之間的紛爭，則是推諉拖拉，不能克盡其責。

六、女性與終養

宜興古碑刻中提及女性的為數不少，最早的當數東漢末期刻立的《許馘妻劉氏墓碑》。此碑因時代久遠，原字磨泐不清，民國時期被重新翻刻後也僅存部分文字，據現存的殘字來看，內容關乎頌德。

唐代李白撰文的《史貞義女碑》頌揚了春秋時代以漂洗為生的史姓女子，她途遇逃亡的伍子胥，為伍子胥施食並指明去吳國的道路，為了保守機密，沉水自溺。明代的《杭烈女傳》碑文記述了年僅十二歲的杭氏少女在父親嫌貧愛富撕毀婚約後，誓不背信，投繯自殺，忠貞之志，感人至深。

雍正十二年（1734）的《胡孺人獨建蔣氏宗祠碑》，記述了蔣天吉之妻胡氏，為了完成亡夫的遺願，節儉多年，終於獨自出資修建了宗祠。

乾隆六年（1741）的《重建長舍夫人廟碑》記述了被尊為長舍夫人的王氏女子，孝養父母，終身未嫁，捨財濟困的義舉。

《蔣厚齋紀念碑》記述了蔣厚齋及其妻邵氏的諸多善行，當民國二十六年（1937）日本侵略軍佔領宜興後，邵氏預感到處境凶惡，找人將丈夫和自己的善行刊於石碑，並表示自己"德性堅定"，決不向倭寇屈服。

《和橋敬節堂碑》刻立於民國年間，碑文記述了吳黃氏、吳方氏兩個寡婦因丈夫亡故，兩人不願意在大家族內拘束地生活，於是就用私房錢置辦了一些房產，名之"敬節堂"，獨立於大家族之外，一邊守節，一邊念佛修行。這種互助式的生活一下引來十餘位寡婦加入，每人都捐入自己的一些財產，共同勞動生活，互相幫助照顧，生病和養老都不麻煩家人，儼然是一個自助團體，頗類今天的養老機構，在當時是十分先進、前衛的。而類似的養老機構居然宜興地區古已有之，並且很多。刻立於清乾隆五十七年（1792）的《建造普濟堂碑》中記述"此堂共有十處，俱係老年無依之輩，多者五六人，少者一二人，互相依倚，衣食即賴田畝，管事總推堂內久居老人經理"，碑中還記述了這些孤寡老人的田產是"從前老民積蓄傳"，他們"自耕自食納課完糧，與居民無異"，官府對他們的照顧僅僅是"禁止地棍索詐，鄉間公事照例優免"。也有一些孤寡老人將財產捐入寺廟以換得終養，如《重建永安廟碑》就記述了"鰥耆吳明益、弟明敘助田六畝六分有零、舊屋三間，入廟終養"。

七、修造與募捐

關於民間公共建築修造的古碑刻在宜興現存古碑中佔有較大比例，這些時代不一的古碑主要有如下兩個特點：一是修橋、修廟的較多，且關於一座建築常有多塊不同時代的修造碑。這些修造碑不僅完整地記述了建築的興廢歷史，也間接地保存了史志上沒有記載的人和事，可與正史互相印證、互相參考，以補其缺。二是費用也多由民間自行籌措，官方偶爾從賦稅中抽調貼補一部分。其運作的程式是：先由數名在當地有影響力的士紳出面作為"緣首"，提出修造項目，徵得大家支持後，再分頭展開募捐，資金募足，就開工建設；施工過程中，由緣首中一兩人或全體輪班作為監理，監督工程的建設；竣工後再把修造經過、捐款芳名、開支細則刊刻於碑石，公諸於眾。

很多民間公共建築是某一群體、某幾個經濟條件較好的志趣相投者出資建造的，並未向社會展開大規模募捐。雍正四年（1726）允濟橋的修建資金是裴成芝、吳旦升、徐天篆、秦鳳祥四個人所出的；道光二十五年（1845）修建常州府儀門外點名棚的資金是荊溪縣荊南鄉一個鄉所出的；道光二十八年和光緒十九年（1893）兩次對和橋魯仙宮的修造費用全部是工匠幫會內部捐聚完成的；咸豐元年（1851）修建夏芳橋和運龍橋以及橋旁石路的資金，是馮姓宗族一族所捐的；民國八年（1919）常富橋和福德橋的修建資金是徐如筠一人所出的。

較大規模的民間公共建築，由於關乎民生且費用巨大，必須向社會展開募捐。這種募捐必須通過縣一級的官方審核、批准後，再由官方發佈勸捐號令，印發捐款簿，募捐資金的使用受到嚴密審查，在杜絕募捐者中飽私囊的同時，也禁止了地方百姓抗捐。《沙塘港口重鋪石路碑》中就記載了募捐開展前"地耆呈請邑侯史公給示勸捐""巡廉管公親諭眾姓捐款"；《永禁盧公祠前石場幫岸劈柴堆積蹟蹋告示》碑中記載同治初年修復盧象升祠堂時，宜興縣令施公、荊溪縣令傅公"捐廉首倡重建，給發印簿，照會在城鄉紳……於城鄉各處募捐"。捐款對象，除了發起的緣首，地方官員、普通百姓、僧徒道士，也涵蓋一些寺廟、店鋪、公祠和民間的組織；《重建蛟橋碑》中就記載"兩邑尊萬公、薛公首捐廉為倡"；《西興橋碑》中也記述"諸老首先解囊，盡其所能，更招有田宅於兩岸，關係較切者，囑其捐貲"；《重修善慶庵碑》記載"工程浩大，因懇各莊公祠捐貲"；《重修鯨塘大橋碑》中記載了大雲和尚為重建鯨塘橋募捐的信息。

大部分捐款是自願的，有錢者出錢，無錢者出力，做到了"富不吝財、貧不私力"，如在重建典巷注浦橋時，"本村慷慨董稱量捐資，竟若有爭勝意"；而民國八年修造常富橋與福德橋的資金，是鄉紳徐如筠拒辦八秩慶典而節省的費用。也有一些碑刻中的文字透露出募捐帶有一定的強制性，如《重建大興橋記》就記載了重修大興橋的募捐中"有田者計畝輸財，無田者計丁輸力"；而《開濬大浦港勸捐告示》中則記載了經宜興和荊溪兩縣縣令聯合發佈的勸捐通告，通告中號召縣民就開濬河道積極捐款，並十分露骨地發出嚴厲警告："倘有頑梗之徒無端阻撓，一經該董等指名稟縣，定行提究不貸！"這也從側面反映出：苛捐頻繁，縣民多有抵觸。

八、破壞與恢復

咸豐十年（1860），太平天國戰亂波及宜興，兩年後即同治元年（1862），清軍蔣湘泉部自浙東展開反擊，與太平天國軍隊激戰於宜興，宜興這座歷史文化名城因而受到了重創。除了南門東廟巷的張王廟毫髮無損外，很多公共建築，尤其是橋樑，遭到了不同程度的破壞。

刻立於同治十三年的《重修歸逯橋碑》記載了收復宜興的戰鬥，並提到"所經橋樑悉被毀壞"；刻立於清光緒三十一年（1905）的《重修張澤橋碑》記載了"咸豐十年粵逆竄入，城鄉拒賊義眾拆去中間券石，以遏賊蹤；刻立於光緒二十四年《重建化城寺增置田產碑》中記載："咸豐庚申，赭寇下竄，寺鄰驛站，焚毀無遺，僧眾散佚殆盡，所兀然獨存者，僅石獅兩座、石闌一道而已。"

通過對清末宜興碑刻中記載的不完全統計，在這場戰亂中被毀壞的建築有：靜壽禪寺、化城寺、芙蓉寺、圓通堂、李王廟、靈山殿、司徒廟、西乾庵、集慶庵、張渚城隍廟、盧忠肅公祠堂、宜興縣學、東坡書院、惜字會公屋、張澤橋、歸逯橋、永興橋、永成橋、萬安橋、蛟橋等。

暴亂平息後，宜興人口銳減，百姓十分貧困，復建工作開展得非常緩慢。光緒二十四年刻立的《重建閘口橋碑》中記載："庚申至甲子，五載干戈，居民鮮少，本地荒蕪"。同治十三年刻立的《重修歸逯橋碑》中記載，由於無錢買石頭重修，只能以木板鋪在橋上。刻立於光緒二十年的《重建靜壽禪寺碑》中記載，靜壽禪寺"兵燹後盡成墟址，同治八年，僧性源募建未及"。刻立於光緒十五年的《重建尊顯橋碑》中記載了同治年間欲修尊顯橋時"今民困乏，不果"。

雖然困難很多，復建還是在緩慢地進行。刻立於光緒二十四年的《重建化城寺增置田產碑》中，記載化城寺在戰後修復，"天王殿、大雄殿頓復舊觀矣……其中藏經閣較前愈為寬廣深邃，氣勢堂堂"。刻立於光緒九年的《永成橋碑》，記載了光緒八年鄉民齊心修復"庚申劫後，途人不敢過之"的永成橋，花費了二百八十緡有奇。有些建築的復建時間更長，如宜興惜字會公屋，直到民國二十九年（1940）才復建，距太平天國之亂的平息已有七十多年。

在暴亂平息後的數十年裏，由於外國勢力的不斷侵入，中國一次次地戰敗，被迫割地賠款，使原本遭受戰亂而摧折的經濟民生，更加雪上加霜，而大量的公共建築修復資金全部來於民間的募捐，人民之困頓，已不言而喻。

九、教育與治安

古代的宜興是詩禮之鄉，對文化教育十分重視。宜興現存有關教育的碑刻多方，既有官方出資修建學宮的碑刻，又有私人建立義學的碑刻。

始刻於明景泰元年（1450）的《宜興縣儒學鄉貢題名記》記錄了宜興自洪武十七年（1384）至弘治十一年（1498）一百多年間三十次科考、七十四名中式舉人的姓名．這是宜興官方出資刊刻，樹立於宜興縣學內以激勵鄉人子弟的。

刻於清道光二十五年（1845）的《常州府儀門外點名棚記》記述了為使考生點名不致擁擠難行，宜興荊南一鄉的平民承擔了修建點名棚工程的所有費用，一個鄉承擔了一個府應盡的義務。

《東坡書院會課花紅輪條》和《重修蜀山東坡書院經費輪條》則記述了為鼓勵士子讀書，捐款成立獎勵基金的官員士民姓名及捐款數額。

《書院給發鄉會考費碑》僅存碑首而未見碑身正文，但仍然可知，為了解決貧困士子的考試費用，宜興的東坡書院特地設立了專項基金。

《湯氏捐地助學記》則記述了民國初年，邑人湯其倬將亡弟的一塊地產捐獻給新成立的宜興縣第一女校的義舉。

由於讀書人很多，良莠不齊，有些人取得了秀才的身份，地位稍別於普通民眾，便忘乎所本、欺凌柔弱。宜興有一塊清康熙帝御製的《訓飭士子文》，是康熙帝頒發給全國士子的訓令。康熙帝在文中警告士子：不允許橫行鄉里、欺凌小民，不允許包攬訟詞、挾制官長，不允許冒藉作弊、口是心非，要清白做人，端正行事，對晚明以來漢族士子的種種惡習提出了嚴勵批評。蹊蹺的是，宜興縣是在康熙帝《訓飭士子文》頒布數十年後的乾隆初年才將此文刊刻於碑、立於縣學之中的，顯然這不是為了討好已故的皇帝，而是為了整肅宜興士林的風氣。

古代的中國，官少而民多，民風淳樸，地方的治安由官府的法令、宗族的規約、鄉董的監督重疊維持，加以儒家的為人準則、佛教的因果報應和道教的神明暗察之說，故而大多數百姓都能安分守己、遵循禮法，但仍有外來流民和本地無賴作姦犯科。

《禁逐丐匪踞窯滋擾碑》記述了流動乞丐盤踞在廢棄窯廠內，白天行乞，黑夜行竊，鄉民不堪忍受，要求官府下令驅逐。

《張渚鎮准免派犯收管告示》一碑中記述了被發配到宜興張渚永豐區的囚犯，本應被嚴加管制、從事勞動，但由於管理鬆懈，囚犯竟和當地的無賴勾結起來，敲詐欺凌當地百姓。

《永禁客民藉屍訛索告示》一碑則記述了外來雇工在窯場病故後，一些地方無賴往往冒充屍親敲詐雇主，致人家破人亡的事件。

通過諸多宜興碑刻的記述，可以發現古代的宜興地區縣以下的鄉、鎮、村等行政單位的負責人都是由文化程度較高、經濟條件較好、在當地有影響力的士紳擔任。這些人大多熱心公益，在地方出了治安事件後往往即時糾合士民向官府匯報，再由官府下達禁令，制止治安亂象進一步惡化，帶有較多半自治性質。

十、陶瓷與窯務

宜興是中國著名的陶都，其窯火歷傳七千餘年，但迄今所發現專門記載陶瓷窯務的古碑卻並不多。

在《禁逐丐匪踞窯滋擾碑》中提到，不少外來流民居住在棄置的陶窯裏。古代製陶有一定季節性，不會妨農，主要在秋冬無事之時。這些數目眾多的陶窯是季節性閑置還是因故廢棄，尚不得而知。

在《嚴禁陶器刻印字跡告示》一碑中記載宜興官方曾先後數次頒布禁令，禁止在陶器上刻印文字，以免褻瀆；但一段時間後窯戶們依然我行我素。碑文記載禁令頒布的時段對清代紫砂陶器底款的斷代有重要幫助。

在《永禁客民藉屍訛索告示》一碑中記載了太平天國暴亂平息後，宜興由於人口銳減，窯業復興不得不大量引進外地雇工。

太平天國暴亂平息後，江西景德鎮窯業由於遭受破壞嚴重，一時尚難恢復，而江蘇宜興的陶業卻恢復迅速，獲得了一個發展的良機，所產陶瓷器行銷海內外。在《重建西安橋碑記》中就記載了一段由於車船運行頻繁，以致西安橋損壞嚴重的文字："庚申劫後，周王窯興，柴貨往來，殊不謹慎，迄光緒庚寅，水盤俱壞"，從側面反映了當時陶瓷業的興盛。

十一、文學與書法

宜興地區現存的古碑刻，都是用古文寫成的，其文章的撰寫者和書法的書丹者，都是一些文人學士，其中不乏名手大家。

三國東吳時刻立的《禪國山碑》記述了天璽元年（276）宜興發生大地震，有石如囷自立，吳主以為祥瑞，命人刻石封禪.此碑是我國最早一塊記載地震的碑，其文字為篆書，是東吳著名書法家蘇建書丹，由工匠殷政、何赦刊刻。其書法風格淳古秀茂，體勢雄健，筆多圓轉，繼承了周秦篆書的遺意，非常珍貴，具有很高的歷史與文化價值。唐代重立的《平西將軍周府君碑》是西晉著名文學家陸機撰文、王羲之所書，可稱雙絕；著名的《史貞義女碑》由唐代大詩人李白撰文、李陽冰書寫；另有明刊刻的《淨雲枝藏帖》、蘇軾《楚頌帖》等等。這些碑刻的藝術價值早就蜚聲海內，在此不多贅言。

宜興地區清代碑刻的文學與書法藝術也很突出。

雍正十年（1732）蔣錫震撰文的《澗橋蔣氏祠堂碑》，書法價值雖然一般，其文章卻非常優美，文中洋溢著一種不平的哀憤之氣，尤其是文末的銘詩：“安山之麓，南澗之濱。天祚蔣氏，九族以因……”鏗鏘上口，雄健優美。乾隆六十年（1795）荊溪縣令唐仲冕撰寫的《大蘆禪寺天王樓碑》把宜興風景描繪得十分優美傳神：“遙望縣南諸山，若屏若幛，若橫琴，若立戟，拔地嵌空，其狀不一，時朝暾初上，晨光宿霧復與東西二汊相溶瀩，儼然畫圖。”

刻立於嘉慶元年(1796)，由錢伯坰書丹的《重建和橋程氏宗祠》是一幅優秀的行草書法作品，書風受到明末王鐸的影響很深，通篇書法頓挫抑揚，雄健盤鬱。

嘉慶十五年（1810）任惇典書寫、吳玉麟鎪刻的《重建法華禪寺大殿碑》是一篇優秀的模仿元代趙孟頫書體的楷書作品，深得趙孟頫書法神韻。同時在結體上又有自己的獨特變化，而其刻工也十分精妙，把筆畫的一些細微之處表達得惟妙惟肖。

宜興古代碑刻是一筆珍貴的文化財富，其中值得研究的課題非常多，此次宜興市文管辦組建編委會投入極大精力釋讀碑刻文字，五歷寒暑，反復校勘，但其中肯定仍有不少謬誤，誠望四方諸君子不吝指瑕，對宜興碑刻多加關注，進而深入研究，以發掘其中被掩藏的歷史信息，為繁榮宜興文化、復興金石之學增光益彩。

葉伯瑜　執筆

2021 年 5 月

凡　例

一、收錄標準

本書選錄宜興境內現存的各類銘文石刻，涵蓋碑碣、坊表、墓誌、塔銘以及摩崖等，遠溯東漢，訖止民國。凡出處不明、方志失載或內容貧乏的碑刻暫不收錄。

二、分類排序

1. 依據碑文內容分成八大類別，為方便檢索，每個類別以其中一關鍵字的拼音字母標示：告諭禁約（G），寺院宮觀（S），祀廟祠堂（C），義莊善堂（Y），墓誌塔銘（M），橋樑路堤（Q），學宮書院（X），刻帖題记（T）。

2. 每個類別的碑刻按明確紀年排序，如紀年無考則列入該朝代紀年碑刻之後。

3、同一主題的一組碑刻按照主碑進行編號歸類，次碑附列主碑之後。

三、碑名確定

原則上以碑刻額題為準，如無額題，依據文義擬補。目錄和序記采用碑名簡稱，並保持一致。

四、尺寸標注

原則按碑刻高、寬、厚依次標注（座高不計），墓誌按縱、橫、厚依次標注，如碑嵌於牆或為摩崖無法測量，厚度不作標注；殘損碑刻標注殘餘尺寸，並予注明。

五、材質書體

除青石質地及楷書碑文外，其它材質及書體則予注明。

六、刊立日期

原則上以碑文記載為準，如紀年殘缺或未標明的依據文獻記載確定，或參考碑刻内容、書風、邊飾、形制等推定大致朝代（或下限），以便排序。年號紀年後標注公元紀年。

七、釋讀錄入

1.原則上以拓片為依據，結合原石校勘，不作臆斷篡改，如損泐莫辨者，則參考文獻校補並加以標注。

2.碑文錄入盡量忠實保留文字原貌，不擅作改動，以資日後專題研究之用；碑文之外的徵引文獻、序及整理者的描述性文字原則上採用通行繁體字。

3.凡目前字庫尚未收錄的省筆、異體字則采用拼合造字錄入，無法拼合造字的則改用字庫已收字體錄入（不另作標注）。

4.缺字以□標注，補字外加小括號，殘缺字數無法確定則以省略號標注。

5.除額題、撰書人、刊立年月、立石人或刻工等保留原碑單獨成行的格式外，其它諸如示敬、空格、出格、頂行、另行等特殊格式不再保留，閱讀時可參考附圖。

6.釋文均予斷句標點，以便閱讀。

八、文獻引証

稽考方志、家譜、檔案等文獻資料，對碑刻的刊立、流傳、著錄等情況作簡要引証，對損泐碑文作校勘補缺。文獻引証均注明出處。

九、圖片配附

除雙面或多面刻銘外，原則上采用一石配附一圖（拓片或照片），書法尤為精妙的附局部放大圖，凡傳拓不便者則以照片代替。

告諭禁約

寺院宮觀

告諭禁約

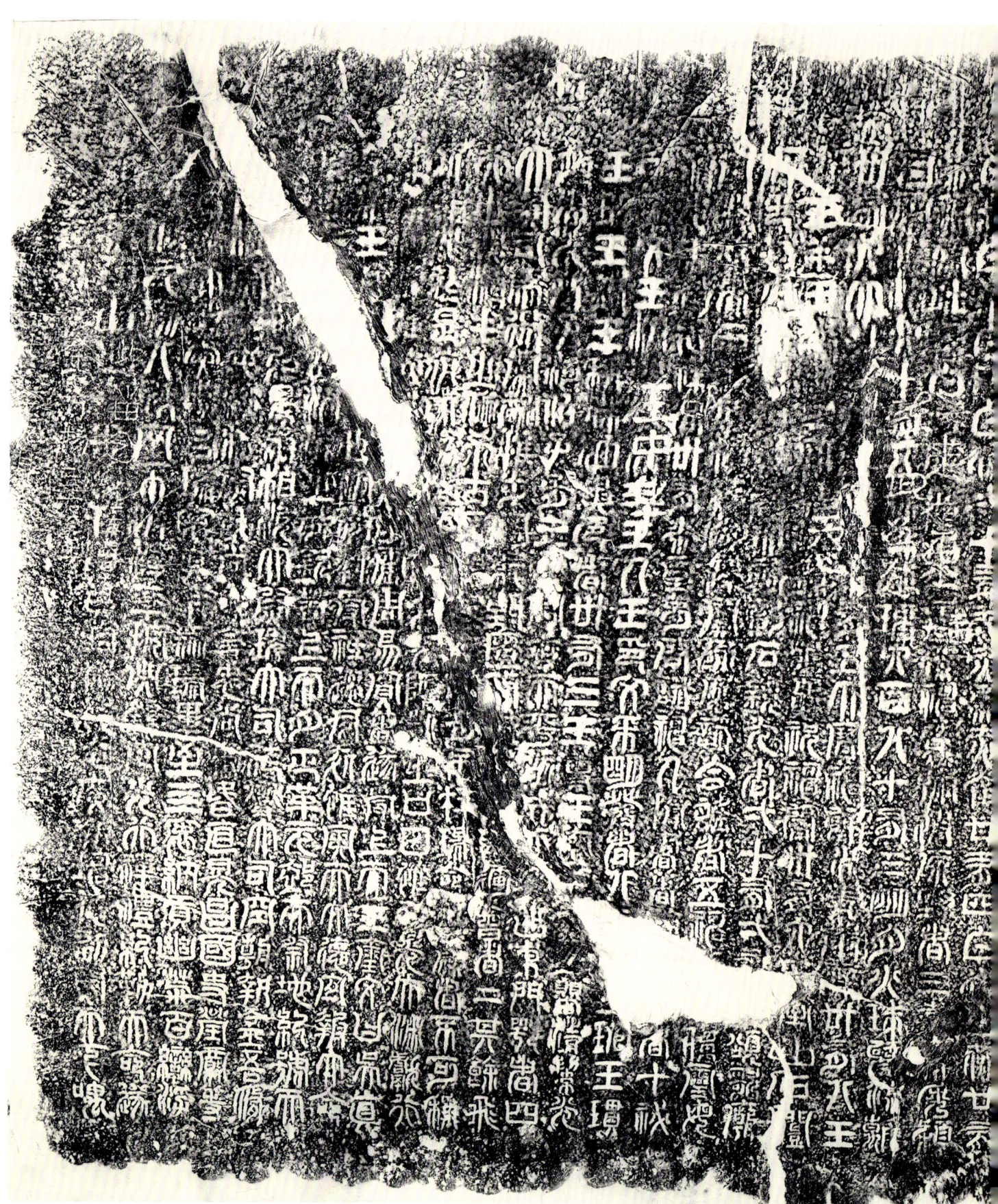

禪國山碑

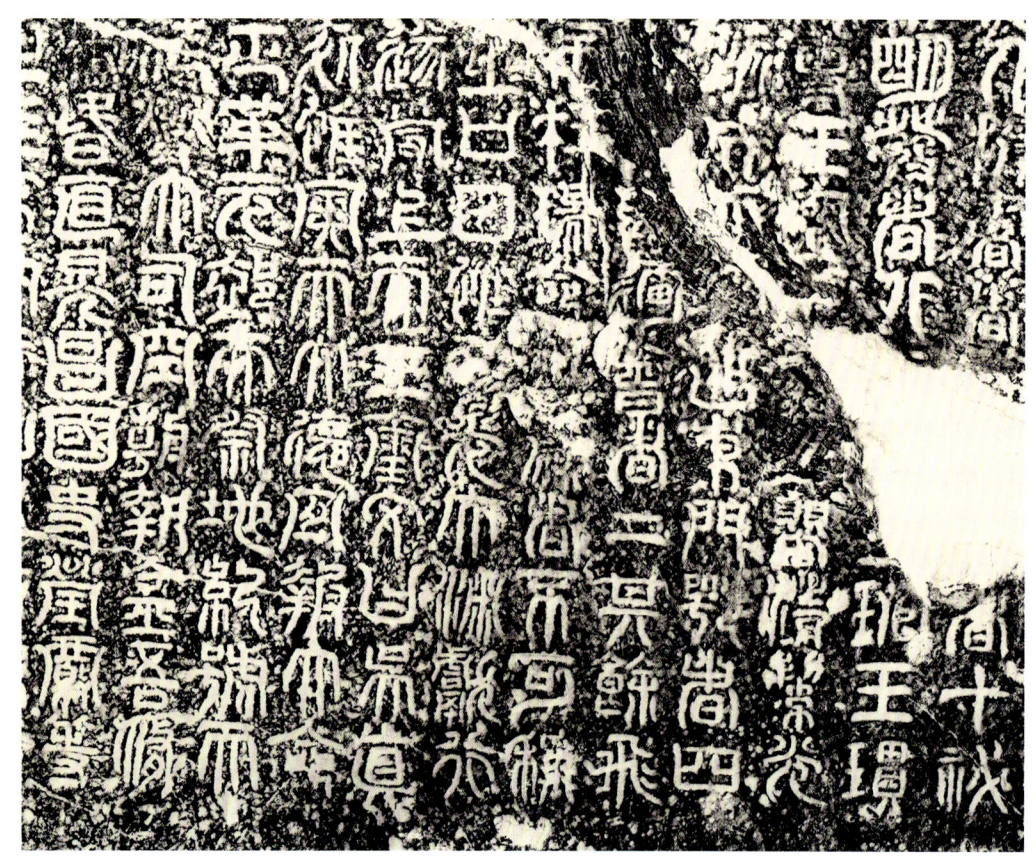

G–1

[簡稱]
禪國山碑

[尺寸]
高約 230 釐米，周長約 340 釐米

[刊立日期]
三國吳天璽元年（276）

[撰書人]
蘇建書（察書？），殷政、何赦刻。

[保存地址]
張渚鎮祝陵村國山頂

[備注]
碑身有數處裂縫，碑文損泐嚴重，且有數處
後人塗鴉，殊為痛惜。
2001 年 6 月 25 日公佈為全國重點文物保護
單位。

　　光緒《宜興荆谿縣新志》卷末載：《吳國山碑》，舊志所載據吳騫釋文，吳本於宋趙彦衛《雲麓漫鈔》、明沈敕《荆谿外紀》所闕字並作□，其見於二書而碑文莫辨者，字外作□（今以小括號代替）以别之，今則吳本所有之字更多漫滅，然亦有吳本所不辨而碑文尚顯者，則去其外□，吳本所明載而碑文實非者，則標於注内，碑文每行二十五字。（附錄如下，今據之校勘）碑高八尺，圍一丈，其形微圓而擶，東西二面廣，南北狹四之一。字徑二寸，文起東北而南而西，訖於西北，凡千餘言。碑首上鋭而微窪，石色紺碧，風雨剝蝕，東北二面文字尤多漫滅，南面下方石碎，佚去十餘字，西面上泐紋尤深，更歷歲月，當折一角矣。按：碑與《天發神讖》同時，《神讖碑》有紐，上懸如鐘；此碑如鼓，以其形圓似囷，謂之囷碑，此碑篆刻如"實"作"實"，"飛"作"飛"，皆古文可寶者，其餘借字尤多古雅。

　　《荆溪外紀》卷二十輯錄：

　　《跋國山碑》（歐陽修《集古錄》）：右《吳國山碑》者，孫皓天册元年禪於國山，改元天璽，因紀其所獲瑞物，刊石於山陰。是歲晉咸寧元年，後五年，晉遂滅吳。以皓昏虐，其國將亡，而衆瑞並出，不可勝數，後世之言祥瑞者，可以鑒矣。熙寧元年中元後一日書。

　　《跋國山碑》（趙明誠《金石錄》）：右《吳禪國山碑》，其前敍孫皓即位後郡國祥瑞，凡千餘言；其後云："乃以涒灘之歲，欽若昊天，月正革元，郊天祭地，紀號天璽"，又云"丞相沇、太尉璆、大司徒燮、大司空朝"等，以爲"今衆瑞畢至，四表納貢""九垓八埏，罔不被澤。率按典繇，宜先行禪禮，紀勒天命。遂於吳興國山之陰，告祭刊石，以對揚乾命，廣報坤德"。按：皓以丙申歲改元天璽，碑言"涒灘之歲"是也。皓淫虐無道，神人憤疾，而羣臣方稱述符瑞，讚頌功德。蓋刻石後四年，遂爲晉所俘矣。

　　《跋吳封禪國山碑》（盧熊）：右《吳封禪國山碑》，天璽元年立，東觀令史、立信中郎將蘇建篆，在常州宜興善權寺後古離墨山，邑人稱爲"囷碑"，高八尺，圍一丈，其形如鼓，刻字周繞其上，今大略可見者三十七行，每行二十五字，合有八百餘字。按：碑云"旃蒙協洽之歲，月次陬訾，日惟重光大淵獻，遂受玉璽，文曰□真□帝"，乃天册元年乙未正月辛亥；又云"柔兆涒灘之歲""月正革元，郊天祭地，紀號天璽……先行禪禮，紀勒天命"，則歲在丙申矣。"太尉璆"即弘璆，曲阿人，祖咨，孫權外甥，璆官至中書令、太子少傅；"大司空朝"史云兼司空董朝；"國史瑩、覈"即光禄勳薛瑩、東觀令華覈。史又云：天册元年，吳郡言掘地得銀，改年大赦；天璽元年，吳郡言臨平湖開，得石函中有小石，刻"皇帝"字；八月，鄱陽言曆陽山石文理成字，刻石立銘，襃贊靈德；又吳興陽羨山有空石長十餘米，名曰石室，在所表為大瑞，乃遣兼司徒董朝、兼太常周處至陽羨封禪國山，明年，改元大赦。熊考傳記，蓋以吳郡掘銀而改"天冊"，海鹽玉璽有文曰"吳真皇帝"而改"天璽"，因曆陽山石文字而改"天紀"。碑云"湖澤開通"即臨平湖開之事，"石室山石開"即海鹽、陽羨之事。當時海鹽亦屬吳郡，舊有六里山石篆刻，其略曰"旃蒙協洽之歲得玉璽，文曰'吳真皇帝'"，與此碑合，疑陳壽所書"石函小石，刻'皇帝'字"誤合"臨平湖開"之文；史云：於曆陽刻銘，今世亦不見此文字。如嚴山神讖、海鹽玉璽、國山刻文，史家不能備載。此文歐、趙二家皆有著論矣。其字畫形勢絕與《神讖》相似，第石質堅頑，工人就其上鐫刻，故行款、廣狹、長短微有不同。宋黃伯思謂"皇象書《神讖碑》，字勢雄偉"，殊不審皇象在孫權時，與嚴範、鄭姥並號"八絕"，則《神讖碑》亦蘇建書無疑也。東漢碑碣多尚隸書，獨此二篆有周秦遺意，《神讖》險勁峻拔，《國山》純古秀茂，可與《崔子玉書》《張平子碑》相頡頏，若永建《麟鳳贊》、魏《石經》中篆文弗論也。熊向獲見拓本，僅二十餘行，以宜興記校之字，多為訛舛，今得自郡人謝林，始覩其全，因重疏如右以俟識者云。

道光《續纂宜興縣志》卷九之二載《國山碑考後敍》（吳騫）：孫吳後主皓時石刻之存者凡二：一曰《天發神讖碑》，一曰《封禪國山碑》。《天發碑》在建業嚴山，屬吳故都，好事者椎拓無虛日，未幾，石碑為三，故有三段之目；厥後徙置不一，今在江寧學宮尊經閣下；康熙中，祥符周雪客始合三段為一，而屬讀之，並作《天發神讖碑文考》傳於世。《封禪碑》在吳興陽羨縣國山，實今常州府荊溪縣西南五十里，地既荒僻，人跡罕至，拓者亦甚少，故歸然屹立山椒，迄今猶未斷泐，其文雖不無磨滅，較《天發》尚多可辨識。予往來荊南道中，恒登山巔披荊榛，剗落蘚，親以氈椎從事者無慮數四，而心乎愛矣，卒未能舍也。夫封禪勒碑，表諸祥瑞，述己功德，皓之侈妄，於斯已極。然承祚特書其事於《國志》，則方諸《天發碑》，不慕重與？《天發碑》不著書人，或云皇象，考象在孫權時居"八絕"之一，未必皓世猶存，昔人已辨之，郭允伯至詆為"牛腹書"，亦未免過甚。《國山碑》為中書東觀令史、立信中郎將蘇建所書，見之名見於《輿地·碑記》及《書史會要》等，故與休明並推，觀其筆勢，醇古雋逸，紳有先秦二京之遺風，惜乎埋沒山陲，千百數年罕有表著之者。間因暇日蒐討群籍，辨其訛誤，為《國山碑考》一卷，餘姚盧弓父學士見而欣然為序其首，簡大興、翁正三詹事亦為之訂正，且題詩其後，謬許必傳，復以釋文倩四明范鳳頡孝廉、武原張芑堂明經假天一閣所藏舊拓《國山碑》細校，蓋豐道生故物也，於是向所蓄疑之字多賴之以釋，遂授諸剞氏就正通方，非敢效敝帚之享，亦以見諸君匡贊之功，為不容泯云。

　　□□之□□□（子茲，格於）上下，光被八幽。（螾飛蠕動，無不歸）仁。是故□□□□□□□□略□□□□□□□□□□（上）尊□□□□□□□□□□□□□□□□□□□（靡不還假，民用不犯。於是）□□□□□□□□丞相沇□□□□□□□□（率禮備儀，尊敬）□□□□□□□□□□□□大□□□□□□□□宮□□□□□□□□□□□□□□□□□□□□□□□（所臨）□（徘徊於）此，遂（基）大宮。玉燭□□□澤□清。庶民子來，不日□□□□□□（延頸跂足，率土來庭）。柔（服百）神，經緯（庶）務，日昃不（暇）。□（觀六經，旁貫百家。思該道根，數世陵遲）。大繇未光，闓立東觀。□紀（實言，建設墳典。采詢微聞，窮神極）化，（無）幽不闡。舉逸遠佞，寬（罪宥）刑，守（道尚功。嘉善矜弱，哀賤愍）凶。□□朽枯，上天感應。□□□□□（踐阼初升，特發神夢，膺受籙）圖，玉璽啟自神匱，神人指授（金）冊、（青）玉（符者）四；日月抱戴，老人星見者，弌十有弍；五帝瑞氣，黃（旂紫葢，覆擁）宮闕，顯著斗牛者弌十有九；麟鳳龜龍，銜圖負書，卅有九；青（猊）白兒，丹□□□鳳，廿有二；白鹿白麖，白（麂）白兔，卅有（二）；白（雉）白（烏），白鵲白鳩，弌十有九；赤烏赤雀，廿有四；白雀白燕，廿有柒；神魚吐（書），白鯉騰舡者二；靈絮神鹽，彌被原野者三；嘉禾秀穎，甘（露凝液），六十有五；殊幹連理六百八十有三；明月火珠，璧流離，卅有六；大（貝、餘蚳）、餘泉，（柒十）有五；大寶、神璧、水青穀璧，卅有八；玉（燕）、玉羊、玉（鳩）者（三；寶鼎）、神鐘、神甕、夔祝、神鬲，卅有六；石室山石闓，石印封（啟），九州吉發（顯）天讖，彰石鏡光者，弌十有弍；（神）□頌歌，廟靈□示者三；幾民推紀，湖澤闓通，應讖合謠者五；神翁神僮，靈母神女，告徵表祥者，卅有柒；靈夢啟讖，神人授書，著驗□□者十；祕（紀讖）文，玉板紀德者三；玉人玉印，文采明發者八；玉□玉琯，玉瓛玉（瑗），玉鉤玉稱，殊輝異色者，卅有三；玉尊玉盌，玉盤玉罍，清絜光腺者九；孔子河伯，子胥王（靈），宣言天平墜成；天子出東門鄂者四；大賢司馬微、虞翻推步圖緯，甄匱啟（緘，發事）與運會者二。其餘飛行之類，植生之倫，希古所覿，命世殊奇，不在瑞命之篇者，不可稱而（數）也。於是旃蒙協洽之歲，月次娵訾之□，日惟重光大淵獻，行（年所值，實惟茲歲。"帝出）虖震"，《周易》實著。遂受上天玉璽，文曰"吳真（皇）帝"，玉（質青黃，鰓）理洞徹，擗受祇聳，夙夜惟寅。夫大德丕報，大命（丕彰），乃以柔兆涒灘之歲，欽若上天，月正革元，郊天祭地，紀號天璽，用彰明命。於是丞相沇、太尉璆、大司徒燮、大司空朝、執金吾脩、城門校尉歆、屯騎校尉悌、尚書令忠、尚書昏、直晃昌、國史瑩、覄等，（僉）以（為）天道（元）嘿，以瑞表真，今眾瑞畢至，三表納貢；幽荒百蠻，浮海慕化；九（垓）八埏，网不被澤；率按典縣，宜先行禪禮，紀勒天命。遂（於）吳（興）國山之陰，告祭刊石，以對揚乾命，廣報坤德，副慰天下喁喁之望焉。

中書東觀令史、立伨中郎将臣蘇建□書。

刻工：（殷）正、何赦。

奉旨平定青海告成太學碑

G-2

[簡稱]

平定青海告成太學碑

[尺寸]

高 450 釐米，寬 152 釐米，厚 43 釐米

[刊立日期]

清雍正三年（1725）五月十七日

[保存地址]

宜城街道東廟巷周王廟

[備注]

碑身下部橫裂。

碑文為漢滿二體。

此碑為宜興現存最高古碑。

[文獻著錄]

《欽定國子監志》卷三十一輯

錄碑文，漫漶莫辨者可資校補。

1990 年版《宜興縣志》第二

十四卷載：1983 年 1 月，縣政府基

建工地（原文廟明倫堂）出土。

奉旨（額）

平定青海告成太學碑

我國家受天眷命，撫臨八極，日月所照，罔不臣順，遐邇乂安，兆人蒙福。乃有羅卜藏丹津者，其先世固始汗，自國初稽首歸命，當時使臣建議，畀以駐牧之地，其居雜番羌，密近甘涼。我皇考聖祖仁皇帝睿慮深遠，每廑於懷。既親帥六師，平定朔漠，威靈所加，青海部落札什巴圖兒等震讋承命，聖祖仁皇帝因沛殊恩，封為親王，兄弟八人，咸賜爵祿，羈縻包容，示以寬大。而狼心梟性，不可以德義化，三十年來，包藏異志。朕紹登寶位，優之錫賚，榮其封號，尚冀革心，輯寧部衆。而羅卜藏丹津昏謬狂悖，同黨吹拉克諾木齊、阿爾布坦溫布、藏巴札布等實為元惡。謂國家方弘浩蕩之恩，不設嚴密之備。誕敢首造逆謀，迫脅番、羌，侵犯邊城，反狀彰露，用不可釋於天誅指。遂命川陝總督、太保公年羹堯為撫遠大將軍，聲罪致討。以雍正元年十月師始出塞，自冬涉春，屢破其衆。凡同叛之部落，戈鋋所，應時摧敗，招降數十萬衆，又降其貝勒、貝子、公台吉等二十餘人。朕猶憫其蠢愚，若悔禍思愆，束手來歸，尚可全宥，而怙惡不悛，負險抗違。乃決剪滅之計，以方畧密付大將軍羹堯，調度軍謀，簡稽將士，用四川提督岳鍾琪為奮威將軍。於仲春初旬，禡牙祖征，分道深入，搗其窟穴，電掃風驅，搜剔巖阻，賊徒蒼黃糜潰，窮蹙失據。羅卜藏丹津之母及逆謀渠魁，悉就俘執，擒獲賊衆累萬，牲畜軍械不可數計。賊首逃遁，我師踰險窮追，獲其輜重人口殆盡。羅卜藏丹津子身易服，竄匿荒山，殘喘待斃。自二月八日至二十有二日，僅旬有五日，軍士無久役之勞，內地無轉輸之費，克奏膚功，永清西徼。三月之朔，奏凱旋旅，鐃鼓喧轟，士衆訢喜。四月十有二日，以倡逆之吹拉克諾木齊等三人獻俘廟社，受俘之日，臣民稱慶。伏念聖祖仁皇帝威靈震於遐方，福慶流於奕葉，用克張皇六師，殄滅狂賊，行間將士，亦由感激湛恩厚澤，為朕踴躍用命。斯役也，芟夷凶悖，綏靖番羌，俾烽燧永息，中外人民，胥享安阜，實成先志，以懋丕績。廷臣上言：稽古典禮，出征而受成於學，所以定兵謀也；獻馘而釋奠於學，所以告凱捷也。宜刊諸珉石，揭於太學，用昭示於無極。遂為之銘曰：

天有雷霆，聖作弧矢。輔仁而行，威遠寧邇。維此青海，種類實繁。錫之茅土，列在藩垣。被我寵光，位崇祿富。負其阻遐，禍心潛搆。恭惟聖祖，慮遠智周。惓念荒服，綏撫懷柔。朔野既清，西陲攸震。爵號洊加，示之恩信。如何兇狡，造謀逆天。鼓動昏憝，寇侵於邊。惟彼有罪，自干天罰。桓桓虎貔，爰張九伐。王師即路，冬雪初零。日耀組練，雷響鼙鉦。蠢茲不順，敢逆戎旅。奮張螳臂，以當齊斧。止如山嶽，疾如雨風。我戰則克，賊壘其空。彼昏終昧，曾不悔戾。當剪而滅，斯焉決計。厲兵簡將，往擣其巢。踰歷嶔嶇，坦若坰郊。賊棄其家，我縶而獲。牛馬谷量，器杖山積。蹇兔失窟，何所逃逃。

枯魚遊釜，假息煎熬。師以順動，神明所福。旬日凱歸，不疾而速。殪彼逆謀，懸首藁街。獻俘成禮，

金鼓調諧。西域所瞻，此惟雄特。天討既申，羣酋懾息。橐戈偃革，告成辟雍。聲教遐暨，萬國來同。

惟我聖祖，親平大漠。巍功煥文，邁桓軼酌。流光悠久，視此銘辭。繼志述事，念茲在茲。

雍正三年五月十七日。

禁（鋤挖墳山）碑

G-3

[簡稱]

永禁鋤挖墳山碑

[尺寸]

高 142 釐米，寬 62.5 釐米，
厚 23 釐米

[刊立日期]

清乾隆十八年（1753）二月

[保存地址]

丁蜀鎮洑東村大潮山福源禪寺

[備注]

兩邊及下端剔地平雕卷草紋。

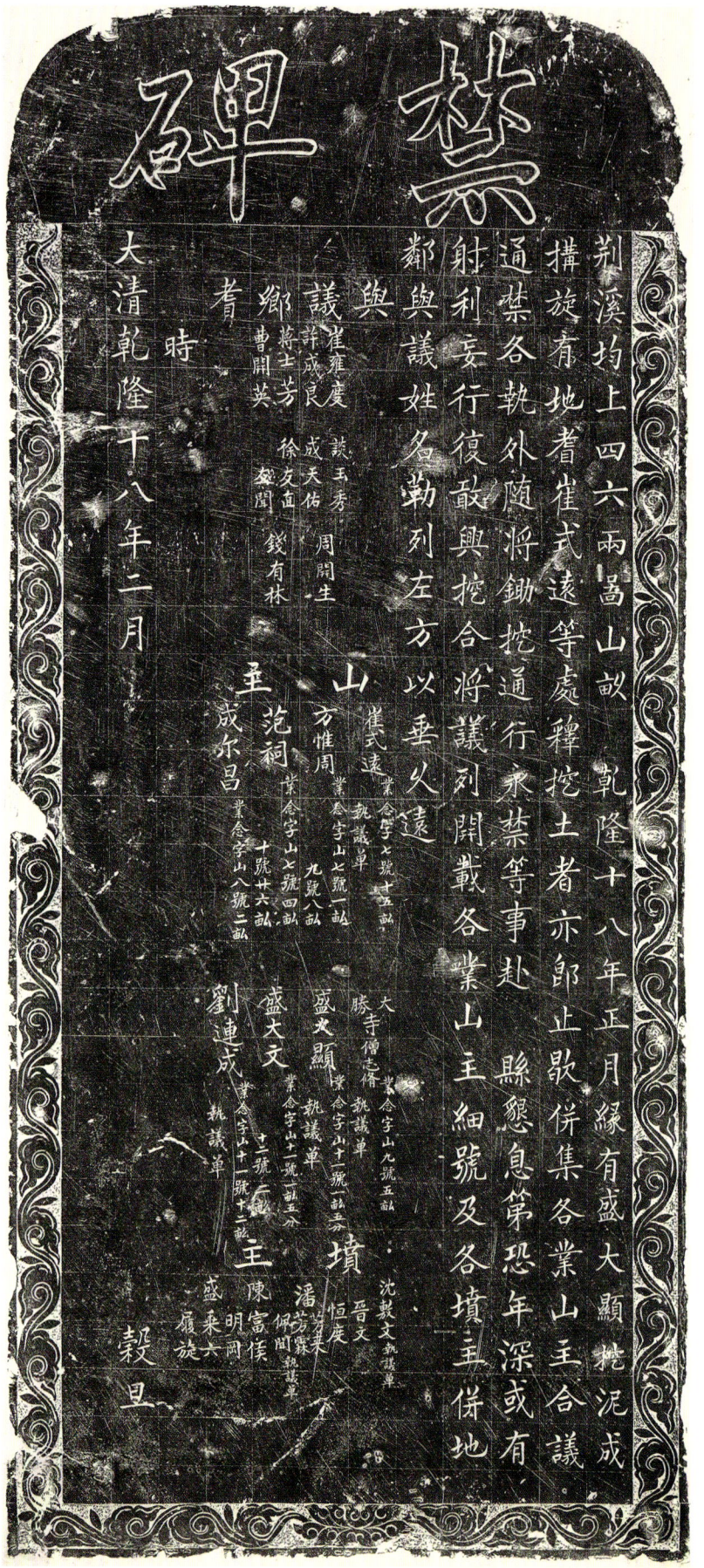

萬曆《重修宜興縣志》卷十載：大聖庵，在縣東南五十里清泉鄉。宋嘉定七年，僧應闍黎建。國朝洪武二十四年僧古航重建。宣德七年，僧宗堅重修。王超《大聖鐘聲》詩（略）。康熙《重修宜興縣志》卷十載：嘉靖間僧廣義增置石柱、佛殿、山門。

《大潮福源禪寺》第二章載（略）：大聖寺，坐落於大潮山麓的 104 國道旁，數度興廢。清末里人周氏再度捐建。建國初，曾用作白泥鄉政府辦公地；60 年代後部分用於宜興縣陶瓷公司下屬的原料總廠白泥分廠的職工住房；現存幾間舊房，隸屬大潮福源禪寺管理。此碑原砌於大聖寺院墻內（2004 年移至今址），附錄碑文。

[碑文]

禁碑（額）

荆溪均上四、六兩區山畝，乾隆十八年正月，緣有盛大顯挖泥成搆，旋有地耆崔式遠等處釋，挖土者亦卽止歇，併集各業山主合議通禁各執外，隨將"鋤挖通行永禁"等事赴縣懇息，第恐年深，或有射利妄行，復敢興挖，合將議列開載，各業山主細號及各墳主併地鄰與議姓名勒列左方，以垂久遠。

與議鄉耆：崔雍度，許成良，蔣士芳，曹開英，談玉秀，成天佑，徐友直、友聞，周開生，錢有林。

山主：崔式遠　業念字七號十五畝（執議單）。方惟周　業念字山七號一畝、九號八畝。范祠　業念字山七號四畝、十號廿六畝。成尔昌　業念字山八號二畝。

大勝寺僧志脩　業念字山九號五畝（執議單）。盛大顯　業念字山十一號一畝五分（執議單）。盛大文　業念字山十一號一畝五分、十二號二畝。劉連成　業念字山十一號十二畝（執議單）。

墳主：沈敷文（執議單）、晉文、恒度，潘芳来、芳霖、佩聞（執議單），陳富侯、明岡，盛乘六、履旋。

時大清乾隆十八年二月穀旦。

永禁宰牛碑記

G-4

[簡稱]
永禁宰牛碑

[尺寸]
高 150 釐米，寬 69 釐米，厚 31 釐米

[刊立日期]
清乾隆二十九年（1764）後

[保存地址]
徐舍鎮芳莊村芳西水碼頭

[備注]
碑身斷成三截且有殘缺，碑文漫漶莫辨。

碑陰附以大理石新刻泥金碑文，下端注釋略曰：碑毀於文革，字跡僅剩三分之一，天敘堂根據剩餘內容及歷史記憶重撰，並以原樣於 2016 年重立。（雖有訛誤，今據之校補。）

[文獻著錄]

《徐舍鎮志》第二十九章載：原碑立芳莊大橋埠，殘碑現存芳西埠頭。

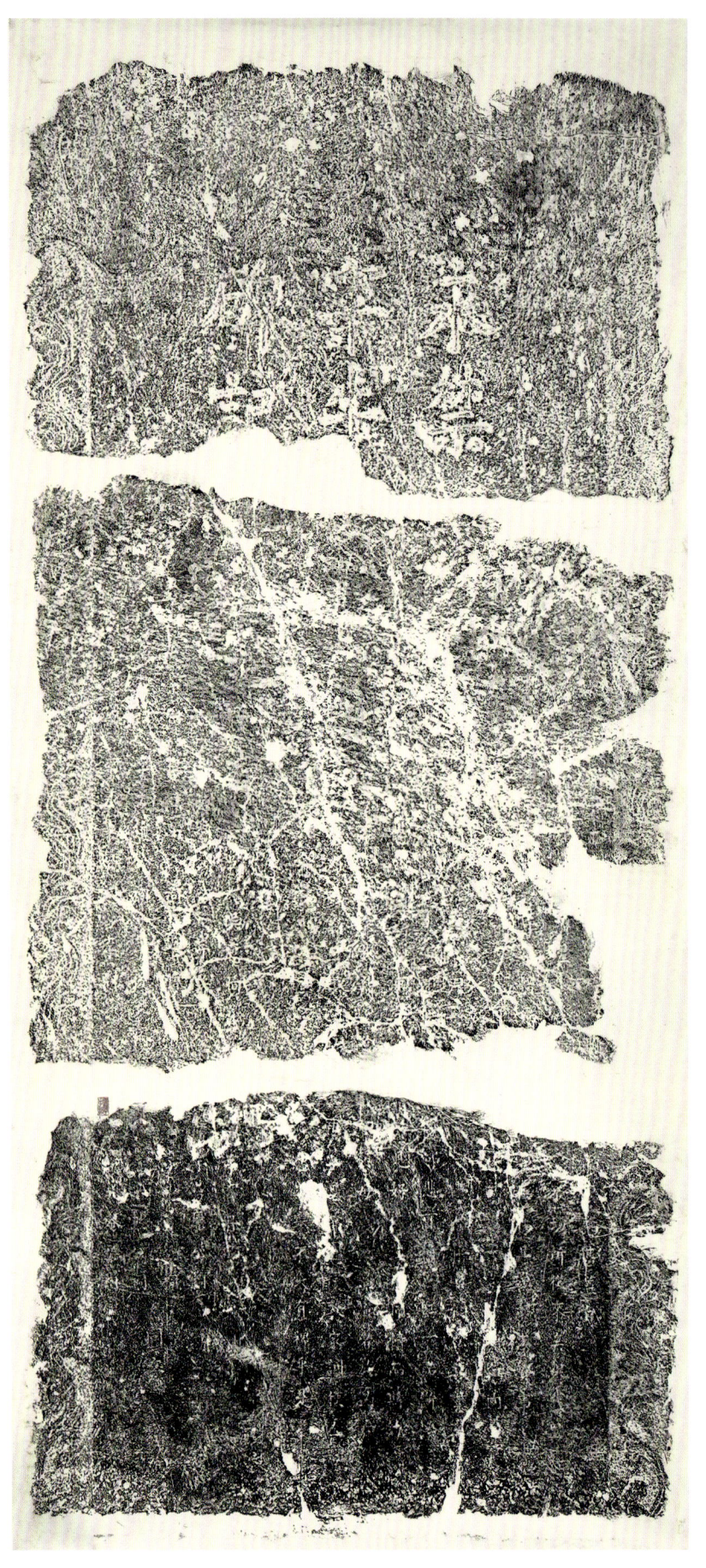

永禁宰牛碑記（額）

大清乾隆廿九年，《會典》欽定：民間禁宰牛。吾里民須爲甚益。自《左傳》稱"接以太牢，卜士負之，士妻食之"，歷朝禁宰勿食，切所從來矣。況我里被聖人之教化，良善之輩從來遵守朝廷法度，今嚴禁耕牛屠宰，且□扵工賈，事事更爲我里人職責所在。私宰耕牛，寢食皮肉，為居心殘忍；今日不忍目睹血肉模糊之慘狀，以爲宰牛之罪同於殺人也。今里祠尊老商榷，吾里尊者訓戒禁宰，牛能代人以耕，不能自免於戮者，其在於口不能言也，可悲可慘！萬口一諾，斷於斯日，視牛同己，束身向善，以承天地覆載之恩；以此見好善慈仁同情而斯約，以受國家教養之澤，豈不美歟？居心殘忍，不務本奉法或互爲惡者，族必聽勘，當以典章家法治之。共誓不復食牛，以增壽果一紀，決不忍宰殺，家訓教誡，吾人皆有惻隱之心，上天有好生之德。善心善行結善果，此舉不大有裨乎？是爲仁者之德行也。前芳原公祠老一母牛，將屠，其犢淚奔伏地，藏刀身下，里人感嘆，言使其將刀嘟去，乃遂嘟于河中，此等乞命，不亦神乎？

復刋書當街。

天叙堂大宗祠、李司馬公祠、李方伯公祠、李承掣公祠、李伯叢公祠、李後芳公祠、李材民公祠、李芳原公祠、李新原公祠、李浩然公祠、李介庵公祠仝立。

奉憲永禁（滋擾普濟堂）碑記

G-5

[簡稱]
永禁滋擾普濟堂碑

[尺寸]
高 160 釐米，寬 83.5 釐米，
厚 17 釐米

[刊立日期]
清乾隆五十五年（1790）
三月

[保存地址]
碑載原立於荊溪縣張澤
普濟堂門首，現為宜城
街道私人收藏。

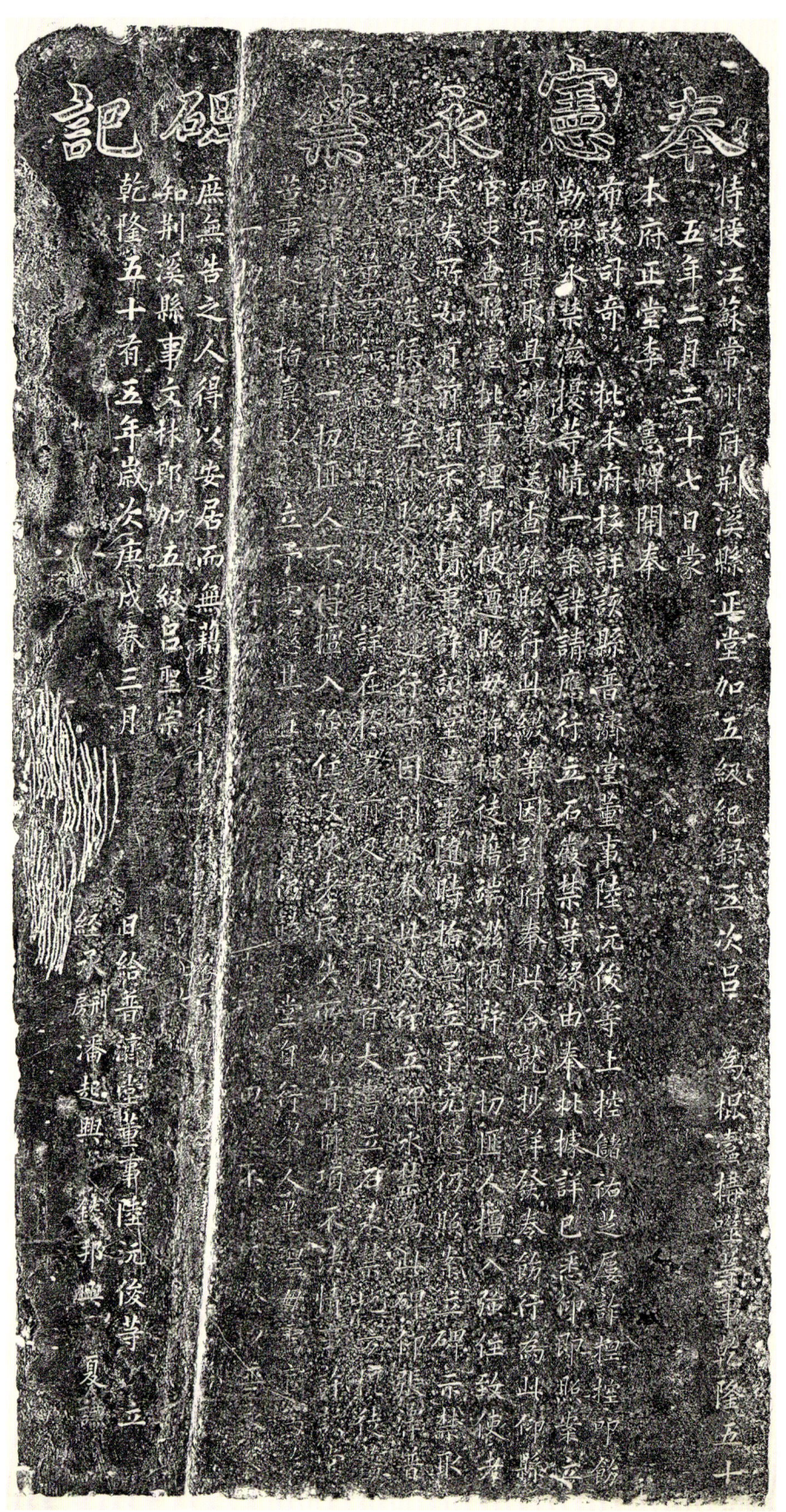

奉憲永禁碑記（額）

特授江蘇常州府荆溪縣正堂加五級紀録五次吕　為棍蠹搆噬荨事。乾隆五十五年二月十七日，蒙本府正堂李　憲牌，開奉布政司奇　批，本府核詳，該縣普濟堂董事陸沅俊等上控儲祐芝屢詐捏控，叩飭勒碑永禁滋擾荨情一案，詳請應行立石嚴禁荨缘由，奉批據詳已悉。仰即照案立碑示禁，取具碑摹送查，餘照行此繳荨因，到府奉此，合就抄詳，發卷飭行，為此仰縣官吏查照憲批事理，即便遵照，毋許棍徒藉端滋擾，并一切匪人擅入强住，致使老民失所。如有前項不法情事，許該堂董事随時指禀，立予究懲。仍照案立碑示禁，取具碑摹，送候轉呈，餘照抄詳遵行。荨因到縣，奉此合行，立碑永禁，為此碑仰張澤普濟堂董事知悉遵照，憲批議詳在扵署前及該堂門首，大書立石，永禁地方棍徒藉端詐擾，并禁一切匪人，不得擅入强住，致使老民失所。如有前項不法情事，許該堂董事随時指禀以憑，立予究懲。其在堂経費，仍聽該堂自行舉人董理，毋需官為管營，一切□□□□□□許□□□□仍□□□堂□□田産不得□廢，以垂永久，庶無告之人得以安居，而無藉之徒，□□□□□□□。

知荆溪縣事文林郎加五級吕聖宗。

乾隆五十有五年歲次庚戌春三月　日，給普濟堂董事陸沅俊荨立。

経承：刑房潘起興、錢邦興、夏謙。

禁逐丐匪踞窯滋擾碑

G-6

[簡稱]

禁逐丐匪踞窯滋擾碑

[尺寸]

高 155 釐米，寬 82 釐米，
厚 16 釐米

[刊立日期]

清乾隆五十六年（1791）
十月

[撰書人]

谈履廷書丹，臧志全刊石。

[保存地址]

丁蜀鎮蜀山社區宜興市
紫砂四廠

[備注]

碑首佚。
兩邊剔地平雕卷草紋。

　　江蘇常州府荊溪縣呈爲再叩憲恩等事案，奉前調府正堂李　牌、奉前按察司王　憲、行奉巡撫部院閔　批：卑縣民潘佩沅等呈請，飭縣勒石永禁，驅逐外來流丐刺匪，盤踞空窑，滋擾緣由，蒙批“丐匪在地滋擾，自應嚴行查逐，仰按察司轉飭勒石永禁可也”等因到司行府轉縣并抄粘。監生潘佩沅、周迪怡呈詞內稱“生等荊溪丁蜀山地方，田少山多，民以燒窑爲業，緣窑在曠野，燒貨出窑後，向有流丐、刺匪叭及無賴等類盤踞空窑，日在鄉村、市鎮強賒硬討，搭棚誣賭，訛詐善良；夜則乘機肆竊，民難安枕，窑户斥逐，非遭暗害，即被誣扳，且設有病丐倒斃，無屍屬領埋，窑户既爲地主，勢必報官拖累；又或丐與匪爭，釀成人命，干連窑户，蕩産傾家，種種受害，不勝枚舉。生等各窑户情切向隅，呈禀縣府，奉准飭逐，無如丐匪兇頑，藐若具文，去又復來，雖有驅匪杜患之名，而無靖地安良之實。因思欲除其害，必求勒石叭垂久遠，於是上叩憲轅，恩蒙批仰臬憲轉飭，禁逐在案；迨蒙給示，懸掛不久即爲風雨損壞，叭致差保查逐漸亦懈弛。現今丐匪等復來盤踞，鬨鬨滋擾，仍循故轍，非蒙勒石，民害終無底止，爲再匍求大憲、大人恩賜，飭府勒石永禁，俾得地方寧靖，杜累樂業，頌德無疆”。上呈等情，除尚飭該湖汶司巡檢就近稽查外，合行勒石永禁，爲此示仰丁蜀山窑户地保人等知悉：嗣後遇有外來丐匪，責成該管罤頭及地保值汛，弓兵一體，時加稽察，概不容棍匪踞宿空窑，滋生鬨端。現蒙各大憲嚴飭禁逐，毋許丐匪仍蹈前轍，設有頑梗不遵，聽該窑户鳴知地保弓兵立時驅逐，倘敢強行踞宿，許即協同扭解赴縣，以凴訊究，遞籍安插，切勿姑容，滋生鬨患，至該罤頭約束不嚴，定即究革。其地保、弓兵亦不得扶同庇縱。自勒石後，務在實力奉行，以垂永久，慎毋故違，致干咎戾，滇至碑者。

　　乾隆五十六年十月　日。

　　知縣徐鐫。

　　具呈人：潘世能、周迪怡、潘佩沅、潘鵬萬、談仁佩；汪士傑、趙維德、徐煥麟、楊豈凡、許起沅、陳邦占；梁仲雲、潘若霖、梁武臣、繆興三、陳繼芳。

　　典舖：陳源有、洪集慶、楊惇大、吳景隆、夏元茂；朱德豐、吳義泰、劉永興、吳振泰、陳恒盛；潘成隆、華廣成、程鼎茂、陳世渭、張加瑞。

　　經辦：潘鵬萬、潘世能。

　　里人談履廷書丹。臧志全□□。

永禁（壩内私捕樵割）碑記

G-7

[簡稱]

永禁壩内私捕樵割碑

[尺寸]

高 135 釐米，寬 62 釐米，厚
18 釐米

[刊立日期]

清嘉慶七年（1802）三月

[保存地址]

徐舍鎮聯星村善慶禪寺

[備注]

碑首斜裂。
上端剔地平雕回紋，兩邊剔
地平雕卷草紋。

[文獻著錄]

《徐舍鎮志》第二十九章
輯錄碑文，錯訛甚多。

［碑文］

永禁碑記（額）

環圩皆水也，東界蓮溪，西通瀨水，溧邑水道所経，每遇水發，其衝激之勢，奔湃之形，駭目驚心，由来舊矣。田畔埂塍，議經按畝起，夫公辦坟傍、塘埂業主，賃築聽其自便，歲有成例。獨有大閘圩之関犍也，壩梢圩之咽喉也，一有不慎，或滲漏、或傾塌，其患匪淺。我等生扵斯長於斯，烏得不善為謀計？惟壩內魚息，可得若干兩，擇交謹厚者收貯，自可以公辦公繼，自今與衆約曰："壩河之魚蝦，不許私船混捉。而閘之啓閉以時，魚之捕取以度，則生息不窮。倘有傾塌滲漏之病，出公項以帮扶，即修築亦易矣。如敢不遵，鳴衆共擊！"僉曰："可！"因筆其禁，勒諸石以垂久遠云。

計開：

一 禁壩內魚蝦，両啚公捉，不得恃強私捕。

一 禁壩岸草木、河內水草，不得船隻入壩樵割耡鈀。二、十両啚耆老公立。

嘉慶七年三月穀旦。

通塘合禁

G-8

[簡稱]
通塘合禁

[保存地址]
官林鎮南莊村南莊灌溉站

[尺寸]
殘高 80 釐米，寬 48 釐米

[備注]
碑身下端殘缺。

[刊立日期]
清嘉慶十四年（1809）九月

[碑文]

通塘合禁（額）

自古瀕湖諸瀆，便吐納，備旱潦，裨益宏多，大深……旱年車湖要道，視他處為淺，狹港又南北逼近，村……今春各槽聯泒叚起夫，加工開濬具重甃，謝家月橋……寔為旱備，工竣後爰勒明禁如左：

一　禁南北兩圩溝股除車垯、泥垯外，不得另行填……

一　禁村中南北兩岍，不得委積瓦礫雜物，以致淤……

一　如遇水漲，圩埂倒坍，只依原形幫築，毋踰舊額……

一　沿湖涇性培行，歲久就淤，嗣逢春旱，仍行通塘……

以上禁規，如有違者，責成鄰近，申明其罰，重輕隨……近，狥情隱諱，明議陪罰，所罰銀兩，存充春旱通塘……

嘉慶十四年九月。

謝西□、駱掄藻、施忠培、蔣文康、吳進明、呂嵩齡、儲岳年、蔣燦九，儲佑成、儲仁泰、呂甭臣、儲柏恒、呂效廷、儲席珍、儲茂山、呂睿尚……

周鐵鎮惜字會田產細號暨條規

G-9

［簡稱］
周鐵鎮惜字會田產細號暨條規

［尺寸］
高 42 釐米，寬 172 釐米

［刊立日期］
清嘉慶十六年（1811）八月

［撰書人］
杭金書丹

［保存地址］
周鐵鎮周鐵社區電影院

［碑文］

　　特授江蘇常州府宜興縣正堂、加十級紀錄十次李，為呈請具詳勒碑垂久事，據下邾巡司林詳稱，據洞上、洞下區貢生陳賦、張起莘、廩生尹於相、張繡、生員張峒、畢登瀛、監生杭履安、畢炘、張光岳、張步苑、陸勷、陳邦彥、周案方等具呈前事內稱：切念上古結繩，易以書契；竹梃點漆，後著篇章。所以玉軸牙籤，識是聖賢之寶；甲經丁集，知為宇宙之奇。秘文雖合珍藏，斷簡豈容褻越？茲乃閨房線簿，悉屬蟲書；菽粟封函，或裁舊册；殘頁漂流於風雨，零賤狼藉夫泥沙。是以山非小酉，蠹書之棄擲偏多；坊異春明，楮墨之穢污已甚。致生等觸目驚心，捐資置產；樂善舉之共勸，會名惜字；發募人之工食，租給住持。酌收字紙十觔，議給秈稻一斗；緣首輪流覺察，開消免致虛浮。然非勒石，莫垂永遠之規；是必具詳，乃定久長之計。為此連名，粘單呈叩；詳請縣憲，給示勒碑。姓名開列，捐輸可備稽查；細號註明，田畝永無更易。上呈粘單內稱：周鐵鎮文昌閣惜字會置買

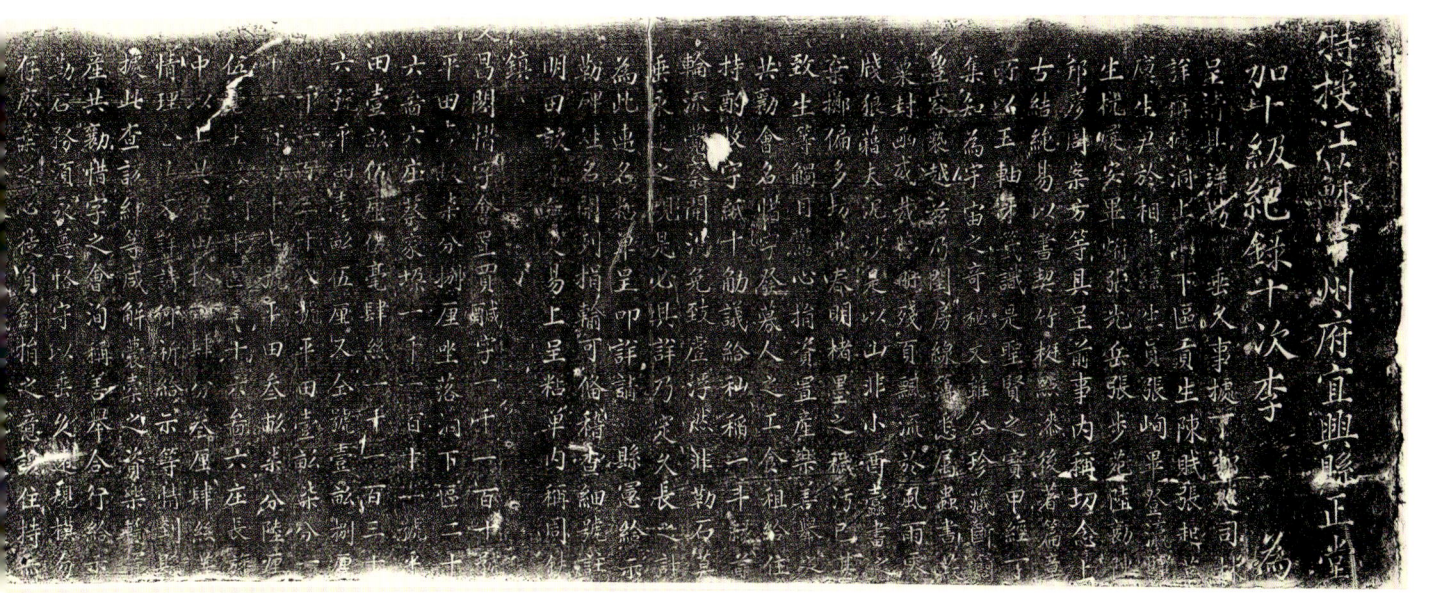

醎字一千一百十號平田壹畝柒分捌厘，坐落洞下區二十六圖六庄蔡家塚；一千一百十一號平田壹畝伍厘伍毫肆絲，一千一百三十六號平田壹畝伍厘，又全號壹畝捌厘；一千一百五十八號平田壹畝柒分，一千一百四十七號平田叁畝柒分陸厘伍毫，坐落洞下區三十六圖六庄長旛中，以上共置田拾畝肆分叁厘肆絲。等情理合具文詳請，仰祈給示等情到縣，據此查該紳等，咸解囊橐之資，樂輪置產；共勤惜字之會，洵稱善舉。合行給示勒石，務湏永遵恪守，以垂久遠規模；勿存廢棄之心，徒負創捐之意。該住持無當照議拾收字紙，藏爐焚化，灰送長流；不得輕拋，致有狼籍。各宜永遵毋違，特示。嘉慶十五年九月日示。

字紙會條規：

一 乏字紙價以給工食，每拾字紙十觔，給租穀壹斗，歲分两季，秤量投爐。

一 任老成以重付託，拾字紙公擇惠隆菴□僧以時收拾。

一 時覺察以課勤惰，焚化字紙每歲的於二、八月初三日，遇科場則改期九月，經管到菴秤化，盈餘短少照數登記，以俟彙算。

一 嚴出入以杜營私，在會公舉十二人值祭經管，屆期會同到菴，脩香燭祭儀敬秤算交兌，如有羨餘，以脩添補。

輪年值祭經管書左：杭履安、畢烆、張光岳、尹於相、張起莘、張峋、陸勷、張步苑、張繡、陳邦彥、畢登瀛、周案方。

杭金薰沐書丹。

嘉慶十六年八月穀旦。

惜字會碑記

G-10

[簡稱]
惜字會碑

[尺寸]
高 222 釐米，寬 78 釐米

[刊立日期]
清嘉慶十六年（1811）八月

[撰書人]
尹于相撰，馬昂書丹，杭金篆額，周運
安鐫。

[保存地址]
周鐵鎮周鐵社區電影院

[備註]
碑首剔地平雕雙龍戲珠紋，兩邊剔地平
雕花草紋。

惜字會碑記（篆額）

惜字會碑

易稱離為火，其象文明，天下文明莫如字。字者孳也，孳而不已，必有所歸，故受之以火。惜字會所在多有，吾地獨未舉行。粤東林君分巡来宜，始議其事，捐廉以倡，士民翕應。遂斂錢置經久計，歲派二人筦其租入，募夫檐簏周行街巷村落間，搜索殘編故紙，以時較其多寡為勤惰而給值焉。爰即文昌閣前空地支龕以化，勒石以記，俾後此常無廢輟者，皆林君之力也。雖然，予竊思昔人之為此，竟以為勝舉而樂為之乎？抑亦無可如何不得已而出此也？夫古来擅名翰墨者，類皆傀畸：與之登山臨水，白擲噱談，則酣嬉淋漓，不能以已。設持尺素、投厚貲，乞其數行筆扎，徃徃拂衣徑去，不可得。而愛奇嗜古之士，或蔵一前人卷帙，或購一前代圖書，什襲歷數十百年，展時但覺古香流溢，無少剥蝕。甚者，重趼石棧，駴瞬風濤，尚携持弗捨；寧以死生，力抗於神物攫挐、勢家誘奪之際，以自惜若彼，以相惜若此，此真可謂惜字哉，又何有飄零散佚哉？近世爭相衒鬻，號為應酬，下逮賈販吏胥，東塗西抹，至莫可收貯。其富豪紈袴飾智弄文，時見牙籤插架，幀册縱横，不旋踵而抛殘朽蠹。有心者目不忍睹，戶不能說，區區掇拾於糊窓覆瓿，盡取而付之一炬。故火一也，秦皇之火，焚燒聖賢之遺經；惜字之火，掃除庸俗之惡業，亦從不足惜處徒為痛惜已矣。

尹於相薰沐敬撰，馬昂薰沐書丹，杭金薰沐篆額。

樂輸姓氏開列於左：下邳巡司林□捐俸銀拾兩，張恂若捐錢叁拾貳兩，張啟祥捐錢叁拾貳兩，陳文粹捐錢貳拾陸兩，張闔若捐錢貳拾兩正，張尹耕捐錢貳拾兩正，杭添澤捐錢叁拾陸兩，杭朝榮拾陸兩，克敬拾兩，世德堂拾兩，陳紹南捌兩，□志豐捌兩，畢价潘拾陸兩，□培德堂捌兩，怡賢堂捌兩，培德堂捌兩，張履泰捌兩，□天榮捌兩，陳朝紳捌兩，尹庶琦柒兩，躍川、凝川共拾貳兩，周震安陸兩，畢培德堂陸兩，□啟榮陸兩，陳哉凌柒兩貳錢，□潤蓮伍兩，俊三伍兩，陳弈泰伍兩，達尊叁千文，□艾渠肆兩，沈應沅伍兩，□萬隆肆兩，文素、佑良、德彰共拾貳兩，文衡叁兩陸錢，周鳴岐叁兩陸錢，柳天生叁兩，□□□柒兩，□雲書叁兩，畢學存叁兩，學輅貳兩陸錢，善成壹千陸百文，□翰周貳兩，□□□□□，□□□貳兩，耀章貳兩，張硯峋壹兩陸錢，陳時雋壹兩陸錢，陳紹曾壹兩陸錢，□□□□□，周□□壹兩陸錢，張芳標壹兩貳錢，陳鎮初壹兩。

□□□公募田畝細數：□□□壹千壹伯拾號平田壹畝柒分八厘，此號坐落洞下貳拾陸圖陸莊蔡家垛；□□□壹千壹伯拾壹號平田壹畝五厘五毫肆絲，壹千壹伯叁拾陸號平田壹畝伍厘，又同號平田壹畝捌厘；□□□壹千壹佰□拾平田壹畝柒分□□，壹千壹佰肆拾柒號平田叁畝柒分陸厘伍毫，以上伍號俱坐落洞下貳拾陸圖陸庄長旛中。□□以上陸號共平田拾畝肆分叁厘肆絲。

大清嘉慶十六年歲次辛未仲秋月穀旦。

石工周運安鎸。

永禁盜賣南岳寺產告示

G–11

[簡稱]
永禁盜賣南岳寺產告示

[尺寸]
高 164 釐米，寬 70 釐米

[刊立日期]
清嘉慶二十一年（1816）二月

[保存地址]
新街街道南岳路南岳寺

[備注]
碑身右下角殘缺。

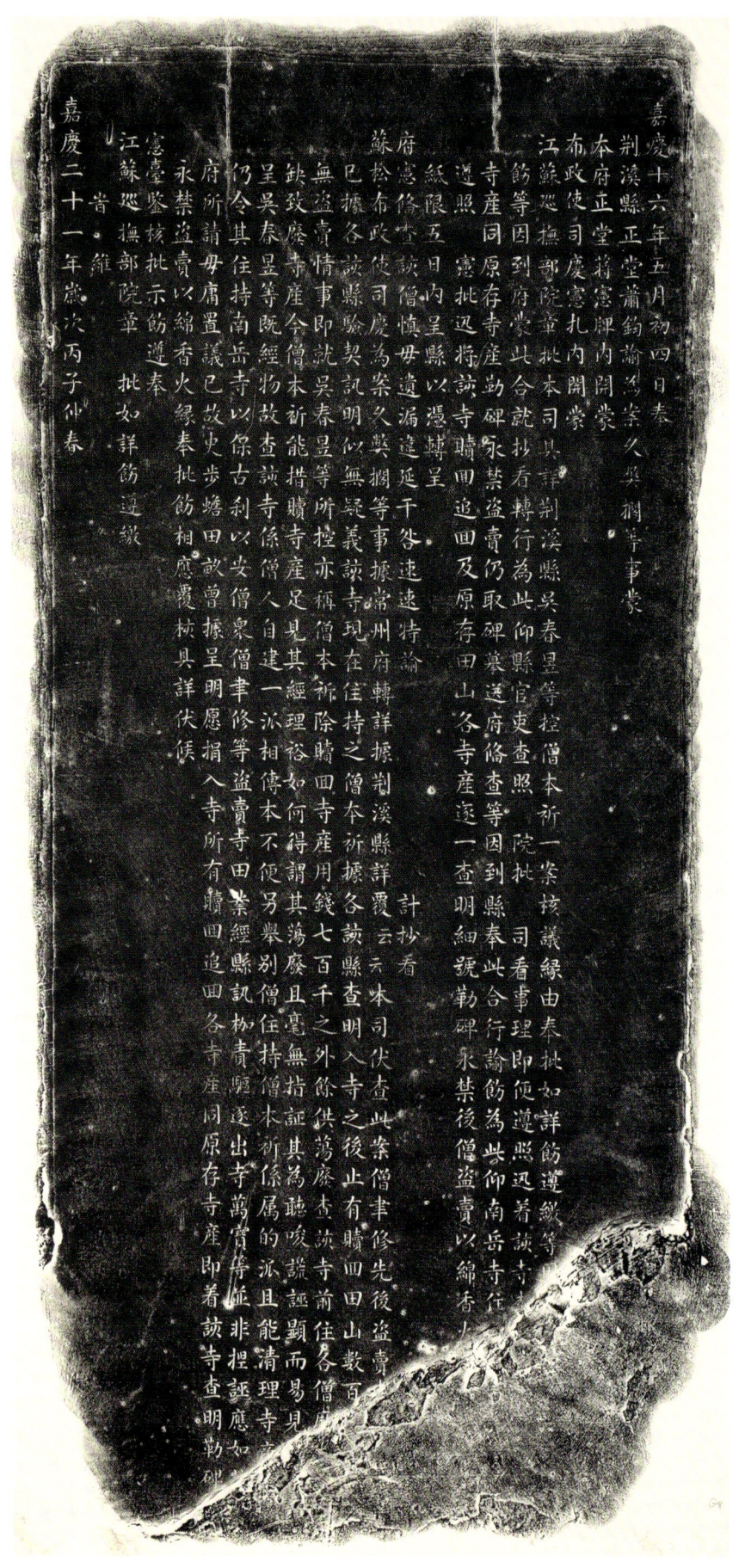

　　嘉慶十六年五月初四日，奉荊溪縣正堂蕭鈞諭，為案久弊擱等事，蒙李府正堂蔣憲牌內開，蒙布政使司慶憲扎內開，蒙江蘇巡撫部院章批本司具詳。荊溪縣吳春昱等控僧本祈一案，核議緣由，奉批如詳飭遵繳等因，□□□□□□飭等因到府蒙此，合就抄看轉行，為此仰縣官吏查照院批、司看事理，即便遵照，迅着該寺查□□□□□寺產，同原存寺產，勒碑永禁盜賣，仍取碑摹送府俻查等因到縣，奉此合行諭飭，為此仰南岳寺住（持本祈）□□□遵照憲批，迅將該寺贖囘、追囘及原存田、山各寺產，逐一查明細號，勒碑永禁後僧盜賣，以綿香火，□□□□□紙，限五日內呈縣以憑，轉呈府憲俻查，該僧慎毋遺漏，違延干咎，速速，特諭。計抄看：蘇松布政使司慶，為案久弊擱等事，據常州府轉詳、據荊溪縣詳覆云云。本司伏查此案，僧聿修，先後盜賣（寺田）□□已據各該縣驗契訊明，似無疑義。該寺現在住持之僧本祈，據各該縣查明，入寺之後，止有贖囘田山數百畝□□無盜賣情事。即就吳春昱等所控，亦稱僧本祈除贖回寺產，用錢七百千之外，餘供蕩廢。查該寺前住各僧歷□□缺，致廢寺產，今僧本祈能措贖寺產，足見其經理裕如，何得謂其蕩廢？且毫無指証，其為聽唆謊誣，顯而易見。□□呈吳春昱等既經物故，查該寺係僧人自建，一派相傳，本不便另舉別僧住持。僧本祈係屬的派，且能清理寺產，□仍令其住持南岳寺，以保古刹，以安僧眾。僧聿修等盜賣寺田，業經縣訊枷責，驅逐出寺；萬寶等並非捏誣，應如□府所請，毋庸置議。已故史步蟾田畝，曾據呈明願捐入寺。所有贖囘、追囘各寺產同原存寺產，即着該寺查明，勒碑永禁盜賣，以綿香火。緣奉批飭相應，覆核具詳，伏候憲臺鑒核批示，飭遵奉江蘇巡撫部院章批如詳飭遵繳。

　　峕維嘉慶二十一年歲次丙子仲春敬（立）。

奉憲給示
（水陸斃屍收殮條規）

G-12

[簡稱]
水陸斃屍收殮條規

[尺寸]
高 180.5 釐米，寬 82.5 釐米，
厚 14 釐米

[刊立日期]
清道光四年（1824）閏七月
二十八日

[保存地址]
宜城街道東廟巷周王廟

[備註]
碑身下半部剝蝕嚴重。
碑首剔地平雕雙鳳朝陽紋，
兩邊剔地平雕卷草紋。

奉憲給示（額）

特授江蘇常州府荊溪縣正堂、加六級記錄十次尹 為遵札出示曉諭事。案奉本府正堂程 札，開准蘇州府抄移告示內開，案照各屬水陸路斃浮屍，向經詳議章程，或由地保報堂，或由堂董查□□保察，有無屬出認者，由堂捐費棚廠、飯食、錢二千文，填具聯單報官詣驗，棺殮埋葬義塚。路遠需船者，另捐水脚錢六千文。如驗有傷痕，棺交地保收管，聽官詳緝，與堂無涉。倘係乞丐斃屍，由丐頭查無別故者，赴堂領棺埋葬，毋庸報驗，概不飭傳地主、地隣訊供取結，以杜差仵藉事勒索之弊，叠經詳奉各憲通飭遵行。上年又奉臬憲改議，水陸斃屍，概由堂董督保查看，有傷者報驗，無傷者即由堂董捐棺殮埋，先後通飭遵辦。又經節次示曉在案，嗣後各堂董事，分晰有傷無傷，及查看傷痕各情形，開摺呈奉臬憲，批府議詳，又經核明詳覆。茲蒙臬憲飭將議呈各條臚列曉示，并頒給捐牌，分發所屬各堂董遵辦，等因到府。准此合抄粘式札飭到縣，奉此，查此案前奉臬憲札飭，業經出示在案，今蒙前曰，合遵出示曉諭，為此示仰，居民、地保、差仵人等知悉：嗣後如遇水陸無屬斃屍，聽堂董督保查看，分別有傷無傷，按照後開臚列各條；有傷者捐費填單報驗，棺交地保收管，報官詳緝，與堂董無涉，不傳地主、地隣，訊供取結滋累；其無傷之屍及棲流局驗收病斃在途病故者，即行捐棺殮埋義塚。如差仵人等敢再違例多索，凌辱堂董，以及地匪擅敢串冒屍屬，藉端滋擾，有妨善舉，許堂董指名具稟，以憑□拏，盡法重處，決不（姑寬）。各宜凛遵毋違，特示。

計開各條：

一 查看水陸屍身頭面，有刀戳、繩勒、手足被縛，及跌磕、被毆傷痕，或顏色發變之處，用手按捺堅硬青紅□□，係傷痕□，又居民門首、河□、空地、墳旁、野廁自縊、自盡、服滷、服毒，竅有流血者，以上各屍，如無屍屬出認，仍照舊章，由堂捐費，填具聯單，報縣驗殮，棺交地保收管，聽官詳辦，不（許飭傳地）隣，訊供滋累，如有差仵、地棍勒索滋擾，許堂董即行稟究。

一 查看屍身頭面，並無刀戳、繩勒、綑縛等傷痕，皮肉雖有谼變之處，用手按捺柔軟，非係堅硬，及肚腹□陷，面色痿黃□□□病□□，無屍屬出認，即遵憲飭捐棺殮埋，毋庸報官相驗，仍將年貌、服色、遺物登簿，按月彙報，府縣示召屍屬認領，以上□□俱驗堂□□□無□□□□□□□。倘有地匪、棍徒、差仵人等，攔殮勒報，以圖滋擾者，許堂董地保指名稟究。

一 水陸斃屍，有乞食碗、缽、籃、棒者，仍照詳之章程，由丐頭看明具結，向堂領棺殮埋，按月彙報，（毋庸）報官相驗。

一　凡遇斃屍，查有屍屬出認者，應否報驗，聽親屬自主，與堂董無涉。

一　地保堂董，看明實在無傷無屬，捐棺殮埋之後，倘有地棍奸民，冒屬圖詐；即係的屬，藉此圖訛，捏將有傷，赴官呈控，及奉訊明□控□□□□認，一言了事，而堂董已遭拖累。現飭各屬，如遇有呈控，先着具稟之人，指明亡者姓名、年貌、服色、住址，于何月日、曰何事、與何人爭毆，何處致命重傷，出具如虛，願甘反坐，切結呈縣，照結訊辦。或稱生前，另有別故致死，亦着指出實據，查辦□□屍捐殮之堂董無涉，不准並傳滋擾，如無實據，不□□□者立案不行，若詳請開檢，虛誣者照律治罪。

一　棲流局收養病斃，查明無故無傷，擡至中途病故，向係堂董報驗，與局無涉，今無傷斃屍，俱免報驗。所有棲流局收養病斃，中途亡故者，□□□□□無別故，即聽該局捐棺殮埋，待局認領，毋庸再呈善堂報驗。

道光四年閏七月二十八日示。

同仁堂公立。

奉憲頒給永豐區積善堂相驗水陸斃屍一切雜費

G-13

[簡稱]
積善堂相驗水陸斃屍頒
給雜費

[刊立日期]
清道光二十一年(1841)
五月

[尺寸]
高 60.5 釐米, 寬 99 釐米,
厚 12 釐米

[保存地址]
徐舍鎮鯨塘社區活動
文化服務中心

[文獻著錄]

　　光緒《宜興荊谿縣新志》卷二載: 積善堂, 在永豐區張渚鎮, 道光間紳士余繹之等募建。咸豐間兵毀。同治五年紳士余維楨、馮謙光等於程公祠捐設辦理。

[碑文]

　　永豐區十啚十一、十八、廿一積善堂　奉憲頒給相驗水陸斃屍一切雜費, 開列於後。

　　計開:

　　一　如遇路斃浮屍, 即由該處地保赴堂內報知, 給發聯単報驗。一切書差、仵作人等船錢、飯食, 遵奉前憲陶通飭、概由縣主捐給, 與堂內無涉。其地保入城報驗船錢、飯食, 酌給錢八百文。又土工伺候相驗, 以及搭廠埋屍等費, 給錢八百文。相驗後, 堂內給棺一具, 加以灰炭等項, 共約錢三千餘文, 費用均由堂內當面給發, 並不擾及地主。其相驗處所, 在近地搭廠, 不得在居民門首混設, 倘有地棍奸胥, 移詐勒索, 指明稟究。

　　一　永豐區通達湖溪, 遇有浮屍, 由地保報官相驗。一切船錢、飯食費用, 地保無論有力無力, 斷

不肯出資供應，不得不出之於地主，或更從中漁利、挾制訛詐。以致貧富居民見浮屍在界，無不畏累，出錢移去，以卸己責。今既設堂經理，嗣後遇有浮屍，見即任住；遇有路斃，屍身不許移易。如無親屬出認者，由地保報驗，其一切費用，悉照前例章程辦理；於相驗後，隨時殮葬義塚，無許再向地主勒索。再查浮屍路斃，如係近地之人，自有親屬出認，其致死之由，報呈俱已聲明，與地主地隣本無干涉。至並無親屬出認之屍，俱從遠處而來，地主焉能知其來歷？即屍身或有死於傷非死於病溺者，飭傳地主到案，亦無可訊問；今若免其到案，則地主無所畏懼，棍徒無勒索藉詐之權，自可永杜移屍

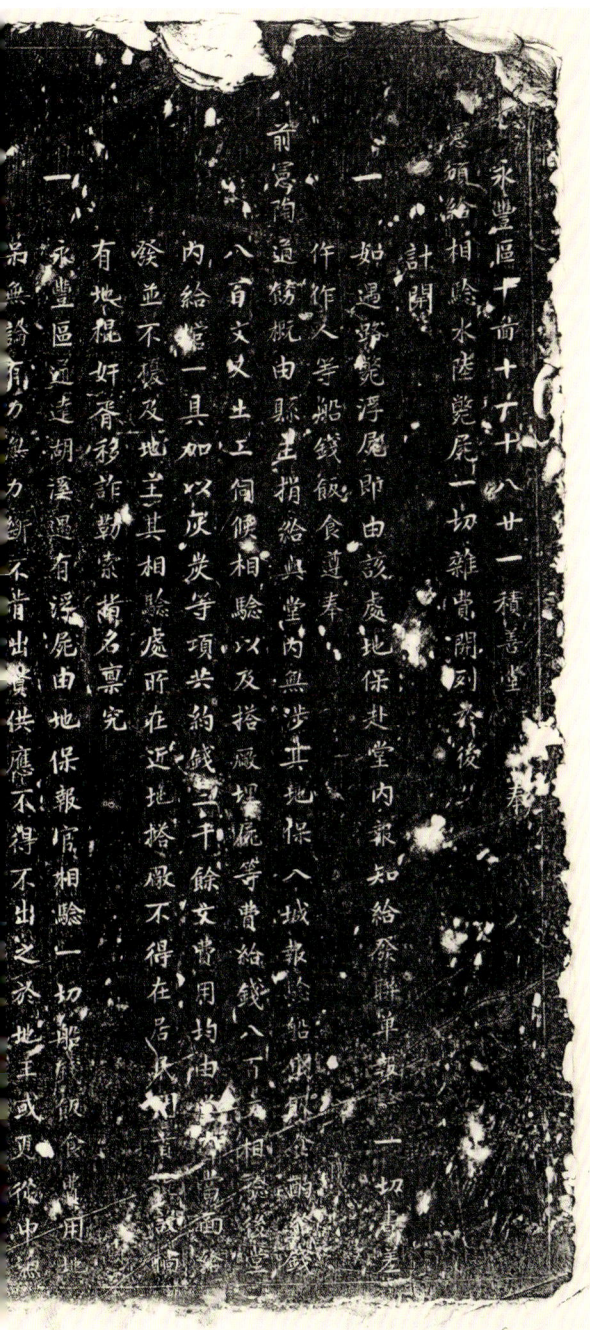

沉溺之慘矣。

一　路斃浮屍如無親屬出認，由地保報知堂董填單報驗，概不擾及地主外，至有親屬出認，應聽親屬自行料理，亦無庸仍向地主滋擾。如該親屬寔係無力承辦者，棺木由堂內一體施給。

一　路斃浮屍實係服滷服毒並無病溺斃命，及荒坟、樹藪、□□、毛廁、窰廠、車棚自縊，應行查究者，如有親屬出認，應聽親屬自行報官驗驗；如無親屬出認，經官相驗後，堂內出棺盛殮，交地保收管，仍聽本縣照例查辦。

一　堂內出價置買地畝作為義塚，凡遇浮屍路斃並無親屬出認者，經官驗殮後，即舁放義塚，問明男女、年貌、服色，於埋葬時插標登簿，以待親屬出認領歸；不願領歸者，聽之。

一　荊溪鄉鎮非比蘇郡，向無將棺寄放坛戶、日久焚化之事；惟沿港□□每有拋厝幼殤棺木及雖有坟塚而浮厝，年久孤絕穿陷，屍骸暴露，殊為可憐，嗣後由公堂雇人留心查察，如有前項無主棺木，即代為培土深埋，亦安慰窮魂之義。

一　堂中捐資未富，公設選擇各啚殷實老誠之人，輪流經□，登簿立摺，支取應用。俟經費有餘，再行擬建棲流公所，收養垂斃病人等事，次第舉行，以利貧民。

一　蘇郡公堂經辦驗殮等事，先請地方官給發捐牌，開載某堂施棺殮埋，不許沿路腳夫爭界，棍徒滋擾，事由另有縣給聯單，存貯公堂。遇有路斃浮屍，應由公堂經辦者，該地保赴堂訴明，隨時給與聯單一咭，填明某區某啚，地保姓名，見屍處所，地保持此報驗，以杜差仵人等阻撓滋事之弊，仍留單根一咭，公堂存查。今積善堂亦宜仿（效）辦理，由縣先行給發捐牌聯單，以免弊擾。

道光二十一年歲次辛丑仲夏穀旦。

嚴禁謀命扳詐告示

G-14

[簡稱]
嚴禁謀命扳詐告示

[尺寸]
高 155.5 釐米，寬 71 釐米

[刊立日期]
清道光二十六年（1846）三月

[保存地址]
丁蜀鎮雙橋村知青點東側民宅前。

[備注]
兩邊剔地平雕纏枝花卉紋。
此碑原砌於雙橋義倉前廳走廊東側牆上，1970 年義倉拆除，為村民收存，平鋪於宅前地坪。

[文獻著錄]
　　《雙橋村志》第七章輯錄碑文，略有錯訛。

　　特授江蘇常州府荊溪縣正堂、加五級紀録十次尹　爲環求示禁以安良善事。據均下區二十四、五圖生貢范鍔、范鈞、范荻書、范溥、范海、范沅、職監馮樹椿、恩職范長修、尹曰梁、尹曰坊、范正家、范榮蕢、葉君貴、范于遠、馮文煥、馮六吉、吳維埔、范汝綸、吳海等稟稱，切生等區內地近湖濱，民風素稱醇樸，茲緣習俗澆漓，人心不古，有等兇惡匪類，每因雀角細故，致死人命，一経到案，即將平日稍有嫌隙以及毫無仇怨，擇殷實懦厚者任意妄扳，或指爲同謀，或指爲藏匿兇器，或賊匪混指良民寄頓銀錢贓物，變幻百出。被誣之人不遂其詐，堅不開釋；以致兇徒愈爲得計，竟有平空謀命，全以扳詐爲生涯者，實出理法之外，雖奉逐案痛加懲治，不使良民羈累而往返候質，不特舉室驚惶抑又廢時失業。更有一等兇棍，或擇懦嚇詐，或向店舖強賒硬欠，聲稱稍拂其意，即行釀命貽害，聞者莫不心驚膽裂。似此刁風日盛，良善何以安業？前奉撫憲通飭嚴禁，業蒙出示曉諭，但恐日久玩生，仍有兇徒扳詐情弊，環叩給示，勒石永禁，以儆兇頑，以安良善。等情到縣，據此除批示外，合行出示嚴禁，爲此示仰該圖紳耆、地保人等知悉：自示之後，如有兇棍致死人命，圖害良民，或平空擇懦嚇詐，並向店舖強賒硬欠者，許該紳耆、地保立即擒拏解縣，以憑照律從重治罪，決不稍爲寬貸，倘兇犯賊匪誣扳良民，該紳耆亦即聯名呈請開釋，不予拖累，此係除暴安良要政，該紳耆、地保務各協同，實力辦理，俾棍徒無所施其技倆，以杜謀命扳詐惡習，各宜凜遵毋違，特示。

　　道光二十六年三月　日示。

奉憲頒發（張渚鎮准
免派犯收管）告示

G-15

［簡稱］

張渚鎮准免派犯收管告示

［尺寸］

高 165 釐米，寬 73 釐米

［刊立日期］

清道光二十九年（1849）三月

［撰書人］

楊柳邨鐫

［保存地址］

張渚鎮下場街城隍廟

［文獻著錄］

《張渚鎮志》第二十三章有載。

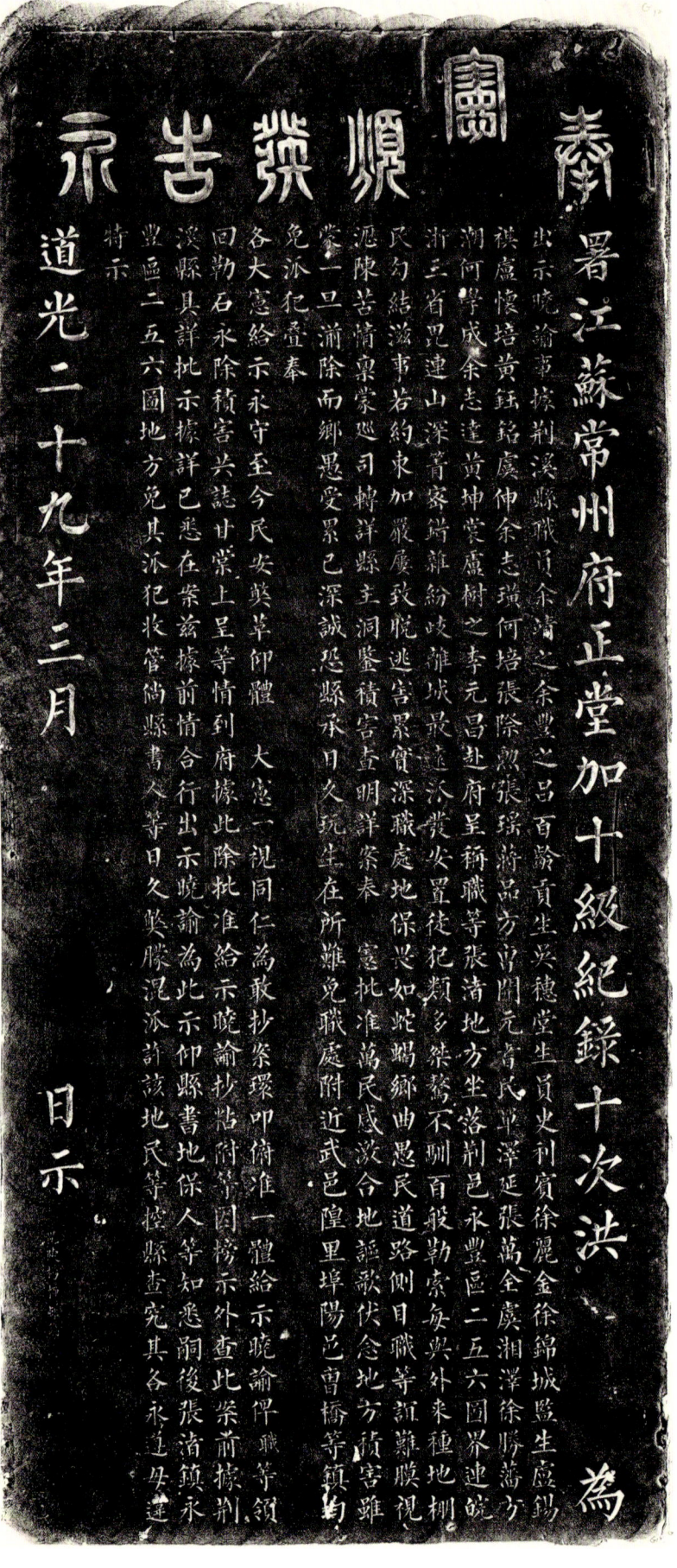

奉憲頒發告示（篆額）

　　署江蘇常州府正堂加十級紀錄十次洪　為出示曉諭事。據荊溪縣職員余靖之、余豐之、呂百齡，貢生吳穗堂，生員史利賓、徐麗金、徐錦城，監生盧錫祺、盧懷培、黃鈺銘、虞伸、余志璜、何培、張際勳、張瑤、蔣品方、曹開元，耆民單澤延、張萬全、虞湘澤、徐勝藩、方潮、何學成、余志達、黃坤裳、盧樹之、李元昌赴府呈稱：職等張渚地方，坐落荊邑永豐區二、五、六圖，界連皖浙，三省毘連，山深箐密，錯雜紛歧，離城最逺；派羙安置徒犯，類多桀驁不馴，百般勒索，每與外来種地棚民勾結滋事；若約束加嚴，屢致脱逃，害累實深。職處地保畏如蛇蝎，鄉曲愚民，道路側目。職等誼難膜視，瀝陳苦情，稟蒙巡司，轉詳縣主，洞鑒積害，查明詳案，奉憲批准，萬民感激，合地謳歌。伏念地方積害，雖蒙一旦澌除，而鄉愚受累已深，誠恐縣承，日久玩生，在所難免。職處附近武邑隍里埠、陽邑、曹橋等鎮，均免派犯，叠奉各大憲給示永守，至今民安弊革，仰體大憲一視同仁，為敢抄案環叩，俯准一體給示曉諭，俾職等領回勒石，永除積害，共誌甘棠。上呈等情到府，據此除批准給示曉諭抄粘附等因榜示外，查此案前據荊溪縣具詳批示，據詳已悉在案，茲據前情，合行出示曉諭，為此示仰縣書地保人等知悉：嗣後張渚鎮永豐區二、五、六圖地方，免其派犯收管，倘縣書人等日久弊朦混派，許該地民等控縣查究，其各永遵毋違。特示。

　　道光二十九年三月　日示。

　　毘陵楊栁邨鐫。

奉憲永禁（開鑿青龍山）

G–16

[簡稱]

永禁開鑿青龍山告示

[尺寸]

高 134 釐米，殘寬 45 釐米

[刊立日期]

清同治九年（1870）後

[保存地址]

丁蜀鎮東坡路 88 號東坡書院

[備註]

碑身中下部斜裂。

[文獻著錄]

光緒《宜興荊谿縣新志》卷七載：吳協心、儲廷菜，同治九年庚午並補行壬戌恩科舉人。

奉憲永禁（額）

特授江蘇常州府正堂軍功隨帶加九級紀錄十次英 爲示禁事。案攄荆溪縣即選教諭崔徵彥，生員葛啟元，監生葛翰章、鮑麟仁、鮑炳榮赴府呈稱：荆治青龍山下，環列坟塚，兵燹後，石匠偷鑿石塊，壓陷棺骸，經高鳳飛等於同治八年稟縣示禁；不數年，匠等復集，照舊鑿石。職等環叩縣禁，並經蔣士良等以鑿石控□，厥罪惟均，理應立禁，稟奉縣批照，會城鄉各董，合議稟禁，乃匠等藐視縣禁，率稱是山“祖業開鑿”等語，爲此環叩，由府給示，勒石永禁等情，當經譚升府批准示禁。即據蔣仁壽等叺“泥石開鑿，各有業主辦糧”等情控奉臬憲批府，即飭宜、荆二縣，會同妥議詳奪，奉經轉行遵辦。嗣據該職員崔徵彥等呈求，陳前府飭委候補縣周令鐔會同宜、荆二縣勘明：青龍山自高，葢石下墜，實有損壓坟塋情事。奉經批飭查明，蔣仁壽等所完山糧共有若干，此項糧銀能否由該□公欵內代爲完納？俾免蔣仁壽等藉口賠□。諭董查議稟縣復府，核明示禁去後，旋據蔣士良等及崔徵彥等，節赴撫臬憲呈控批府飭縣，實勘議詳。茲據宜、荆二縣詳覆遵飭，傳集原、被暨紳董親詣青龍山會同復勘，該山南北兩面，土塚纍纍，不可數計，石匠鑿石實有碾壓情弊，繪具圖說，具詳請示。又據宜、荆二縣續詳：攄紳董吳協心、儲廷菜等以青龍山並東西河埠，係蔣姓祖遺辦糧開鑿，邀集兩造分別勸導，蔣姓願將此山六十餘畆並東西河埠德、建字號聯單三紙助入蜀山書院作憑，永遠封禁，山糧亦歸書院執辦。崔徵彥等亦各愉服，各具甘結，呈縣詳請銷案，並請由府核案，撰發告示，勒石將青龍山永遠統禁開鑿等情到府，□□□□□□□□□□□□□□□青龍山隣近董、保、居民及石匠、車夫、人等知悉：爾等須知青龍山□□永遠統禁開鑿，等情到府，□□之後石匠敢再偷鑿，許該處隣近董保……

奉憲示禁
（陶器刻印字跡）

G–17

[簡稱]
嚴禁陶器刻印字跡告示

[尺寸]
高 135 釐米，寬 56 釐米，厚 23 釐米

[刊立日期]
清光緒八年（1882）七月十四日

[保存地址]
丁蜀鎮通蜀中路 8 號長樂陶莊

奉憲示禁（額）

特用同知、直隸州江蘇常州府荊溪縣正堂、加三級記錄十次錢　為出示諭禁事。據城鄉紳董任煐、湯其倬、徐敬承、周鳳飛、周佐臣、潘祖榮、張耀奎、周振庸、葛奎章、陳景芳、鮑士瀛、趙恒懷稟稱：緣光緒元年正月，前邑尊潘奉府憲札，據紳董莊毓鉉、馮寅亮等查得：宜、荊丁蜀山等處窑户，所燒茶壺、酒盃、帽架、水罐、花盆、盤碗、煙斗等物，爭奇鬥巧、印刻詩句、店號，日後破碎拋棄，踏蹋字跡，莫此為甚；稟請飭禁，給示傅匠，勒石永遵。是年三月，職等遵諭席邀窑坯户會議禁約規條；十一月粘規，稟蒙前邑尊孫　批候示諭取結，永禁詳明，府憲立案，職等遵即辦理，稍知斂戢。無如時未歷久，其恪遵者不再刻字而愚蠢者仍蹈前轍，甚於夜壺之底刻字以為記認。職等再三理諭，嗤為迂闊。殊不知穢褻字紙，尚干天怒，況在溲器？若輩冥頑，非求於示嚴禁，取具切結，罔知畏憚，環請嚴禁，取結勒石永遵。等情據此除批示，取具遵結外，查字之為用甚大，理應慎重。陶器以樸素為雅，本不必鏤刻字跡至稱；溺器刻字尤屬荒謬穢褻，亟應從嚴查禁，俾知敬惜。合再出示曉諭，為此示仰各窑户人等知悉：爾等嗣後燒做茶壺器用、傢伙物件，概歸樸素，至陶器穢褻等物，尤不准刻印字跡。即因辨別店號，何妨改印花樣？亦可以分真偽。自示之後，務各更改，倘敢陽奉陰違，定即提案究辦，決不姑寬！其各遵照毋違。特示。遵。

光緒八年七月十四日示。

永禁侵伐盧狄二氏祖塋告示

G–18

[簡稱]
永禁侵伐盧狄二氏祖塋告示

[尺寸]
高 152 釐米，寬 77 釐米，厚 15 釐米

[刊立日期]
清光緒十一年（1885）十二月

[保存地址]
西渚鎮五聖村筱王組 15 號民宅前（狄氏宗祠舊址）

[備注]
上端剔地平雕雲蝠紋，兩邊剔地平雕卷草紋。

　　欽加同知銜、補用直隸州、署理江蘇鎮江府溧陽縣正堂、加十級紀錄十次朱，欽加同知銜、署理江蘇常州府荊溪縣正堂、加十級紀錄十次薛，為會銜給示勒石永禁事。據宜荊溧城鄉紳士二品封職洪緝，二品封職候選清軍府任道源，藍翎五品銜前任浙江瑞安縣知縣彭祖培，候選鹽大使史文杰，花翎五品銜候選知縣潘鍾杰，湖北即用知縣儲廷荣，藍翎五品銜拔貢生萬康，廣東補用知縣程嗣徽，候選訓導史文蔚，五品銜試用訓導李杜詩，候選州判歲貢生周鳳飛，候選州判蔣厚塈，候選員外郎任子誠，歲貢生徐鳴鶴、路洪昌、朱黻，文生吳承澤、任光輔、徐保慶、徐淇藻、吳自牧，職員徐麗宣，花翎提舉銜候選訓導狄學蘇，世襲雲騎尉廩貢生狄元任，舉人狄廷鑑，職員狄德喬，監生狄璵、狄翼清，文生狄景武、狄珩，監生盧銓福、盧文彪、盧熊，職員盧仁初、盧文溶、祀生盧葆良，文生盧葆文、盧濟康等稟稱：

　　竊緣鄉賢明督師、兵部尚書、國朝賜諡"忠肅"、諱象昇盧公，其曾祖明贈文林郎、儀封縣知縣諱梵岡，暨祖父明鄉進士、南康縣知縣、贈兵部尚書諱荊玉，并明進士、授中書、國朝賜諡"忠節"、諱象觀，崇祀名宦鄉賢忠義祠，載入邑志。各公塋墓皆在溧邑所轄之惠德區西窰岕、踞竹岕，其地與荊治金泉區秦山即仁山毘連，狄氏之祖東野、維賢等公，墳墓均在焉。荊溧交界，歷係兩族後裔互相照管。節蒙各前憲會銜出示永禁，毋許侵伐，詎料今有金壇人張金幅，罔知禁令，膽將踞竹岕盧墳山樹強鋸盜砍百有餘株，并被拆毀坟屋磚瓦。業經職等稟蒙轉移溧邑，奉將砍樹之張金幅提案嚴訊，重責究辦，以示懲儆。但恐無知之徒，日久玩生，再有盜砍強鋸墳蔭樹木、偷挖根椿、縱火延燒、牧放牛羊、踐踏損墓不法情事，為抄溧邑堂諭切結，環乞鑒察，體念先賢名墓，理宜防護，俯賜移會給示，勒石永禁，以杜侵占而保名墓。等情到縣。據此除批示外，合行會銜給示勒石，為此示仰該處土客、居民、地保、墳丁人等一體知悉：爾等須知先賢墳墓，理宜保護，不准侵伐、盜砍蔭木，偷樹挖椿，並牧放牛羊踐踏，縱火焚燒柴草，亦均有干禁令。自示之後，倘有不法之徒等，敢再蹈前轍，許該練保、禁首、坟丁隨時扭獲解縣，以憑從嚴懲辦，絕不姑寬！丁保容隱，察出問究。其各懍遵毋違。特示。

　　光緒拾壹年拾貳月　日示。

　　給狄氏後裔勒石。

欽加同知銜常州府宜興縣正堂隨帶二級紀錄十次孫

衛儲重光譽貢儲鳳林廩生儲之鑅同知銜儲紫宣

給示諭禁事據監生儲張廷誥鄔臣五品銜候選訓導儲廷杰五品銜升銜儲安其補用知縣儲廷槐浙江候補儲鴻勳附生儲楚材廩生儲鳳招聯名稟稱職寺如遵知坟基在清求區八圖業辦命字號某墓田口

號大松坟凡在城豐義各支係屬共祖不道共茔以前汛祖坟風水所關禁止搭牛車棚及開堂茔東分子孫從無遵碑後容客民不園堂荒湖衙蘆蕩不道田至約某前年北民李喬等豎蘆荒坡訓荒田經手人不循良虃茇客豎柱棚為恐睞子孫祀

窖到豐義村欲開堂坟訓荒田經手人不循良虃茇客應作

立祖約去年李豬靈訓令不遵謝荼車基搭牛車棚共地棄容

墦墩不堪職等當將牛車基抴毀堆田去蓋草屋叢間及所開牛池巽窖尚未墩叙隆著經手

人再行理諭令共復及川北民資喬不肖子孫再豎牛車棚

須知儲姓大松坟四圍風水所關向無牛車棚及池巽窖自示之後如有無知客民茇騙該族不

出示禁止等情到縣據此除批示外合行下禁為此示仰該處居民及客民人等爾等

肖子孫特強搭蓋開挖一經告發定即嚴拏重究辦亚稍寬貸各宜凜遵毋違特示

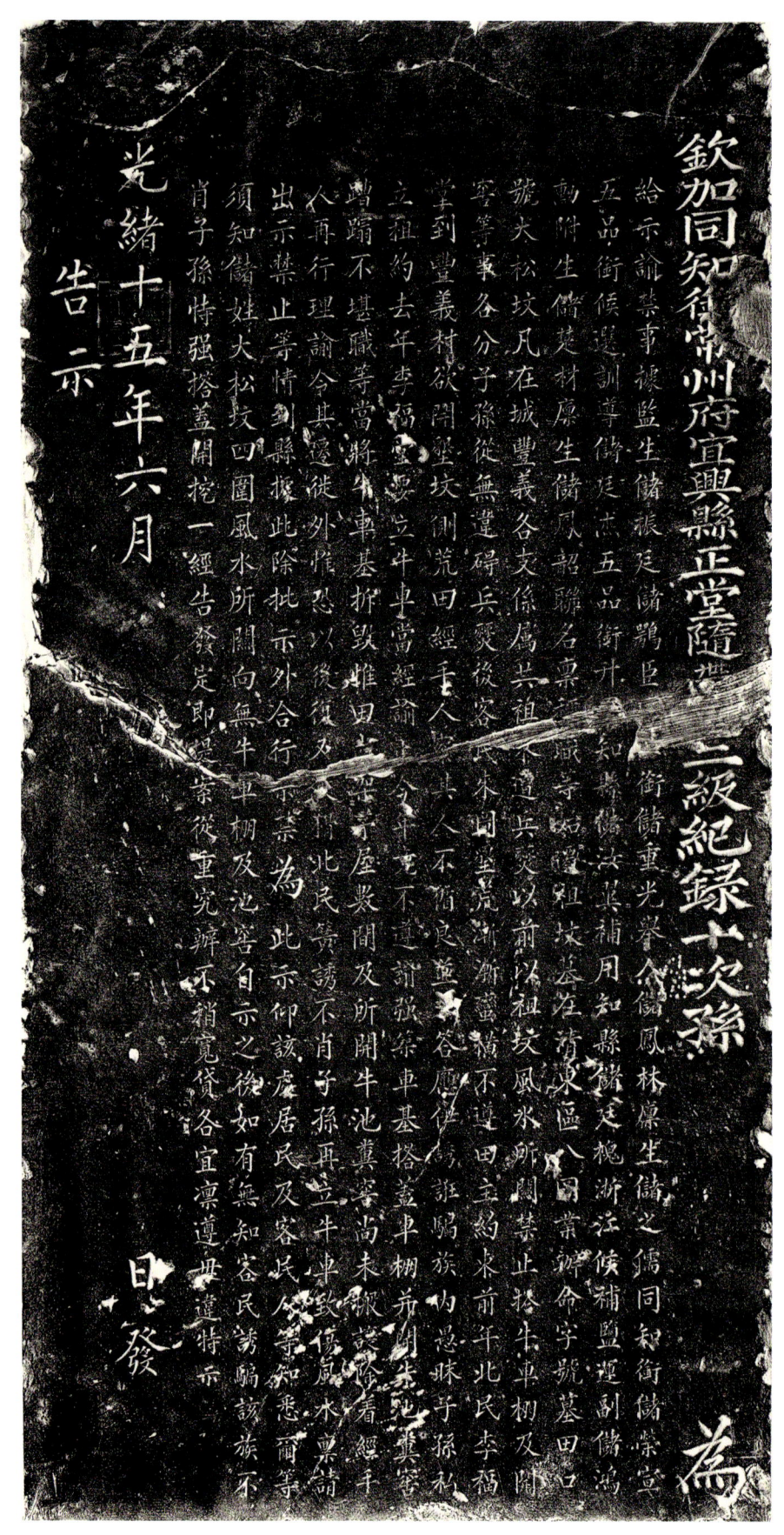

禁止儲姓祖坟四圍搭蓋開挖告示

G-19

[簡稱]
禁止儲姓祖坟四圍搭蓋開挖告示

[保存地址]
宜城街道東廟巷周王廟

[尺寸]
高 147 釐米，寬 73 釐米，厚 19 釐米

[備注]
碑身中部橫裂。

[刊立日期]
清光緒十五年（1889）六月

[碑文]

　　欽加同知銜、常州府宜興縣正堂、隨帶三級紀錄十次孫為給示諭禁事。據監生儲振廷、儲鶚臣、四品銜儲重光、舉人儲鳳林、廩生儲之儒、同知銜儲榮宣、五品銜候選訓導儲廷杰、五品銜升用知縣儲汝翼、補用知縣儲廷槐、浙江候補鹽運副儲鴻勳、附生儲楚材、廩生儲鳳韶聯名稟稱：職等始遷祖坟墓在清東區八圖，業辦命字號墓田，口號大松坟，凡在城豐義各支係屬共祖。未遭兵燹以前，以祖坟風水所關，禁止搭牛車棚及開窖等事，各分子孫從無違碍。兵燹後，客民來圖墾荒，漸漸蠻橫，不遵田主約束。前年，北民李福堂到豐義村，欲開墾坟側荒田，經手人察其人不循良，並未答應；伊誘誆騙族內愚昧子孫，私立租約。去年，李福堂要立牛車，當經諭止。今年竟不遵諭，強築車基，搭蓋車棚，并開牛池糞窖，蹧蹋不堪。職等當將牛車基拆毀，惟田內架茅屋數間，及所開牛池糞窖尚未搬讓，除着經手人再行理諭，令其遷徙外，惟恐以後復又狡猾北民，簧誘不肖子孫，再立牛車，致傷風水，稟請出示禁止。等情到縣，據此除批示外，合行示禁，為此示仰該處居民及客民人等知悉：爾等須知儲姓大松坟四圍，風水所關，向無牛車棚及池窖。自示之後，如有無知客民，誘騙該族不肖子孫，恃強搭蓋開挖，一經告發，定即提案，從重究辦，不稍寬貸！各宜凜遵毋違。特示。

　　光緒十五年六月日發。告示。

永禁客民藉屍訛
索告示

G-20

[簡稱]

永禁客民藉屍訛索告示

[尺寸]

高 135 釐米，寬 70 釐米，
厚 16 釐米

[刊立日期]

清光緒十五年（1889）
十一月

[保存地址]

丁蜀鎮通蜀中路 8 號長樂
陶莊

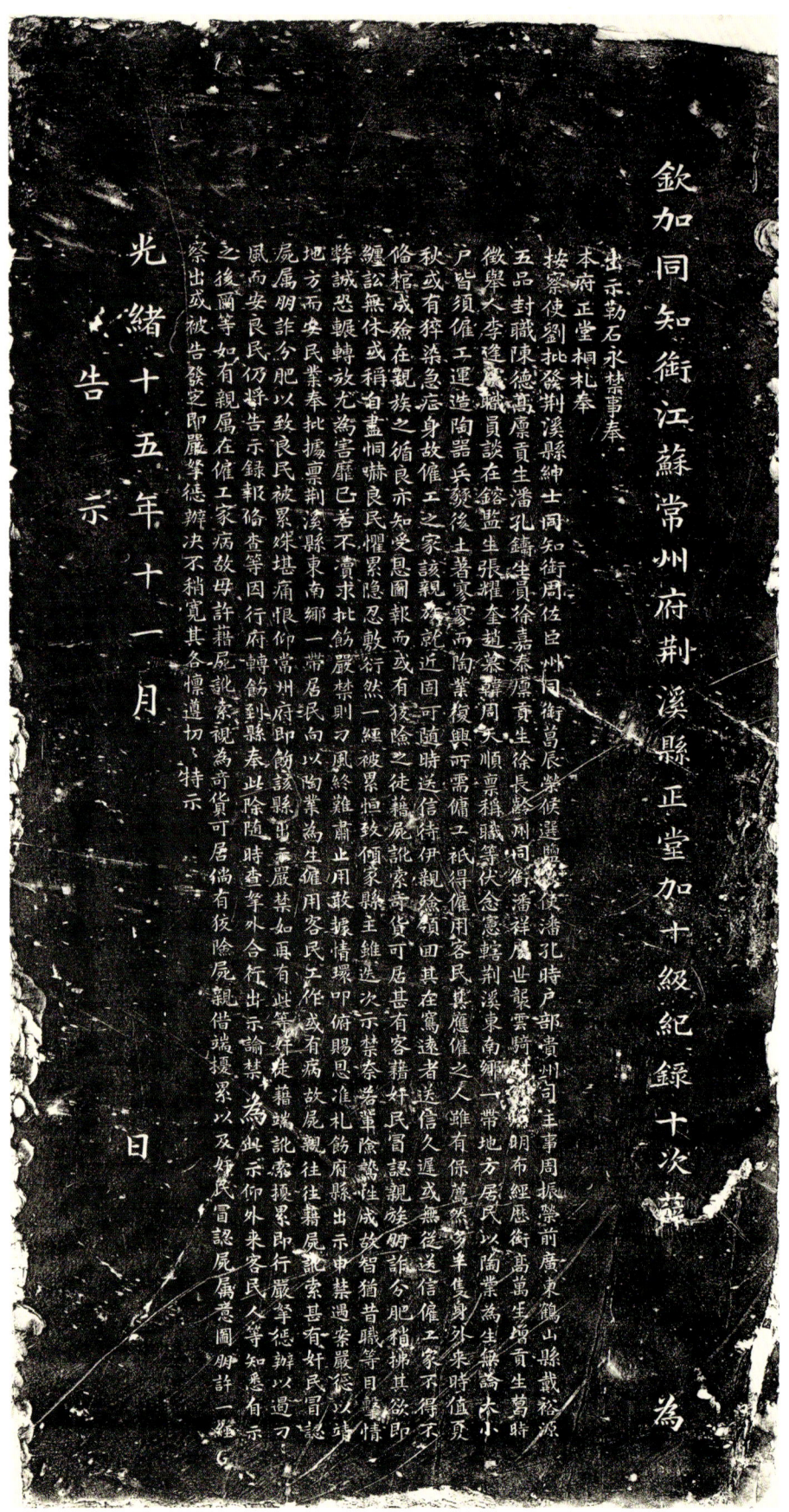

欽加同知銜、江蘇常州府荊溪縣正堂、加十級紀錄十次薛　為出示勒石永禁事。奉本府正堂桐札、奉按察使劉批發　荊溪縣紳士同知銜周佐臣、州同銜葛辰榮、候選鹽（大）使潘孔時、戶部貴州司主事周振榮、前廣東鶴山縣戴裕源、五品封職陳德高、廩貢生潘孔鑄、生員徐嘉泰、廩貢生徐長齡、州同銜潘祥慶、世襲雲騎尉（公孫）明布、經歷銜高萬生、增貢生葛時徵、舉人李逢□、職員談在鎔、監生張耀奎、趙慕韓、周天順稟稱：職等伏念，憲轄荊溪東南鄉一帶，地方居民以陶業為生，無論大小戶，皆須僱工運造陶器。兵燹後，土著寥寥，而陶業復興，所需傭工祇得僱用客民。其應僱之人，雖有保薦，然多半隻身外来。時值夏秋，或有猝染急症身故僱工之家，該親族就近，固可隨時送信，待伊親殮領囬；其在窵遠者，送信久遲，或無從送信，僱工家不得不殮棺成殮。在親族之循良，亦知受恩圖報，而或有狡險之徒，藉屍訛索，奇貨可居。甚有客藉奸民，冒認親族，朋詐分肥，稍拂其欲，即纏訟無休，或稱自盡恫嚇，良民懼累，隱忍敷衍，然一經被累，恒致傾家。縣主雖迭次示禁，奈若輩險鷙性成，故智猶昔。職等目擊情弊，誠恐輾轉效尤，為害靡已，若不瀆求批飭嚴禁，則刁風終難肅止。用敢據情環叩，俯賜恩准，札飭府縣，出示申禁，遇案嚴懲，以靖地方而安民業。奉批攄稟：荊溪縣東南鄉一帶，居民向以陶業為生，僱用客民工作，或有病故，屍親往往藉屍訛索；甚有奸民冒認屍屬，朋詐分肥，以致良民被累，殊堪痛恨！仰常州府即飭該縣出示嚴禁，如再有此等奸徒，藉端訛索擾累，即行嚴拏懲辦，以遏刁風而安良民，仍將告示錄報備查，等因行府轉飭到縣。奉此，除隨時查拏外，合行出示諭禁，為此示仰，外来客民人等知悉：自示之後，爾等如有親屬在僱工家病故，毋許藉屍訛索，視為奇貨可居，倘有狡險屍親，借端擾累，以及奸民冒認屍屬，意圖朋詐，一經察出或被告發，之即嚴拏懲辦，決不稍寬！其各懍遵，切切！特示。

光緒十五年十一月日　告示。

永禁盧公祠前石場幫岸劈柴堆積蹧蹋告示

G-21

［簡稱］
永禁盧公祠前石場幫岸劈柴堆
積蹧蹋告示

［尺寸］
高 137 釐米，寬 69 釐米

［刊立日期］
清光緒二十六年（1900）二月
二十九日

［保存地址］
宜城街道東廟巷周王廟

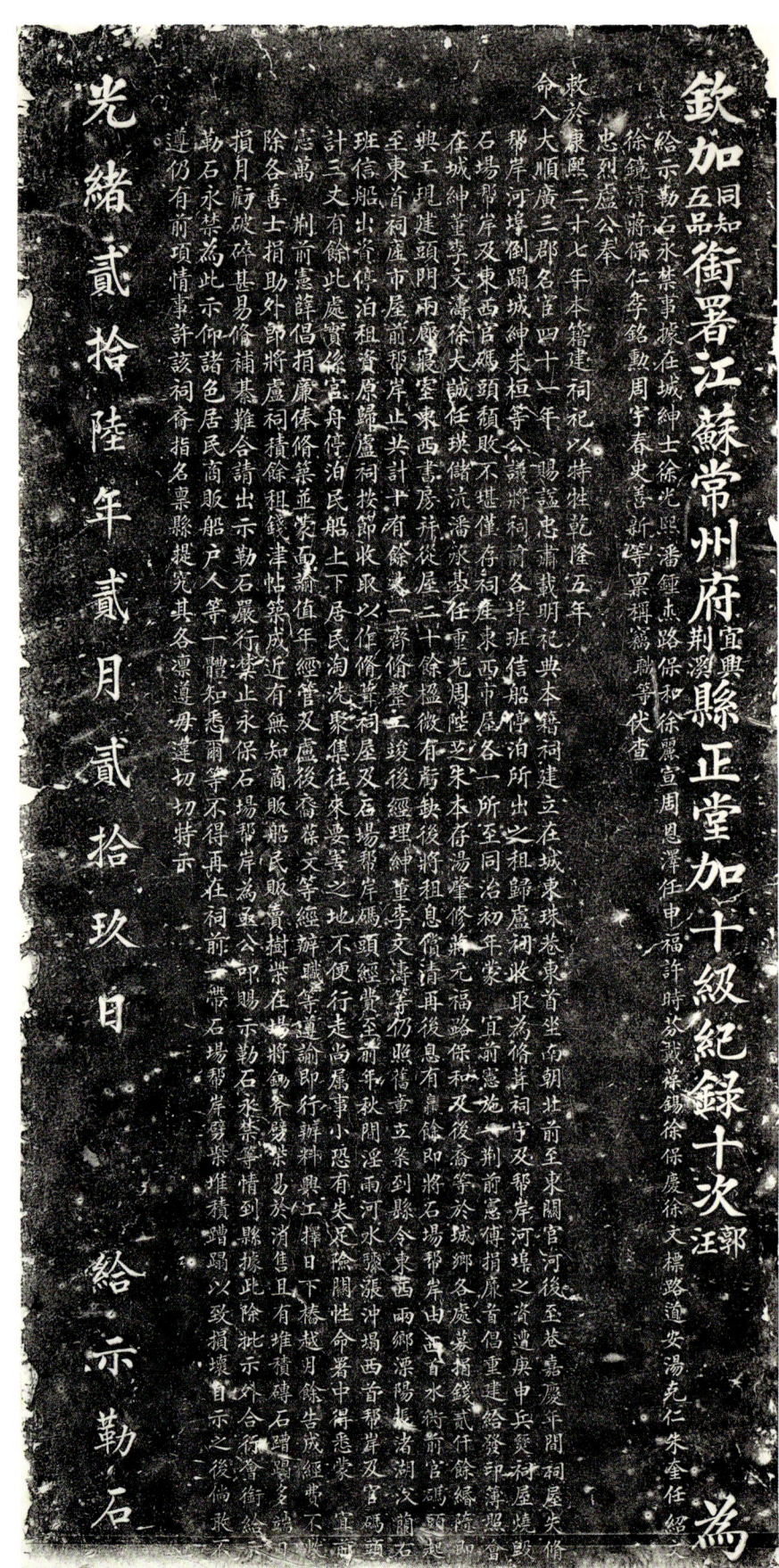

　　欽加同知五品銜、署江蘇常州府宜興、荆溪縣正堂加十級紀錄十次郭、汪　為給示勒石永禁事。據在城紳士徐光熙、潘鍾杰、路保和、徐麗宣、周恩澤、任申福、許時芬、戴葆錫、徐保慶、徐文標、路道安、湯克仁、朱奎、任紹文、徐鏡清、蔣保仁、李銘勳、周宇春、史善新等稟稱：竊職等伏查忠烈盧公奉敕於康熙二十七年本籍建祠，祀以特牲；乾隆五年命入大、順、廣三郡名宦；四十一年，賜諡“忠肅”，載明祀典。本籍祠建立在城東珠巷東首，坐南朝北，前至東關官河，後至巷。嘉慶年間，祠屋失脩，帮岸河埠倒蹋，城紳朱桓等公議，將祠前各埠班信船停泊所出之租歸盧祠收取，為脩葺祠宇及帮岸河埠之資。遭庚申兵燹，祠屋燒毀，石場帮岸及東西官碼頭頹敗不堪，僅存祠產東西市屋各一所。至同治初年，蒙宜前憲施、荆前憲傅　捐廉首倡重建，給發印簿，照會在城紳董李文濤、徐大誠、任瑛、儲沆、潘承基、任重光、周陞芝、朱本存、湯肇修、蔣元福、路保和及後裔等，於城鄉各處募捐錢貳仟餘緡，隨即興工，現建頭門、兩廊、寢室、東西書房并從屋二十餘楹，微有虧缺，後將租息償清，再後息有贏餘，即將石場帮岸由西首水衖前官碼頭起，至東首祠產市屋前帮岸止，共計十有餘丈，一齊脩整。工竣後，經理紳董李文濤等，仍照舊章立案到縣，令東西兩鄉、溧陽、張渚、湖㳇、蘭右班信船出資，停泊租資，原歸盧祠，按節收取，以作脩葺祠屋及石場、帮岸、碼頭經費。至前年秋間淫雨，河水驟漲，沖塌西首帮岸及官碼頭計三丈有餘，此處實係官舟停泊、民船上下、居民淘洗、聚集往來要害之地，不便行走，尚属事小，恐有失足，險關性命。署中得悉，蒙宜前憲萬、荆前憲薛　倡捐廉俸修築，並蒙面諭：“值年經管及盧後裔葆文等經辦”，職等遵諭，即行辦料興工，擇日下樁，越月餘告成，經費不敷，除各善士捐助外，即將盧祠積餘租錢津帖築成。近有無知商販船民，販賣樹柴，在場將鋤斧劈柴，易於消售，且有堆積磚石，蹧蹋多端，日損月虧，破碎甚易，修補綦難。合請出示勒石，嚴行禁止，永保石場帮岸，為叩公叩，賜示勒石永禁。等情到縣，據此除批示外，合行會銜給示勒石永禁，為此示仰諸色居民、商販、船户人等，一體知悉：爾等不得再在祠前一帶石場帮岸劈柴、堆積、蹧蹋以致損壞，自示之後，倘敢不遵，仍有前項情事，許該祠裔指名稟縣提究，其各凜遵毋違！切切！特示。

　　光緒貳拾陸年貳月貳拾玖日。

　　給示勒石。

開濬大浦港勸捐告示

G-22-1

[簡稱]
開濬大浦港勸捐告示

[尺寸]
高 135 釐米，寬 53 釐米

[刊立日期]
清光緒三十年（1904）二月廿一日

[保存地址]
丁蜀鎮大浦村大浦橋北塊

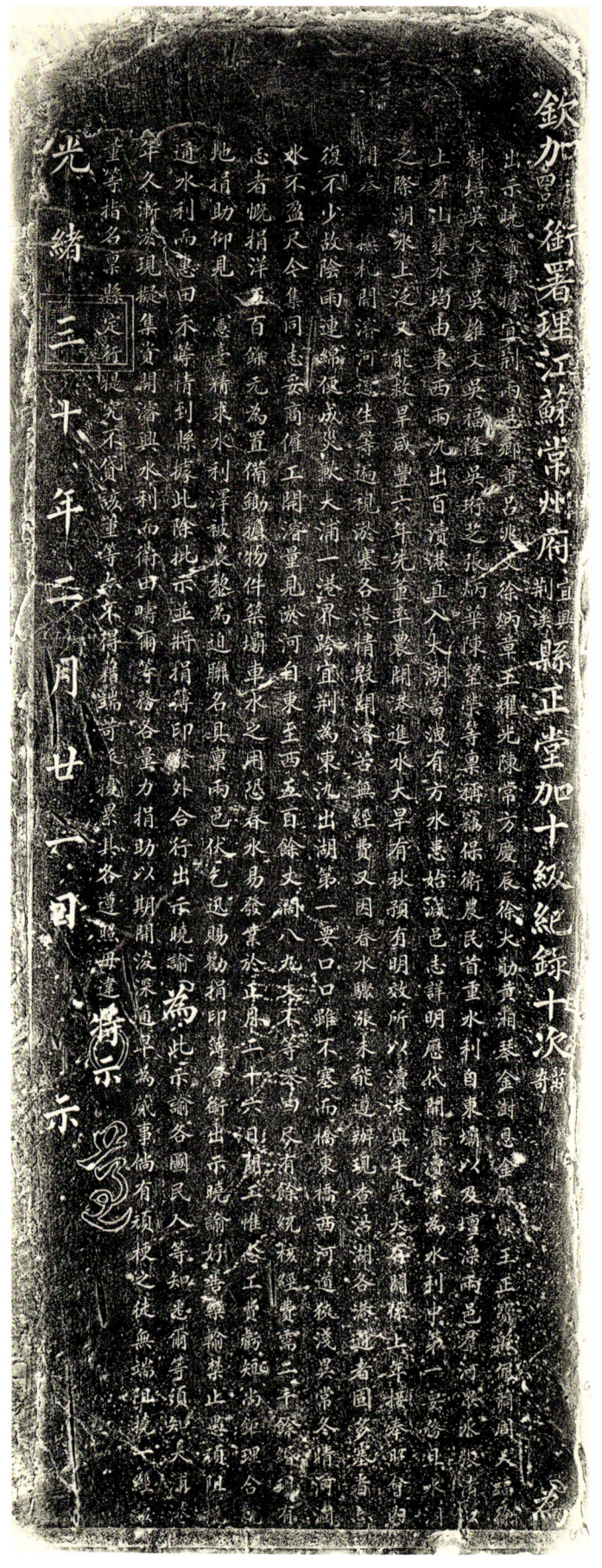

欽加□□四品銜、署理江蘇常州府宜興、荆溪縣正堂加十級紀錄十次莊、奇 為出示曉諭事。據宜、荆兩邑鄉董呂兆文、徐炳章、王耀光、陳常、方慶辰、徐大勛、黃湘琴、金澍恩、金殿榮、王正寶、殷佩蘭、周天福、徐科培、吳大章、吳雄文、吳福隆、吳珩芝、張炳華、陳望榮等稟稱：竊保衛農民，首重水利。自東壩以及壇、溧兩邑，羣河衆水；張渚以上，羣山壅水；均由東、西兩汎出百瀆港，直入太湖，蓄洩有方，水患始減。邑志詳明，歷代開瀆，瀆港為水利中第一要務；且水涸之際，湖水上泛，又能救旱。咸豐六年，先董率農開港進水，大旱有秋，預有明效，所以瀆港與年歲大有關係。上年接奉照會，內開"奉撫札開瀆河道"，生等遍視淤塞各港，情殷開瀆，苦無經費，又因春水驟漲，未能遵辦。現查沿湖各港，通者固多，塞者亦復不少；故陰雨連綿，便成災歉。大浦一港，界跨宜、荆，為東汎出湖第一要口，口雖不塞，而橋東、橋西河道狹淺異常，冬晴河涸，水不盈尺。今集同志妥商，催工開瀆。量見淤河，自東至西五百餘丈，闊八、九丈不等，深四尺有餘。統核經費，需二千餘緡；現有志者慨捐洋五百餘元，為置備鋤、擔物件築壩車水之用，恐春水易發，業於正月二十六日開工。惟念工費虧短尚鉅，理合就地捐助，仰見憲臺，精求水利，澤被農黎，為迫聯名具稟兩邑，伏乞迅賜勸捐印簿，會銜出示；曉諭好善樂輸，禁止愚頑阻撓，通水利而惠田禾。等情到縣。據此除批示並將捐簿印發外，合行出示曉諭。為此，示諭各圖民人等知悉：爾等須知大浦港年久漸淤，現擬集資開瀆，興水利而衛田疇，爾等務各量力捐助，以期開浚深通，早為藏事。倘有頑梗之徒，無端阻撓，一經該董等指名稟縣，定行提究不貸！該董等亦不得藉端苛派擾累，其各遵照毋違。特示。遵。

光緒三十年二月廿一日示。

樂捐芳名（一）

G-22-2

[簡稱]
樂捐芳名（一）

[尺寸]
高 68 釐米，寬 99 釐米

[備註]
因上覆外牆塗料，難以清除，字口欠清晰。

　　□□□助洋拾元，□□□四元，□□□仝，蔣□□兩元，楊川□壹元，錢□道仝，周金福仝，□□芳仝，□□□仝，陳賜□仝，周□文仝，陳錦□仝，□□大仝，崔法餘仝，莊□□仝，□阿興助洋壹元，□三保壹元，□順□仝，□大保仝，周秀英仝，黃三狗仝，胡德富仝，邵裕茂仝，□仲篾仝，汪金培仝，駱天榮仝，□□□仝，□居□仝，□□三仝，周揖華仝、叙根仝、叙□仝，許宣廷仝，任正盤仝，吳金順仝，方川福仝，朱行川仝，許大文仝，潘□之仝，余兆華仝，方泰先仝；朱林川陸角，陳仲林仝，方兆興仝，陳□根五角。

　　吳德根助洋五角，周順餘仝，□有琪仝，朱望□仝，邵益大助洋四角，商榮□仝，□長樂助錢壹千文，顧□芳壹千文，顏皮匠壹千文，花生、冰粉船式千文，仲天壽八百文，朱二受之仝，孫正有仝，陳文元仝，老蔣仝，無名氏式千文，小桃子六百文，潘茂大仝，蔣川大仝，張秀元仝，蔣□□仝、望□仝，夏錦堂四百文，劉玉田仝，喬雙喜仝，張鳳祺仝，陳丘基仝，蔣榮大仝，王盛周仝，□庚川仝，□昌大仝，殷發祥仝、順来仝，吳順昌仝、順隆仝，沈盤生仝，郭益三仝，邱保長仝，陳順隆仝，蔣鳳朝仝、景雲仝、順亨仝；董照大二百文，潘聽大仝、聽三仝。

　　□□□助□□□，蔣□明助錢二□□，王會周仝、洪根仝，殷□□仝，□盛高仝、德保仝、祥大仝，習保壹千文、同茂仝，周洪坤仝，王天保仝，蔣順南壹千四百文，孔明大六百文，殷金大仝、盤根仝、□□仝、企曾仝、天喜仝、純大仝，□□□仝，□□□仝，□□□仝，□□□仝，□□□仝，□□□仝，□□大仝，□□川仝；徐□俊助洋壹元，□□□仝，□□川仝，陳益大仝，张榮林仝，王順生仝，黃川法仝，周望大仝，蔣應保仝，吳義大仝，□洪陞仝，方綸保仝；王安祥助洋□角，周海朝仝，吳川德仝，張順喜仝；徐大保助洋四角，錢熙熟助錢一百文，潘□□仝，周□□仝。

　　以上共助洋捌拾壹元，小洋柒拾伍角，錢叁拾捌千四百文正。

樂捐芳名（二）

G–22–3

［簡稱］
樂捐芳名（二）

［尺寸］
高 67 釐米，寬 98 釐米

　　吳仁周助錢三千文，祥泰和弌千四百文，長泰和四千弌百文，殷泰源三千文，錦□□仝，方益元堂二千文，吳天德洋六元，吳□□兆慶堂洋捌元，張進德三千文，王正寶二千文，崔恒昌四千文，王竹軒六元二角，郭順祥壹千文，陳榮茂二千文，馬福壽壹千四百文，陳留榮壹千文，殷長福仝，□長福仝，殷盤金仝，□定保仝；□□康洋兩元，馬萬興仝；周□□六元，吳福隆錢二千文，殷紀芳洋五元，吳雙桂錢弌千文，何同茂弌千文，張源記仝，王景隆壹千八百文，任逸雲弌千四百文，殷源茂壹千六百文，程瑞生仝，寶華仝，周阿二仝，吳祺祥仝；□二大壹千四百文，錢德興仝，沈生林仝，劉合義仝，周和盛仝；德成堂壹千弌百文，徐宏盛仝，德昌仝，陳金大仝，周□泰仝，祥盛仝，蔣日茂仝；

　　徐根大助錢一千弌百文，吳大章仝，春林仝，有□仝，書珍仝，生大仝，徐金法仝；萬福樓壹千文，查和盛仝，吳川根仝，珍大仝，珍二仝，善保仝，廷昌仝，福成仝，順魁仝，陳萬隆仝，周福榮仝，陶茂記仝，曹聚珍仝，崔恒義仝，安仁堂仝，蔣景隆仝、戴順來仝，殷德喜、川大仝，出殿土地堂茶店仝，宜庄金法仝，金璞山堂仝，張同豐仝，錢質斌仝，廷珍仝，德仁仝，趙正法仝，周順法仝，陳金茂仝，殷柏福仝，柏茂仝，三大仝，黃之大仝，倪同仁仝，王記元仝，寶洪仝；金翰臣助洋拾元，衛臣兩元，吳啟林叁元，毛盤珍壹元，徐協和拾角；

　　吳俊大助錢八百文，文達仝，土生仝，行芝仝，望□仝，九如仝，聽法仝，珍榮仝，順海仝，榮勛仝，進西仝，王盤福仝，根福仝，富根仝，其大仝；許盤保仝又錢六百文，唐瑞和仝，殷盤川仝，亮大仝，川郎仝，永保仝；吳福金助錢六百文，洪根仝，四大仝，永川仝，茂祥仝，富祥仝，福祥仝，海春仝，慶生仝，紀增仝，生保仝，祥珍仝，珍裕仝，應珍仝，洪祥仝，蘭福仝，壽春仝，祖根仝，德大仝，洪川仝，祖大仝，祖二仝，集保仝，洪郎仝，天珍仝，天榮仝，根榮仝；

　　吳金保助錢六百文，李升高仝，程阿二仝，阿三仝，殷甲大仝，吳三大仝，崔大□、吳□洲仝，顧金保仝，李三大仝，許在和仝，郭根大仝，根保仝，□□仝，周玉明仝，錫金仝，陸柏茂仝，春茂仝，王川大仝，錦祥仝，壽根仝，朱啟興仝，殷順隆仝，三大仝，敘保仝，七大仝，□□仝，方福林仝，福榮仝，□□仝，望海仝，隆泰仝，唐法大仝，王錢大仝，糖點心店仝，王春生仝，富生仝，張桂大仝，馬森茂仝，陸根富仝，関協昌仝，吳祥林仝，鴻澤仝，徐盤大仝，馨山仝，中保仝，朱永大仝，協興館仝，王兆豐助洋六元。以上共捐洋五十八元，又小洋十八角，錢壹伯七十五千八百文正。

收付細賬

G-22-4

［簡稱］
收付細賬

［刊立日期］
清光緒三十年（1904）八月
（樂捐芳名同刊）

［尺寸］
高 68 釐米，寬 48 釐米

［碑文］

付請兩□□□□□□□□□□□，付鐵錫洋二十二元八角、錢三千文，付□□□□□□□□□□□，付□□□□□□□□□□□，付□□□□□□□□□□□，付□□□□□□□□□□□，□□□□□□□□□□□，□□□□□□□□□□，洋六元、小洋□□□□七角正，□局捐□□□洋八元、小洋七角四分、錢十四千廿百文，□□借金利息洋二十五元，□□□□□□錢二十四仟文。

一付□□□□□□□□□□，一付□□□□□□□□□□，一付□□□□□□□□□□，一付□□□□□□□□□□，一付載石□運□□□□□□，一付□□工洋式拾八元五角，一付做碑工工料洋四拾元貳角，一付立碑石□洋拾元式角，一付□南修□洋四元，一付□南□村□□□洋二十七元。

統共收洋捌伯捌拾貳元正、錢貳伯拾肆仟貳伯文、小洋貳伯捌拾貳角正。統共付洋玖伯陸拾肆元壹角正、錢壹伯玖拾貳仟捌伯文、小洋伍伯□兩，錢洋合□統。統共除收淨透付洋捌拾貳元壹角正。

光緒三十年中秋月穀旦。

宜興縣知事公署布告 第○號

據湯渡湖汶鼎山三鄉執業士紳陳時效
等十二人贊成士紳李達慶等十八人呈
稱象牙山俗名石輝山坐落湯渡二十八
圖為東南名山之一中多古蹟請出示曉
諭勒石永禁開鑿並轉呈備案等情當經
本公署擬發布告准予勒石永禁拜轉呈
省長公署暨
蘇常道尹公署備案奉有指令在案茲又
據贊成士紳徐紳瀛函請再發簡單布告
二十張分貼三鄉通衢俾眾周知等情合
再節抄前發布告仰象牙山即俗名石輝
人民一体知悉須知湯渡湖汶鼎山三鄉
山係宜邑名勝之區自當妥予保持俾垂
久遠仝該士紳等自顧放棄該山全部產
權請勒石示禁開鑿實屬熱心公益應准
照辦自示之後如再有在該山開鑿石塊
情事一經察覺或被指發定即拘案嚴懲
不貸其各懍遵勿違切切此布

中華民國　　年七月　　日

知事王孝偹

永禁開鑿象牙山布告

G–23

[簡稱]
永禁開鑿象牙山布告

[尺寸]
高 45 釐米，寬 40.5 釐米，厚 8.5 釐米

[刊立日期]
民國十三年（1924）七月

[保存地址]
丁蜀鎮任墅村老年活動中心（原紅廟幼兒園）

[碑文]

宜興縣知事公署布告　第二二五號

據湯渡、湖㳇、鼎山三鄉執業士紳陳時效等十二人贊成，士紳李逢慶等十八人呈稱："象牙山俗名石輝山，坐落湯渡二十八圖，為東南名山之一，中多古蹟；請出示曉諭，勒石永禁開鑿，並轉呈備案"等情，當經本公署擬發布告，准予勒石永禁，并轉呈省長公署暨蘇常道尹公署備案；奉有指令在案，茲又據贊成士紳徐紳瀛函請："再發簡單布告二十張分貼三鄉通衢，俾衆周知"等情，合再節抄前發布告。仰湯渡、湖㳇、鼎山三鄉人民一体知悉："須知象牙山即俗名石輝山，係宜邑名勝之區，自當妥予保持，俾垂久遠。今該士紳等自願放棄該山全部產權，請勒石示禁開鑿，實屬熱心公益，應准照辦。自示之後，如再有在該山開鑿石塊情事，一經察覺或被指發，定即拘案，嚴懲不貸！其各懍遵勿違。切切！此布。

中華民國十三年七月　日。（印：宜興縣印）

知事王孝俌。

後嶹墅塘水道碑

G–24

[簡稱]
後嶹墅塘水道碑

[尺寸]
高 156 釐米，寬 82 釐米，
厚 22 釐米

[刊立日期]
民國十四年（1925）八月
二十八日

[保存地址]
新建鎮留住村委會

[備注]
碑身左上角斜裂。

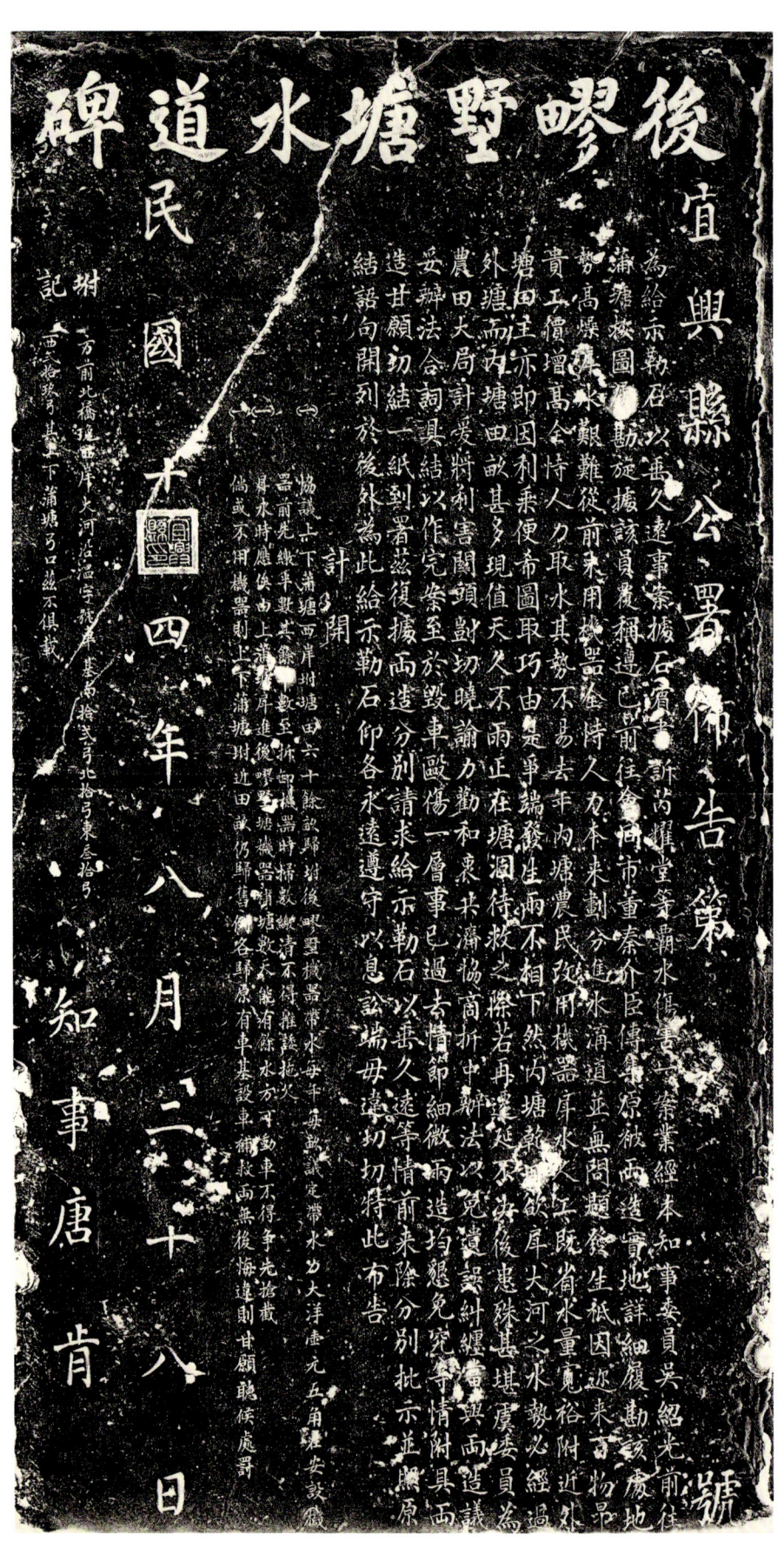

後嘜墅塘水道碑（額）

宜興縣公署佈告第　號

為給示勒石，以垂久遠事。案據石寯書訴芮耀堂等霸水傷害一案，業經本知事委員吳紹光前往蒲塘按圖履勘，旋據該員覆稱：遵已前往會同市董秦介臣，傳集原、被兩造，實地詳細履勘。該處地勢高燥，戽水艱難，從前未用機罟，全恃人力，本來劃分進水溇道，並無問題發生，祇因迩來百物昂貴，工價增高，全恃人力取水，其勢不易。去年內塘農民改用機罟戽水，人工既省，水量寬裕，附近外塘田主，亦即因利乘便，希圖取巧，由是爭端發生，兩不相下。然內塘乾涸，欲戽大河之水，勢必經過外塘，而內塘田畝甚多，現值天久不雨，正在塘涸待救之際，若再遷延不決，後患殊甚堪虞。委員為農田大局計，爰將利害關頭剴切曉諭，力勸和衷共濟，協商折中辦法，以免遺誤糾纏，當與兩造議妥辦法，合詞具結，以作完案。至於毀車毆傷一層，事已過去，情節細微，兩造均懇免究，等情附具，兩造甘願切結，一紙到署。茲復據兩造分別請求，給示勒石，以垂久遠。等情前來，除分別批示，並照原結語句，開列於後外，為此給示勒石，仰各永遠遵守，以息訟端，毋違。切切！特此布告。

計開：

一 協議上下蒲塘西岸坿塘田六十餘畝，歸坿後嘜墅機罟帶水，每年每畝議定帶水力大洋壹元五角；在安設機罟前先繳半數，其餘半數至拆卸機罟時掃數繳清，不得推諉拖欠。

一 戽水時應俟由上蒲塘戽進後嘜墅塘，機罟補塘數天，能有餘水，方可動車，不得爭先搶截。

一 倘或不用機罟，則上下蒲塘坿近田畝仍歸舊例，各歸原有車基設車補救，兩無後悔，違則甘願聽候處罰。

民國十（印：宜興縣印）四年八月二十八日。

知事唐肯。

坿記：方前北橋塊西岸大河沿溫字號車基，南拾弍弓、北拾弓、東叁拾弓、西弍拾玖弓，其上下蒲塘弓口，茲不具載。

重建惜字會碑記

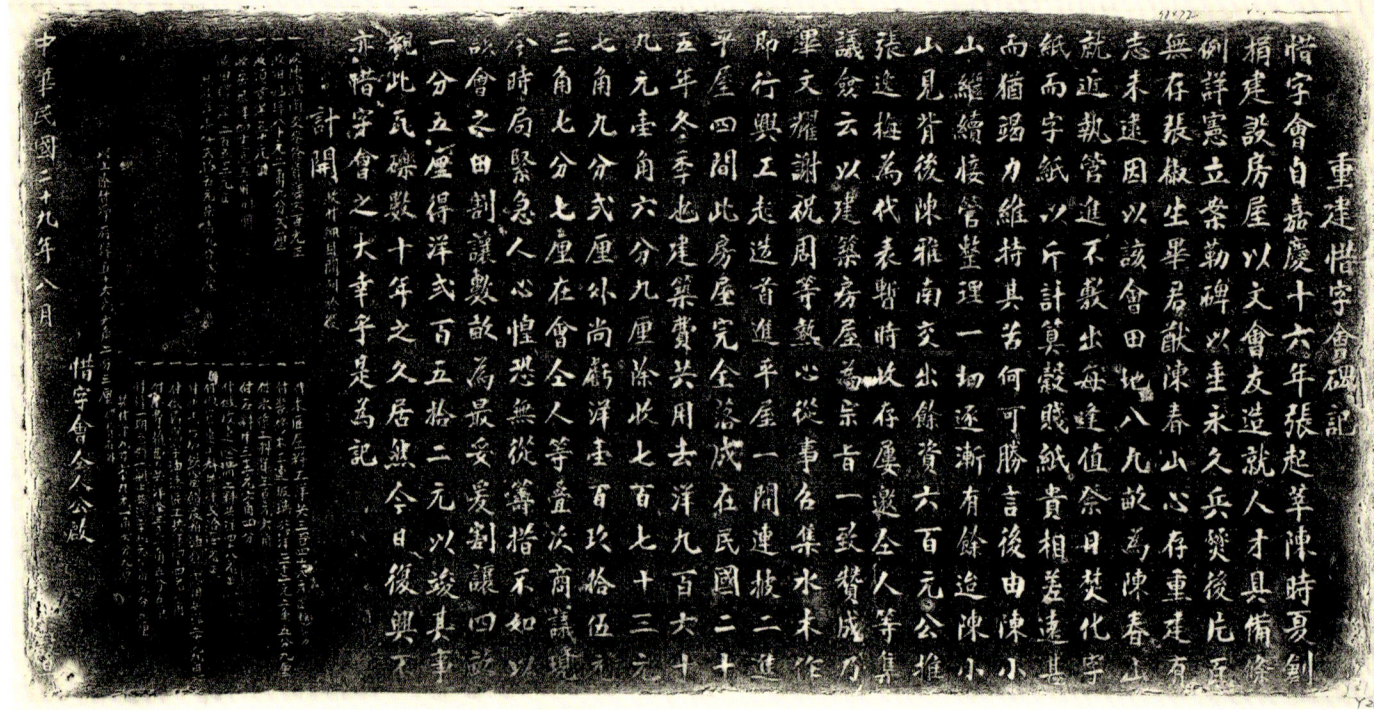

G-25-1

[簡稱]
重建惜字會碑

[保存地址]
周鐵鎮周鐵社區電影院

[尺寸]
高 39 釐米，寬 77 釐米

[備注]
漢白石。

[刊立日期]
民國二十九年（1940）八月

重建惜字會碑記

惜字會自嘉慶十六年張起莘、陳時夏創捐，建設房屋，以文會友，造就人才，具備條例，詳憲立案，勒碑以垂永久。兵燹後，片瓦無存，張椒生、畢君猷、陳春山心存重建，有志未逮。因以該會田地八、九畝為陳春山就近執管，進不敷出，每逢值祭日，焚化字紙，而字紙以斤計算，穀賤紙貴，相差遠甚，而猶竭力維持，其苦何可勝言？後由陳小山繼續接管，整理一切，逐漸有餘。迨陳小山見背後，陳雅南交出餘資六百元；公推張逸梅為代表，暫時收存。屢邀仝人等集議，僉云："以建築房屋為宗旨"，一致贊成。乃畢文耀、謝祝周等熱心從事，召集水、木作即行興工起造，首進平屋一間，連披；二進平屋四間。此房屋完全落成在民國二十五年冬季也，建築費共用去洋九百六十九元壹角六分九厘，除收七百七十三元七角九分弍厘外，尚虧洋壹百玖拾伍元三角七分七厘。在會仝人等叠次商議"現今時局緊急，人心惶恐，無從籌措，不如以該會之田，割讓數畝為最妥"，爰割讓四畝一分五厘，得洋弍百五拾二元，以竣其事。視此瓦礫數十年之久，居然今日復興，不亦惜字會之大幸乎？是為記。

計開　收付細目開列於後：

一收陳雅南交來餘資洋六百元正，一收田租洋八十元二角九分弍厘，一收項首洋五十元正，一收房租洋四十三元五角□□，一收田價洋二百五十二元正，共收洋壹仟弍拾五元柒角九分二厘。一付木匠屋料工洋共三百四十六元正，一付裝修木工連玻璃共洋三十二元二角五分九厘，一付木作工料洋三百元六角，一付石料洋三十二元六角四分，一付做披連陰溝工料共洋四十八元正，一付做窖連工料共洋弍拾壹元正，一付挑工、窖扳、鐵窗、鉛皮、柏油、釘、零用共洋二十元九角六分，一付做匾、寫字、油漆匠工共洋四十四元八角，一付□費、雜費共洋八十三元一角五分五厘，一付料一期、至門一冊止共洋二十九元八角五分五厘，共付洋九百六十九元一角六分九厘，以上除付淨存洋五十六元六角二分三厘，碑費在外。

惜字會仝人公啟。

中華民國二十九年八月。

坿碑石刻工數目詳列於下

碑石共計洋四十五元正

刻字工共洋三十六元九角正

以上共洋捌十壹元九角除收前存五大元六角壹三厘淨散洋式拾五元二角又金⋯厘

以上均尹漢中經手

本會輪流值期遵照舊章週而復始

第一期　張養正堂　　第二期　陳寶善堂

第三期　沐尚德堂　　第四期　尹敦裕堂

第五期　畢厚德堂　　第六期　杭懷庶堂

第七期　張慶餘堂　　第八期　丁藝經堂

第九期　張永遠堂　　第十期　周樂仁堂

十一期　畢樹德堂　　十二期　謝敦本堂

十三期　畢培德堂　　十四期　畢光裕堂

十五期　張寶善堂

碑石刻工數目

G-25-2

[簡稱]
碑石刻工數目

[尺寸]
高 38 釐米，寬 34 釐米

[備注]
漢白石。

[碑文]

　　坿碑石刻工數目詳列於下：碑石共計洋四十五元正，刻字工共洋三十六元九角正，以上共付洋八十一元九角，除收前存五十六元六角二分三厘，淨虧洋式拾五元二角七分七厘，以上均尹漢中經手。

　　本會輪流值期遵照舊章週而復始，弟一期張養正堂，弟二期陳寶善堂，三期陳尚德堂，四期尹敦裕堂，五期畢厚德堂，六期杭懷庶堂，七期張慶餘堂，八期丁藝經堂，九期張永遠堂，全期周樂仁堂，十一期畢樹德堂，十二期謝敦本堂，十三期畢培德堂，十四期畢光裕堂，十五期張寶善堂。

寺院宮觀

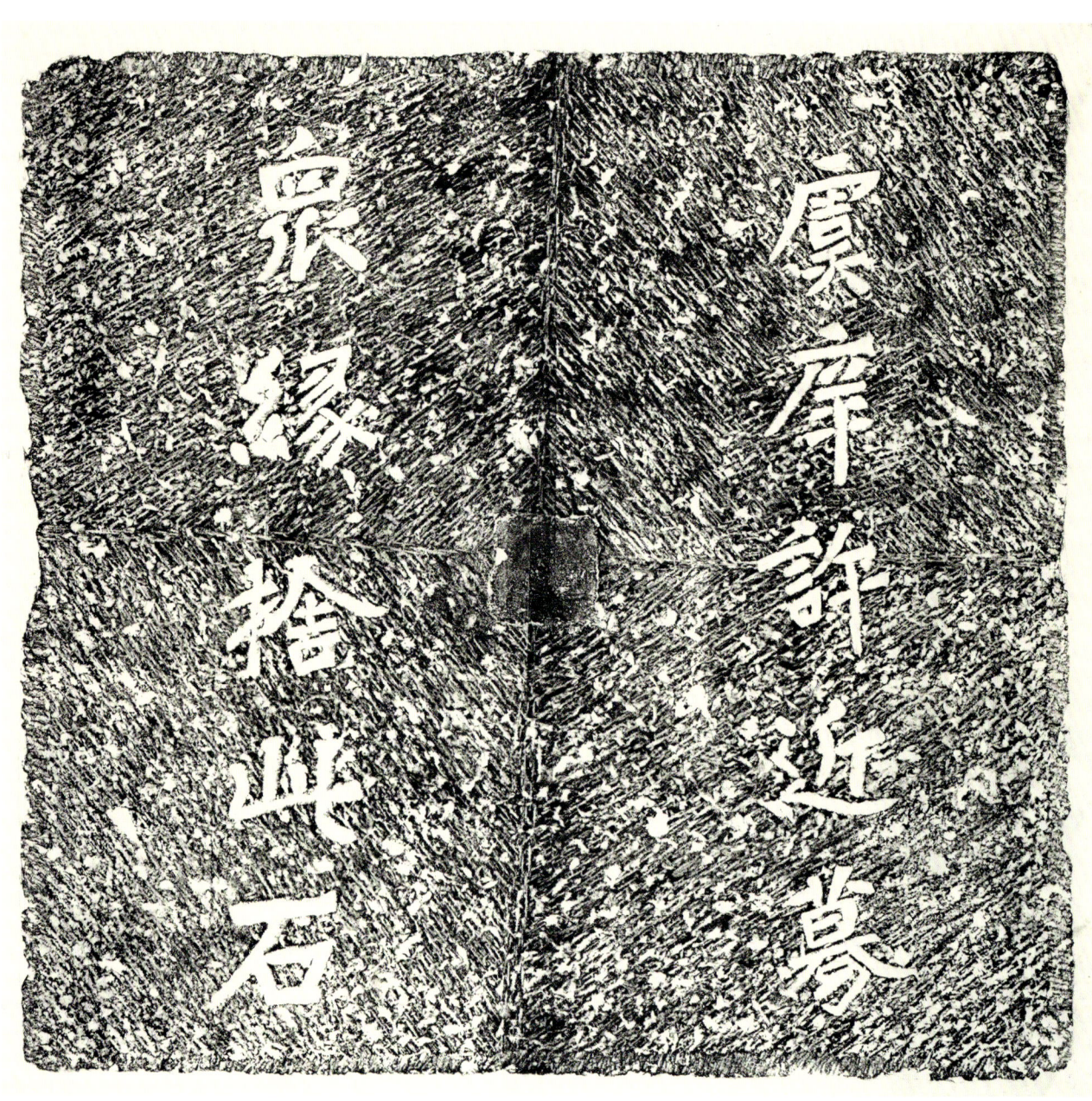

法藏寺轉輪藏地宮蓋石

S-1

[簡稱]

法藏寺轉輪藏地宮蓋石

[尺寸]

縱 126 釐米，橫 127.5 釐米，厚 76 釐米

[刊立日期]

北宋崇寧四年（1105）

[保存地址]

宜興市老幹部大學（江蘇省宜興中學舊址，宜
城街道人民中路 115 號）

[文獻著錄]

據《法相光明——江蘇宜興法藏寺北宋地宮文物》載，此石為 1995 年 9 月 30 日江蘇省宜興中學教
學樓工地出土，底部邊長 111.5 釐米，頂部銘文。

咸淳《重修毗陵志》卷第二十五載（略）：法藏禪寺，在縣南二里，舊在縣西五十里談村。蕭齊時建，名
"重居"。唐上元二年（675）徙今地，成悅《山門記》云："蕭齊之時，處縣秋野；肅宗之世，移城炎方。"
會昌廢，咸通中復。大中祥符間賜今額。淳熙中改律為禪。紹定初，令趙與悊倡邑人重創大雄殿。

[銘文]

虞庠許近募衆緣捨此石

景定敕書

S-2

［簡稱］

景定敕書

［尺寸］

高 212 釐米，寬 104 釐米，厚 24
釐米

［刊立日期］

南宋咸淳元年 (1265) 五月

［保存地址］

宜興市林場大蘆寺分場大蘆寺

［備注］

碑身破碎殘缺，僅存殘石十五塊。
四邊刻飾卷草紋。

［文獻著錄］

咸淳《重修毗陵志》卷第二十五載：禪林
禪院，在橫山（一名大蘆山，在縣西南四十里，
君山之西麓），唐咸通二年 (860) 里人張氏捨
宅建，名"大蘆靈峰"。太平興國中改今額。舊
居山麓，至和間僧宗震徙今地。有華嚴閣。

《泰定毗陵志》（永樂《常州府志》
卷十七輯）《常州路宜興縣重修法藏寺記》
載：適會橘州姚公登庸兩地，奏乞蘆禪林

院為功德寺，帖清妙齊重席二刹，又将移鼎新法藏之心力於大蘆矣。

萬曆《重修宜興縣舊志》卷十載：國朝復名大蘆禪寺。姚希得《題大蘆寺南山堂》：結屋臨流老此身，溪流顧我更情親。不於南墅多栽橘，只恐東坡解笑人。地窄雖無三徑樂，心和贏得四時春。孤忠耿耿知何補，惟願年豐作幸民。

嘉慶《增修宜興縣舊志》卷九載：大蘆寺碑，一《景定敕書碑》，字多缺；一《蒙古碑》，字多缺失。

民國《光宣宜荊續志》卷十二載：宋參政姚希得墓，舊志載在龍耳山，距大蘆山寺西半里許，及大蘆山也。其裔孫姚國嶧等圖說可據。

《宜興古韻》第三章載：現在大蘆寺仍有景定年殘碑、經幢石，以及乾隆五十九年（1798）的碑刻。

《寶鐵齋金石跋尾三卷》載（略）：《賜興平報國寺額敕》，拓本連額高五尺八寸五分，廣二尺九寸，附釋文（姚狀損泐逾半，僅間斷釋錄八十餘字，批復無缺）。《蓉江姚氏宗譜》第四卷僅輯錄姚狀。兩者均有錯漏，幸可互校合璧，另參照《荊溪外紀》卷十八所輯李曾伯《乞報忠寺額奏》行文校勘。

[碑文]

景定敕書（篆額）

端明殿學士、通奉大夫、簽書樞密院事兼太子賓客姚希得狀：照對希得昨蒙恩除簽書樞密院事，依條合核守墳寺，額已蒙省部給到公據外，今遂到常州府宜興縣大蘆山禪寺，改以"興平報國禪寺"為額，永充功德墳寺。從本家選請有道行人住持，尚一焚修香火，照管松楸；如不循理，聽從換易。係甲乙住持，仍不隸僧正司；其間像設、動使什物等係興平報國禪寺住持照管。所有本寺砧基簿書，並作本家興平報國禪寺置立。仍許本家增置產業，添作常住。除納夏、秋二稅外，免州縣等處科敷支移、折變及户役措借。本寺久少錢物，亦不許外人妄作名色前來需擾，及公私指占在寺居住，及時暫安泊并寄攢棺槨；如有見寄攢者，仰日下起移前去；其寺內空閑地段，不許外人攢葬侵占；及不許於近寺去處焚化棺槨。其房族親戚，不系本位，直下子孫位，不許干係常住錢穀、在內止宿，亦不許妄有需索搔擾，今繳連元給公據在前，明給敕牒及札下常州并本家照會，仍令本州出給板榜，付寺釘掛約束施行。如有未盡事件，從本家續次陳乞施行，伏候指揮。

尚書省牒　牒奉敕宜賜興平報國禪寺爲額　牒至準敕故牒。

景定五年玖月　日牒。

簽書樞密院事兼權叅知政事姚（押）

同知樞密院事兼權叅知政事葉（押）

太傅右丞相魯國公（押）

乙丑五月日，住持僧立石。

妙泉院雙龍紋香爐銘

S-3

[簡稱]

妙泉院雙龍紋香爐銘

[尺寸]

香爐殘高 23 釐米，直徑 38 釐米

[刊立日期]

明成化二十年（1484）

[保存地址]

楊巷鎮英駐村瑯玕馬燈陳列館

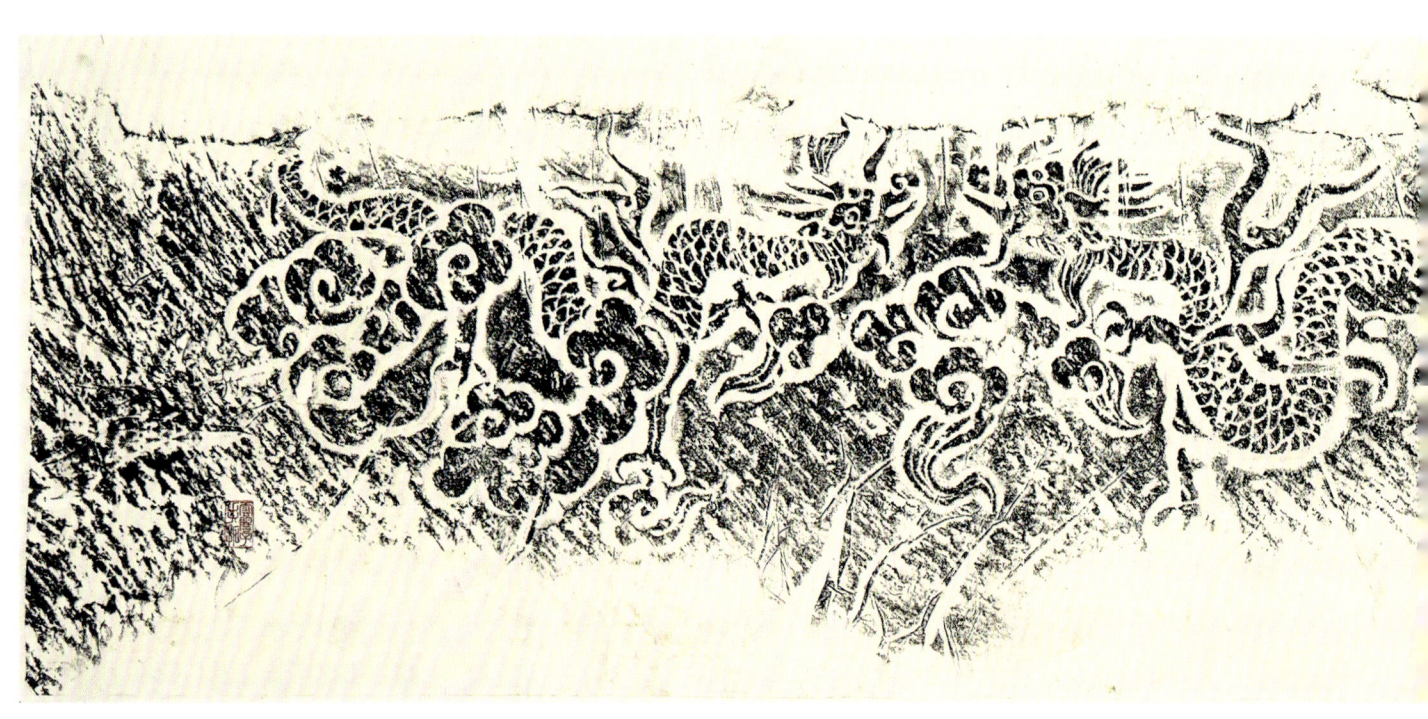

　　大明成化貳拾年歲在甲辰，庚午甲辰吉日，琅玕村信士毛熊、信女毛氏三娘、男德仙捨財命工建造，恭入妙泉院，永充供養。

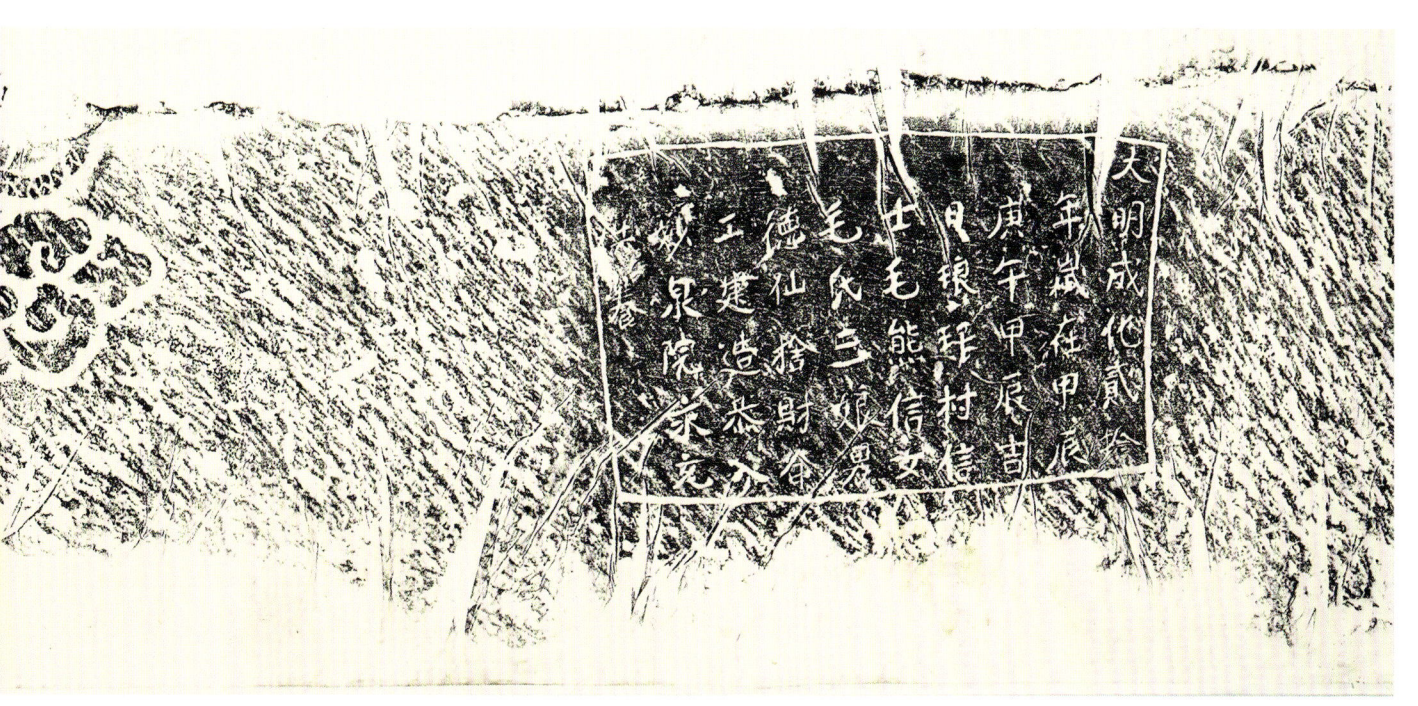

西干圓通堂亭田記

S-4

[簡稱]
西干圓通堂亭田記

[尺寸]
高 141 釐米，寬 81
釐米，厚 22.5 釐米

[刊立日期]
明隆慶元年（1567）
四月

[保存地址]
屺亭街道邊莊村西干
自然村平安橋北塊
（圓通堂舊址）

[備注]
此碑埋入土中，實際
高度大於標注尺寸。

西干圓通堂亭田記（篆額）

西干圓通堂亭田記

□世之建奇觀、垂勝績于天下萬世者，莫不有開来者爲之先焉。莫（爲之前，雖顯而）弗彰；莫爲之後，雖盛而弗傳。西干圓通堂在義興北五十二里，成化間居民張房所造也。門衝水陸，行旅所經，戶向離明，禳祈咸（至），□□□□□厥後□無□□□□斷續乎百年之鮮良疇，□響寂鳴乎三□□□□□□□而其道□矣。邑人宋壽年二十而出家，又十年而受戒，又十五年而□□□□。嘉靖四十年，富年折家，脩取三乘，躰成寶相，寅昏禮誦，精誠貫徹，□□□□□□設茗亭以施飲名，假之以謀，長欲捨施而無由，希募緣以求濟道人，周□□□□先，而黔黎響應，道人欣然，喜曰："吾願遂矣。"乃構亭于堂之前，曰：□□□□□□維新，如来如在寰宇，似頹而復振，般若般然，鵬路通□，見輪迴之預復□□□□交輝，鼎彜共雲煙一色。由是座于斯，則勞者以息；茗于斯，則渴者以飲。□□□□聖壽以天齊，俯福民生而海宴，蓋不惟將遙觀群勝會，而第一代開山之鼻祖□□□□光矣。史謂"有志者事竟成"，傳稱"人傑地靈"者非耶？雖然圓通之有□□□□□□大，靈照之空廣，應物之亭衰長生之業則道人與後賢責也，而非吾人□□□□國家天地同其悠久。

大明隆慶元年孟夏。

助緣善信姓名開後：

陳順二兩，王鳳□錢，蔣績一兩，蔣□四錢，錢容一兩。□□□□饒眷終身吉祥如意□□□□□，助緣道人錢容捨田三畝六分，五年冬十月□河善緣邵吉同妻錢氏捨田貳畝玖分弍厘六毛吉祥如意，本村信士蔣綉同妻戚氏喜捨良田六畝在堂永遠執業祈求吉祥如意，孫壽□□□蔣□□張□張忠□□□□佛□□□□□監徐紀□□□呂郡□□□□□□□經□□□□□，□□□□□□房淦、蔣昕、張佑、張祿、□明□□□松□□□□□□吳□、邵欽、陳垣、姚□□□□□□，□□□□□□□姚密□□□、蔣□、蔣鵠、裴鶚、史湖、蔣儒、王惠、李松、羊薰、蔣景、夏楠、施松、張祈□□□□□，王鳳三錢，王旭、蔣□□□蔣鵬、盛暹、裴鳩、姚元□以順、殷惟大、吳琇、蔣絎、王幸福、蔣瞬、徐煉、蔣理、戚□□□□□，□□□□□□祥□□□□□□□□□□□□□□□□□□□□□□□□□□。

永守大蘆寺產告諭

S-5

[簡稱]
永守大蘆寺產告諭

[尺寸]
高（72.5+□+48.5）釐米，寬 68 釐米，厚 19 釐米

[刊立日期]
明萬曆十九年（1591）

[保存地址]
宜興市林場大蘆寺分場大蘆寺

[備註]
碑身碎成多塊，且有殘缺，僅存左上角及下部兩塊。
四邊刻飾卷草紋。

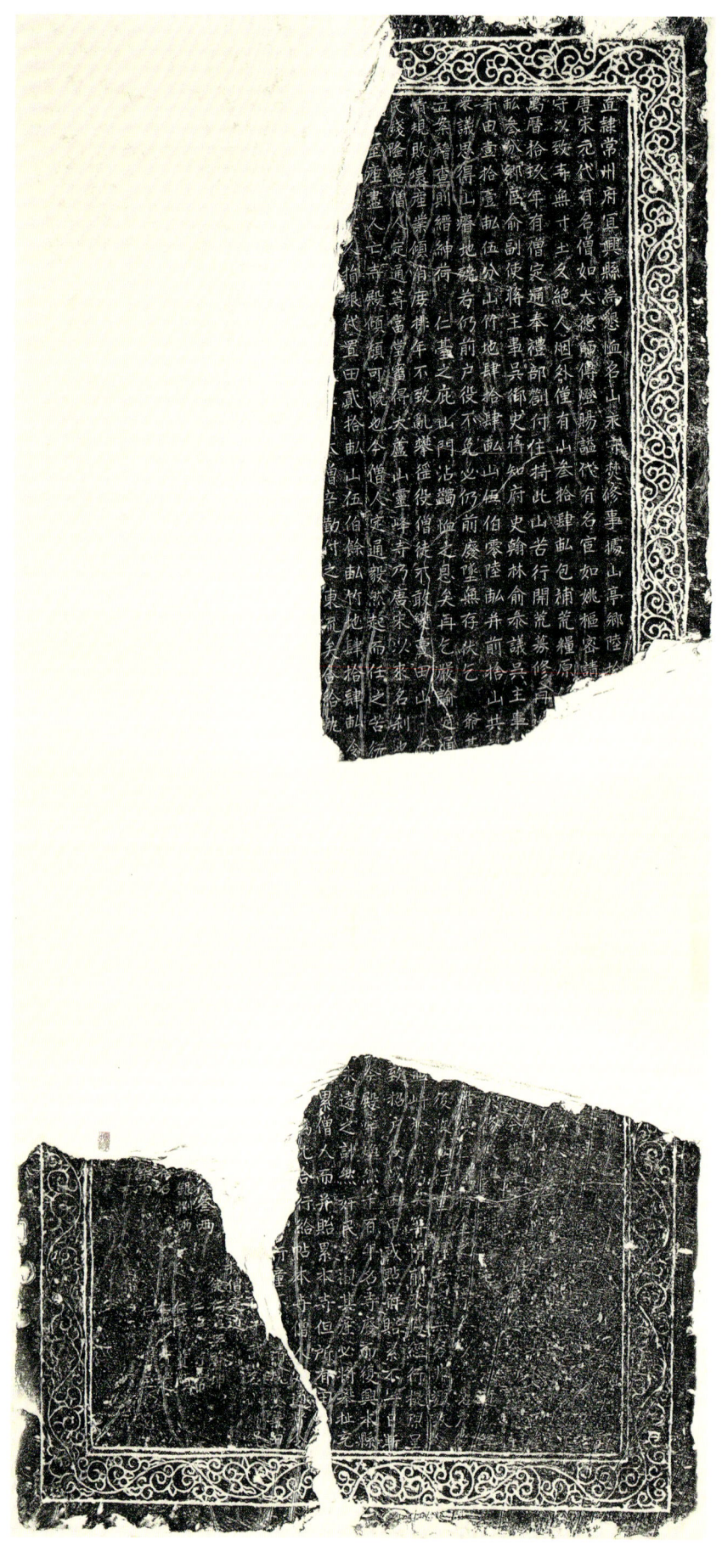

　　直隸常州府宜興縣爲懇恤名山永守焚修事。攄山亭鄉陸拾……部……唐、宋、元，代有名僧如：大德師傳燈賜諡；代有名宦，如：姚樞密請……守，以致寺無寸土、久絕人烟，外僅有山叄拾肆畆，包補荒糧原係……無人……萬曆拾玖年，有僧定通奉禮部劄付，住持此山，苦行開荒，募修再造……畆叄分，鄉宦俞副使、蒋主事、吳御史、蒋知府、史翰林、俞叅議、吳主事……今昔……寺田壹拾壹畆伍分、山竹地肆拾肆畆、山伍伯零陸畆，并前捨山共計………修殿與塑佛，皆光□□□張遁公等衆議，思得山瘠地磽，若仍前户役，不免必仍前廢墜無存。伏乞爺臺……難復任□拾□之産業無多，准免户役，立案稽查。則縉紳荷仁臺之庇，山門沾躅恤之恩矣！再乞嚴諭，定通……後收納行童□擇善良，無容非類，致令清規敗壞，産業傾消；庶排年不致亂攀徭役，僧徒不敢變賣田山。爺……並峙於無窮矣！等情前來，攄經行提原呈民錢隆禧、僧人定通等，當堂審得大蘆山靈峰寺乃唐宋以來名刹也……致招户役，或田甲、或點觧，賠累不一日，漸……至産盡人亡、寺殿傾頹，可慨也。今僧人定通毅然起而任之，苦行……今殿宇煥然，千百年名寺廢而復興，本縣□□□□□□人捐銀代置田貳拾畆、山伍伯餘畆、竹地肆拾肆畆，令……永遠之計。然奸民旁觀其産，必將攀扯充□□□□□□□□□□□□□□本僧辛勤付之東流矣，合給執……累僧人而并貽累本寺，但所有田山……爲此合行給帖本寺僧人□通督令……行童□□清規廢棄，田……千載名山，繩繩……叄兩，捐銀捌兩……拾石……柒兩……陸石……。(住)持僧：定通。徒：仁盧、仁佢、仁慧、仁橙、仁□。孫：賢坤、賢高、賢頤、賢達、賢玉。

萬壽庵記

S-6

[簡稱]

萬壽庵記

[尺寸]

高 182 釐米，寬 72 釐米，厚 17 釐米

[刊立日期]

明萬曆二十九年（1601）十一月

[保存地址]

新建鎮閘上村委會

[備注]

碑身裂成數塊，右上部及右下角殘缺。

兩邊剔地平雕卷草紋。

背面為 S-45《重修萬壽菴碑》。

萬壽庵記（篆額）

萬壽庵□□□□□□□也，嘉靖□□□□□□之明年，政理民安，諭鄉民各建禪祠以酬天地、以便禳福，遂卜地而刱于村□□□□□銅峯對□□□□□，凡有祈禱，靡不感應，其有益于鄉民者甚大，固宜萬壽而無疆也。迄今未及百年，□□□□壞，無復□□□□舊者；入其門，苔蘚遍地，螭蛸在户；鼯鼫繞庭，鼎爐無烟；悄然如行坵墓荆棘之中，道路觀（者無）不咨嗟，□□□寶刹之遽尔湮没，自傷其力不能振也。今有碩老史涓、浩等，矢心鼎革，適遇道人陳具之、宗泠，即□之。而不辞□，遂募材鳩工，再昔而事集；圮者之，廢者舉，廟貌焕然一新；是固史族翼贊之力，亦孰非神助之默相而然耶？雖然歲月之代謝、人事之变遷，今日之焕新焉知不爲異日之廢圮？吾鄉父老欲思爲乆遠計，更加賢助顏巷田伍畝與道人泠掌之，籍其地之所入以持供香火、脩其院宇，庶使永終不朽，克稱趙公諭民之意，自一世以至于萬世如一日矣，名曰萬壽，不亦宜乎？！

史涓捨田壹畆，史浩捨銀式錢，陳英捨銀伍錢，陳珪捨銀伍錢，陳荣捨銀伍錢，彭啓偶、啓儒捨銀伍錢；邑庠生史應貞二錢，史治銀一錢，史湘銀二錢，史溟銀三錢，史濡銀一錢，史溢銀式錢，史潘銀二錢；史泊三錢，史庚三錢，史京三錢，史嘉忠二錢，史嘉賢三錢，史嘉讓二錢，邑庠生儲景西二錢；邑庠生史寧之二錢，史嘉慶一錢，史嘉謨二錢，李仲四錢，芮守忠三錢，芮守莭一錢，周記二錢，史鍾一錢，蔣延一錢；呂御一錢，史憲一三錢，栽寿二錢五分，王澄二錢，吳文政二錢，宗容卿一錢，張序一錢；徐梆二錢，蔣桂二錢，戴卿年一錢，蔣珊石柱二，芮桂石柱一，黃臻石柱一。

大明萬曆辛丑年仲冬月。

募緣道人宗泠，住持道人長□。

新建亳村東嶽行宮

S-7-1

[簡稱]
新建亳村東嶽殿記

[尺寸]
高 308 釐米, 寬 127 釐米, 厚 27 釐米

[刊立日期]
明萬曆三十八年（1610）三月

[撰書人]
湯兆京撰，陳于明書，陳于宸篆額。

[保存地址]
高塍鎮塍西村亳村東嶽殿

[備註]
碑身左上角略殘缺，左半部有縱向
裂紋，右下端近年為信眾香火炙燎，
局部剝落。
碑首高浮雕雙龍戲珠紋，四邊綫刻
雲紋。
雙面刻銘，背面為《察院批准條
約》。此碑為宜興現存第二高古碑、
最高明碑。

[文獻著錄]

康熙《重修宜興縣志》卷十載：
東岳行祠……一在成任區亳村，明
萬曆三十七年（1609），里人陳一
經建，邑人湯兆京記。

《塍西村志》第八章載：東岳殿，每年農曆三月初六至初八盛辦兩會。20世紀50年代起先後為糧站、學校等所用，文革期間毀。輯錄碑文，有錯漏。

[碑文]

東嶽殿記（篆額）

新建亳村東嶽行宮

凡家之興，必有碩大柔嘉之老，積功累行，以長發慶源，詒穀來裔；凡家之將興，必有休顯俶詭之觀，潛馳飈舉，以昭錫積符，激提聾俗。非神之有可度，而和之必致祥，政理之常，無足恠者。陽羨之西偏，有亳村者，地則奧區，居多著姓。封侍御懷古陳翁，仁若騶虞，和同閭閻，寬然長者，鄉閭比之太丘。少時，夢舍傍田間有王居焉，出入旌旒旛盖，祇衛侍從，儼然王者，有稱尚主者，覺而其像可肖也。晝則獻淪，夜則殿廷，少夢如是，壯亦復然。若猶曰魂交，惚恍則宵燈燁然在覩矣，或聚或離，或徑度或規行，頃刻千百，若燐若練，若燎若螢。私心竊恠，是何祥也？未敢語人，惟力是埃。翁既以耆儒淪落，而發扵翁之子侍御公。祿入之養，歲時伏臘稱觴，上壽之供頓，翁不以身為耗，而儲之廩橐者，若而金錢，若而粟帛。一朝，謁木賈，而問材焉，賈若驚，故高其估，翁曰："余豈鳩居，惟廟貌之以。"賈遽起而與父謀，出則頓減其估以售，曰："翁長者，吾儕小人，豈不走死刀錐，將宵夢是踐？！"翁歸而謀度址，宵燈行列如埔，如為之物土方者。諏吉經始，兩慇相洛之期，翁姑命童子往植株焉。相洛者至，而株若食墨，不著池惢寸，乃嚮者宵燈列埔處也。輪奐始立，燈集其棟，狎夕的爍，遐邇咸矚，星旒雲從，隱隱赫赫，其它木石之異，感應之微，浩穰紛錯，未可指屈。翁殫貲竭岵，目鶩神煩，四歷寒暑，始克落成。門廡殿寢，庖湢私宇，翬如秩如，而後宵燈始間，神若即安。翁子亦遂被選入臺，稱名御史。嚮者之夢，無乃吉祥善事神先告之？說者曰："嶽為泰岱，四岳宗焉，惟帝乃望，受命則告，金泥玉檢，猶以為誇，下邑褊壤，狃而歆之，不免褻乎？"余曰："嶽位乎震，厥德惟生，生々之氣，随地孳殖，不擇壤焉。陽羨雖褊小，亦猶東方也。譬諸王者，端居則大內，出狩則行簒，祿饙君恩，罔潛扵私享儲胥，丹臒以俗，千乘萬騎之時巡，神其吐諸。翁愷中易，度德胕好生，逆導滋培，和風翔洽，神實陰隲，而陽告之。其發扵夢寐，徵扵聽睹，若擊建鼓而振薄俗，扵鄉則可觀，扵世則可作求，豈云恠乎？"是宜為記。

賜進士出身文林郎河南道監察御史巡按宣大福建兼視學政邑人湯兆京撰。

大明萬曆歲次庚戌季春吉旦。

邑庠生陳于明書，陳于宸篆額。

察院批准條約

S-7-2

[簡稱]

察院批准條約

[刊立日期]

明萬曆三十七年 (1609) 十一月
批准，與背面碑文同刊。

[備注]

碑首高浮雕雙鳳朝陽紋，兩邊
及下端線刻雲紋。

察院條約（篆額）

察院批准條約開後：

一 東岳殿基□□□□并開列，將来□□□□□□□□外人□□如有恃強□折及道士狥情容隐者，查出解縣重究。

一 山田圩田共貳拾畝，俱作□□□□永□□□□□□□出□□太公問罪，其道□□□者後人宜世守勿失，如違公議施行。

一 殿□□道房□□□間恐歲久圮頹□□□□□方脩葺，毋得□□坐視，如随聽本宅從公議處。

一 道士但□□□房相□多不過五六人而止□清修苦行者為上，如有酗賭及邪侈者，即奉公逐出。

一 □□不許殺□，其正屋内亦不許畜養以污净地，如違議罰。

一 □□□□止許歲朝，餘不淂混入，以致□□擾亂不便，其間諸人等亦不得□□□，違者嚴究。

一 □里中有著姓讀書者，道士必滇通知本宅，方可借居，如不□□□私自□□以□□□出不許許諸人□實重懲。

一 此殿係本宅鼎建，非十方募化而成，□□親族□等且可俱□□□□□以非禮，恐□道士希占居房，以為酗賭欲縱之地，各宜自愛，以維盛教，幸甚幸甚。

一 □□□□□□□田□畝□種以給，□糧□時常□□□□□□□□□□□□□□□□神道，及在内囂具亦不許借人損没，如違議罰。

一 道士不可狥情□人□□以致争毆，及毀傷□□□□等□□□□□□□□□。

察院鄧 批：此條□□行間爲福國庇民之□，以□條約□□□□。

邑侯俞 批：東岳神祀典文所□也，本官有敬其神□□念兹此□□殿□□□□□□□□□允□□□□□□九内外人□知，□□□及□米□□□□□□□□□□□□□□□人□□□云，公□此□史，陳公因前有未盡之旨，故及之。

大明萬曆三十七年歲次己酉仲冬。

道人□□□。

重建福源禪院碑記

S-8

[簡稱]
重建福源禪院碑

[尺寸]
殘高 110 釐米, 寬 89.5
釐米, 厚 27.5 釐米

[刊立日期]
明天啟三年（1623）
十二月

[撰書人]
顧一讓撰

[保存地址]
徐舍鎮煙山村朱家自
然村福源禪寺

[備注]
碑身上半截殘佚。
兩邊綫刻卷草紋。

［文獻著錄］

萬曆《重修宜興縣志》卷之十載：福源庵，在縣西南五十里從善鄉紫雲山。元至正二年（1342），僧寧一源建。有石井，泉可丈餘，水泛如沸，大旱不息，因以名庵。元末兵毀。國朝正統四年，僧晉（普，誤刊）祥重建。

《煙山丁氏宗譜》載有碑文，然"……顧一讓撰"以下未輯錄，今參照原碑校補。（按：天啟共計七年，癸亥應是天啟三年，宗譜誤刊為三十年，今正之。）

［碑文］

（邑之西南隅，去城六十里，有紫雲山之窩，石井出焉，泉泛）如沸，大旱不息。元至正二年，禅師一源因構庵扵傍，而福源所由名也。厥后歷遭兵火，（棟宇頽圮，寺僧寥落。傳自正統四年，有誠莊丁氏松菴公諱伯澄，偕侄友竹諱珣，二公者，乃）僉憲勉亝公之叔，而侍御史紫崖公之先世也。惻然憫之，捐田山以給其朝夕；復（暨甥西墟吳文亨公諱佐建立正殿，俾僧普祥克襄其事，于是）廟貌改觀，徒衆聚叢，嗣是廣其廊廡，增其后殿。僧方鏡復捐貲以建禅堂，修葺山（門、觀音大士等殿，雖或出之十方，大約多得之于丁氏。二百年香）火永存，列於諸剎中稱最者，數公之德，迄僧之功，盖不可誣也。向有文靖徐（公舊記，今已燬沒，住持僧圓相懼盛績不載，久而愈湮，偕余中表）兄丁氏堎乞余文以為誌。余曩亦讀書菴中，登臨扵峰巒之層叠，徘徊扵茂（林之修陰。白首黄童咸念數公之濬福深也。然則數公之德澤，固永）不朽扵人心矣。嘻，奚俟文為？！渠曰：吾儕之求是文，所以承夫先人之志，併将（欲啟後人之業。惟片石昭垂，菴之僧徒或睹是而啟河洛之感，有增）益而無蕩廢；我之子姓或睹是而興継述之思，宜恢弘而禁蚕食。庶廟貌常新，（先人之創業將垂億萬禩而不替矣。故文之意云，余唯唯。因忘）固陋，歷叙其始末而為之記。

（賜進士第直隸河間府獻縣知縣邑人顧一讓撰。）

丁氏玄孫惟忠、炣、熠、炲、瑱、墀、環、時成、禹成，翊助建齊坤堎垿地位運錦鏞、錫銖、敬顥、鋋、鎰、大成、弘球、兆行、紹淮。

（天啟三年歲次癸亥季冬之月）穀旦勒銘。

重建正源住持僧圓相、圓彬、圓荣同立。

誓石

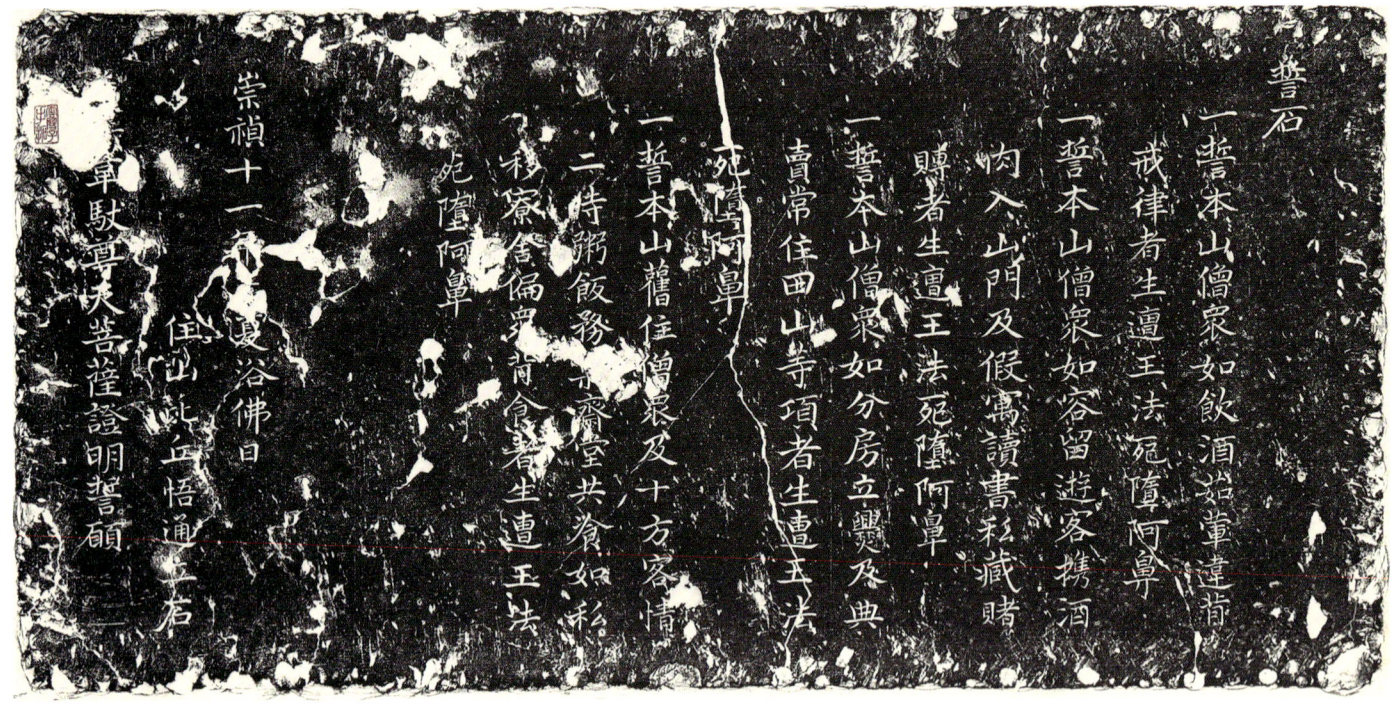

［簡稱］

誓石

［尺寸］

高 32.5 釐米，寬 65.5 釐 米，厚 11 釐米

［刊立日期］

明崇禎十一年（1638）四月初八

［保存地址］

丁蜀鎮蜀山社區顯聖禪寺

［碑文］

誓石

一誓本山僧眾如飲酒茹葷、違背戒律者，生遭王法，死墮阿鼻。

一誓本山僧眾如容留遊客携酒肉入山門及假寓讀書私藏賭賻者，生遭王法，死墮阿鼻。

一誓本山僧眾如分房立爨及典賣常住田山等項者，生遭王法，死墮阿鼻。

一誓本山舊住僧眾及十方客情，二時粥飯，務集齋堂共飡；如私移寮舍，偏眾背食者，生遭王法，死墮阿鼻。

崇禎十一年盂夏浴佛日。

住山比丘悟通立石。（南無）韋馱尊天菩薩證明誓願。

伏虎洞題偈

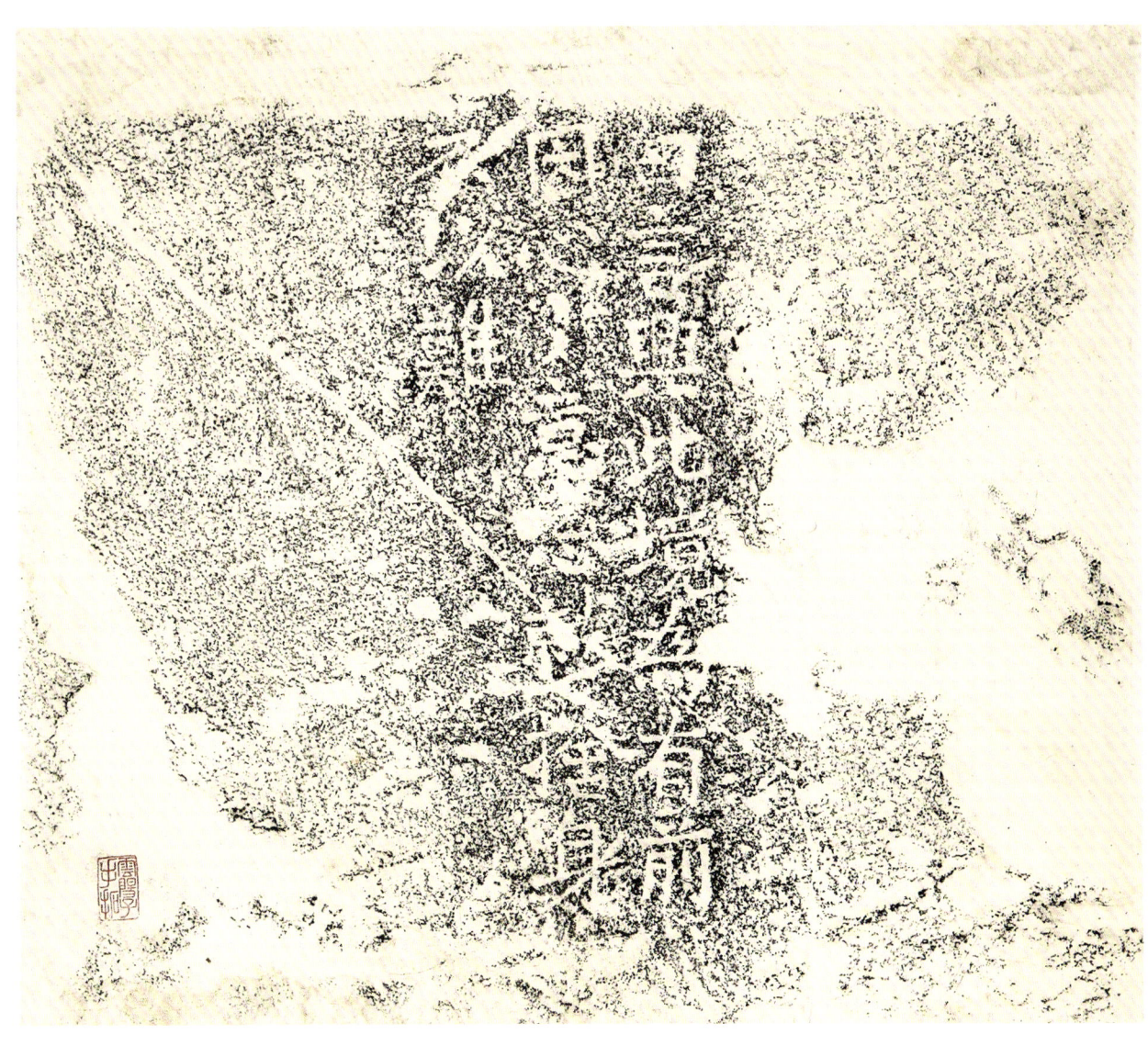

S–10

[簡稱]
伏虎洞題偈

[尺寸]
高 25 釐米，寬 45 釐米

[刊立日期]
依據書風，推定為明。

[保存地址]
丁蜀鎮洑東村大潮山
福源禪寺

[備注]
此為摩崖。

[銘文]
白言興此境，為有前
因心。々々（心心）意念就，
捨身不以難。

新建永寧禪院碑記

S-11

[簡稱]
新建永寧禪院碑

[尺寸]
殘高 145 釐米，寬 94 釐米，
厚 20 釐米

[刊立日期]
南明弘光元年（1645）四月

[撰書人]
漫漶莫辨

[保存地址]
高塍鎮梅家瀆村賀家瀆永興
橋東塊

[備注]
碑身下部及左上角殘缺，碑文
漫漶。
碑首綫刻雙龍戲珠紋，兩邊剔
地平雕纏枝花卉紋。

［碑文］

永寧禪院碑記（篆額）

新建永寧禅院碑記

盖聞世界恬囂之象，皆心造之；人心恬囂之端，還從世界開之。治……南暨，靡有寧所，震蕩搖撼，雨突宵奔，求一息之貼而不可得於廼時……□系淵源□大小，乘甲申、乙酉間創建禅院於邑西之賀家瀆，其地……湖而濱有伴，畫橋流水□□□□點綴適目，妥大雄氏而金丹塗……諦，揚辭累牘，奚罄真如？月映千江，随人領□□，對封豕而恐怖，潜□□□……萃詞並舉矣。爰隆越厯艱危，魂搖魄奪，聞斯旨而覺，晝有寧居，夜有□□……□大師之萬一矣，□有惟高，吳公素稱賢豪，捐中人十家産叺為樂助……泉流潔，媲美同聲，上棟丁□□西之辰，永寧題額，掌示人心，雲行雨施，品……

賜進士出身文林郎江西南昌府推官□□□撰。

僧復……塑像粉面……編正□□大田乙叁……文殊師利乙尊，賀門吳氏……；普賢大師乙尊，吳門□氏塑；观音，吳門金氏、蔣門王氏、黃門吳、蔣門吳氏；幽冥地藏乙尊，吳門□氏塑；韋馱尊天，□鄰塑；伏魔大帝乙尊，烏建塑；護法伽藍乙尊，僧寂澄塑；當山土地乙尊，吳城塑；上元天官乙尊，馬承意塑；中元地官乙尊，蔣文鑄塑；玄天上帝乙尊，馬應□塑；下元水官乙尊，馬麒塑。……式拾两……賀文傑，馬□□□，邵□茂，吳□□乙两，蔣□□五□，馬□高，朱啟澤，賀廷□、賀廷楚乙两，賀□□，□□□，蔣文□，蔣文伯，俞□□。……賀□□，沈□，賀文□，賀廷□，賀□□，邵文鳳，蔣大□，□□□，□文高，……周環，□□□，馬□漳，賀之英，馬寧。張伯叺捨蕩壹分，……文鈺，馬□□，馬承□，馬灝，賀□行，……□息，□松，賀□□，蔣文明，李倫，李□拾錢，沈文高五，沈桂氏。五蕩里：馬洪，馬□，馬遂，馬□，馬渭，馬富，賀文俊，□之侯，蔣之佑，馬□，馬以□，馬以□，吳亨，馬小□，□文鍴，金倫，馬以貴，蔣文玉。□□□捨田□分入于常住。吳有恩，蔣文鑌二钱，朱有明，賀文伯，史文相，梅家瀆吳門史氏，尹□，尹□，楊遇春，楊門吳氏，□□□，□倫，梅成，梅□□，吳士福，梅門楊氏，王僉，王宣，吳士亨。梅門□氏，夏南泰，姚有祥二錢，梅廷璁，梅廷琮，楊致明，七里庄徐迪德、徐迪功五錢，徐迪吉、王邦俊、張□祥二錢，張門□氏，張国祈，張国忠，吳□，賀廷蘭乙錢，吳恒，□文介□□。馬應緒，朱林，賀鄯，陸文賓，陸思勋，金玉，金明，金□，蔣文□……馬渭入香火田式叁。

大明弘光歲次乙酉清和月穀旦。

興復芙蓉寺碑記

S-12

[簡稱]
興復芙蓉寺碑

[撰書人]
徐喈鳳撰文并書，王翮鐫。

[尺寸]
殘高 47 釐米，寬 90 釐米，厚 18 釐米

[保存地址]
張渚鎮芙蓉山莊（芙蓉寺遺址）

[刊立日期]
清順治十年（1653）二月

[備注]
碑身殘存下端且縱裂。

[文獻著錄]

　　康熙《重修宜興縣志》卷十載：芙蓉寺，國朝順治初年，山寇起，僧散寺頹，自閑率法嗣岳慧經營興復。岳慧歸雲峰，自閑適圓寂，寺又頹廢，岳慧再來主席，鑿荒建殿，功勝於創。邑人徐喈鳳碑記。

　　康熙《重修宜興縣志》卷七載：徐喈鳳，順治戊戌孫承恩榜進士，永昌府推官。

[碑文]

　　……嗣永……（癸）巳仲春吉旦……江南常州府知府……海道市政司糸……（印：薪□尧典、□□□）(賜)進士出身、文林郎……賜永昌（軍民）府推官……徐喈鳳撰文并沐手……（印：徐喈鳳印、□□□□）第三十二世、運興第二……代住持自閑覺和尚，……第三十三世順興、第二……住持雪厂慧和尚，……山堂心玉立石，……邑人王翮謹鐫。

重修福慶禪院碑記

S-13

[簡稱]

重修福慶禪院碑

[尺寸]

高 164.5 釐米，寬 72.5 釐米，
厚 22 釐米

[刊立日期]

清康熙二十年（1681）十月

[撰書人]

王元爵書

[保存地址]

官林鎮都山村福山寺

[備注]

碑首佚。
兩邊線刻卷草紋。

　　福慶禪院建自月潭，乃宋時古刹也。觀宇巍峩，佛像莊嚴，僧人苦行矢志焚修者盖三百年於此矣；自元及明，其間修緝者不知凡幾。迨我皇清統一區夏，茲庵僻處山隅，而兵燹之餘，棟宇傾圮，竹木凋零，其常住僧有一元、継源両人者，力肩厥任，重整殿宇，舉凡木石匠工之費捴歸惡有。於是其徒悟禪、隐禪或捧鉢而求、或披鎍而募，甚至計窮力盡蕩業抵産。迨功程告竣，凡爾釋氏託足有廬，而謀生無術矣。荷蒙檀越君選戴公獨抒愍惠，深藉姘蠓，一捨河南田肆畆，一捨□家圩田叁畆，一捨灘下與基下田共伍畆伍分；慨然復還故土，租與價不計焉。以視世之獧薄成風、涇涇然一芥不與者，其相去何如哉？！公年七裘有伍，同妻華、劉、徐、王氏一門素口禪心，延經禮懺；雖無多男之慶，已登三十之榮；行將歌大耋而享天年，必爲善人報也。雖然，公之壽，公之德也；公之德不求知於人，人亦不見稱於公也。迄今念前人再造之烈，感戴公楽助之恩；而知向之傾圮者修緝，公之德與爲修也；向之凋零者向榮，公之德與爲榮也；向之寒者得以衣、饑者得以食，而知公之德與爲衣、與爲食也。数十年來使東西両房得賴與優游以楽於此土者，皆公之賜也；其又可忘耶？前人抱此勒石之志久矣，而惜乎未有成也；今特立以誌不朽。後有起者，倘將有感於斯而共發菩心、継行盛舉，將造福於空門者，綿綿不絶也。是雖闡揚公德，而於風勵後人之旨，則未必無補云。

　　旹維康熙歳次辛酉己亥月穀旦。

　　住持僧滋成、能祉仝立，佛弟子王元爵薫沐頓首書。

重建正覺禪院碑記

S-14

[簡稱]
重建正覺禪院碑

[尺寸]
高 205 釐米，寬 94 釐米，厚 18 釐米

[刊立日期]
清康熙二十年（1681）十二月

[撰書人]
儲善閎撰，潘恩鐫字。

[保存地址]
官林鎮儲巷村前來自然村正覺禪院舊址西側

[備注]
碑身中部斜裂，碑文損泐。

民國《光宣宜荆續志》卷一載：正覺寺，光緒二十年（1894）重建。（在宜興神安舊區）

《官林村志》第十一章載（略）：正覺禪院，在前來村和中來村之間……1939年8月，因日寇占據官林，由芮仲呂任校長的江蘇第七臨時中學（官林中學前身）入遷正覺寺。自此，正覺寺不復存在，僅存碑記一塊，2009年重立於來村大路南側。輯錄碑文（田畝、捐款名略），錯訛頗多。

［碑文］

重建正覺禪院碑記（額）

古人插一莖以成木蘭，結一曇花而掀開法界，則非踞獅子地者，□能換古之頭面以醒人眼目也。業建功緣，寶香花而棋山河，森羅萬象，即大地華藏，皆吾法王子。蔗衣祇園，演教青蓮，黃老子之喻，法□成利利之院宇。燈燈之續祖，功非容易而告成之也。如江南鵝山，宜邑西城外三十五里之遙，乃滆湖之西，有正覺院焉。胡爲來哉？蓋由興也。□自唐宋年間，御志勅爲“普覺庵”。歷傳我明，券璽御志改勅爲“正覺禪院”是也。其院也，山明水秀之環遶，古木陰濃之幢飄，路通大道，院聯（村）落，碧琉璃而光照銀漢，鐘磬聲遏遏間聞，殿之上金相玉容，巍巍燦燦之堪觀。當是時也，無不備矣。而徃來遊翫者，無不贊嘆已。奈數百載以來，佛相圮、殿垣頹久矣。有上人丹霞者，於崇禎三年拜師如初，掛瓢正覺，目擊殿宇頹敗，斷碣殘碑之荒蔓，其發心慈惻，有吐志佛日之輝，因朝更軍馬之秋，歲年不典。直至大清，披誠矢心，苦行募衆，告助檀那之信施，於辛卯年竪建正殿、法座並後法堂、前山門以及兩廊。於戲！雖丹霞住持而爲之主，功德則有信初鉢流同協功緣，以成木蘭之景，化城西方，而正覺遂成圓覺地，良有以也。一草一木，一石一磚，一瓦一椽，無不檀信脂膏、途人血汗。今得以開兩扇大門於天下者，不惟玉燭光浮，而緇流方飽法乳曹溪之汁，即頌祝昇平，法輪常轉；帝德遐昌者，於院臻□蓮開，功德水而潤澤人天不淺矣。且尺土皇王，寸土法王，裹一袈裟地而爲鷲嶺之高峯。前聖創而後賢守之者，歷四傳而曾孫寧璿，克勤克儉，慨然以成先志爲己任，越辛酉歲，而厥功告成。噫嘻！吾師丹霞之創功於大衆，衣鉢者亦當念念作如是觀可也。天下衲子住天下院子，不容易也。天下禪林爲天下毘盧教主，更非容易也。刀牛火種之拓開華界，而檀信善善同圓種智之興崇入息，不居陰界，已政不湏法螺法皷，以振聾耳漢。緣已告成，毋忘佛恩、檀那之功，因以草鐫碑勒，爲萬古千秋不磨之功，錄之令天下後世作善事、好事，願固慈耳，遂爲懸□□正覺院之風標焉。

計開：本院贖置周圍孝、竭字號共平田伍拾畝，爲香火永遠不朽之計，凡在院徒子法孫□□廢瀆以隳師祖之志，地方檀越亦不得侵漁，以珍香火之傳，寧璿諄々。特此謹誌。

康熙己酉科舉人候選儒學教諭里人儲善閎拜撰，住持僧寧璿立石，石工潘恩鐫字。

芮元麒三錢，芮茂祥一錢，芮讓良二錢，芮喜班三錢，秀良二錢，芮球胤一錢，信良、序良二錢，昇良一錢，芮孝良米一斗，胡文㬎八錢，文祥達八錢，懋澄八錢，胡佐四錢，胡緝四錢，胡綉三錢，張叔慶二錢，蔣君召二兩三錢，章永寧二錢，吉旦、光祖二錢，貞元店七錢，許科進八錢，戴邦緒一錢，董士孝一錢，趙孝体一錢，周天毓一兩，□天貞一錢五分，謝元隆一錢五分，吳可□一錢五分，許□錫米一斗，稽士魁一錢五分，黃有良八錢，□明哲一錢，施應元一錢，駱本昭□□，汪和祥一錢五分，錢方喜一錢，姜正先、紹德共七錢，王文聖米四斗。

東前房僧竟元祖田孝字一千七百廿一平田三畝九分六厘。孝字一千七百廿平田一畝玖分九厘二毛，一千七百十□平田四畝二分七厘，一千七百十六平田二畝二分五厘一毛，一千七百十七平田一畝一分七厘一毛，一千八百六十四平田四畝四厘六毛，一千七百廿六平田一畝七分五厘，一千七百十八平田一畝，一千七百三十一平田四分二厘七毛，一千七百三十二平田式畝一分七厘三毛，一千七百三十三平田四分四厘八毛。竭字六百七十四平田一畝五分，六百七十五平田七畝七分五厘，六百七十七平田一畝九分五厘，六百七十八平田一畝四分五厘，六百七十九平田四畝一厘三毛，六百八十平田三畝八分九厘六毛，六百八十一平田三畝六分四厘八毛，一千六百五十五平田四畝二分四厘九毛，一千六百五十六平田三畝三厘五毛，一千六百六十平田一畝捌分五厘，一千六百六十一平田一畝玖分一厘，一千六百六十二平田一畝五分二毛，一千六百六十三平田一畝六分玖厘，一千六百六十四平田二畝四分。

□正瑞一錢，萬永元一錢，永周、継周共三錢，士仲五錢，有茂四錢，時芳、時昇、時英共六錢，意周二錢，夢熊米五斗，思成二錢，蔡福貞二錢，蔡穩周三錢，蔡門蔣氏捌錢，蔡紹定三錢，蔡紹賢八錢，蔡贊周五錢，蔡丕鼎三錢，蔡有儒助銀五錢，蔡士秀助銀捌錢，芮慈文六錢，芮瑞麟四錢，蔣永堅二錢，士元一錢五分，起球、起文共八錢，起先一錢，成業一錢，起鳳一錢，超一錢，芝序一錢，孟卿一錢，文孝一錢，永陛四錢，起緣捌錢，文順捌錢，仲光三錢，蔣仲陽輝叄錢。

蔡士儒、蔡東周、胤周、懷周、時榮、時辰、蔡寧周、寿周、鼎儒、奕儒。

旹維康熙龍飛歲次辛酉季冬。

新建朝陽道院碑記

S-15

［簡稱］
朝陽道院開山碑

［尺寸］
高 268 釐米，寬 106 釐米，厚
25 釐米

［刊立日期］
清康熙二十七年（1688）秋

［撰書人］
萬錦雯撰，萬球書丹。

［保存地址］
湖㳇鎮張公洞風景區兩記亭

［備注］
碑身損泐嚴重，右下角斷裂。
碑首剔地平雕雙鳳朝陽紋，兩
邊剔地平雕纏枝牡丹紋。
背面為第三冊 T-7 明葉向高書
《秋遊張公洞玉女潭詩》。

咸淳《毗陵志》卷第二十五載：天申萬壽宮，舊名洞靈觀，在張公洞。唐以前為寺，開元初萬惠超天師投龍、簡，奏復焉，明皇為題扁……乾道六年，內侍劉能真入道，請升為宮，祝高廟壽，改今額。

萬曆《重修宜興縣志》卷十載：洞靈宮，今名天申宮，在縣南四十里均山鄉張公洞，單氏《風土記》云：吳赤烏年間建。唐初為佛寺。開元元年（713），萬惠昭天師投龍至此……後兵毀……南唐保大三年（945），道士周敬微繪圖奏請，遂賜營建……宋大中祥符四年（1011），賜金帛，一新棟宇……國朝洪武二年（1369），道士陳清源復建，後廢。宣德二年（1427），道會談惟一構屋數楹，僅存基址。

嘉慶《增修宜興縣志》卷末載：國朝康熙間重建，改名朝陽道院，中書舍人萬錦雯記。

光緒《宜興荊谿縣新志》卷九載：國朝初，因道士潘朝陽游張公洞得道改今名……咸豐間兵毀，同治間里人重建。（在均下區）

朝陽道院開山碑記（額）

新建朝陽道院碑記

道書云：天下福地共有七十二，而余邑張公洞其一焉。張公者，世傳道陵□曾修煉于此，因以為名焉。宋逸士王繹來游，云："非道陵，乃其四世孫輔光。"□□記之以詩，有"輔光竈令留香壞"之句，然皆不□□可攷。獨其洞□□□□由後洞而入，巉削透邃，□□□□□□前對山□□□□□□松石森然，□□石刻□者，人拱蹲者□□踞□有鬼神□□□□□之而洞之勝，遂擅□□□□□□有□□□□□□□□□□□□□勞而後臨觀□□□之數至□□□□□之後蕩為丘墟，蔓草□□□□□□□□□□□□□□□太忧來謂余曰："□□□□□□□□□□□□□乃喪其地之宜乎！"吾□□□□□□□□□□□□□□□之而以為□也，既二年復□□曰："吾竭所能□□□□□□何其易也。"問其所□□□本末，則曰："賴單□□□□□□其址。"而單氏夢龍父子，相率而助之，鳩工庀材，因高而建斋屋二十餘楹，左堂右廡，規模麤備，祀太□□□□□□始而名之曰"朝陽之院"，言如日之升、浸昌浸熾之象也，而不敢私也，延導師潘悟旨，入西院事，又募田□□□□□若干□畝，為香火費，可畔可樵，庶幾久存而勿壞，而吾於是□可以無所憾矣。願記以示後之人，使有所考焉。余□□□□□物之□廢興成數，豈可繫於其人哉！向之所謂"天申宮"，□□□□及□也然而堲塗丹□計□極一時之盛，而守者□□□□□建於□荒煙無□□□欲求其彷佛，而不可得。經又數百年，未□□□□□繼而□□復之者太忱，然於蒿萊蓬蘽之間，□□□合及□□□□□□□於成□□□其果□□□有數乎？抑□待人為□□□□也？嗚乎！天下事，惟□無其志耳。苟有其志，□能力為而不□□則何不可成之者。昔有姚生者，□造入之洞遇二道□奕於□上臨青泥數由，噉之，咀嚼，芳馨□出，而泥遂堅如石，則是洞之奇，固名□跡，倘有志求之，甘□□□寂歷餐沈瀣以□□安□異□不往来其間乎？此又太忱之意，而非特資遊者臨觀之樂也。乃為之記。

賜進士出身、陞中書科中書舍人、文林郎、前直隸順德府廣宗縣知縣萬錦雯撰。文林郎、知宜興縣事李先，湖汊巡司李邦，常州府右營分防宜興守府王極。

康熙歲次戊辰秋月穀旦。

邑人蘭鶚萬球書丹。

太上神相一尊，葛贊美恭塑全室吳氏；護法靈官一尊，單夢龍全室蔣氏恭塑；護法單夢龍全男丙徵乙元、起元，姪朝棟、遜一。方丈道士潘悟旨，建院道人錢太忱，文曲梓□□□帝君，恭塑侯峻楷；武曲□□□□天帝，恭塑□□。山主王華男定昌、鄉□吳應期□□成萬階□許瑞等，鮑嘉祥、汪士英、蔣弘等，錢太□、陳太貫、潘太階、姚太圓立。徒朱清靈、蔣清安、邵清增、蔣清貞、蔣清乾，帶入常住田二十一畝，山一百八十畝；邵清聚、□清□、丁清恒、王清宇、杭清啟，五兩；顧清生、錢清瑞、蔣清元、虞清慧、蔣清寧，帶米二千担並記。□□□允功男尚林凰川萬化菴率男靜山、峯山，捨田伍畝、耕牛一隻。

緣首葛丕承、周尔雅、周鼎臣共募。葛自成、錢□賢、丘辰玉，捐助田山銀□□開列，王□全室陳氏□□□塔□□□□□十畝平田□□，蔣君輝、許仲雲田三□，汪龍宇男時□田八□，朱先佐田九分六厘，王□□叔美李美五交田三畝三分，張成南田二畝銀六錢，朱惟茂□□□□□一厘，介臣一兩，任隆吉一兩，錢君錫五兩，陳象□五兩，朱伯之五兩，聞正之四兩五分，周鶴潤二兩，高尔儒二兩，陳子明二兩，史□典二兩，宋永壽二兩，文順之三兩六錢，何國章一兩五錢，蔣惟龍一兩一錢，王□□□□，□□□□□□、朱瑞安、王門蔣氏、高文甫、吳清延五錢，鮑□元、周德□、□夢陵、朱仲文□石，許敬雲、蔣小祥三石，周行吉、邵門陳氏五錢，周敬暘各六錢，□朱□□□□□□四畝、山二伯四十畝、銀三兩四錢，王明海田五畝，汪士英乙兩，蔣守齋田五畝，□塵十兩，蔣秀卿三兩全室錢氏，鄒同□一兩，陳君□□兩，承允之□兩，鮑旋吉□兩，徐君璽一兩，崔廷侯一兩，錢門陳氏一兩，陳啟貞三兩，沈瑞長三兩，葛九章二兩，葛宇仁一兩二錢，金明瑞八錢，汪子俊、單父令許美予一石，□犀侯各米一石，史雲從一石，呂文彩一石，陳門徐氏式石，王明美、吳維垣，單遜士書。棠姓捐助难于細列，同增萬福。

博濟禪院飯僧碑記

S-16

[簡稱]
博濟禪院飯僧碑

[尺寸]
高 210 釐米，寬 82 釐米，厚 26 釐米

[刊立日期]
清康熙三十三年（1694）八月

[撰書人]
許之漸撰文，唐宇肩書丹，陳玉襈篆額。

[保存地址]
和橋鎮鵝洲南路和橋公園

[備注]
碑首剔地平雕雙鶴雲紋，兩邊剔地平雕
卷雲紋。

[文獻著錄]

《無錫日報》（2008 年 5 月 7 日）載（略）：
和橋鎮南興橋西堍居民郭洪順舊宅牆體砌嵌四通
碑，此為其一，另三通分別為：《魯仙宮碑記》《魯
仙宮捐款碑》《重修魯仙宮碑記》，2004 年底拆
遷後均捐出。據稱此地曾建有魯仙宮。

《和橋鎮志》第二十九章有載。

博濟禪院碑記（篆額）

博濟禪院飯僧碑記

荆溪距郡城百餘里，為西南之陬區，其地多靈山古剎、浮屠仙子之所窟宅，遺踪勝槩，彷彿洞天。沿滆湖而北，去邑三十里為和橋鎮，係郡邑之要衝。凡諸方之雲水緇流、訪名宿而叩玄□者，莫不往来其間；每每擔瓢頂笠，乞食市廛，不逢舍衛維摩，未免逡巡中路。康熙辛酉，無礙上人自龍池来，慨㮣解鉢飯僧愿，時囊無半粟、地無卓錐，乃寄跡扵闢聖祠；竭忱叩募，感諸檀那，施地捐貲，即扵鎮之西隅，成精舍數楹，設香厨、潔蔬水，接納雲遊僧侶，飽餐止息，儼尔化城。越數年，僧日衆、齋日繁，上人慮食衆地隘，勢不能久，又乞緣于諸同人；拓基開分，鳩工庀材，鼎建佛殿齋堂及東西兩廡共十六間，復置腴田三十八畞有零，入租以供歲計；是以僧至如歸，無憂匱乏。噫！上人之詒謀遠矣，功德溥矣！而以"博濟"名菴，誰曰不宜？！無礙圓寂，其孫見源能繼其志，恐歲久湮廢，因述其事属余記之。余老矣，不能工詞藻，惟達意而已。若无礙上人之道德及示化異跡，其飲甘飽德者已揄揚于四方，此不待余之述也，是為記。

賜進士出身江西道監察御史巡按陝西茶馬郡人八十二叟許之漸撰文。（印：許之漸印、八十二老人）

晉昌唐宇肩書丹。（印：宇肩之印、有唐白衣人）

賜同進士出身己未召試博學弘詞戊午分考內府中書科中書郡人陳玉禔篆額。

衆檀越同衣助齋僧田姓氏：

許均朗助基地三分六厘，真實師助屋木五間，吳可安助田陸畞，吳孟儒助田柒畞七分，蔣洽甫助田銀叁兩，蔣成郁助田銀叁兩。

慧心師助基地壹分伍厘，丁亮卿全室蔣氏助田銀叁兩，周茂芝助田銀叁兩，香山巨開祖安師全助田叁畞四分，則愚師助田肆畞又助田二畞三分五厘，悟宗師助田叁畞壹分，香山師又□□□□，裴文瑞同室李氏助田□畞。

德珍師助田四畞，靜□師助田二畞，度宗師助田□畞，逸行師助田□畞，見□師助田銀拾兩，祖安師又助田銀拾兩，惟白師助田銀叁兩叁錢，若如師助田肆畞。

隱禪師助田二畞，學賢師助田銀貳兩五錢，恒禪師助田銀□□，孫萬祥助田貳畞，□□□□□，徐統□助田銀叁兩，道緣師助田二畞，藝□師助田肆畞。

歐瑞伯助田田畞，王承祉助田式畞三分，邵伯仲助田二畞，不退師助田二畞。

康熙歲次甲戌仲秋穀旦。

徒源全徒孫實信全立。

吉祥庵禅堂碑記

S–17

[簡稱]
吉祥庵禪堂碑

[尺寸]
高 120 釐米，寬 67 釐米，
厚 9 釐米

[刊立日期]
清康熙三十五年（1696）
十二月

[撰書人]
馬啟麟撰并篆額書丹

[保存地址]
徐舍鎮鯨塘社區南莊自
然村

[備註]
四邊剔地平雕花卉紋。

禪堂碑記（篆額）

吉祥庵禪堂碑記

龍溪里人馬啟麟謹撰并篆額書丹

夫吉祥庵者，南唐之香火也，其来尚矣。前有山門，中有大殿，旁有廊廡，而後獨無禪堂。凡僧是庵者縶縶，而置焉弗講者比比是也，自空盛来是庵，始耿耿焉。顧有志未逮，亦其難之；而空盛以為無難也，必資獨力則不易，欲藉衆舉則何難！故特設蔬果、治茗漿，彙集本村檀越，募化捐貲不拘多寡。而諸善男信女亦紛紛樂助，而未之有吝也；或瓦或磚，或灰石或銀米，陸續登簿者，不可以數計；即本庵亦有常住田二十餘祗，除歲入供香火衣食外，悉以資之；扵是擇吉日而鳩工庀材，築室三楹。始扵康熙庚午之秋，不数月而遂告成矣。嗣是而裝佛作龕，題匾砌地，雕文刻鏤，張施五采，為之煥然一新；来遊于斯者，莫不稱幽雅焉。是室也，雖曰衆姓兼舉，以共勤乃事乎；而極焦勞、躬拮据，不辭艱苦者，則惟空盛一僧之力居多；空盛亦僧傑矣哉！室既成矣，是不可以不誌。

計開從一區八啚信士助銀列左：

周君秀助銀拾叁兩，許仲哲助銀叁両，黃堯卿助銀貳両，許森如助銀壹両，許時昌助銀壹両，周茂雲助米貳石，吳茂芳助銀壹両，許季升助銀捌錢，許玉餘助銀四錢，許敬承助米乙石，許明華助銀捌錢；許介雲助銀柒錢，許欽文助銀捌錢，周君進助銀伍錢，許正求助銀伍錢，周君佩助銀伍錢，周茂餘助銀伍錢，許祇遹助米伍斗，黃伯祥助灰拾担，周瑞高助銀四錢，黃安甫助銀四錢，黃文祥助銀伍錢；周君義助銀叁錢，錢祥之助瓦捌百，黃思山助銀叁錢，許鴻儒助米伍斗，許振岐助米四斗，許介眉助瓦壹千，黃茂三助銀三錢，周雲卿助瓦乙千，錢正美助瓦乙千，周奕卿助米四斗，周伯雲助米四斗；周永才助米四斗，許承彩助銀三錢，許廷秀助銀三錢，周永昌助銀三錢，黃漢範助銀二錢，錢十暘助瓦乙千，黃伯昇助銀三分，董君佐助銀三錢，黃君茂助銀三錢，黃廷弼助銀四錢，許慶長助銀三錢；姚瑞卿助銀七錢，黃尔玉助銀三錢，黃正先助銀式錢，黃文德助銀式錢，黃元先助灰六担，黃元祥助銀式錢，周君正助銀式錢，潘彩臣助銀式錢，錢文卿助瓦伍百，何文亮助瓦伍百，柯伯祥助瓦伍百；周伯新助米式斗，周正伯助米式斗，錢旭旦助瓦伍百，周瑞環助米式斗，周進祥助銀式錢，錢有美助瓦伍百，錢秀之助瓦伍百，周君祥助銀乙錢，錢瑞卿助銀乙錢，黃君聖助銀乙錢，何宇助米伍斗。

皆維大清康熙叁拾伍年歲次丙子季冬穀旦立石。

三元碑記

S-18

[簡稱]
崇善庵三元碑

[尺寸]
高 113 釐米，寬 49 釐米，厚
20 釐米

[刊立日期]
清康熙四十年（1701）十一月

[保存地址]
徐舍鎮南星村蔣富圩崇安寺

崇善庵記（篆額）

三元碑記

本村崇善庵建自康熙壬申年間……三官大帝為世錫福觧厄，存心救濟；人之虔誠奉祀者，無不嚮應焉。……衆姓各捐銀米，設懺之外，存銀壹拾弍両，置買田畝，以為大帝香火之資……石刻名永垂不朽，以示扵後云。僧定生、住持德成仝立。

駱永忠，□全甫，蔣廷卿，蔣廷和，蔣孟祥，潘茂伯，蔣廷聲，蔣士諤，吳玉章，蔣伯榮。蔣尓成，羊存哲，吳□玉，潘雲□，陳永吉，李廷㑋，蔣廷儒，黃以成，蔣仲章，胡祥之。李□文，駱旦茹，吳紹成，駱用如，吳孟彩，駱行如，吳仲彩，駱玉如，吳仲宇，駱□章。蔣惠升，周子期，吳仲玉，蔣□秀，吳尓□，蔣文秀，吳玉祥，李宇文，羊化逮，蔣孟英。蔣尓羙，蘇存郁，吳玉之，蔣德全，吳伯凡，蔣孟如，吳玉成，蔣孟禎，李宇成，蔣孟衡。蔣正華，吳效廷，□□□，駱子惠，□□□，□□盛，王文安，□□卿，□□□，□□忠。

康熙辛巳歲仲冬月穀旦。

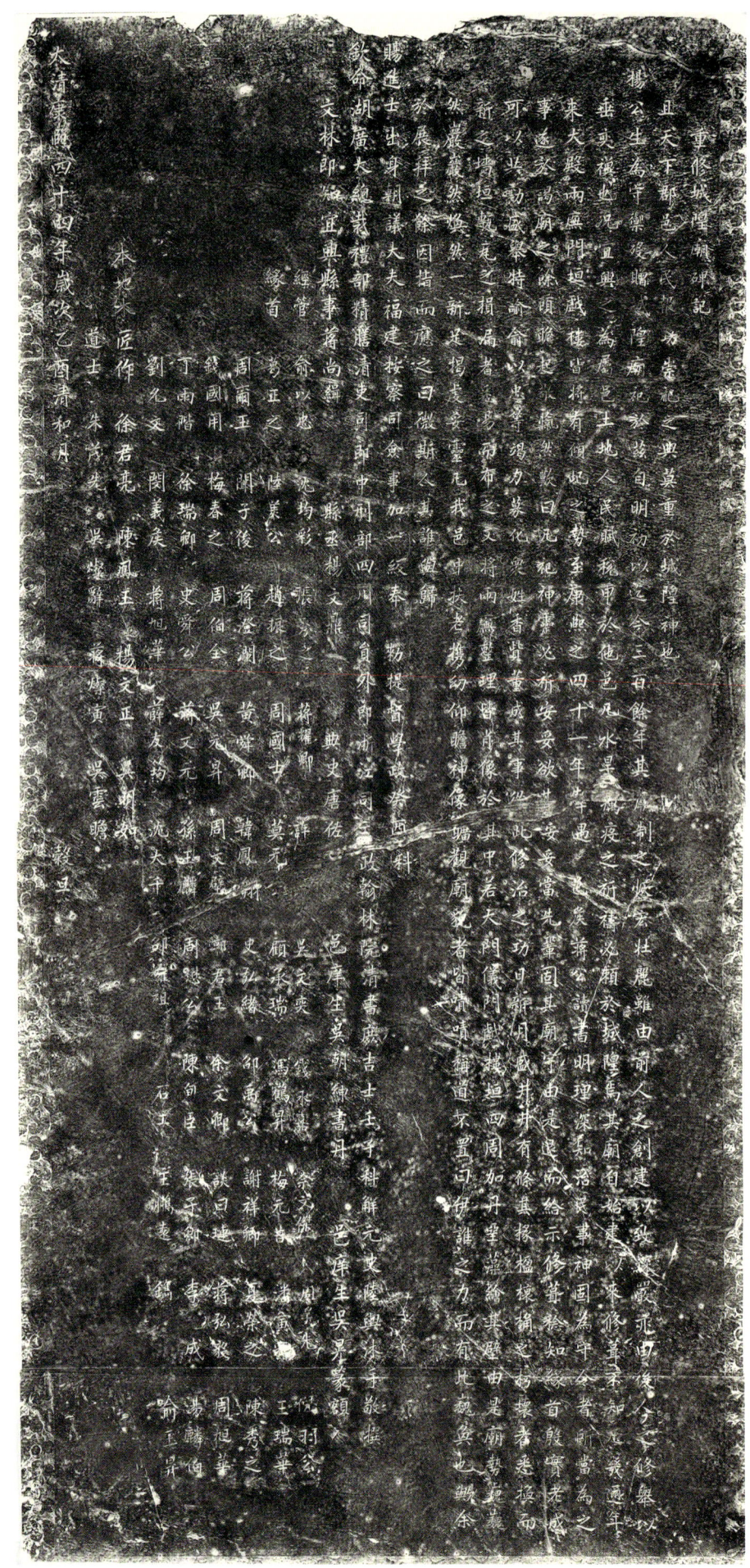

重修城隍廟碑記

S-19

[簡稱]
重修城隍廟碑（史撰）

[保存地址]
宜城街道東廟巷周王廟

[尺寸]
高 204 釐米，寬 95 釐米

[備注]
碑首佚，碑身中部橫裂。
兩邊剔地平雕雲紋，下端剔地平
雕洞石芝草紋。

[刊立日期]
清康熙四十四年（1705）四月

[撰書人]
史陸興撰，吳朝紳書丹，吳晃
篆額，王鵬遠鐫。

[文獻著錄]

萬曆《重修宜興縣志》卷二載：楊國興，初名元，避諱改國興，濠州定遠人。年十七，與父勝從太祖與宣帝為帳前先鋒。父早卒，國興領其眾，所向皆克，累功授總制大元帥，守禦宜興。年三十二而卒，樞還建業，賜葬鳳臺門東阜。《開國功臣錄》載：……洪武初，一新天下城隍之命，以國興嘗鎮宜興，有功其民也，敕封宜興城隍、顯祐伯，廟食百世。

光緒《宜興荊谿縣新志》卷二載：城隍廟，在南大街，祀本縣城隍神，宜興、荊谿兩邑共之……其祀於鄉者凡十有五，在宜興者：一周鐵橋，一大浦，一方橋，俱兵毀重修……一楊巷，一坊東……一裏塘漬……一太平橋……一降妖橋……一和橋；在荊谿者：一湖汶……一張渚，兵毀，同治八年重建，一潋里……一徐舍……一紫霞山……一蜀山……

重修城隍廟碑記

且天下郡邑人民報功崇祀之典，莫重於城隍神也。楊公生為守禦，歿贈城隍，廟祀於茲，自明初以迄今三百餘年；其廟制之恢宏壯麗，雖由前人之創建以致深嚴，亦由後人之修舉以垂奕禩也。況宜興之為屬邑，土地、人民、賦稅甲於他邑，凡水旱癘疫之祈禱，必賴於城隍焉。其廟自始建以來，修葺不知凡幾，邇年來，大殿、兩廡、門垣、戲樓皆將有傾圮之勢。至康熙之四十一年，幸遇邑侯蔣公，讀書明理，深知治民事神固為守令者所當為之事。遂於謁廟之餘，顧瞻起敬，愾然歎曰："凡祀神靈，必祈安妥；欲其安妥，當先鞏固其廟宇"，由是退而給示修葺；稔知緣首殷實老成，可以共勷盛舉，特諭俞以忠等竭力募化眾姓香賚，董成其事。從此修治之功，日新月盛，井井有條；其椽楹榱桷之朽壞者，悉換而新之；墻垣甎瓦之損漏者，悉易而布之；又將兩廡整理，皆肖像於其中；若大門、儀門、戲樓、垣四周，加丹堊，藻繪其壁。由是廟勢巍巍然、巖巖然，煥然一新，足揭虔妥靈。凡我邑中，扶老攜幼仰瞻神像、曠觀廟貌者，皆嘖嘖稱道不置，曰："伊誰之力而有此巍奐也歟？"余於展拜之餘，因指而應之曰："微斯人，其誰與歸？！"

賜進士出身朝議大夫福建按察司僉事加一級奉勅提督學政癸西科欽命湖廣大總裁禮部精膳清吏司郎中刑部四川司員外郎浙江司主政翰林院清書庶吉士壬子科解元史陸興沐手敬撰，文林郎知宜興縣事蔣尚緝，縣丞楊文鼎，典史唐佐，邑庠生吳朝紳書丹，邑庠生吳晃篆額。

經管：俞以忠、沈均彩、張秀之、蔣耀卿、許（文彩）、吳文奕、錢永嘉、佘文傑、周孚先、倪羽公。

緣首：葛正之、陸美公、趙振之、周國士、莫元□、顧承瑞、馮鶴昇、梅元吉、潘寅彩、王瑞華、周爾玉、聞子俊、蔣澄瀾、黃舜卿、韓鳳翔、史弘緒、邵禹公、謝祥卿、夏榮之、陳秀之、錢國用、梅春之、周伯全、吳元昇、周文璧、郭君玉、佘文卿、談曰璉、蔣弘毅、周旭華、丁雨階、徐瑞卿、史舜公、蔣又元、孫玉麟、周懋公、陳甸臣、張子卿、李允成、湯麟伯、喻玉昇、劉允文、閔義矦、蔣旭華、薛友筠、沈大千、邵耀祖。

石工王鵬遠鐫。

本地木匠作：徐君亮、陳鳳玉、楊文正、吳明如。

道士：朱茂先、吳燦辭、蔣燦寅、吳雲瞻。

大清康熙四十四年歲次乙西清和月穀旦。

重修城隍廟碑記

S-20

[簡稱]
重修城隍廟碑（潘撰）

[尺寸]
高 204 釐米，寬 95 釐米

[刊立日期]
清康熙四十四年（1705）
四月

[撰書人]
潘宗洛撰，吳朝紳書丹。

[保存地址]
宜城街道東廟巷周王廟

[備註]
碑首佚，碑身中部斜裂。
兩邊剔地平雕雲紋，下端
剔地平雕洞石芝草紋。

[碑文]

　　今夫通天下郡邑廟祀城隍神者，感其功在捍禦而宜報之也，至吾宜邑之城隍較之他邑更有功焉，更有靈焉；神之自明初從朱太祖建功以□□□邑守禦而死節、而封贈，廟食奕禩，前人之述備矣，茲不必贅。獨思神為一縣之屏蔽，而以捍禦之功庇其邦之人，邦之人不思所以永固其廟而祀之，則報之之誠安在？韓子曰："神之所依者惟人，人之所事者惟神"，神固當廟祀矣；雖然，莫為之前，雖美弗彰；莫為之後，雖盛弗繼。從前之廟制原自宏敞者也，迨其後為王宦所占據，歷有年所；至康熙之二十年，其田園、房產盡行籍沒變賣，由是廟中之基業可以復振矣。當是時也，里中之父老相與謁廟，顧而歎曰："凡祀城隍必在深嚴，欲致深嚴又在敬神，而秉公者相與同心而共舉之也。"遂於康熙三十一年，道士吳燦辭與眾緣首擊梆募化，合邑紳衿士庶共勷盛事，用價公買，而廟後之基地開拓矣，從此日新月盛。即以二堂攙入後進改為三堂，更新建二堂，而其規制宏敞，梁棟堅厚，尤倍於前，其不朽之基創，巍奐之勢成矣。自此邑中之耄耋髫稺来觀者，亦無不顧瞻起敬焉。自創建以来，雨暘隨禱而應，癘疫不作，五穀六畜繁茂肥大，人愈給足無事。邦之人咸幸其廟貌之崇隆，而神靈之安妥也，屬余作文以記其成，予不禁為之肅然起敬，援筆謹撰，俾勒諸石，以垂不朽云。

　　賜進士第翰林院檢討欽差提督湖廣通省學政南書房侍直内子科陝西正主考纂修《明史》前翰林院庶吉士甲子科解元邑人潘宗洛謹撰，文林郎知宜興縣事蔣尚緝，縣丞楊文鼎，典史唐佐，邑庠生吳朝紳書丹。

　　緣總：陳彬友、萬旭文、戴子驤、儲定九、吳以匡、萬文侁、吳子靖、蔣仲蓉、吳印奇、吳子厚、蔣泓若、曹斐侁、趙文射、葛正之。

　　經管：俞以忠、沈均彩、周伯全、蔣耀卿、許文彩、吳文奕、錢永嘉、倪羽公、喻玉昇、張秀之。

　　緣首：陸美公、趙振之、狄祥之、史祥卿、梅元吉、馮鶴昇、周爾玉、史弘緒、潘意美、潘寅彩、蔣澄瀾、聞子俊、李倫仁、邵禹公、王瑞華、竇君寵、周憲章、章華甫、蔣廷侁、吳元昇、蔣起龍、余文卿、周國士、陳甸臣、蔣弘毅、楊枝松、黃舜卿、談曰璉、劉允文、蔣文元、孫玉麟、謝祥卿、鄧清之、周旭華、夏榮之、吳弘達、胡用卿、蔣廷祥、方伯貞、錢國用、屠大年、周懋公、史舜公、陸聖瑞、梅春之、錢舜卿、祝茂蕃、夏良佐、吳文元、許德先、黃雲九、許浩如、葉雲生、宋弘緒、許懋公、勇恒如、徐君卿、楊體仁、楊清如、陸維坤、牛產麒、周文璧、周成鼎、盛永昌、許達卿、沈蘭卿、王恩元、周炳先、王文顯、焦瑞岐、錢錦瑞、史已千、陳玉珂、孟君輔、宋爾升、陳俊侯、沈文祥、芮明玉、邵耀祖、黃文智、朱友三、許天毓、錢君緒、蔣子秀、王子俊、夏茂先、丘友仙、蔡廷祥、閔義侯、陳雲昇。

　　道士：朱茂元、吳燦辭、蔣燦寅、吳雲瞻。

　　匠作：徐君亮、陳鳳玉、楊文正、陳鳳昇。

　　大清康熙四十四年歲次乙酉清和月穀旦。

重修萬壽禪林碑記

康熙四十五年五月穀旦

重脩萬壽禪林碑記

S-21

［簡稱］
重修萬壽禪林碑

［保存地址］
宜城街道東廟巷周王廟

［尺寸］
高 210 釐米，寬 110 釐米

［備注］
碑首佚，碑身右側中部有損泐。
兩邊剔地平雕雲紋，下端剔地平
雕洞石芝草龜紋。

［刊立日期］
清康熙四十五年（1706）十月

［撰書人］
任弘嘉撰，周塈書丹，蔣宗琳
篆額，顧文鶴鑴石。

［文獻著錄］

　　康熙《重修宜興縣志》卷十載：法藏禪寺，萬曆間敕賜藏經全部。國朝康熙二十年，大殿前半傾，

佛像露。邑令姚景崇延芙蓉僧岳慧住持募脩，紳士信形家言殿不宜高，將舊柱截去一丈，五年乃成。

　　參見 S-1《法藏寺轉輪藏地宮蓋石》。

［碑文］

重脩萬壽禪林碑記

　　吾陽羨擅山水勝，所在多琳宮紺宇，而城西隅法藏萬壽禪林為之冠。寺創於蕭齊，賜額於宋，移建於明

初，萬曆間勅賜《藏經》在焉；門堂殿閣、齋寮廊廡，巍然翼然；十方緇流、雲遊參學者，先投足焉，洵荆南

一名刹也。歲久，大殿將傾，僧徒莫能支，啟諸鄉先達轉請邑長姚侯另延法席，僉謂“非芙蓉雪厂大師不可”，

於是具書公請住持；入寺之日，會者萬人，時康熙辛酉冬也。雪師慨然以興復為己任，或執形家言，謂：“大

殿密邇學宮，太昂不便”，令改低丈餘，以是費益大。師心計口畫，手胼足胝，凡六閱寒暑，積勞致疾；疾且

呕，猶率衆號籲塗，結萬人緣以竣事。嗚呼！瘁矣！丁夘冬，將示寂，囑法嗣其清繼席，竟厥工；其清則念雪師付託之重，夙夜匪懈，殫力拮据；衆檀越感師苦志，咸鼓舞慨捐。不二載，大殿告成，佛像則加新之，前後棟宇則重葺之，扵是數十年將傾之寶剎，煥若改觀矣。既而師欲辭萬壽，應西江新淦之請，舊住僧曰覬入焉；邑長文侯雅重師，特集鄉先達議。時則蔣大糸芳萼、徐司李竹逸、吳太史靜安、曹子南耕倡扵衆曰："萬壽向缺法席，今藉雪師、其師力，殿宇鼎新；微兩公，佛像露處久矣！工甫就而令他屬居之，寧保不復即扵墟莽乎？諸君誠為香火計，力挽其師永主是席，實吾邑之幸。"扵是衆皆曰："善！"而師遂留。寺舊遺瘠產數十畆，所入不足償公賦，又僧衆徃來接跡、歲連祲，資粮時罄，師憂之，爰有募置齋田之願；諸（僧徒涅）槃不時，往往無藏卯所，師憫之，爰有募造普同塙之願；自天王堂至山門右三十餘丈無墻垣，瓦礫充斥而山門亦就圮，師每出入心怦怦然，爰（有）葺門墻之願。歲辛巳，吳太史暨戴子子驤合捨地八分爲蔬圃；壬午，蔣大糸公子玉持兄弟奉母林太君命，塑香相大士供奉金剛樓，因捨田二十畆為香火資；徐君文逸偕其子天惠捨田三十畆為齋田；甲申，曹弘九、星藩、星客等復捨地五分為築墻之基。山門、神像以次脩整，莊嚴宏麗，視舊觀有加，而普同塔度地庀材亦有成緒，凡此皆師二十年来積艱難辛苦以繼雪師之志者。吁！豈不偉哉！師道行高，宰兹邑者自翊唐姚侯、翼南李侯、誠齋文侯、繡峰蔣侯咸欽信之，力加護持；而今苞客胡侯與師尤相契焉。余居距萬壽不數武，師每有所為，輒即余謀，余嘗力贊之；會徐子天碧屬余志之示後人，且因以為勸，余嘗論天下事，莫難於創，尤莫難扵守，若其師可謂守而兼創者矣！既以嘆鄉先生能知人善任扵前，而又嘉諸君子好行其德曲成扵後也，故不辭而為之記。

賜進士出身中憲大夫通政使司右通政提督奉天學政府丞攝府尹事通政使司左右糸議掌山東道監察御史行人司行人邑人任弘嘉撰，邑人周墾書丹，蔣宗琳篆額，顧文鶴鎸石。

康熙四十五年孟冬穀旦立。

信官翰林吳老爺、靜安戴相公子驤全捨蔬地八分，信女□得道□□□林氏捨香燈田貳拾畆，信女□□□□□□□田伍畆，信官□□□□□□捨齋田三十畆，信士□□□□□捨齋田，信士陳□□□□捨齋田壹畆，信士□□□曹弘九星客、星藩、五乘全助圍墻基地伍分，信官□□□□蔣老爺公武捨地肆分，信士蔣槙公仲蓉捨普同塔山壹畆。

重修大蘆禪寺正殿樂捐芳名

S-22

[簡稱]
重修大蘆禪寺正殿樂捐芳名

[保存地址]
宜興市林場大蘆寺分場大蘆寺

[尺寸]
高 159 釐米，寬 84 釐米，厚
23.5 釐米

[備注]
碑首佚。
雙面刻銘,碑陽文字磨滅殆盡,
僅數字依稀可辨（疑為蔣錫震
碑記）；碑陰文字清晰,兩邊剔
地平雕卷草紋。

[刊立日期]
清康熙四十六年（1707）

[文獻著錄]

　　嘉慶《增修宜興縣志》卷末載：大蘆禪寺……萬曆二十六年（1598），僧無際移建正殿。國朝順治間，僧鐵關重修。康熙二十八年（1689），僧大受重建禪堂；四十六年（1707），重修正殿。（本史志，參徐忠、蔣錫震《大蘆禪寺碑記》）

[碑陰]

　　吳墟：潘大济经乙名，潘彦雲經乙名，潘達仁經乙名，潘君華經乙名，潘叙升經乙名，潘方仁經乙名，潘承誉經乙名，潘瑞宇經半名，潘二聞经乙名，潘元會经乙名，潘瀛秀经乙名，潘敬之经乙名，潘□明经乙名，潘天齡经乙名，潘衍六经乙名，潘遺安经乙名，潘廷隆经乙名，潘岳鎮经乙名，唐国明经乙名，談德客、德升共经乙名，談德美经半名，談亦元经乙名，談勝白经乙名，談门谢氏经乙名，談门谢氏经乙名，談门任氏经乙名，談门吳氏经乙名，談门潘氏经乙名，談天佐、耀祥共经乙名，談茂甫、耀升共经乙名，張君文、錢廷秀共经乙名，邵瑞之、蔣晋臣共经乙名，談伯盛经乙名，談伯清、国彩

共经乙名，談天佑经乙名。

蒲墅緣首：周開臣助艮乙两，張丁仉助艮乙两，周玉之助艮六分，黄子晋助艮五錢，張君佐经乙名，張雲輪、馬慶泽共经乙名，談進升经乙名，吳永禄、黄信之共经乙名，黄君爱经乙名，黄羽青经乙名，張文林、瑞雲共经乙名，黄士明助艮五分，莊孝忠、潘福先共经乙名，張茂忠经乙名，周廷華、玉如共经乙名，周門張氏经半名，周叙伯经乙名，周云生、文彩共经乙名，周爱啓经乙名，周祥玉助艮八分，周念先、良臣共经乙名，周天叙经乙名，周南榮、君祥共经乙名，周併臣经乙名，周漢之经乙名，周門丁氏、錢氏共经乙名，周佑申经乙名，濮瑾珍、葉文玉共经乙名，談门蔣氏助艮式分，談信瑞助銀叁錢，談君林助龍鬚一对、又艮一錢，談門唐氏助艮三錢。

竹積橋：蔣天扶助艮二錢，蔣景伯助艮三錢，蔣以宇助艮五錢，蔣□昇助艮五錢，任錫九助艮三錢，蔣舜升助艮三錢，朱斗文助艮一錢，蔣天璿助艮一錢，蔣天林助艮一錢，蔣天球助艮一錢，蔣炳文助艮一錢，項雲章经一名，蔣以時经一名，蔣以成经一名，蔣茂伯经一名，蔣文伯经一名，蔣雲開经一名，蔣文信经一名，蔣門潘氏经一名，蔣門周氏经一名，蔣門濮氏经一名，許界修助艮五錢，許門周氏助艮一两。孫宇侠。蔣天羽助艮一两，蔣養元、培元、仔元助三两，蔣見岳助米三斗，蔣奕峯助艮一錢，蔣明遂助米三斗，緣首蔣鳴珂、子厚共助銀五両，許誼修经乙名，黄廷彩经乙名，黄廷茂经乙名，蔣深源经乙名，蔣泰元经乙名，蔣继諧艮式錢，蔣继修艮式錢，蔣岳齡经乙名，蔣門張氏经乙名，蔣門徐氏经乙名，許門謝氏经乙名，□門□氏经乙名，張□□经乙名，殷茂華经乙名，江文堯经乙名，蔣君盛助米三斗，蔣山芝经半名，蔣宇之助米三斗，蔣茂全经乙名，蔣玉全经乙名，蔣君玉经乙名，蔣復奂经乙名，蔣天叙经乙名，蔣林章经乙名，蔣文泽经乙名，蔣晋侠经乙名，蔣利賓经乙名，蔣雲桂经乙名，蔣時叙经乙名，蔣君調经乙名，蔣善修经乙名，蔣逸廷经乙名，蔣雲澤经乙名，蔣雲生经乙名，蔣元調经乙名。

澗橋緣首：錢明義经乙名，黄文彪经乙名，黄玉卿经乙名，黄尔卿经乙名，徐振玉经乙名，許古修经乙名，蔣孝尊经乙名，黄廷茂助米三斗，蔣文旭经乙名。水北村：王子芳助艮五錢，殷克勤助艮五錢，王元齡经乙名，王子雲经乙名，殷大勳经乙名，張晋文经乙名，殷申泰经乙名，張君臨经乙名，張天佑经乙名，殷建侠经乙名，殷允升经乙名，殷福寿经乙名，戴富生工十日，殷瑞玉经乙名，王振先经半名，明净经乙名，明心经乙名，陳氏经半名。

大芦圩：徐雲之助艮乙两，徐文彬助艮六錢，徐大猷助艮五錢，徐文叙经乙名，楊彬甫助艮三錢，龔伯安助艮三錢、明郷助艮三錢，文郷助米六斗，秀郷经乙名。

八字橋緣首：董天秩经乙名，談品成经乙名，董天培经弍名，談君叙经弍名，蔣惟達经弍名，董斐成经乙名，董子華经乙名，沈盛之经弍名、儀侯经弍名、茂華经乙名、茂榮经乙名、瑞珍经乙名、国珍经乙名、天行经乙名、用之经乙名、茂甫经乙名、又能经乙名、天叙经乙名、子叙经乙名、天瑞经乙名、瑞其经乙名、瑞修经乙名、天俊经乙名、茂祥经乙名、仁卿经乙名、茂具经乙名、茂□经乙名、天宇经乙名、蔣惟茂经乙名、惟美经乙名、伯成经乙名，張茂臣经乙名、茂孝经乙名、立順经乙名、天叙经乙名。

下姜橋：錢永祥经乙名，錢成之经乙名，錢愛之经乙名，錢預之经乙名，張玉成经乙名，張漢成经乙名，吳君叙经乙名，蔣伯文经乙名，蔣聖侯经乙名，周達之经乙名，陳君圣经乙名，楊永叙经乙名，蔣伯貞经乙名，蔣茂之经乙名，談用斌经乙名，許丕成经乙名，张瑞伯经乙名，蔣瑞霞、宗岳经乙名，蔣聖斌经乙名，蔣元輝经乙名，陳五官经乙名，蔣良元、弘元经乙名，李元兆经乙名，李元宇经乙名，談貴卿经乙名，談君惠经乙名，楊錫侯经乙名，宗云龍经乙名，朱以範经乙名，芮有章经乙名，潘洪住经乙名，□□显经乙名，蔣作全、云吉经乙名，明貞经乙名。

東庄村緣首：丁文心经乙名，丁君爱经乙名，丁福諧、華甫经乙名，丁伯祥经乙名，丁子賢经乙名，丁允公经乙名，丁君秀经乙名，丁君惠经乙名，丁文郁经乙名，丁国球经乙名，丁穎超经乙名，丁敏求经乙名，丁斌□经乙名，吳亭如经乙名，强運亨经乙名，强運達经乙名，蔣天俞、秀卿经乙名，鄭茂公经乙名，楊元卿经乙名，羊鳴皐经乙名，丁門朱氏经乙名，錢門蔣氏经乙名。

六平圩：張伯宇经乙名，張天声经乙名，陶茂初经乙名，錢仲文经乙名。

傅家村：傅尔卿经乙名，傅用霖经乙名，傅云山经乙名，傅正琦、君圣经乙名，傅茂林经乙名，傅君俊经乙名，傅若霖经乙名，傅錫琦经乙名，傅祥甫、周文彩经乙名，黄達之、丁謙益经乙名，黄鳴禄、蔣宥德经乙名，蔡啟芳、曹君選经乙名，蔣文济、士廉经乙名，黄賛侯经乙名，許茂餘经乙名，錢天禄銀三錢，王桂郎经乙名，傅門刘氏经乙名。

東新圩：丁福之经乙名，丁文元、駱得先经乙名，吳尔行经乙名、尔叙经乙名、尔珍经乙名、正之经乙名，蔣君惠经乙名，吳九錫经乙名。

橫山：潘復先经乙名，潘盛先经乙名，沈文孝经乙名，沈文達经乙名，沈文彬经乙名，沈福林经乙名，錢君俊经乙名，陳祥之经乙名，談竹之经乙名，姚門丁氏经乙名，凌門潘氏经乙名，凌惟初经乙名，郁子瑞经乙名，裴衣舜经乙名，潘彩生、宗六官经乙名，邹惟良经乙名，方文之经乙名，□永寧经乙名，董道生经乙名，葉弘叙经乙名，張大行、王瑞成经乙名，陸弘昇米二斗，薛子良艮三錢，王信甫米三斗，周應龍经乙名，周成叙经乙名，周瑞侯经乙名。

下横山：郭尔畏经乙名，聞伯升经乙名，周文華经乙名，陳盛之经乙名，朱文燦经乙名，徐子云经乙名，郭門王氏经乙名，錢雲惠经乙名，談尔順经乙名。

西山下：周君祿经乙名，周舜臣经乙名，沈君如经乙名，陳子蕃艮乙両，張仲謙经乙名，徐永和经乙名，蔡明惠经乙名。

寺前村：周舜佐助艮五両、廣夏助艮六錢、天祥经乙名、序質经乙名、序達经乙名、遇祥经乙名、天俊经乙名、天球经乙名，陳俊声、尔玉共米乙石弍斗、君盛经乙名、福生经乙名。

南村：蔣瑞岐助艮乙両、米乙石，蕭迪文助艮乙両、米乙石，蕭覲文经乙名，蔣惟成助艮乙両、妻於氏助艮三錢，張門周氏助艮乙両，蕭門周氏经乙名、王氏经乙名，錢運庚助米六斗，蕭運福经乙名，蕭素文经乙名，蕭文順经乙名，談君方经乙名、俊求经乙名、俊玉经乙名、君茂助工十日、俊明经乙名、俊昇经乙名、俊侯经乙名、俊臣经乙名、君美经乙名、泰来经乙名，虞舜岐经乙名，顧纯玉经乙名，金冨生经乙名，錢門謝氏经乙名，柯廷佑经乙名，柯明之经乙名，周士成经乙名，曹君叙经乙名，王鳳岐经乙名，蔣君茂经乙名，張尔明经乙名、尔順经乙名，馮天叙经乙名，曹復先经乙名，許天鳳经乙名，錢尔瑞经乙名，周茂卿、孝廷经乙名，黃文卿经乙名、達智经乙名，朱彩宇经乙名，周士林经乙名，周用英经乙名，丁允蔵经乙名，唐天済经乙名，唐天餘经乙名，强君玉经乙名，沈迪安经乙名，談文秀经乙名，談俊升经乙名，张德之经乙名，吕廷玉、朱静臣共经乙名，史門袁氏经乙名，黃元達經乙名，路邦懷經乙名，王明玉助艮伍錢，孫明之助艮一両，王夢錫经乙名，黃子祥经乙名，蔣惟宇经乙名，馬漢升经乙名，周君福经乙名，單天叙助艮伍錢、玉之经乙名，談亮選经乙名，譚天期经乙名，譚瑞卿经乙名，鄧國祥经乙名。

栢樹七株共賣價銀弍拾肆両，瑞安助銀弍両一錢，黃斐臣室周氏共助銀伍両。本寺肆房共捐銀肆拾両，栢如又助銀拾両，静如助銀拾両，普净助銀弍拾両，旧監院大受存銀拾叁両，智堅助銀拾両，智恒助銀拾両，報德菴省源師助銀壹両，智生師助銀壹両貳錢。

重脩潮音寺碑記

S–23

［簡稱］
重修潮音寺碑

［尺寸］
殘高 136 釐米，寬 90 釐
米，厚 21.5 釐米

［刊立日期］
清康熙五十三年（1714）
三月十六日

［撰書人］
周岱鍾撰

［保存地址］
芳橋街道龍眼社區潮音寺

［備注］
碑身下部殘缺。
碑首剔地平雕雙鳳朝陽
紋，兩邊剔地平雕花卉
紋；碑陰刻飾雙龍戲珠
紋（因離墻太近不便傳
拓）。

康熙《重建宜興縣志》卷十載：潮音寺，在縣東北三十里，陽山寺西，明萬曆間柳道人於孝感墩前洲上創建。

［碑文］

重脩潮音寺碑記

事有以人微力薄而功成艱鉅，所關非小者，只在紹徃開来，中間一……生焉，其里居遺址尚在，然自孝侯公而後，歷千餘李求其地之能希風……遊，其增志士之傷，當不獨泣齊萬年之戰可知矣。嗚呼！所謂補苴罅漏……建于天啟七年，以附孝侯香火，其本末具詳扵明武寧王後魏公徐弘……朝而日就傾圮，雖其前之経脩葺者已再，至康熙伍十李而倒堕壞漏愈……錢，但念大殿功浩，□歲凶乏，不能不藉于檀施，而僧之精脩素行早孚近……開来之功不少也。事竣，請余為記云。凡善姓施捨，願與功成，勒石不昧曰果……然，于世而操持堅卓，壁立千仭，有古高人隱君子風，非時齊、梁諸賢僧比，每……於他氏者歟？遂曰其請為記。僧名寶崙，號世雄，師鐵機，傳禹門第七世，俗姓……。

康熙五十三年甲午季春旣望，里人周岱鍾譔。

……周治侯……助銀三兩……陳幼懷……王国章……

重修集賢山後堂佛像碑記

S-24

［簡稱］
重修集賢山後堂佛像碑

［尺寸］
高 123 釐米，寬 51 釐米，厚
20 釐米

［刊立日期］
清乾隆三年（1738）八月

［撰書人］
任楷撰并書

［保存地址］
西渚鎮橫山村大覺寺

［備注］
碑身下部斜裂。
碑首刻飾雙龍戲珠紋，兩邊剔
地平雕花卉紋。

［文獻著錄］
　　（保滋堂）《任氏宗譜（家乘）》
卷十八輯錄碑文（至"爰用是為之
記"），有數處差異，可資校補。

重修集賢山後堂佛像碑記（額）

大凡天下事，莫為之先無以觀厥始，莫為之後無以善厥終。《書》曰："既勤垣墉，惟其塗墍茨；既勤樸斲，惟其塗丹雘。"一先一後交相為藉者也。吾里集賢山，地勢盤曲，松竹（環）饒，客遊之子，時徃觀焉，亦近地之一大刹也。昔以質公捐貲數百金塑佛像、振廟宇，巍々煥々，炳々烺々，（可不）謂隆焉。奈日久月長，金容剥落，玉殿傾危，不有人焉起而修葺之，其能免苔纏薜溺之悲乎？時衆姓之持（善願）者，咸有志脩葺而未果，適有僧實泉自西南來，身總非菩提樹，而心却是明鏡臺，卓錫之日，即矢志（募化）重修，而中房僧方平亦為之竭力扶助。于是以質公後人為之新佛像，十方衆姓為之治棟宇，不恤艱難，不辭劳苦，轉盼之間，舊者新之，壞者振之，迄今是厥成功矣。嗚呼！盛衰興廢，何常之有？吾見神光耀彩，（廟貌）巍莪，不數十年来茂草興歌，蕪穢悼歎，其消歸無有者不知凡幾，以視今之踵前继後，使不至流於破（敗）淪溺，其相去何如耶？爰用是為之記。

護法弟子任楷憲撰沐手拜譔并書。（印：任□□印、□□□）

助銀姓氏開列于左：

任以質公祠助裝金銀拾両、又助修理銀伍両，徐公祠助銀拾両，任畦祠助銀叁両，禾禮祖祠助銀叁両；任文異助銀叁両，任云□助銀壹両六錢，任方路助銀壹両叁錢，任□□助銀壹両伍錢，王健珩助銀壹両，任立三助米壹石，任茂才助銀壹両；楊天□助銀壹両，可嘉助銀壹両，任勤□助銀壹両，任□□助銀壹両，任方来助銀伍錢，任聖龍助銀肆錢，范退齋助銀六錢，任賜□助米五斗，任□吾助銀五錢，任治朝助銀五錢，任三效助銀五錢；單文秀助銀□□，弘茂店助銀□□，任邦保助銀□□，徐尔□助米□斗，任千仞□□□斗，張漢文□□□斗，任文□□□□□，任□□□□□□，任□□□□□□，任□□助銀□錢；任□鳳助銀叁錢，任□□助銀三錢，任聖□助銀三錢，任振□助銀三錢，任茂□助銀五分，任□□助銀二錢，任□年助銀二錢，任仁□助米二斗，任□豐助米二斗；吳家龍助銀三錢，任順卿助米二斗，徐天□助米二斗，徐□聖助銀三錢，张□□□助米□斗，□懷超助銀二錢，□□□助米二斗，□□□助銀二錢，□□□助銀二錢，□□□助銀二錢，□□□助銀三錢，□□□助米二斗。

乾隆戊午歲桂月穀旦。

住持僧實泉立。

茶菴碑記

S-25

[簡稱]
茶庵碑

[尺寸]
高 168 釐米，寬 69.5 釐米，厚
21 釐米

[刊立日期]
清乾隆五年（1740）十二月

[撰書人]
蔣見龍撰，路冀礽書。

[保存地址]
楊巷鎮垻塘村桐梓自然村老年活
動室（茶庵舊址）

[備注]
碑首綫刻雙龍戲珠紋，兩邊綫刻
內飾花蕊鋸齒紋。

茶菴碑記（額）

今夫茶菴之舉，余不知剏是何年；教主之容，亦未識塑扵何人；暨訪里老，具云："康熙弍拾伍年间，大悲堂住僧有名大慧者，息肩穩坐，一缽常擎山月；聚石清談，三衣徒拂磧雲；爰思移杯北渡，當衝道而設化城；挽錫南飛，承趺坐趴證十地。曰與山主蔣汝成，遍叩東西善信、過往檀越，先構茶亭三架，後營正殿三楹；落成之日，途無假盖望梅之客，堂瞻輪廻六度之光；將碑銘樂助，趴示後人；何圖志未就而鶴厺檀林，石雖選而杯沉溪渡矣。"嗣此住僧往返莫有能継志者，惟師慧本，族列茶菴之左，度剃興福之徒；數往過焉，不勝慨切。曰募整傾頽，克紹前人之志；探囊营造，恢弘後起之規。奈長住眷屬請歸寂淨，遂將此舉付托師侄静明、徒孫性空，嘱之曰："丰碑猶在，綠字未生；彼始我継，汝終趴成。"静等受嘱不忝，且念大慧宏功，思碑銘終志，請記扵余焉；余愧瓦礫，恐負所請；遂述所訪，以塞責云。

護法山主：蔣晋凡子慧本、期益助銀壹两伍錢，孫士蘭、士馨助銀伍錢。汝美子天相助銀伍錢。汝禎孫玉度助銀壹两。啟文子懷成，孫行全、行宵助艮壹兩弍錢。明甫、陳起英、薛鳳卿、漢侯、玉客人芳庄季門吳氏、子舜柏助銀壹兩。李舒荣助銀叁錢，路綏侯助銀伍錢，史國球助銀三錢，吳亦介助銀五錢，蔣文侯助銀五錢，路益周助銀陸錢，蔣門吳氏、子揆集助銀伍錢，戴門吳氏助銀伍錢，周文侯助銀陆錢。

王桂潔助銀陸錢，王元英助銀叁錢，蔣仲朝助銀叁錢，史大昌助銀壹兩弍錢，蔣近元助銀伍錢，史九文助銀伍錢，王鳴球助銀伍錢，史門周氏助銀伍錢，蔣天若孫舜成助艮陸錢。

計開：安字號二千二百廿九平田弍畝三分六厘弍毫，九十二平基地五分九厘，九十三平基地叁分，二千四十八平田玖分，西廟秧田弍分五厘、高地弍分五厘，窯下安字平田三畝價銀柒两伍錢，干裡定字平田壹畝價銀肆两有零。

中都里蔣見龍拜譔，東都後學路冀礽沐手書。

大清乾隆歳次庚申季冬月穀旦。

住僧静明仝師弟静安、師侄性空具立。

重建造廟碑記

重建古廟碑記

S–26

[簡稱]
重建長舍夫人廟碑

[尺寸]
高 144 釐米，寬 71 釐米，
厚 19.5 釐米

[刊立日期]
清乾隆六年（1741）七月

[撰書人]
徐思靖撰，徐光烈書，路九
如刊。

[保存地址]
官林鎮回圖村劉家巷 17 號
東北角娘娘廟舊址

[碑文]

重建古廟碑記（額）

　　邑之有廟，所以禦患捍災，上佐國家，下庇生靈者也。苟非孝義表著、俊偉奇男子，則其沒也不
得為明神。蜀風：土地，女子也；其詳不可得聞，而大節之流傳，長老每樂稱道之。相傳：父王姓，
母失其氏，祇生夫人一女，富甲鄉閭；年及笄，父母欲厚賄以嫁之，夫人曰："兒若嫁，親老誰娛？
聞古亦有不嫁以養父母者，兒獨不可以躡後塵乎？"親戚有勸之者，謝曰："吾志已決，慎勿復言！"
竟撤環不嫁。夫人事親孝謹，鄉里咸稱之；家雖素封，不事修飾，視膳之暇，紡績自勤，至戚族貧無
以自給者，夫人勸其父量其家以給之，歲無遺蓄。厥後父母繼亡，夫人一慟幾絕，私念孑身無靠，又
矢志靡他，因悉其家貲授親族，囑曰："為吾父母春秋之祭，謹勿缺失！"遂赴水而卒。里人高其孝義，
立廟以祠之，號為"長舍夫人"；或曰："舍，捨也，以其長施捨而稱之也"，或曰："夫人立志不嫁，

長守舍而不願他適也"；茲二說者，弗深考。嗚呼！女子之初終易轍者固不足數，即聞有□節而死者，大都□於強暴、困於饑寒，有所激而成之者也。以夫人之饒于財，使擇所夫而偕老焉，亦可以逸樂終身；乃親存則盡養、親沒則□亡，本無所□而視死如歸，非誠孝之出于自然者耶？誠可謂巾幗而丈夫者矣。後之人相與口碑而思慕之，血食世世勿絕，雖謂夫人至今不死，可也。廟已多歷年所，但舊屋傾頹，里人重為修葺，又廓其前宇，落成後又□□□□□□□□□叁砌，但祭費不充，門前狹隘，□□□□□等，願將廟前壁字壹千叁百陸拾叁號平田貳畝零，受值以入廟中，而□□□□□亦願找絕，以為永遠廟業焉，若是亦庶可妥夫人之靈，而冀夫人之佑我邦族矣。乃相與刻辭于石，而繫以詩。詩曰：

惟茲廟神，長舍稱名。孝義貞烈，亙古傳聞。廟始湫隘，神不以裕。徃來徒衆，怨咨寒暑。乃新斯宮，前宇又充。歲祀有田，群黎錫寵。後有作者，無廢前功。琢詞碑石，以慮始終。

乙卯科舉人考授中書候選知縣汰溪里徐思靖撰，里人徐光烈薰沐拜書。（印：徐思靖印、錫次。）

各村施主芳名開列於左：

毛家蕩：毛正英助銀貳兩壹錢，聖謨助銀玖錢，震宇助銀伍錢，楚良助銀叁錢，學魯助銀壹兩壹錢，伯年助銀叁錢，岵瞻助銀叁錢。

□□□：史和方助銀壹兩，蔣旭全助銀陸錢，蔣□成助銀壹兩式錢。

嚴家村：嚴士周助銀伍錢又三錢，三英助銀貳錢，千益助銀柒錢，凡周助銀叁錢。

橋頭村：李德成助銀壹兩陸錢，薛士宏助銀伍錢，召登助銀伍錢，萬建侯助銀貳錢伍分。

溝南村：蔣雲衢壹錢，思忠助銀三錢，雲馭助銀式錢。

陳村：蔣可進助銀陸錢陸分，可行助銀肆錢陸分，可久助銀壹錢，瞻蓼助銀壹錢，蔣門馮氏助銀陸錢。

凌家村：凌運高助銀陸錢，漢文助銀式錢，漢章助銀式錢。

後留鳳徐家村：徐祠內助銀捌錢，君厚助銀柒錢，迩顏助銀式錢，覲揚助銀叁錢，南範助銀柒錢，廷楊助銀式錢，曰瑞助銀貳錢，蔚起助銀貳錢。

回還村：蔣開周助銀壹兩，徐暄芝助銀壹兩，雲揚助銀壹兩，伊蓼助銀壹兩，誦莪助銀叁錢，□孟文助銀壹錢，九得助銀叁錢，國祥助銀壹兩壹錢，王文高助銀叁錢，蔣世揚母史氏助銀叁錢，張大有助銀叁錢，蔣友全助銀叁錢，馮文美助銀叁錢，文茂助銀式錢，允方助銀壹錢，朱士明助銀壹錢，龐元貞助銀壹錢，陸斯馨助銀式錢，蔣謙曾助銀壹錢，吳秀山助銀壹錢，李茂彩助銀叁錢，孟方助銀叁錢，春侯助銀叁錢，陸克明助銀式錢，子湘助銀式錢，吳門沈氏助銀式錢。

前干北：繆公祠助銀壹兩貳錢，君望助銀肆錢，奕文助銀肆錢。

附建東廊屋緣首：徐君厚、蔣可進、嚴千益、薛士宏，樂助為倡，毛維魯助銀叄兩，談國祥壹兩陸錢，餘不悉載。朱瑞貞助瓦一千八□□。

大清乾隆歲次辛酉孟秋月穀旦。同社里人敬立，石工路九如刊，住持道末。

興隆菴碑記

S–27

[簡稱]
興隆庵碑

[尺寸]
高 136 釐米，寬 64.5 釐米，
厚 20 釐米

[刊立日期]
清乾隆十二年（1747）九月

[撰書人]
顧鎔撰文

[保存地址]
官林鎮大儒村村委會

[備注]
碑首剔地平雕雙鶴朝陽紋，
兩邊剔地平雕卷草紋。
原立於周家村興隆庵。

興隆菴，非古刹也。康熙三十三年，三乘和尚來自毘羅，依親周亦文、亦武，募周君采、儲堯復、儲念祖基地共一畝五分零為卓錫處，又募周君義田九分為蔬菜地，又契買平田二十二畝零為衣食計。經營肇造，辛苦備嘗；歷禪明、靜芳兩師，距今五十四載。靜芳徒恒益、天益，徒孫孝如、質如，十指自食，不無公私乖迕，其間維持調護，皆堯復、長君、待三之力居多。自乾隆元年，恒益主持菴事，舊屋重新，虛田歸正，功埒三乘；恐有緇徒隳廢常住，勒石紀年，計深思遂，殆將來之古刹也；檀越姓名，田屋細號，具列於左。

宜興縣儒學教諭徵仕郎雉城顧鎔撰文。

山主周君采助盡字基地八分一千三百六十二號，儲堯復、儲念祖共助基地八分號同前，周亦文、周亦武共助基地艮七兩號全前，周亦祥、周亦凡共助艮二兩，周君義助盡字號平田一千二百七十八，駱天佑助艮一兩，周子文菴前田因昔年已議絕與本菴起造，周子良永無他說可云信心奉佛，周亦佑助艮五厘。本菴祖遺田：盡字一千三百六十三號一畝四分六厘零，八號二畝四分三厘零，九號五畝四分九厘零，七十號三畝五分零，八號一畝，八十二號二畝七分二厘零，九十五號二畝五分五厘零，四百零三號一畝四分六厘零，四號一畝六分三厘，七十三號二畝一分九厘零，三百七十七號但三分七厘零，灘八分七厘零。

乾隆十二年歲次丁卯九月穀旦。

住持僧恒益立石。

重修于橋慶雲庵碑記

S-28

[簡稱]
重修于橋慶雲庵碑

[尺寸]
高 179 釐米，寬 61 釐米，厚 22 釐米

[刊立日期]
清乾隆十三年（1748）正月

[撰書人]
李中堯撰，周華梧書。

[保存地址]
萬石鎮萬石村人民橋南塊，市城管
萬石中隊。

[備註]
碑首浮雕雙龍戲珠紋，兩邊剔地平
雕卷草紋，下端飾菱格紋。

[文獻著錄]

　　民國《光宣宜荊續志》卷一載：
于橋，在宜興萬金一區十七圖，里
以橋名。

　　《萬石鎮志》第十九章輯錄碑文
（立碑人、庵業田畝略），雖有訛誤，
今據之校補。

天子萬年（額）

重修于橋慶雲庵碑記

宜治之東北其通商而便民者，得两巨鎮焉，一濱震澤西，一麗涌湖東，相距蓋二十餘里，而吾地之慶雲庵適當其中，負販提攜，祈寒暑雨，時憩息焉。舊名憩雲庵，創建肇自明代，相傳為馮氏始基，而迄地族興與有力；居民土瘠而儉嗇，以故庵僧不甚饒洽，類皆苦行力穡，乃克守其業。歲旦里人拜謁蘺姑土地祠，祠故庵僧募建，率先詣庵瞻禮佛像。有僧靜成者，屢為余言，追述其師徹明之始至也，田在豐草、宇維頹垣，師於焚脩之暇，胼胝拮据，供佛完課外，稍稍葺治，僅足蔽風雨、給饘粥，僧嗣而守之二十餘年矣，獨立支持，備嘗艱苦，田若干畝，宇若干楹。庵舊有碑石，請為文以記之，以竢能者恢擴焉，俾無忘所自居。無何僧得狂疾，猶且属意於余，或屈膝長請，或歌哭追隨，惓惓者此爾。余未及應，僧竟圓寂，室如懸磬，廚無現粮，僧寄托者，去留靡常，庵業不絕如線。壬戌之春，雨花禪僧徹如，顧而嘻之，勉徇鄉里公請，偕徒明遠竚缽於斯。凡其苦行力穡，一以徹明師為法，而刻勵淳篤殆又過焉。丁卯冬，僅六載耳，庵業之蕪者治、頹者振，且增其舊者□之二□，靜成師所竢之能者，意在斯乎？意在斯乎？余既慶庵之淂徹如，而始憶狂僧之言非虛也，因改曰慶雲庵，而為之記。

皆維皇清乾隆歲次戊辰春王正月穀旦，里人李中堯拜撰，門人周奉梧敬書。

公議立碑里人姓氏：

馮茂林、馮啟元、馮綸元、馮德元、王継曾、袁翔九、杭賓日、張文玉、馮玉岐、袁萬餘、馮漢英、吳鳴崗、李型夏、杭天宇、張文敘、馮嘉謨、李千枝、黃錦餘、張漢臣、王瑞祥、杭五金、鄭永吉、杭庭瑞、錢士英、陸志行、王邦燦、蔣子安、丁永餘、張升培、馮中行、錢士榮、曹士侯。

今將庵業開列於左：

禪室正屋伍間，前後照墻徹明，於康熙甲□年重建，徹如修葺，山門舊向東，今徹如改造向南順利，修□乙□和橋信士鄭廷敘全室張氏喜捨。

庵田：虞字号二百十号平乙畝三分四厘二毛，十四至十六号共平乙畝六分伍厘三毛，十八、九号共平二分六厘四毛，七十七号平乙畝八分，五百八十号平乙畝三分三厘，九十二至九十四号共平伍分七厘，六百十六号平二分三厘七毛，十八至廿一号共平三畝三分三厘，十三号平三分零九毛，六十号平二畝四分八厘三毛，六十四、五号共平二畝一分三厘四毛，六十七号平二畝零六厘，一千零十九号平七分五厘，外帶蕩乙分，已上二十一号，通共現業平田十八畝一分六厘三毛。

(周鐵橋)城隍廟碑記

S-29

[簡稱]
（周鐵橋）城隍廟碑

[尺寸]
高 184 釐米，寬 70 釐米

[刊立日期]
清乾隆十三年（1748）九月

[撰書人]
吳綖誌，周豐翼書。

[保存地址]
周鐵鎮小街城隍廟

[備注]
碑身有數處裂損。
碑首剔地平雕雙龍戲珠紋，
兩邊剔地平雕卷草紋。

[文獻著錄]
　　光緒《宜興荆谿縣新志》
卷十載：《周鐵橋城隍廟碑》，
吳綖撰。

□□□□之虞其險要地凡三，南曰烏溪、中曰大浦、北曰大墟，而周鐵鎮則為大墟守駐之地。昔□遠□□之保障宜邑也，以此三要地為急；而烏溪有石蘭之險，峰嶼廉厲，或隱或沒，舟人病之，守望為易；大浦、大墟皆在平壤，無險可恃，□與湖平，而□闊深浪，船帆風疾如箭急；淮張西侵，往往耀兵於大浦，而游兵斜趣大墟，以窺周鐵鎮；鎮人不戒，則軼入陽山、萬石諸隘，水陸並進，城將不支；故公之守禦周鐵鎮，其功與大浦等。況周鐵鎮與夫椒、馬跡諸山近，盈盈一水，咫尺相望，奸匪藏匿其中，出沒不常，伺隙飛渡，須臾而至，故周鐵鎮常有迫不及禦之勢，楊公守之恒加勤焉。其偕常開平之襲舊館也，大浦、大墟分兵迭出，南北俱奮，故能擒張士誠、敗朱暹，降其水軍六萬，張氏不敢侵。當是時楊公之功與開平中分，而麾纛往還，兩地當孔道，故兩地皆有楊公祠，以其為力戰之所也。其後楊公封為宜邑城隍神，遂不曰祠而曰廟，尊之也；不曰楊公而曰城隍，因其封號而稱之，亦所以尊之也。今□下邾巡司已移著於茲，時率士民講約讀法於中。太湖營守府亦□□□屬朔望拜謁。自明迄今，廟貌三四百年，其為官吏士民之所瞻祭也，非他私祀比哉。宜與大浦並存不廢，以旌厥功，鎮人請書其緣始於石，遂為之記云。

賜進士出身翰林院庶吉士湖南主官癸卯科江南解元吳紱謹誌。（印：吳紱、方來）

協守江南太湖等處地方右營守備紀錄一次祁禄，宜興縣下邾司巡檢紀錄一次陳榮世，邑庠生周豐翼薰沐書。

里人：姚尚慶、錢廷耀、陳彥廷、陳萬餘、周大章、陳昌賢、吳松林、昌成章、毛世琪、周大斌、胡天玉、俞良臣、胡連三、汪定九、周大樽、王天玉、周武九、姚企賢、胡□叙、周懷九、蔣子周、王文開、陳子貞、丁天成、王秀芝、蔣景侯、吳天佑、周文隆、周惟貞、沈世興公立。

乾隆歲次戊辰菊月穀旦。

重建東林禪院碑記

S-30

［簡稱］
重建東林禪院碑

［尺寸］
高（107+95.5）釐米，寬（47+46）
釐米，厚30釐米

［刊立日期］
清乾隆十四年（1749）八月

［撰書人］
任翔撰

［保存地址］
徐舍鎮西墟村西墟橋堍

［備注］
文革期間，碑身被居中縱橫鑿
成四塊，左下方一塊砌築於西
墟橋堍內，其餘三塊置放於橋
西堍河埠南側。
碑首高浮雕雙龍戲珠紋，兩邊
及下端剔地平雕花葉紋。

民國《光宣宜荆續志》卷一載：東林禪院，在（荆溪從三舊區）西墟前村。乾隆十四年（1749）潘氏建，任翔撰記。兵毀。光緒元年（1875），潘氏後裔重建。前志漏載。

［碑文］

重建東林禪院碑記

丁夗春，余制終就職，辭行於西墟潘氏，適造其里（之東）林院；見其上人月廣大師，儼然菩思而有志，朗然若照而□念，曰語之曰："此余少時從先公常憩之所也，其時重（修三）寶，廣塑天尊，皆恆如禪師之功，今恆老師成果久矣，宗其法者即吾師與？"上人曰："僧即恆如之徒侄孫也。恆如（者，吾）邑報恩寺德賢之孫；德賢勳業，載在省邑誌者，學士大夫多稱道之；而德賢徒曰眀育、曰明哲，育即恆如；明哲乃僧之師曾祖也。菴自師祖逝後，常住空虛，住持零落，梵宇幾致傾頹，琉璃竟成泯滅；僧不忍師祖遺業，任（其廢棄），故去報恩而来此。維潘氏尊長興議重建，奈菴又係一姓香火，難扵遍叩十方，僧因匍匐募其宗族，于今三年，月望□□暨我師祖□□遺貲共勸數百餘金。抵歲暮，將先□大殿，其餘次苐修葺，且從容而樹也。□所助財，幾意欲勒石，未（有文）以記之者。"因乞余為記，余念德賢大和尚之在報恩寺也，我先公常造上刹，每盡日談禪，余在旁聆其終□，窃謂□□迦葉法□也；今其孫復續恆如之緒而恢之者，抑又有嘉焉，盖上人之畜積有幾？而畜已無餘；一人之精力無□□□，且不倦禮懺修□，暇惟以興建為務，更淂潘氏以輔翼之，其成功也必矣！從兹而址基雖舊，堂殿維新，百丈金身□□□古刹萬龕，紅焰愈勝扵前徽，固目前事也；異日者言旋故里，閒步……

乾隆拾肆年仲秋月穀旦。

司徒廟碑

S–31

［簡稱］

司徒廟碑

［尺寸］

高 159 釐米，寬 51.5 釐米，厚 14 釐米

［刊立日期］

清乾隆十六年（1751）四月

［撰書人］

楊亨謙撰，蔣鳴□書。

［保存地址］

官林鎮官林村司徒禪寺

［備註］

碑身下部斜裂。

［文獻著錄］

　　光緒《宜興荆谿新志》卷二載：
吳司徒廟，在賸邨西西莊頭，祀宋
戶部尚書吳邦翰。邦翰葬於賸邨，
此蓋其墓祠也。鄉人繪像於壁，祀
之歷數百年，靈應如嚮。

　　《官林村志》第八章輯錄碑文
（捐項略），錯漏甚多，難以卒讀。

司徒廟碑（額）

自古神道設教，用嚴彰癉，而幽明協贊，惟在勸懲。司徒廟貌，由来已久，先在卞地，傳自宋元。有暴風雨，一夕頻移，其前石案，猶然如昨，至今異之。歲久傾圮，從而修葺。因其故址，加以新猷。惟務靜深，不事雕鏤。且穆且幽，宾斷如流。神惟六位，治則九州。憑依於此，日監在茲。夗夗生生，實職其司。凡我十方，內外單盡，樂助輸誠。洞洞屬屬，明威自生。夫惟神靈，不可度斯。剔惡懲奸，孰敢蘱視？一切報施，毫髮豈差？代天理物，正直如是。布告邑人，勿作爾身！明昭可畏，赫赫有神。

里人楊亨謙謹撰，蔣鳴□敬書。

乾隆十六年歲次辛未孟夏月日立。

嵒中公項銀兩一併入廟費用：

緣首周佩玉、□□俊、蔡廷選、茂懷、秀文、文達、思訓、蔣□□、許俊□、謝舜□、薛□□、儲□□、梁九文、駱觀奇、蔣玉增、□□□、□□□、□□□、□南、謝克□、蔣世英、朱天□、蔣惟周、蔣周相、南陽、子唯、施學周、謝天□、蔣世□、□九成助銀四兩。儲林法一兩六錢，蔣廣文一兩四錢，蔣恂如助一兩六錢，莊渭占助田二畝六分四厘，蔡廷瑗田一畝六分，儲瑞興助銀二兩四錢，莊九階助銀一兩六錢，西來助銀一兩六錢，朝宗助銀一兩六錢，天明助銀一兩，蔣仲安助一兩，韓新周一兩，蔣惟吾助銀一兩，惟興一兩，公聽一兩二錢，公進一兩二錢，季仁一兩二錢，永蘭一兩，吳永升一兩六錢，朱方云一兩六錢，□□□一兩。

洪濟庵碑記

S-32

［簡稱］
洪濟庵碑

［尺寸］
高 134 釐米，寬 71 釐米

［刊立日期］
清乾隆二十一年（1756）
九月

［撰書人］
惲良翰撰

［保存地址］
和橋鎮閘口村原小灣渡
小學

［備註］
碑身上部斜裂。
碑首線刻雙鶴朝陽紋，
兩邊線刻卷草紋。

洪濟庵碑記（額）

洪濟庵在小灣渡之西，近水護田，遠山排闥，雖無崇樓峻宇、金碧土木之華，而地僻風淳、紅塵罕到，亦招提之勝致也。相傳創建之初，井泉可療民疾，遐邇爭汲，飲者輒瘥，故庵成而以洪濟名之，謂神功所濟，實甚洪云。其基為吳氏廢壤，康熙三十年間鄉耆謀建此庵，以為一方香火，捐貲勸募以成之；前楹供神，後楹棲衲，規模粗具而恒產闕如，以故緇流之駐息斯庵者視若傳舍，守僧智誠憂之，思為經久之計而未有路。適龔君惟盛捐田如干畝，以助菜門伊蒲之費。自是而後常住有資，非復曩日生涯瓢鉢、突未黔而思棄去比矣！先是田為太學生吳乏立舊業頗肥美而值未酬，歷年搆訟，王、姜二公來宰吾邑，平決其事；龔與吳遂兩捐焉，而請勒諸石，以示兩姓子孫，不得覬覦非望，而後之居是庵者亦無容擅廢也。姜公署曰"可！"乃礱石為碑，以記本末，而田之細號折平以及吳、龔姓氏皆得列焉，然則是田之捐也，龔倡之，吳繼之，而姜公實成之，其所以洪濟乎？！異日之庵僧而俾之得所□賴者，不且與當年療疾之神功並著哉？

乾隆二十一年九月為之記。始之者智誠，終之者其徒德元也。恩拔貢元兩授內廷教習知浙江台州府天台縣事前署餘杭縣事即選州同知鑑齋惲良翰撰。

計開：吳聞廉祖業道字號平田拾畝零，將田賣與子來，子來轉與正方，正方又轉與太平菴師瑞呈，瑞呈又轉與惟盛，而惟盛將田三面会同捨入洪濟菴，以作萬年香火。金士成帶入垂字平田貳畝，龔、吳二姓捐道字平田貳畝，龔惟盛捨入道字平田拾畝零。

乾隆二十一年九月日立。原主：吳聞廉。捨田施主：龔惟盛、妻周氏、嗣子天培、繼子天位。山主：吳爾玉。原立□聞口。建立住持僧智誠、徒德元、孫徒慧能。

重修大覺院碑記

S-33

[簡稱]
重修大覺院碑

[尺寸]
高 145 釐米，寬 90 釐米，
厚 15 釐米

[刊立日期]
清乾隆二十四年（1759）
十月

[撰書人]
任凌雲撰，任瑩書丹，汪
金玉鐫。

[保存地址]
西渚鎮橫山村大覺寺

[備注]
碑首佚，碑身右半部通體
縱裂且殘缺。
兩邊及下端剔地平雕回紋

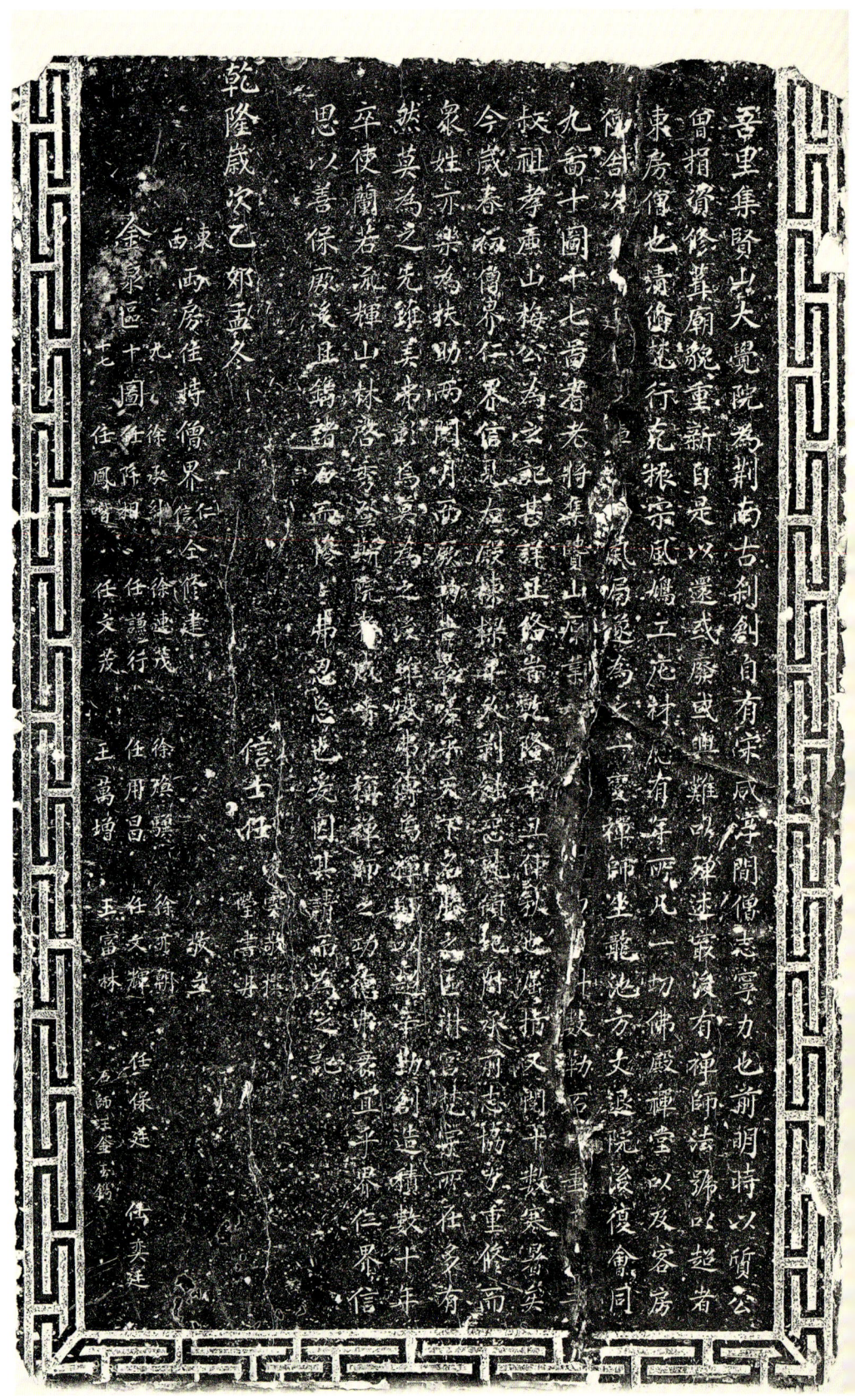

（保滋堂）《任氏宗譜（家乘）》卷十八輯錄碑文（至“而為之記”），有數處差異，可資校補。

萬曆《重修宜興縣志》卷十載：大覺院，在縣西南九十里金泉鄉。宋咸淳元年，僧志寧建。宣德間，僧如圮修。萬曆間，道人傅明心重修。

康熙《重修宜興縣志》卷十載：大覺院，在白墻山。……天啟間，僧明源再脩。國朝順治間僧如智復脩。

［碑文］

吾里集賢山大覺院為荊南古刹，創自有宋咸淳間，僧志寧力也。前明時以質公曾捐資修葺，廟貌重新。自是以還，或廢或興，難叺殫述。嗣後有禪師法騬叺超者，東房僧也，清脩梵行，克振宗風，鳩工庀材，歷有年所，凡一切佛殿、禪堂叺及客房、僧舍次第（營）建，（金碧輝煌，而）氣局遂為之一變。禪師坐龍池方丈，退院後復會同九啚、十啚、十七啚耆老，將集賢山原業（菴產及續置田產計）數勒石，（以）垂（久遠。吾）叔祖孝廉山梅公為之記，甚詳且偹，峕乾隆辛丑仲秋也。屈指又閱十數寒暑矣，今歲春初，僧界仁、界信見大殿棟樑年久剝蝕，恐就傾圮，因承前志，協力重修，而衆姓亦樂為扶助，兩閱月而厥功告竣。嗟乎！天下名勝之區，琳宮梵宇，所在多有，然莫為之先，雖美弗彰；莫為之後，雖盛弗傳焉。禪師叺超辛勤創造，積數十年，卒使蘭若流輝、山林啓秀；登斯院者咸嘖嘖稱禪師之功德弗衰，宜乎界仁、界信思以善保厥後，且鐫諸石而惓惓弗忍忘也。爰因其請，而為之記。

信士任凌雲敬撰，（任）瑩書丹。

乾隆歲次乙卯孟冬敬立。

東、西兩房住持僧界仁、信全修建。

金泉區九、十、十七圖徐承紳、任阡相、任鳳喈，徐連茂、任謙行、任文茂，徐煥驥、任用昌、王萬增，徐亦朝、任文輝、王富林，任保廷、任奕廷。石師汪金玉鐫。

破塈土地神祠碑記

[簡稱]
破塈土地神祠碑

[保存地址]
新街街道南嶽路東嶽庵

[尺寸]
高 138 釐米，寬 89 釐米，厚 9.5 釐米

[備注]
碑身斷裂成五塊，下端略殘，左下部有圓坑狀損泐。
兩邊及下端線刻卷草紋。
原立於新莊街道王婆村土地廟，因廟拆除，移存今址。

[刊立日期]
清乾隆二十六年（1761）二月

[撰書人]
湯琰撰

[碑文]

破塈土地神祠碑記

明之季，宜邑湖寇起，濱湖震動，騷擾無寧宇；聞有武弁薛□者，隸水師營麾下為軍尉，勦捕湖寇甚力，帥屬擐甲舉炮，炮發甲興，擊殺數十百人，殲其魁，湖寇遂熸然。薛尉卒為賊黨所害，屍暴中野，土人憐之，收其屍瘞于所架炮處破塈而藁葬之，築土成大塚，屢顯靈異；土人神之，立屋於荒榛斷梗間，歲時祀焉，遂為破塈土地神祠。祠久就傾，神不顧享，比歲以來，天災流行，水旱癘疫踵至，神□時感應，各方遠近夾廟居者，凡有所為，必請於神，筵簜告吉，罔不如志；甚至沉疴宿疾，苟虔禱案下，拜神之賜，時勝藥石。土人德之，僉曰："數椽僅蔽風雨，非所以妥我神也，當更而大之。"於是耆士等稟集三嶇人士，倡議鼎新；鳩工于戊寅冬，落成於己夘夏，其前為門為廡，其後為堂為寢，巍乎煥乎，是誠可以苔神睨矣。嗚呼！薛公生能捍災禦患、剪除湖寇；死能庇護生靈、驅禳疫癘，其惠此一方也，

豈不大哉？！曰作祀神祠以遺土人，俾歌（且）祀焉，并勒諸石。神姓薛氏，逸其名，隸水師營軍尉，勤捕湖盜張三，聞諸郊外老人語如是。詞曰：

溪之澔兮廟建，溪之瀆兮神依；溪之山兮連峯若屏，溪之水兮如帶斯圍；廟峩峩兮神靈赫赫，禱斯應兮荅所祈；我民刑牲兮荐鯉，絜梳提壺兮入廟以祀；神之降兮皇皇，靈之来兮禳禳；溪之氓兮永戴，萬有千歲，神靈斯在。

開上四啚鄉耆：陳大鵬，潘士貴，王鳴崙。緣首：陳叔和，李元春，錢文典，陳舜其，王天岳；陳仁玉，李接雲，錢萬全，徐天元，周鳳岐；邵廷貞，錢文高，徐朝選，周叙增，周舜龍。

開下廿九啚鄉耆：許廣成，陳耀侯，王魁臣。緣首：許廣才，朱國瑞，王文超，許正侯，余萬程，宋紹玉，錢若金，錢若沛，王君達，宋淇箊，王君顯。

開下廿七啚鄉耆：劉天澤，蔣方来，毛世雷。緣首：錢選文，芮天佑，尤允仁，黃鳳林，長巷村，陳國用，薛大林，黃弘久，吳在田，汀淹□，濮錫昌，許允如……。裝塑後殿：王鳴崙，錢文典，陳其中，王魁臣，許允如。神像：錢□□，陳□□，……。

計開：叁□□列字、宿字、來字三號共……；開上四圖列字：壹號基地壹畝一分零，式號三分零，七十號式畝七分零，八十四號壹畝二分零，八十九號四畝零，三百九十四號壹畝八分零。開下二十七圖宿字：二百五十一號壹畝六分零，二百七十六號三畝三分零，二百七十七號基地四分二厘。開下二十九圖來字：壹百九十二號壹畝五分零，五百二十九號壹畝三分零。

里人湯琰敬撰，乾隆歲次辛巳季春之吉穀旦。

永禁趺錢，如違解究！

重脩魯仙宮碑記

S–35

［簡稱］
重修魯仙宮碑

［尺寸］
高 64 釐米，寬 109 釐米

［刊立日期］
清乾隆二十六年（1761）十一月

［撰書人］
黃雲岩書，李弘如刻。

［保存地址］
宜城街道東廟巷周王廟

［備注］
碑身中部縱裂，右下角斜裂。
四邊剔地平雕卷草紋。

［碑文］

重脩魯仙宮碑記

嘗謂德立乎天地、功垂於萬世者，惟古制作之聖人能之。自生民以來，立人極、明道統，惟堯、舜、周公，至孔子而造其極，故為生民之未有；工巧神化，至魯仙而亦盡其微。孟子不云乎：“公輸子之巧，其制作之法，為百工師”，其神化之用又為仙道顯，為其生於魯也，槩稱“魯仙”云；然孔聖吾儒萬代之師也，魯仙亦百工萬代之師也。約而言之，神巧玄微，鬼神莫測；推而大之，開闢妙化，仙佛難知；當時歷代，幻跡昭彰，載於書記，傳諸人口，無煩贅述。其廟像香火遍於天下，凡帝王人民，莫不尊祀；吾邑宮廟，歷年既久，墻壁傾頹，棟梁朽蠹；有廉永祥、黃雲岩、吳在朝、談永祥等目擊發誠，會同泥、石、木等作，於乾隆二十四年捐貲集銀，得二十三兩零，共用七十餘兩，不數月廟室煥然一新，神威赫奕，雖曰人力齊心，亦神功之默助耶。因勒石列敘共勸諸人併記諸各作捐助芳名於後，庶相與祀於不朽云。

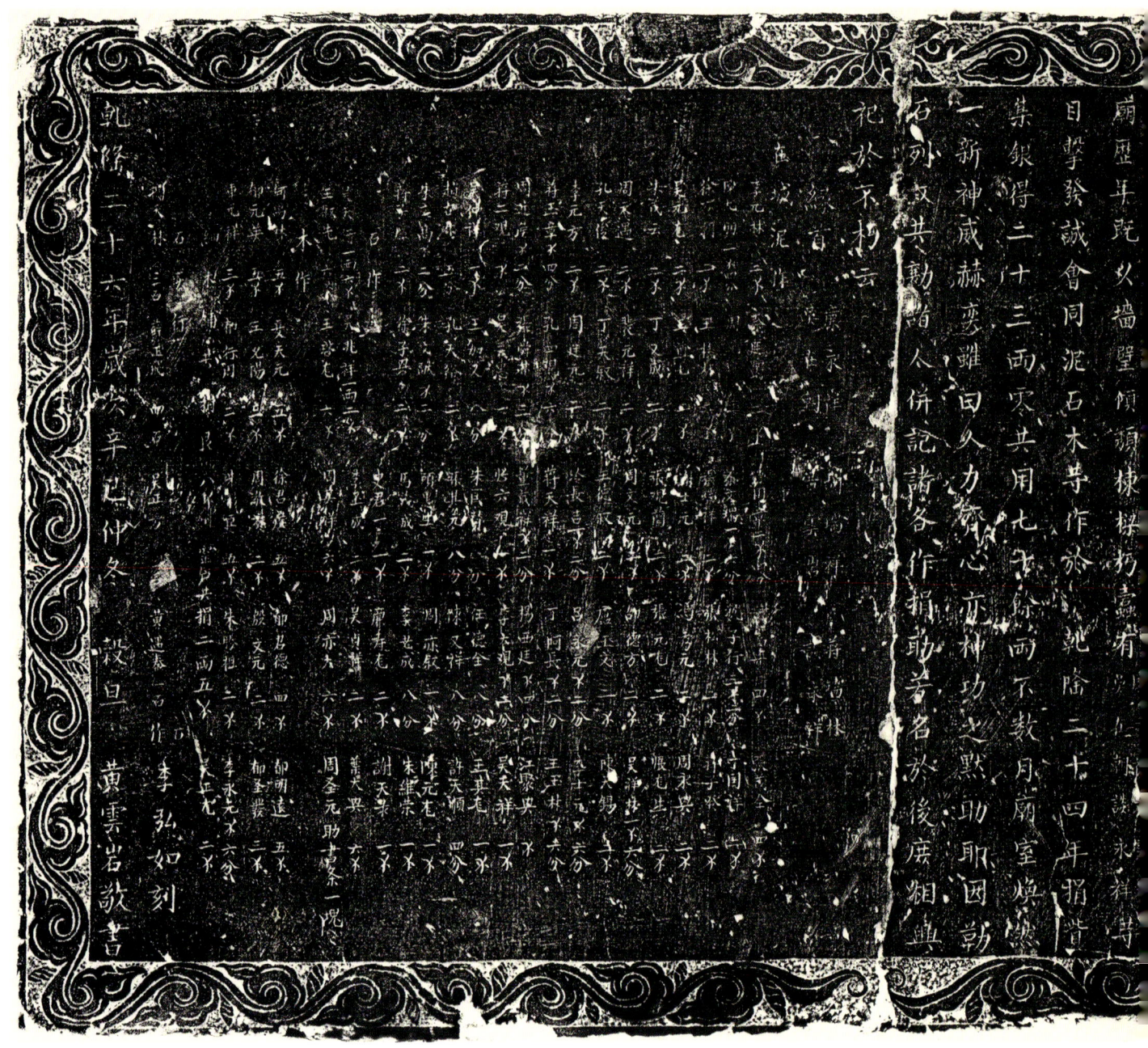

緣首：廉永祥、胡瑞祥、蔣瑞林、吳在朝、黃雲岩、談永祥。

在城泥作：李元林二錢，□廷爵二錢，□用章二錢四分，謝嵩年四錢，張茂全四錢，陳九朋二錢四分，周□□二錢，□文瑞一錢六分，魏子行三錢二分，丁國祥二錢，徐方朝二錢，王□林二錢，張瑞祥二錢，張松林三錢，蔣子登二錢，吳元龙二錢，王尊七二錢，謝士元二錢，馮秀元二錢，周永興二錢，朱茂云二錢，丁又成二錢，張觀蘭二錢，張元龙二錢，張龙生二錢，周天遇二錢，裴元祥二錢，周文元二錢，

邵德方二錢，吳祥林一錢六分，孔天俊二錢，丁天敘二錢，王德敘二錢，盧玉文二錢，陳天錫二錢，李元方二錢，周廷元二錢，冷長吉一錢二分，呂永元錢二分，李士元錢六分，蔣玉章錢四分，孔四觀錢六分，蔣天祥二錢，丁阿長錢二分，王玉林錢六分，周近侯錢二分，張舜林錢三分，董茂祥錢二分，楊西廷錢四分，江聚興錢，蔣二觀一錢，吳天惠一錢，張六觀一錢，李大觀錢二分，吳天祥一錢，吳仲祥一錢，王加又八分，朱國贊八分，任德全八分，王其尨一錢，趙古其五分，孔天裕二錢，張其元八分，陳文祥八分，許天順四分，朱立高二分，朱文献錢二分，顧惠玉一錢，周亦敘一錢，陳元尨一錢，蔣子厚二錢，徐子興錢二分，馬茂成二錢，李老成八分，朱維榮一錢。

石作：史君一一錢，廉壽龙二錢，謝天求一錢，吳天行一兩六錢，吳兆祥一兩二錢，李丕成二錢，吳貞祥二錢，葉大興六錢，朱敘先六錢，王啟尨六錢，周其祥六錢，周亦大六錢，周圣元助書條一塊。

木作：何萬林五錢，夏天元五錢，徐君侯五錢，郁召德四錢，郁明遠五錢，郁元英五錢，王允陽三錢，周敬□二錢，殷文元二錢，郁圣獎三錢，葉元□三錢，郁行周二錢，朱彩臣五錢，朱勝祖二錢，李永元錢六分，吳正尨二錢。

細木鋪共捐艮八錢，窯戶共捐二兩五錢。

石灰行：陶天林三石，薛正飛四石，吳正方二石，黃遇泰一石。

乾隆二十六年歲次辛巳仲冬穀旦。

石作李弘如刻，黃雲岩敬書。

吳思瀆大悲庵記

S–36

[簡稱]
吳思瀆大悲庵記

[尺寸]
高 37 釐米，寬 73 釐米，厚 27 釐米

[刊立日期]
清乾隆三十一年（1766）

[撰書人]
張鈺撰，儲廷椿書并跋。

[保存地址]
新莊街道洪巷村浯泗瀆東嶽廟
東古銀杏下

　　嘉慶《增修宜興縣志》卷末載：大悲庵，在縣東北三十里吳思瀆（隸洞山上區），元末建。庵中銀杏一株，大四抱餘，蔭屋十餘間，望之亭亭如綠屏青蓋。明萬曆間，庵廢。旁址為東岳廟（徐志）。

［碑文］

吳思瀆大悲庵記

　　庵之名舊矣，而新扵慧如、朗明二上人；盖自元末創建，廢扵明萬歷間，其旁址爲東嶽廟。庵中故有銀杏一株，大四抱餘，蔭屋十餘間，遠近望之如綠屏青葢，則固勝景也。慧公初不知書，依廟以居，單丁苦行，禪誦久，頓条妙諦；與其徒朗明手闢山田，復扵故址重建，其事雖因也而實為創。且自元迄明，興廢之由，縱無記載可尋，非此二公，今人但知有廟耳。瞻兹法雨慈雲，譬諸華嚴楼閣，彈指即現，而傳之永久，必有普大宏願、提唱宗風者出，兹庵之盛，又不僅如斯而已也；爰併書之扵石，以示後来之能體二公之志者。

　　大清乾隆歲次丙戌。

　　邑人張鈺撰。

［題跋］

　　丙戌歲，余至大悲庵，僧慧如出張君文見示，囑余書。余耳張君名閱十年，所見其文，簡質有法度，信令名之不虛也。君博雅不凡，喜與文士遊習，見者僅知其精岐黃術耳。爰欣喜為之書丹，鋟諸壁間，他日有閱是石者，知君文不以余書重，而余之書且藉君文以傳也。臨津里人儲廷椿書併跋。（印：□□，□□）

重修善慶菴碑記

S–37

［簡稱］
重修善慶庵碑

［尺寸］
高 175 釐米，寬 73 釐米，
厚 20 釐米

［刊立日期］
清乾隆三十二年（1767）四月

［撰書人］
陸綉芝書

［保存地址］
徐舍鎮聯星村善慶禪寺

［文獻著錄］

　　萬曆《重修宜興縣志》卷十載：善慶庵，在縣西六十里從善鄉萬畝圩。宋嘉定間，僧妙法建。國朝正統九年，僧可力重建。

［碑文］

　　萬畝圩二、十兩圖係荆西之盡界，其地左接蓮溪右連瀨水，圩中庵名"善慶"，蓋取作善降祥之義。考之縣志，宋嘉定時，妙法和尚始建此庵；至前明正統九年，可立禪師復建修之。庵之舊制：前有茶亭，中有佛殿，後有大悲堂，其住持變易，不可詳考。本朝康熙年間，有方丈禪師涯峯暨其徒崑月，来自名山，修整此庵，復起東廊九楹，各處修葺完固，器用什物備具，斯時景象一新，過往君子皆停車偃息而稱表之。自後住持不一，更易無常。數十年来，茶亭倒矣、佛殿傾矣、廊房壞矣，向之禪林僧舍幾為乞丐棲息之塲，甚至風雨不蔽，金身暴露。嗚呼！痛矣！乾隆二十七年嵗壬午，里中耆老復議修之，會計工程浩大，因懇各庄公祠捐貲若干次，及本啚外方諸君子隨緣樂助，募米數十石，錢數十千。修造兩進佛殿及廊房數間，又於茶亭舊址，建設監生、痘司、靈官、土地等堂，將東廊改造文昌殿，越期月而告成；修整佛像，裝塑金身，由是以凋敗零落之庵，煥然而更新矣！是役也，立議捐資者，里之老成；戮力同心者，里之衆姓；然樂善好施，固屬閭中之義舉，而疎財仗義，尤賴十方之仁人君子協力扶持；故工成有緒，而不至束手無策也。兹當復舊增新，庵得重慶，因撮其始末，并將捐助姓名、銀兩，勒之碑石，以誌不朽，庶幾不沒人好善之□，而後□□□亦□所踵事而增美焉爾，是為記。

嘗維大清乾隆歲次丁亥清和月。

里人陸綉芝沐手敬書，住持僧誠靜、如海、至德。

陸公祠助銀叁拾兩，陸紫山助銀拾叁兩，周子芳助銀拾式兩，蔣公祠助銀拾兩，陸瑤仙助銀拾兩，陸濟川助銀拾兩，王軼禹助銀拾兩，趙廣采助銀拾兩，任永隆助銀捌兩，蔣九成助銀柒兩伍錢，趙公祠助銀陸兩式錢，陸樂山助銀陸兩式錢。

王公祠助銀陸兩，趙廷芝助銀陸兩，陸謙益助銀伍兩伍錢，沈公祠助銀伍兩，吳公祠香亭一座、又銀伍兩伍錢，任公祠助銀伍兩，王景武助銀伍兩，陸蘭谷助銀肆兩陸錢，蔣惠成助銀肆兩伍錢，陸錫書助銀肆兩，陸存耕助銀肆兩，周兼振助銀肆兩。

桂芳班助銀肆兩，蔣國成助銀肆兩，陸念劬助銀叁兩陸錢，趙振羽助銀叁兩伍錢，陸念荣助銀叁兩伍錢，趙德彰助銀叁兩伍錢，吳汝惠助銀叁兩伍錢，陸泰階助銀叁兩式錢，趙三畏助銀叁兩乙錢，陸介成助銀叁兩乙錢，駱志求助銀叁兩，虞宇春助銀叁兩。

陸景高助銀式兩伍錢，趙廷蘭助銀式兩伍錢，蔣子葵助銀式兩伍錢，蔣子秀助銀式兩伍錢，陸時富助銀式兩伍錢，陳萬餘助銀式兩肆錢，吳汀洲助銀式兩肆錢，趙如章助銀式兩叁錢，陸敬承助銀式兩式錢，沈子忠助銀式兩式錢，蔣學年助銀式兩乙錢，□基陸公祠助銀貳兩。

潘門吳氏全男士忠、士良助銀式兩，楊氏公堂助銀式兩，管岳如助銀式兩，任天鈞助銀式兩，錢應龍助銀式兩，宋向辰助銀式兩，陳從五助銀式兩，李應梅助銀式兩，陸卓南助銀式兩，陸克知助銀式兩，陸省存助銀式兩，陸士良助銀式兩，駱思振助銀式兩。

任村公堂助銀式兩，沈子茂助銀式兩，沈福生助銀式兩，蔣宇爕助銀乙兩九錢，蔣蒼瞻助銀乙兩九錢，陸漱華助銀乙兩柒錢，陸立夫助銀乙兩柒錢，吳鳳祥助銀乙兩柒錢，王詩原助銀乙兩六錢，潘載勳助銀乙兩伍錢，潘孝照助銀乙兩伍錢，錢正卿助銀乙兩伍錢。

寶相院新建碑記

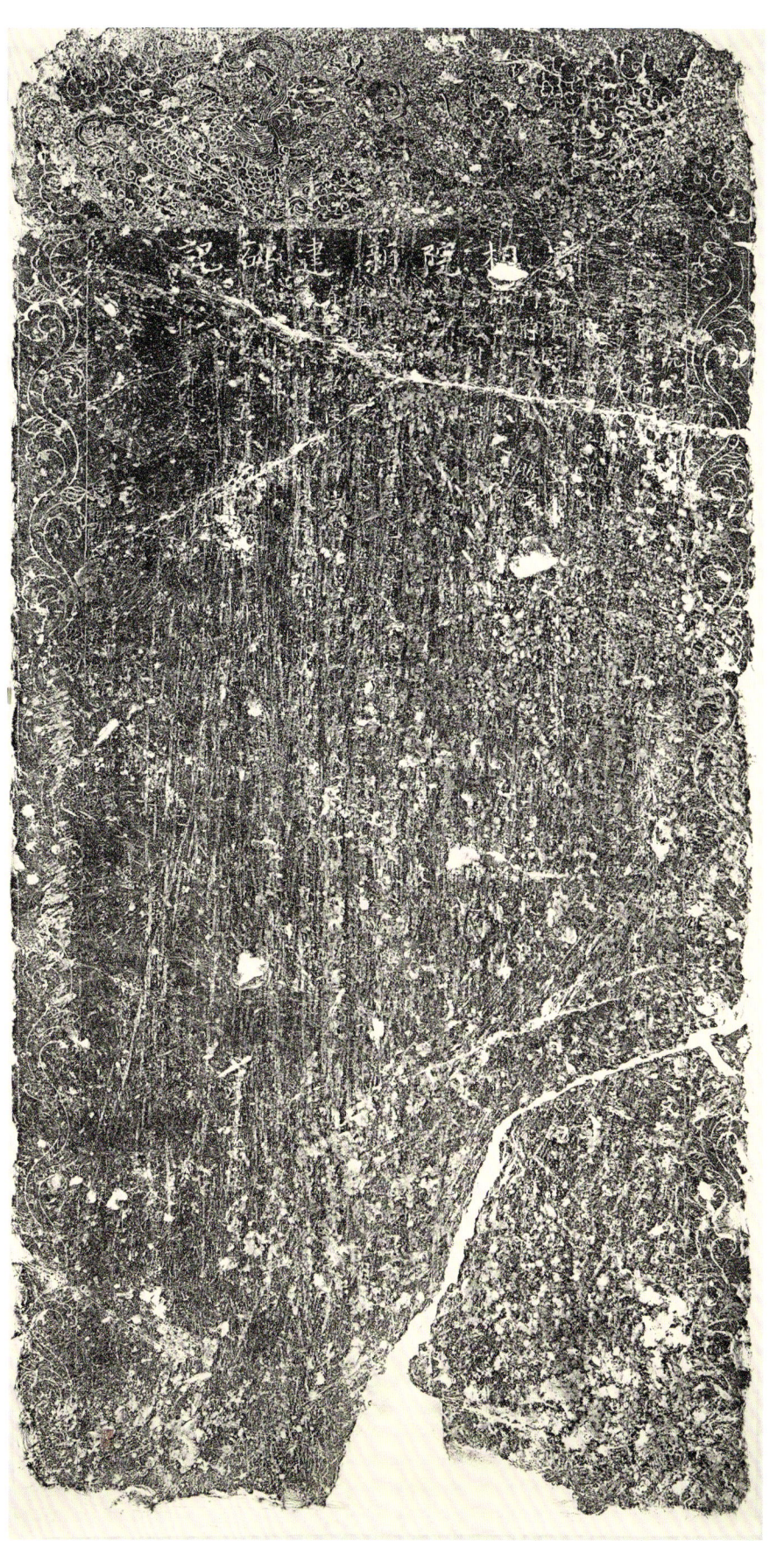

S-38

[簡稱]
寶相院新建碑

[尺寸]
高 137 釐米，寬 69 釐米，
厚 28 釐米

[刊立日期]
清乾隆三十五年（1770）

[保存地址]
新建鎮閘上村委會

[備注]
碑身右下角斷裂，碑文損
泐莫辨。
碑首刻飾雙龍戲珠紋，兩
邊飾卷草紋。

[碑文]

寶相院新建碑記（額）

寶相院……聖希……

門祚……為龍刹□塑……

乾隆三十五年，歲次庚寅

嘉平月……

金銘寺產告示

S-39

[簡稱]
金銘寺產告示

[尺寸]
高 163 釐米, 寬 48 釐米

[刊立日期]
清乾隆三十五年（1770）十一月

[撰書人]
周大鈞書丹

[保存地址]
高塍鎮賦村村鴨蛋房 6 號（金銘寺舊址）

[備註]
上端及兩邊剔地平雕夔龍紋，下端剔
地平雕蓮瓣紋。

[文獻著錄]

　　咸淳《重修毗陵志》卷第二十五載：金明禪寺，
在縣北三十里，隋開皇十年建，名"西城"。大中祥
符元年改今額。（注：唯成化《重修毗陵志》為"西
域寺"）

　　萬曆《重修宜興縣志》卷十載：金明教寺，在
渦湖鄉。隋開皇十年建，名"西域寺"。元末兵毀，
國朝洪武初復建，永樂十三年重建。（康熙、嘉慶
縣志同。）

光緒《宜興荊谿縣新志》卷九載：金明教寺，在（萬二區）賦村西，見舊志，兵毀。光緒二年建復旁屋十楹。（今部分尚存，淪為民宅）

[碑文]

萬二區十八啚邵倫賢、周作孚等具呈，為環籲金批保產衛剎事。生等里中古剎號曰金銘，建於梁武帝時，元經兵燹，寺用以傾，復建於有明永樂年間，為近地一方香火。其中秉教、沙門、住持僧率多老成醇謹。邑西北隅能文之士，每月角藝于其中。偶遇歉歲，煮賑設廠，朔望宣講鄉約，祈晴禱雨，地方公事胥是賴焉。其西房祖師智林上人者，尤端方愨厚，經理此寺，所成就頗多；孫僧昌如踵事增華，復以常住餘資，增買膏腴；今捴計原產、新增并施主所捐共田□□畝。□誠恐後日徒子法孫擅自廢墜，地方僧俗私相謀買，則珍厥先基，荒弛香祀，寖寖乎其不可救矣。為此生等公叩大老爺賜批給示，用勒於石，俾僧俗不得覬覦，則天恩與佛德並垂于不朽矣。上呈奉宜興縣正堂、加三級紀錄五次林批准給示，碑文田畝細號存。

計開田畝細號如左：

伏字乙千五百五十一平六分零，四平三畝零，六平一畝零，七平五分零，八平三分零，九平九分零，六十二平三分零，三平二分零，七十五平三分零，六平三分零，七平八厘，八十三平二畝零，六百一平一畝零，二平一畝零，三平一畝零，十平五分零，十三平一分零，四平一畝零，五平三分零，六平一分零，七平一分零，八百廿八平七分零，九平一分零，三十平二分零，卅二平一分零，七平一毗零，八平二毗零，九平一毗零，四十平一毗零，四十二平一畝零，三平一畝；羌字六號平四毗零，八號平□□零，四十平一畝零，四一平二畝零；戊字乙千二百五十平一畝零；伏字乙千八百卅五平六厘零，平一畝六分。

捐資助田、報本追先、施主花名載後：周邑豐、周澤民、周作孚、邵允恭、邵永年、邵聖宗、邵廣倫、邵乾三、邵坤載、邵書載、邵嘉載、邵驥千、邵中孚、邵泰年、邵謙益、蔣廷章、蔣舜成、蔣繼成、邵門裴氏、王濟川。

乾隆三十五年歲次庚寅仲冬月。

里人周大鈞書丹，住持僧昌如、昌舒敬立。

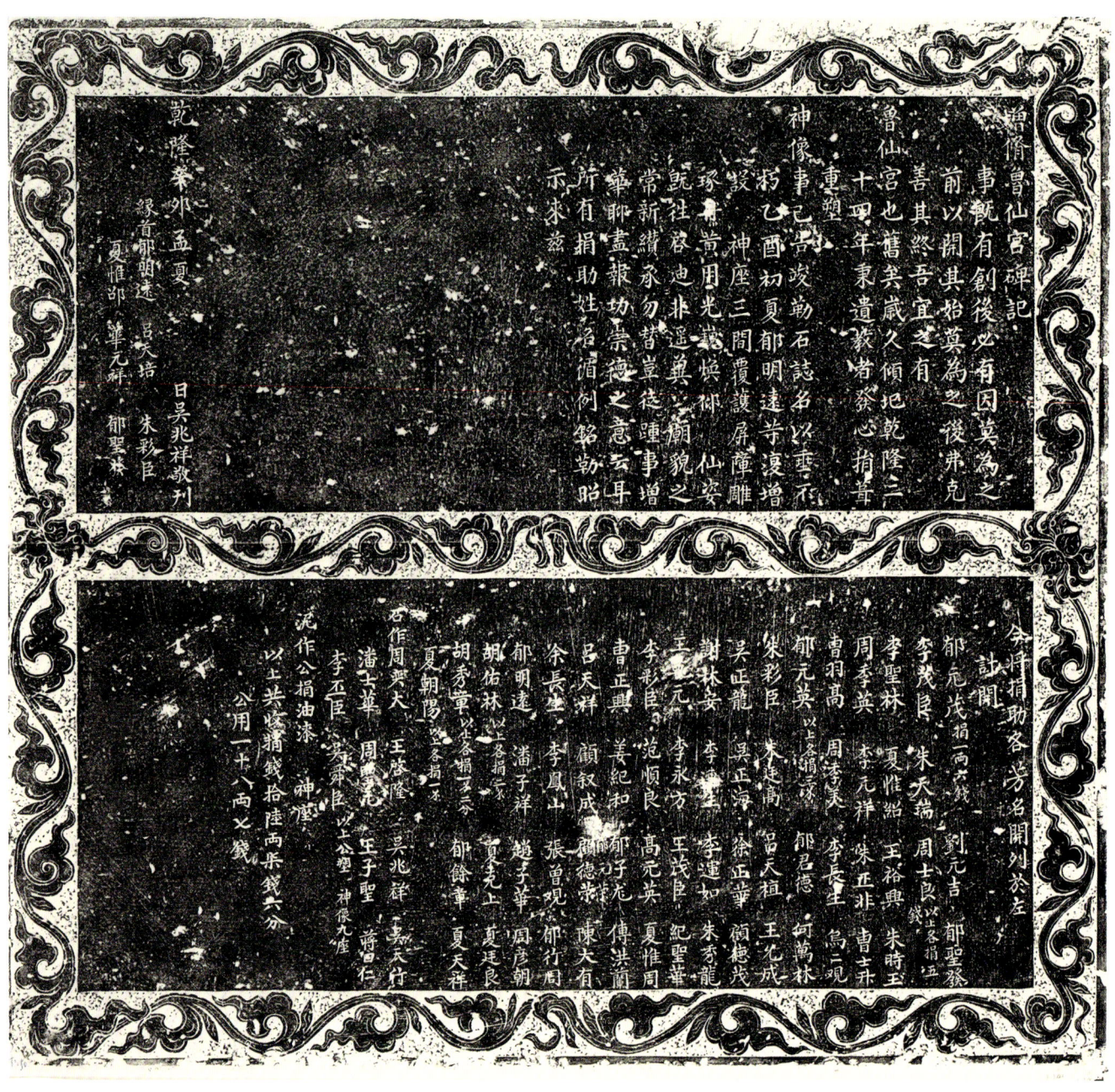

乾隆柔咊孟夏

魯仙宮也舊其歲久傾圮乾隆三
善其終吾宜芝有遺教堵發心捐善
前以開其始莫為之後弗克
事既有創後必有因莫為之
增脩魯仙宮碑記

魯仙
宮
十四年東
重
塑

神像
事
己酉竣勒石誌名以雲花
藐乙酉初夏郁明達芳漢增
鑿新常用光藏於仙姿
瑣皆遂迪非遙真徒蘭貌之
社容勿替章徒踵事增
常聊盡兼功崇徳之意玄耳
華有捐助姓名
示來茲

余同捐助各芳名開列芳主
訃閒
郁元戊捐一兩六錢
李茂良　朱天瑞　劉元吉　郁聖發
　　　　夏惟渭　周士良　郁聖發
李聖林　夏惟渭　王裕興　朱時玉
周季英　李元祥　朱正非　曹吉井
曹羽高　周清美　　　　　烏二觀
　　　　周清美　李長生
郁元英　郁君德　何萬林
朱彩臣　朱起高　王化成
吳正龍　徐正華　顧穗戊
劉林安　昌天祖
王二元　李運如　朱秀龍
李彩臣　李永方　紀聖華
范順良　高元英　夏惟周
蘭叔成　顧德裘
曹正興　趙子華
呂天祥　郁力仁　傳洪蘭
余長生　郁彥朝　陳大有
胡秀章　　　　夏先上
郁明達　周彥朝　夏廷良
胡佑林
潘士華　趙子華
夏朝陽

石作周興大
潘士華　周■元　王隆隆　吳兆祥　嘉天行
李五臣　奠眉臣以上公塑　蔣日仁

泥作公捐油漆　神座
以上共脩捕錢拾陸兩柒錢六分
公用二十八兩七錢

錄首郁朗速
夏惟部
呂天培
單元群
朱秋臣
郁聖枝

日吳兆祥敬刊

S-40

［簡稱］
增修魯仙宮碑

［撰書人］
吳兆祥刊

［尺寸］
高 88 釐米，寬 95.5 釐米

［保存地址］
宜城街道東廟巷周王廟

［刊立日期］
清乾隆三十六年（1771）四月

［備注］
四邊及中部剔地平雕卷草紋。

［碑文］

增脩魯仙宮碑記

　　事既有創，後必有因。莫為之前，以開其始；莫為之後，弗克善其終。吾宜之有魯仙宮也，舊矣。歲久傾圮，乾隆二十四年，秉遺教者，發心捐葺；重塑神像，事已告竣，勒石誌名，以垂不朽。乙酉初夏，郁明遠等復增設神座三間，覆護屏障，雕琢丹黃，用光巍焕。仰仙姿既往，啟迪非遙；冀廟貌之常新，續承勿替；豈徒踵事增華？聊盡報功崇德之意云耳！所有捐助姓名，循例銘勒，昭示來茲。

　　乾隆辛邜孟夏日，吳兆祥敬刊，緣首郁明遠、呂天培、朱彩臣、夏惟邵、華元祥、郁聖發。

　　今將捐助各芳名開列於左，計開：郁元茂捐一両六錢；劉元吉、郁聖發、李茂臣、朱天瑞、周士良，以上各捐五錢；李聖林、夏惟紹、王裕興、朱時玉、周季英、李元祥、朱正非、曹士升、曹羽高、周季美、李長生、烏二觀、郁元英，以上各捐三錢；郁君德、何萬林、朱彩臣、朱廷高、呂天植、王允成、吳正龍、吳正海、徐正華、顧德茂、謝林安、李連生、李運如、朱秀龍、王乾元、李永方、王茂臣、紀聖華、李彩臣、范順良、高元英、夏惟周、曹正興、姜紀和、郁子尨、傅洪蘭、呂天祥、顧叙成、郁元榮、顧德荣、陳大有、余長生、李鳳山、張曽觀、郁行周、郁明遠、潘子祥、趙子華、周彦朝、胡佑林，以上各捐二錢；夏克上、夏廷良、胡秀章，以上各捐一錢二分；郁餘章、夏天祥、夏朝陽，以上各捐一錢。石作周奕大、王啟隆、吳兆祥、吳天行、潘士華、周聖元、王子聖、蔣曰仁、李丕臣、吳舜臣，以上公塑神像九座，泥作公捐油漆、神座。以上共收捐錢拾陸両柒錢六分，公用一十八両七錢。

廣福庵碑記

S-41

［簡稱］
廣福庵碑

［尺寸］
高 143 釐米，寬 74 釐米，
厚 24 釐米

［刊立日期］
清乾隆三十七年（1772）
三月

［保存地址］
宜城街道東廟巷周王廟

［備注］
四邊剔地平雕卷草紋。
原立於大塍鎮王婆村廣
福庵。

廣福庵碑記

廣福庵，由來舊矣。向係黃氏捐捨基地平田共陸畝，始克建造。嗣有金氏大房弟九世國寧，以此庵適當入城要道，復建茶亭一座，甃井一口，以便行人歇息，因捐宿字壹伯捌拾陸号平田伍畝壹分伍兀叁毫，以為修葺庵亭、冬湯夏茶之費。歷年既久，竟成廢弛，且僧人去來不定，久後難免侵蝕，不為整頓，其庵亭破敗難修，而辜負金、黃二姓先人捐創之意。因特公同酌議：嗣後有僧住持斯庵，必湏金、黃二姓會同酌情；所入庵田，令僧每年納米式石，金、黃二姓收貯生息，每姓一石，留為修葺庵亭之用，其餘留作僧人備辦糧漕茶湯，毋得自惧；倘有虧欠缺乏及不守清規者，金、黃兩姓協同斥逐。而吾二姓子孫亦不得侵蝕和尚，倘有不肖侵蝕和尚者，許僧訴明議罰。此係金、黃二姓合同定議，既以各執一紙，以為後憑，尚恐日久磨滅，因將所議勒石，以垂久遠。併將共議人等，開列於後，庶乎不朽云爾。

黃姓：□□、宏烈、宏久、□□、鳳彩、□□、乾一；金姓：士亨、趾麟、天佑、□□、全二、南行。住寺僧自願。

大清乾隆三十七年季春月穀旦。

重建滄浦禪院碑記

S-42

[簡稱]

重建滄浦禪院碑

[尺寸]

高 58 釐米，寬 97 釐米，厚 19 釐米

[刊立日期]

清乾隆四十九年（1784）十月

[撰書人]

沈振翔撰，周中復書丹。

[保存地址]

丁蜀鎮洑東村大潮山福源禪寺

[備注]

碑身斷裂數塊，且有殘缺。

萬曆《重修宜興縣志》卷十載：大潮福源禪寺，在縣東南五十里清泉鄉。洪武中建，名大潮庵。正統十二年，僧道性重建，奏請以境外廢寺"福源"舊額移入本庵，為大潮福源禪寺，朝廷可其請，仍付道性住持。胡瀅記。

康熙《重修宜興縣志》卷十載：大潮福源禪寺在……均山區。永樂初修撰吳成學不官降附，逃至宜，沈暉之祖榮留匿於家，後削髮為僧，號雪庵，榮為築室於山，名大潮庵……景泰四年，敕賜《藏經》一部，建閣藏之。國朝順治七年，僧行栱重修增置寺田一百二十畝。

嘉慶《增修宜興縣志》卷末載：大潮福源禪寺，在縣東南五十里，名大潮庵。元末毀。明洪武初僧雪庵淨重建。正統十二年，僧道性再建……今分上下院，僧多居下院。（本朱昱《毗陵志》，參王志、胡瀅碑記）按：徐志載……考史、朱兩《毗陵志》及兩志皆無之，姑存其說，以俟考。

重建滄浦禅院碑記

吾邑東南有院焉，曰"滄浦"，即大潮寺下院也。寺建于前明洪武中，至正統間賜額"福源"，景泰四年敕賜藏經一部，寺之由來久矣。其寺居山麓中，寺產悉坐落滄浦前後，距山三里，因此建造下院以便耕種。然寺田僅百餘畝，山中花利亦甚纖微，而院內僧徒以數十計，且四方飛錫遊僧來徃不絕，旦晚接待俱係主院者之事，由是主院者徃徃苦之。前年間，太平菴內禅師有派係達字輩者號鷲峰，即前主座南谷禅師衣缽弟；其秉性慧而毅、慈而恭、埽盡八垢、悟得六通，非如當世之服袈裟、誦經偈而與物浮沉者也；近邑縉紳耆老悉知其賢，堅請入院，拜為主（持）禅師。禅師進院後，繞廊閒步，見夫堂殿不（修，墻）垣剝落，乃出所擔金鳩工庀材，擇天時，正□□；通寶氣，接祥光；不踰時而告竣。□于以□□□徹幽，禅師之知也□□果確，禅師之毅也貽厥哉！誠迥出於當世之服袈裟誦經偈而與物浮沉者矣！

歲在甲辰孟冬，禅師主座已閱四載，決志欲旋故剎，縉紳耆老不忍慾也，是為記。笏軒沈振翱譔。

例授文林郎揀選知縣丙子舉人許祖燮、鄉耆沈鼎、崔坤英、沈瀾、徐永欽、范翯、萬廷儀、許文煥、周純嘏，例授文林郎揀選知縣乙未欽取咸安宮教習辛丑改授儒學教諭庚寅恩科舉人沈振翔，例授文林郎候選知縣恩賜進士崔應書仝立。

乾隆四十九年歲次甲辰十月穀旦。

周中復書丹。

重修碑記

某庵守之有蔣氏蔣氏之有集慶集□省□平之□□□□□□戎祖聖□
公始也後有道末開山李公重建於大明嘉靖十□年又建於萬曆二年至李朝初
棄廢壞幸有僧卓庵住持懇我祖汰江淮青等倡議經營復茸□□□□□□
可樂也但基址狹隘徒有前院竊念補陀聖像青陽一枝安置□□□□□□
恩檀信家而擴大其規模協吉鳩工整飭諸院基徒海□克□師志謹遂□主□□□
捐貲族中著彦歔燁樂翰且留省効謀勇者□月期月而□□半戴□□□□
戒令人塋其敦力驚前後之雲連登其堂凜神靈之役蹲雕□□求有□而□□□
一族姓之所敬也用是勒石立碑以踵前休以貽後觀□□□□□□□□□

大清□□隆□□十年孟春之吉

□□□□□□□□□□□微仕即府□庸群撰
佛弟子□□凱潤拜書

計開

顏宗九百三十九號菴基
四□四十九
四□四十三

重修集慶庵碑記

S-43

[簡稱]
重修集慶庵碑

[撰書人]
蔣近庸撰，凱潤書。

[尺寸]
高 94 釐米，寬 42 釐米

[保存地址]
高塍鎮梅家瀆村朱家瀆集慶庵

[刊立日期]
清乾隆五十年（1785）正月

[備注]
碑身上部縱裂。

[碑文]

重修碑記（額）

夫庠寧之有蔣氏，蔣氏之有集慶。集慶者，庠寧之香火菴也，由来遠矣。自我祖聖一公始，後有道末、開山李公重建扵大明嘉靖十六年，又建扵萬歷二年；至本朝初，幾廢壞，幸有僧卓菴住持，懇我祖汰江、淮清等倡議經營，復草草粗就，瞻仰徘徊，少可樂也。但基址狹隘，僅有前院，竊念補陀聖像、青陽一枝，安置無所。此方中師所為懇檀信家，而擴大其規模，協吉鳩工，整修後院；其徒海洲克承師志，謹邀施主募化捐資。族中耆彥，鼓舞樂輸，且智者效謀，勇者效力；期月而修葺已就，半載而丹刻告成。令人望其勢，驚前後之雲連；登其堂，凜神靈之攸躋。雖曰釋末有為，而實重順，夫一族姓之所致也。用是勒石立碑，以踵前休，以貽後觀焉耳。

大清乾隆伍十年孟春之吉。

徵仕郎蔣近庸拜撰，佛弟子凱潤拜書。

計開：賴字九百四十九号菴基七分四厘，三十九（号）平田式分式厘，四十三（号平田）式畝乙分式厘方中置一畝，四十四乙分九厘海洲置，四十六式畝式分五厘。

中興芙蓉寺碑記

S-44

[簡稱]
中興芙蓉大振和尚碑

[保存地址]
張渚鎮芙蓉山莊（芙蓉寺遺址）

[尺寸]
高 248 釐米，寬 102.5 釐米，
厚 18 釐米

[備注]
碑身斷裂為三截，上截左半部、
中截左上角及下截左下角殘缺。
碑首剔地平雕雙龍戲珠紋，兩
邊及下端剔地平雕卷草紋。

[刊立日期]
清乾隆五十年（1785）至
五十七年（1792）間

[文獻著錄]

　　咸淳《重修毗陵志》卷二十五載：廣福禪院，在芙蓉山。唐乾元初建，名乾元，舊刻云阜莘大毓
禪師駐錫此山。熙寧二年更名壽聖。有三到亭，紹興八年，僧了清為記，有"龐居士三到斯山"之語。
隆興元年改今額。

　　萬曆《重修宜興縣志》卷之十載：廣福教寺，俗名芙蓉寺，在縣西南四十里山亭鄉芙蓉山。唐乾
元初建，名乾元寺。宋熙寧三年改名聖壽寺。有三到亭，昔大毓禪師嘗此駐錫，與龐居士問答。宋紹
興八年，了禪師為記，有"龐居士三到斯山"之語。宋隆興初，改廣福禪院。元至正丙申，兵燬。國
朝洪武二十年重建，改教寺。永樂、正統間重脩建，尋復燬。嘉靖元年重脩。萬曆九年正殿燬。長洲
徐學士顯卿建採芝亭三間于燬基之右，僧真覺慕起正殿。（唐順之、萬士和、曹三暘、沈懋學詩略）

　　嘉慶《新修荊谿縣志》卷四載：芙蓉寺，乾隆乙巳僧大振重修，壬子又重修來來亭。

<h2 style="text-align:center">中興芙蓉寺碑記（篆額）</h2>

<h2 style="text-align:center">中興芙蓉大振老和尚碑記</h2>

　　嗚呼！廢興之理，雖曰氣運，豈非人事？□□□容之，時替時隆，可以知之矣。世傳芙蓉之建也，始（於）唐太毓禅師，迨至宋朝，改名乾元，又改名聖壽，後復古芙蓉。數百□□（廢）興不一，豈氣運之有盛衰歟？寔住持之有賢否也。鼎革時，殿宇傾頹，田地荒蕪，賴天童適孫自咸、雪厂，復得中興，奇清□□□称継述緣，後來替代多人，賢愚雜出，赫赫芙蓉，復（又）淪喪；運耶？人耶？是可知也。裔孫大振於乾隆三十四年披荆入院，一□□嘆，悵然流涕曰：“何我祖庭，一敗至此耶？”因此矢心□任，不憚勤勞，田則築埧，塘山則培松養竹，不數年間，變為膏庾，□□壯增輝，建造廳堂，營改庫房，修葺無計；又以餘資置買田山，增置法器多般，常住需用靡有缺遺，此皆大公切磋琢磨□□衰而然也。由是觀之，豈氣運之當隆歟？亦人事之（勤）懇耳。堪継自、雪二祖，復一中興者矣。余等與大公談笑相淂盛（甚）懽，而（大公）輒謂曰：“我來祖庭十有餘年，荷佛法之弘深，叨上（蒼）之化育，所售田山不入私，壹悉歸常住。吾今老矣，無餘為也，乞求告□□。”因感其至誠之極，格其艱苦俻嘗，攀轅不遂，典□不限，退院舊規，訂留永主，以轉法輪。但芙蓉後裔支有三沠，繼此者豈餘□如大公之至德？寔又不能必，其孰興孰廢也？用是勒石遂垂，後之主此職者，務亾陳力就列，盡人事之當為，毋懈怠自私，諉卸運之宜替。竭誠于創者，聽其久留；拋廢寺業者，□同召替；則遂不負前賢之創改，近亦有契大振之苦心矣。是為之記。

　　計開大振契買田山開列於左：兒字三千四百七……字二千零……高一畞六分三厘……一畞九分八厘二……畞三分三厘二……分一厘二……毛，得字□千零三十二號□□分，得字一千九百二十六號平九分九厘二，得字七號平四分五厘七，得字九號平九分九厘九，得字□□□四十一號平一畞二分一厘五，淂字一千九百四十一號平□□□□厘二，淂字五十九號平□畞，淂字□□三號平□□□六厘，淂字四十七號平□□□七，淂字西方家嶺山□□畞，兒字號白洋塘山三十三畞□□。已上共田二十弍畞□□□，山七十三畝四□□。

　　……（大）振老和尚……沈忠德、王萬洪、吳朝鎮、陳升超、高立宗，……□仕文、宋秀賢、沈明崗、□興原、萬仁和敬立。

重修萬壽菴碑記

S-45

[簡稱]
重修萬壽庵碑

[尺寸]
高182釐米，寬72釐米，厚17釐米

[刊立日期]
清乾隆五十六年（1791）

[撰書人]
儲如梧撰，史鳳池敬書。

[保存地址]
新建鎮閘上村委會

[備注]
碑身上部斜裂，左端殘缺，左下角殘缺。
碑首剔地平雕雙龍戲珠紋。
背面為S-6《萬壽庵記》。

重修萬壽菴碑記

官林邑庠生儲如梧撰

萬壽菴舊為顏巷村之香火院明嘉靖初創于村東之水口至萬歷辛丑年棟宇毀壞史氏涓公浩公捐基効力，卜築茲所；嘉賢公入田五畒，以供香火；而曩所云顏氏者，泯滅無聞焉；是則菴之為典巷香火院，已二百餘年矣。余自己西歲筆耕于外家史氏，時與同學遨遊至院，弟見松竹森秀，溪水瀠洄，咸足賞心悅目；而入其門，棟撓屋壞，僧舍無人，碑石仆地，相為感惜者久之。今春，史原亮致庭及吾族弟恩錫延僧住持，建議修葺，勸諸好善者捐貲助理，三閱月而煥然復新焉。既成，而屬余為之記，余審視舊碑，凡捐基、捐田、捐錢者，猶歷歷可數；而今之新是菴者，皆其苗裔也。善作善成，善始善終，詎非盛事哉？因不辭鄙陋，為之述其巔末，以附碑後云。

史魯臣一両二錢，史錫加一両二錢，史正初一両二錢，史連城一両二錢，史翼青一両二錢，史大成一両二錢，徐孝海一両二錢，方開先一両二錢，方全福一両二錢，方孝先一両二錢，史進山一両，呂荣成一両；史佛会米二斗二升，史廷東六錢，史廷貞六錢，史其富五錢，史孟宣五錢，史福太五錢；史東山三錢，史元生三錢，方思義三錢，駱会明三錢，路舍大三錢，儲喜朋三錢；路曾叙二錢四分，史邦彥二錢，史信知二錢，史其俊二錢，史其松二錢，路書申二錢；史開太一錢六分，史安太一錢六分，史成太一錢六分，史德太一錢六分，史仁太一錢六分，史義太一錢六分；史□大一錢六分，史壬寿一錢二分，史龙二一錢二分，史亦如一錢二分，史邦占一錢，史邦瑞一錢；許秋林一錢六分，駱正言一錢，史冒林一錢六分，史庚元八分，史方高八分；儲在初八分，儲在元八分。史惟松米四石，宗文進米三石七斗，宗文旭米二石五斗，宗楚珩米六斗，萬大本米五斗，路豐玉米五斗；史鎖法一両，王岳孝六錢，徐殿書六錢，史東行六錢，史沛然六錢，史考郎六錢，路梅山五錢，呂会元五錢，胡方叙五錢，史福弟三錢六分，駱高林三錢六分，薛瑞元三錢六分，路蘭大三錢，路秋大三錢，史其旭三錢，史子英三錢，史克勤三錢，路念祖三錢六分；史惟忠二錢，駱彭祖二錢，駱寿祖二錢，路興桂二錢，儲廷棟二錢，儲廷儀二錢；史礼太一錢六分，史琳大一錢六分，史本大一錢六分，史月大一錢六分，史梅大一錢六分，史寿林一錢六分，史子元一錢，儲瑞五一錢，儲瑞六一錢，史愛林一錢，史元龙一錢，史其成一錢。史子廷一両二錢，史鳳池一両二錢，儲東来一両二錢，儲恩錫一両二錢，路順祖一両二錢，路盤祖米六斗；史方荣六錢，史生元六錢，史祥太六錢，史滿林□□，史寅元□□，史克昌□□；□南山三錢，□□天三錢，□□□三錢，□□□二錢，□□□□□，□□□□□；史興仁二錢四分，路祖林米一斗，史其行米一斗，史子荣米一斗，史子寿米一斗，史东效米一斗；史邦行二錢，史六郎一錢六分，史孪群一錢六分，史喜生一錢六分，富永才一錢六分，史寄文一錢六分；宗舍官三錢。

計開：菴基臨字二千三百五十七号平四分五厘；二千七百二十二号平一畝三分四厘三毛六系；掛高五厘五毛；一千五百四十一号平一畝三分五厘一毛五系，進水溝一条；一千五百四十二号平一畝四厘二毛二系，土井在上；古菴田六分坐落油盞底；一千五百八十号平二畝一分，西塘。

緣首：史原亮、史致庭、儲恩錫謹立。

大清乾隆歲次辛亥（□月）穀旦。

里人史鳳池敬書。

重建永安廟

S–46

[簡稱]
重建永安廟碑

[尺寸]
高 171 釐米，寬 72 釐米，厚
32 釐米

[刊立日期]
清乾隆五十六年（1791）五月

[撰書人]
談謨撰，釋淨凡書丹。

[保存地址]
官林鎮韶巷村殷莊永安禪寺

[備注]
四邊剔地平雕回紋。

重建永安廟（額）

　　蓋凡先世之有功德於民者，載在祀典，勅建神祠，用彰崇報。吾里環永安河，東西合為一境，設立永安廟，繪圖三帝神像，舊建於萬曆甲辰，神前之案石可稽；締造於雍正六載，耆老之口碑猶在；春祈秋報，赫濯聲靈，由來久矣。住持僧戒䎙，會邀通境，矢志鼎新，眾姓捐丁，式百餘金，戒䎙傾囊獨任。適有境內鰥耆吳明益、弟明敘助田六畝六分有零、舊屋三間，入廟終養。鳩工庀材，越數月而功乃竣，增其式廓，廟貌聿新；固合境之眾擎歟，實住持之鼎力也；其樂施好善如吳姓者，不得不特書之，以誌一時之盛，於是乎記。

　　里人談謨謹撰，茅菴衲淨凡書丹，邑庠生董耀廷贊建。

　　通境各社列左：

　　河東七社：蒲蕩村、葉家村、芮家村共乙佰十弍丁，捐艮十乙兩二錢；范家村共一佰六十三丁，捐艮十六兩三錢；前後談村共一佰三十四丁，捐艮十三兩四錢；大壩頭、殷莊村共一佰七十二丁，捐艮十七兩二錢；上、下塘村共一佰十九丁，捐艮十乙兩九錢；道凌村共一佰四十九丁，捐艮十四兩九錢；丁家頭、朱家頭、義畝橋共乙佰六十七丁，捐艮十六兩七錢。

　　河西七社：下田舍共乙佰六十八丁，捐艮十六兩八錢；丁庄前村共一佰七十七丁，捐艮十七兩七錢；丁庄後村共一佰九十七丁，捐艮十九兩七錢；東艷村共一佰五十三丁，捐艮十五兩三錢；石家壩、司馬庄共一佰九十四丁，捐艮十九兩四錢；丁庄西村、西野田村共一佰廿三丁，捐艮十二兩三錢；劉家塘共弍佰十六丁，捐艮弍十乙兩六錢。

　　吳明益、明敘兄弟助田細號列左：興字一千六百十九号平田五分三厘五毛，二十号平田一畝一分七厘，二十三号平田九分七厘五系，二十八号平田一畝零三厘，二十九号平田一畝九分七厘八毛，又二十九号平田九分九厘八毛六系。范仲山助艮三兩六錢，周福昌助艮一兩。

　　住持僧戒䎙捐銀告竣敬立。

　　乾隆歲次辛亥在重光大淵獻仲夏月穀旦。

勅封東嶽天齊
仁聖帝廟碑序

S–47

［簡稱］
重建（五讀）東嶽殿碑

［尺寸］
高 180 釐米，寬 94 釐米，厚 16 釐米

［刊立日期］
清乾隆五十七年
（1792）八月

［保存地址］
新莊街道東氿村委會

［備注］
碑身中部斜裂，左上角及右下角殘缺。兩邊及下端剔地平雕卷草紋。

重建東嶽殿碑記（額）

勅封東嶽天齊仁聖帝廟碑序

玉簡封高，震出東方之位；琳（宮）祀肅，升中左輔之區；咨四瀆以為大，列五嶽而稱尊。故神明之列於祀典者，惟東嶽為最尊。何則？職主輪迴，恩推眾庶；體上帝好生之心，作下民司命之源；所以千百年来香火未嘗息也。如我宜邑之東門外一里許五讀溪口，向有東嶽殿，創自前朝；及至本朝康熙年間，時有陳惠生，領同緣首，曾経修整，居民以時祭享，香火綿延，由来已久。至乾隆之四十、五十両年，天時亢旱，田禾枯槁，獨五讀溪水不涸，附近藉資灌溉，旱不為災；嗣五十五年春，疫癘並行，凡虔誠祈禱者，具得勿藥有喜，此皆信而有徵，並非神奇附會之說也。于是地方耆士建議募捐，各出囊資，輪班経理，四方樂輪君子聞風而至者不可勝記。不数年間，得以重建殿宇，建造西房，併置田畆，以為永遂計。夫空王之宇、老子之宮，苟可徼福于一身，且不惜胼手胝足而為之；況聖帝之威靈、萬姓之仰賴，敢不撫今追昔，咨嗟感歎，告成於萬一，以共覩一時之盛哉？嗚呼！廟之廢興盛衰，雖曰天數，而神運於人事参半焉。若諸公者，可謂上宣神化、下達衆意，能盡一念之誠者矣。迄至今歲，方始告竣，至扵捐数銀両、起造工料，尚無定数，毋庸具贅。

計開：□□□□□列字八百六十二号平五分四，八百六十三号平三分五厘，□□□列字七百九十九号平二畆零，八百十六号、八百十七号、……，外列字八百六十四号平一畆零，一千四百零□号平三畆，九百三十三号一畆零，一千二百三十□号□□□□四分五厘，一千二百六十号□□□□五分□厘，……。緣首：……五□□捐錢。

大清乾隆五十七年歲次壬子仲秋月。

重修從善庵記

S-48

[簡稱]
重修從善庵記

[撰書人]
徐樫撰，蔣東川書丹，邱煥榮鑴刻。

[尺寸]
高 172 釐米，寬 76 釐米

[保存地址]
徐舍鎮南星村蔣富圩崇安寺

[刊立日期]
清乾隆五十七年（1792）十二月

[碑文]

重修從善庵記（額）

蔣富圩之東偏，有從善菴焉；規制雖小，而由来已古。余每信宿蔣溶川内兄家，偶過斯菴，僧慧林輒煮茗延坐，與之話禪，亦復津津入理；竊念昌黎所云“頗聰明，識道理”者，此僧其殆近之。壬子秋，復過焉，則堂宇金身，煥然改觀，並建造兩廡，增設神像，慧林告余曰：“此衆檀越鼎力也！菴田十数畝，僅給饘粥，非賴衆擎，未易鼎新，而首倡捐資，則蔣岱川居士之力尤多；今工已竣，敢乞数言，載之貞珉，庶幾善信之功德垂諸不朽也，幸毋拒老衲之請。”余感慧林誠懇，不忍重違其意，且念樂善好施之姓氏，允宜播之金石、信今傳後，乃不辭而為之記。

緣首：蔣奉洲、蔣文嘉、駱敘爵、吳朝珍、蔣文東。

蔣宏蕙捨又永字二百号基地七分七厘，思和捨又永字二百五十号平田四畝七分零五厘，陳永吉捨貴字四百五十四号平田四畝七分、塘乙分五厘，蔣岱川、匯川助銀貳拾兩贖又永字二十六号平田五畝五分零七毛，溶川拾兩六錢，琴川柒兩八錢，文佳六兩四錢，文啟六兩四錢，蔣若林六兩四錢，駱東書四兩四錢，蔣應九四兩，周舜年三兩五錢，蔣禹九三兩乙錢，駱敘元式兩七錢，運林式兩七錢，廷選式兩五錢，蔣岱川式兩四錢，匯川式兩四錢，在川式兩四錢，周行貞式兩四錢。駱敘盛二兩二錢，敘茂二兩二錢，蔣如松二兩乙錢，周富調二兩乙錢，蔣遺大二兩，駱近義乙兩九錢，吳洪祥乙兩七錢二分，富元乙兩七錢三分，駱懷仁乙兩七錢，蔣奉洲乙兩七錢，佾五乙兩七錢，光奎乙兩七錢，陳士珍乙兩六錢，吳朝珍乙兩五錢，成忠乙兩五錢，蔣文東乙兩四錢。

蔣丹陛乙兩五錢，順生乙兩二錢，吳廣忠乙兩零六分，蔣順六乙兩，駱天林乙兩，云太乙兩，吳思齊乙兩，蔣進奎九錢六分，進仁九錢六分，順福九錢，喬林九錢，永保八錢六分，周貴官八錢四分，吳勝元八錢，駱敘爵七錢六分，蔣如栢七錢，駱虔元七錢，蔣子會六錢三分，揆一六錢，世求六錢，吳天元四錢。

順六五錢，蔣天順五錢，佛受五錢，奉章五錢，周運林、吳廣興、思能、思禮、思德、思智、蔣舜川、聽官、奉全、惠祖、駱漢占、陳萬林、吳曰朝以上各四錢，周祥元三錢三分，蔣松林、季冬、吳順招以上各三錢，善權寺僧紹安助銀五兩。

張继州、周福生、華官、宗子元以上各三錢，蔣旭昇二錢二分，旭旦二錢二分，祖受、定九、正達、夏大、長壽、云仁、福才、南行、文癸、愛奎、隻丁、周荣官、定官、陳文高以上各二錢，蔣順六五錢。

吳春牙、駱近智、祖元、洪山、思田、維□、正其、吳鶴林、順先、陳士方以上各式錢，蔣移生一錢二分，廷貴、文隆、文西、文信、行受、五受、八受、李長年、應占以上各乙錢，東岳埠馮金受喜助銀乙兩。

大清乾隆五十七年歲在壬子季冬穀旦。

邑人徐樫撰，里人蔣東川書丹，住持僧慧林，披剃僧志修、慶修，邱煥榮鐫刻。

杭氏碑記

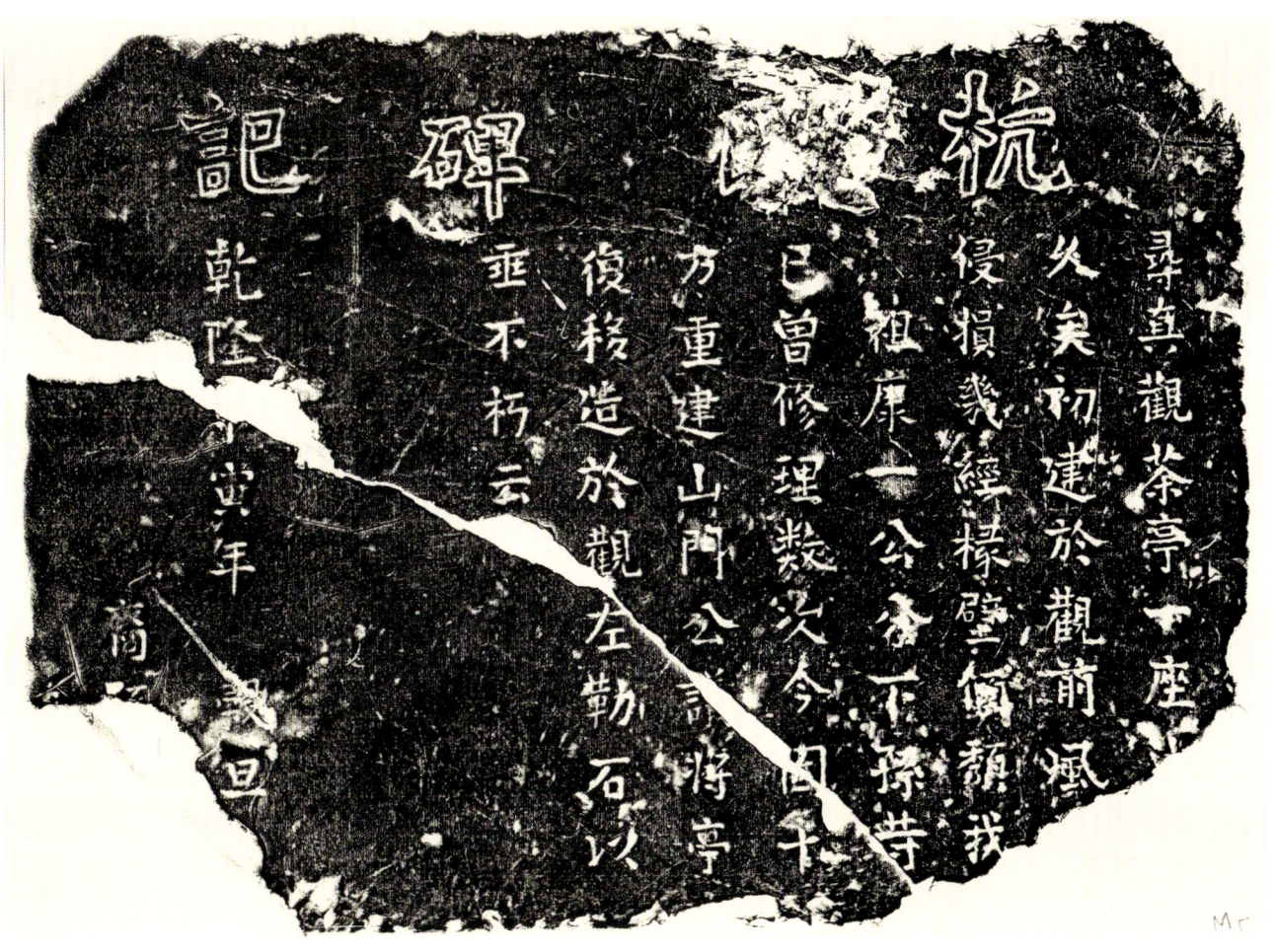

S-49

[簡稱]

移造尋真觀茶亭碑

[尺寸]

高 43 釐米，寬 60.5 釐米，
厚 10 釐米

[刊立日期]

清乾隆五十九年（1794）

[保存地址]

丁蜀鎮任墅村老年活動中
心（原紅廟幼兒園舊址）

[備注]

碑身中部斜裂，左下角和
右下角殘缺。

[碑文]

杭氏碑記（額）

尋真觀茶亭一座，由（來）久
矣；初建於觀前，風（雨）侵損，
幾經椽壁傾頹，我祖康一公分下
孫寺已曾修理數次。今因十方重
建山門，公議將亭復移造於觀左，
勒石以垂不朽云。

乾隆甲寅年穀旦，裔孫□□。

大蘆禪寺天王樓碑記

S-50

[簡稱]
大蘆禪寺天王樓碑

[尺寸]
高 139 釐米，寬 84 釐米

[刊立日期]
清乾隆六十年（1795）正月
下旬

[撰書人]
唐仲冕撰，萬之蘅書丹，丁
泰篆額。

[保存地址]
宜興市林場大蘆寺分場大蘆寺

[備注]
碑首佚。
兩邊及下端剔地平雕回紋。

［碑文］

大蘆禪寺天王樓碑記

《正理論》云:“帝釋有寶,名曰金剛,不為薄福衆生所見。”攷晋武帝時,燉煌人有獻金剛寶者,生於金中,色如紫英石,百煉不消。衆經又有金剛山、金剛座、金剛輪之說,惟其真性堅固,歷刼不壞,能斷衆生疑義,故大品般若中取以名經。始未甞為禪家呵禁,外道而寔有其人也,然《法苑珠林》言:“西方有神八人,名曰金剛,披金甲,持寶刀,衛世尊說法于雷音寺。”又似寔有其人者,或八人、或四人,或稱金剛、稱尊天,而後世多稱為天王。荆溪,山水奥區也,廻溪峻嶺,飛泉石竇,皆帶郭數十里,自古宦游之士,甞欲徙而家焉。每閲《泛舟録》及《荆溪疏》等書,目騁神馳,以不得一游為恨;癸丑捷南宫,適得荆溪,私喜夙願能諧。至其境,遙望縣南諸山,若屏若幛若横琴若立戟,拔地嵌空,其狀不一;時朝暾初上,晨光宿霧,復與東西二氿相溶瀉,儼似畫圖。甲寅春,簿書少暇,與王大令夢澤、胡山人滄門,泛舟罨画溪,至南岳、上銅官、歷龍池暨張公、善卷二洞,探孫皓國碑,弔祝英臺遺址,凡諸名勝,游屐幾遍矣,獨未至大蘆寺。寺在縣西南四十里,為大德禪師道場,因潭中生蘆大如斗,可作佛龕,故以名寺;舊在山麓,順治初鐵闕上人始徙今地,長廊傑閣,與龍池、善卷諸名刹爭勝。初無天王樓,癸丑冬,方丈奕能、監院悟復創建,几十閲月而成,介陳生經乞余為記。余謂如彼教言:“佛功德海大,非盡大地廣為壿廇則不足以報稱”,奕能發大堅苦志願,鳩工竭財,無間寒暑,化灌莽以成初地,金碧照耀山谷中,可謂能矣!遂為之記遺陳生,使勒諸石,異日來游,以當息壤可也。

甲寅小雪前三日，賜進士出身敕授文林郎知荆溪縣事長沙唐仲冕撰。（印：唐仲冕印、□□）萬之蘅書丹，丁泰篆額。

乾隆六十年歲次乙卯孟春下澣立石。

重振大蘆寺產勒石記

S-51

［簡稱］
重振大蘆寺產記

［尺寸］
高 190.5 釐米，寬 82 釐米，厚
14.5 釐米

［刊立日期］
清乾隆六十年（1795）五月

［撰書人］
路撰撰，楊友蘭書丹篆額。

［保存地址］
宜興市林場大蘆寺分場大蘆寺

［備注］
此碑首現誤置於 S-50 天王樓
碑之上，實屬張冠李戴。
碑首浮雕雙鳳朝陽紋，兩邊及
下端剔地平雕卷草紋。

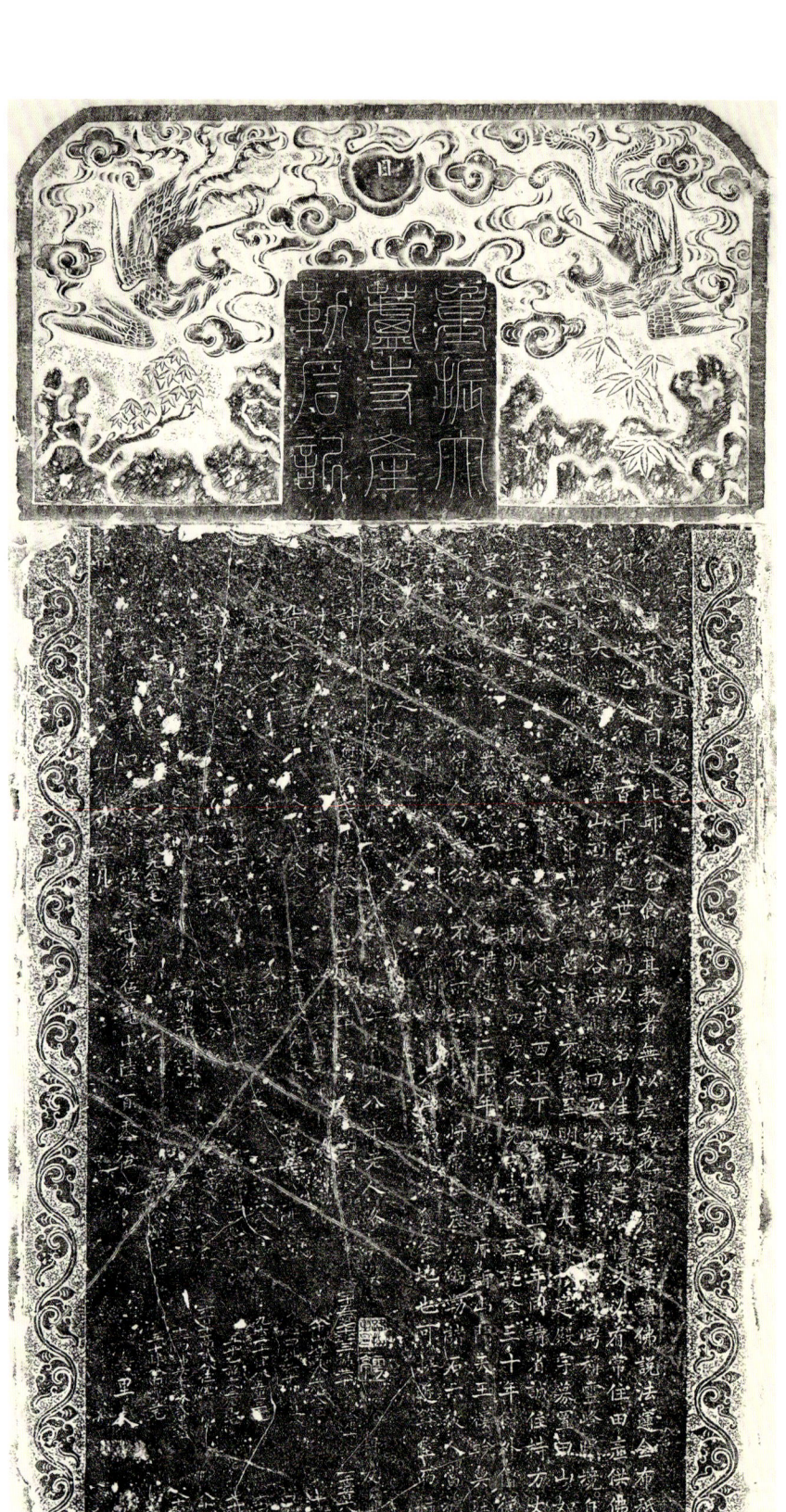

重振大蘆寺產勒石記（篆額）

重振大蘆寺產勒石記

佛以王子出家，同大比邱眾乞食，習其教者，無以產為也；然須達拏請佛說法，運金布祇陀園，八十頃俱滿，佛住須達勝地。迄今像教百千億遍世界，而必擇名山佳境，始建法幢；又必有常住田產，供佛飯僧；蓋即須達長者布金遺法。大蘆寺僻居君山西麓，岩幽谷深，巖壑回互，松竹翁翳，巖石峻崿，稱靈峰勝境，自鑒真禪師開林後，已千餘載。固地靈佛佑，□□寺中產祗饒息，資（薄）不壞。至明無際大師移建殿宇，募置田山如干祗。國初鐵闍和尚益振大之，四傳至圓□、□貞、□斌、心徹，分東、西、上、下四房。雍正九年，同請省誠住持方丈，統合為一。後西房朗徹復置田□□□□石崖、法印、□林、朗明皆四房支，傳克守寺業。至乾隆三十年，傳外僧德機，破壞禪律，產宇頹落，里人以今奕能師戒行純一，公請住持。逮茲二十年，整治舊業，斥新山門、天王樓，輪奐莊嚴，黝丹輝燦，規制倍於前；里人咸慶住持得人焉，奕公為不負所（望）也。公茲將常住產號編勒諸石示後人當擴而不廢，且更望奕能師樂其徒焚修□□開基□□圓滿功德圓滿□□□為給孤獨金地也可。撰近築室而耕於江渚之里，時得往來山中，亦樂寺之振興也，而為之記。

勅授文林郎山東泰安府肥城縣知縣庚午鄉魁八十老人路撰譔。（印：路撰之印、雲亭）楊友蘭書丹篆額。

計開：自改字九百十三號至九百六十七號合五十五號共貳拾伍畝八厘，高捨兩祗式分，……拾乙祗□□八厘，九百七十一平柒分柒厘，四……得字九千二九十……又□貳祗八分三厘，九十□平叁分一厘七，……共平……平伍分叁厘一毫一絲，塘叁分九厘六毛，……基叁分七厘六毛，又平九厘二毛，三高四分零八毛三，又山地伍分，四、五兩號六平……式厘……九高式畝□厘，六十三平七祗二分三厘五毛，二高柒分貳厘。一千五百七十三號共平……八十山地□分五厘八毫，……共十……，九十三平口畝五厘三毛，五平乙祗二分二厘乙毛，六百十高貳分伍厘，十二、三兩號共□祗六分貳厘七毛，五十肆分兩厘五毛，一千六百十八平式分九厘五毛，十三、四、五二號共十乙祗九分四厘七絲，四九平□祗式分一厘五毛，七十四平伍分八厘四毛，七十□平八分五厘二毛，八十平六分二厘乙毛，八十四、五兩號共平六分乙厘九毛，七平玖分陸厘，汶字玖十二號至乙百十合二號合十號共山田百廿二畝，乙百四、五兩號共山伍拾乙祗，山□寸合祗，三十山貳拾祗，十山式拾祗，七山叁拾祗。□地□地共折平四百拾柒祗零貳釐伍毫，山陸百零伍祗。

乾隆六十年歲次乙夘夏五月。

里人……同立。

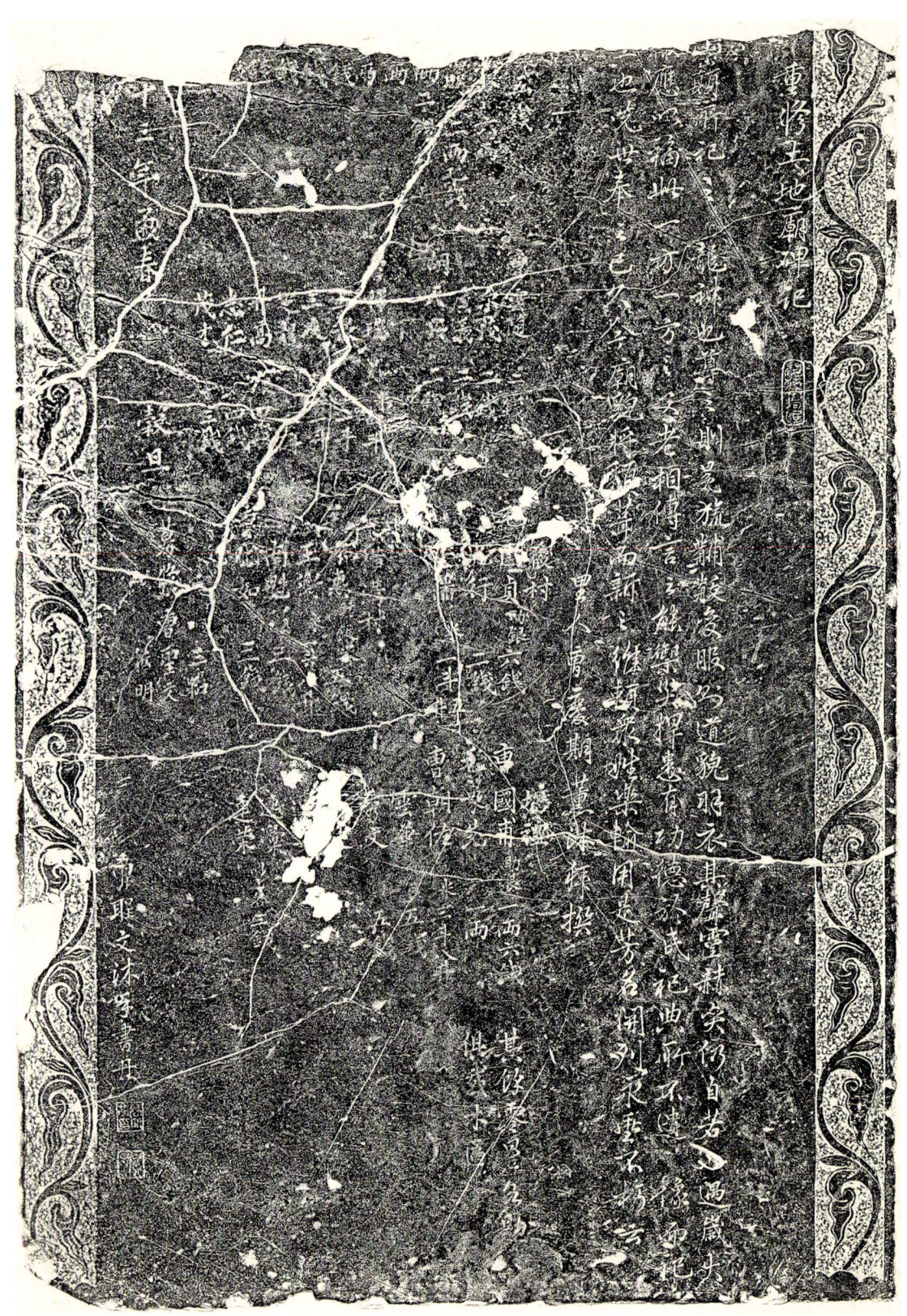

重修土地廟碑记

S-52

[簡稱]
重修土地廟碑

[尺寸]
殘高 105 釐米，寬 69.5 釐米，厚
24 釐米

[刊立日期]
清乾隆□十三年（1748-1788）正月

[撰書人]
曹慶期撰，曹聖文書丹。

[保存地址]
楊巷鎮英駐村瑯玕馬燈陳列館

[備注]
碑身上部殘缺。
兩邊剔地平雕卷草紋。

[碑文]

重修土地廟碑记

（印：花谿獨眠）

……山巔所祀之龍神也，尊之則冕旒黼黻，變服則道貌羽衣，其聲靈赫奕，仍自若也。遇歲大……應以，福此一方，一方之父老相傳言之能禦災捍患，有功德於民，祀典所不遺，像而祀……也，先世奉之已久，今廟貌將頹，葺而新之，維賴衆姓樂輸。用是芳名開列，永垂不朽云。里人曹慶期薰沐拜撰。

……銀五錢，……銀六兩，……捐銀二兩乙錢，……两二錢，……兩，……兩，……錢，……錢，錢，……錢，……錢，……；曹雲随二錢，尔茂二錢，庚義二錢，胡天夬二錢；□瑞米一斗，□泉一斗，三友一斗，芝龍一斗，升高銀四錢，志仁四錢，茂才三錢；後村：毛隆貞助銀六錢，光行二錢，□满米一斗五升；横溝村：毛□惠助銀米五錢，玉衡米一斗八升，南魁三錢，曹□如三錢；培禮：曹國甫助銀一両六錢，毛家先一両，曹朝佐米三斗八升，雲華銀五錢，秀文五錢，□□、□□、連彙、連荣，以上各三錢。其馀零星各助俱載木匾。

……十三年孟春穀旦。

募修：曹聖文、三□、哲明。曹聖文沐手書丹。（印：□□□印、□□）

福慶禪院後法堂碑誌

S-53

［簡稱］
福慶禪院後法堂碑

［尺寸］
高 162 釐米，寬 70 釐米，厚
26 釐米

［刊立日期］
清嘉慶七年（1802）三月

［撰書人］
柳津撰，孫斌澤書。

［保存地址］
官林鎮都山村福山寺

［備注］
碑首剔地平雕雙摩羯戲珠紋，
兩邊剔地平雕卷草紋。

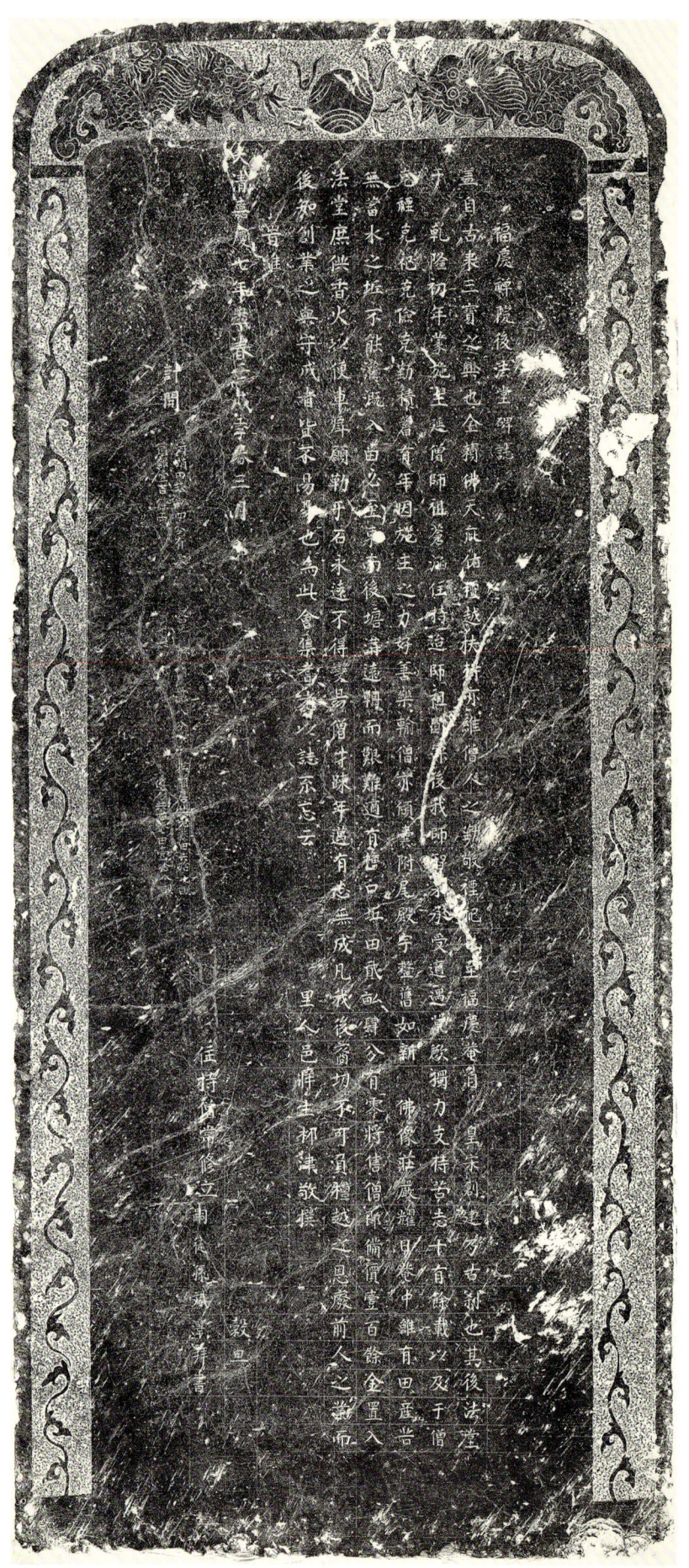

福慶禪院後法堂碑誌

　　盖自古来三寳之興也，全賴佛天庇佑、檀越扶持，亦維僧人之勤敬禋祀也。至福慶菴自皇宋創建，乃古刹也，其後法堂于乾隆初年，蒙施主延僧師祖蒼涵住持；迨師祖圓寂後，我師智泉承受，適遇荒歉，獨力支持，苦志十有餘載以及于僧，克禋克祀、克儉克勤，積蓄有年，因施主之力好善樂輸，僧亦傾囊附尾，殿宇整舊如新，佛像莊嚴耀日。菴中雖有田產，苦無蓄水之圫，不能灌溉入田，必至東南後塘溝，遠轉而艱難；適有槽口圫田貳畆肆分有零將售，僧即備價壹佰餘金置入法堂，庶供香火，以便車庢，願勒于石，永遠不得變易，僧才踈年邁，有志無成，凡我後裔切不可負檀越之恩、廢前人之業，而後知創業之與守成者皆不易易也。為此會集耆老，以誌不忘云。

　　里人邑庠生枷津敬撰。

　　峕維大清嘉慶七年季春壬戌三月穀旦。

　　計開：河填田弌畆四分有零，價銀壹百餘両。又口道後□□□畆八分，價銀六十九両。前房共老菴田六拾七畆，後房共老菴田壹拾八畆。住持僧常修立，嗣徒孫斌澤拜書。

移建龍溪殿碑記

S-54

[簡稱]

移建龍溪殿碑

[尺寸]

高 121 釐米，寬 60 釐米

[刊立日期]

清嘉慶十一年（1806）二月

[保存地址]

徐舍鎮鯨塘社區南莊後村

移建龍溪殿碑記（額）

　　甚佳渡之大溪，古名龍溪，相傳神龍所浚，以分洩桃溪、蒲溪之水，吾鄉淂免泽水之厄；由是溪之廣垠舊有龍溪殿，祀祠山之神，所以崇德報功也。乾隆己酉仲春之八日，鄉之人咸賽祭會飲，其殿時已棟蠹梁摧，簷崩垣缺，岌乎就頹，衆心惻焉，欲起重修之議。而衆僉曰：“祠山之神，治水之績侔諸神禹，古今通祀之，盖非淫祀、佞祀、僭祀比，故令所不禁；吾邑以溧瀨諸山之水，萬派奔騰，畢注雙溪，古有洪水泛濫之厄，賴神之靈，決百瀆而納之太湖，淂以奠民居保禾稼，數千百年賴其功德。且有龍溪之浚，此又吾之鄉里獨被其德者，祀之惡可不誠？審兹殿址，隙而淫、穢而襞，殊非妥安神靈之地，□葺其舊□□祀之，又惡所謂崇德報功哉！宜擇地移建。”時岑望陶君素嫻陰陽之學，以吾里阜橋之東為神寧吉壤，弟以宗高許君產難之；而許君當亦與會，毅然曰：“苟吉，余何靳？！”遂捐其地，且出為□緣，共勤厥事。即扵是冬，撤其舊殿，别蠱易新，增益諸料，諏吉移建。復益前進三楹，凡俗尚宜祀之神，咸肖像具位焉；其西偏建從屋兩间，以居守香火者。兹殿宇之輪奐，神像之妥安，均賴衆誠樂輸，数有多寡，誠則一也。惡敢泯而不彰？爰遵從儉之義，另製木匾書姓氏，榜諸殿軒，為後継修之勸，並記移建歲時。倘入邑乘誌，諸方隅之末，庶有考焉。

　　嘉慶歲次丙寅仲春穀旦。

　　陶甫新、許宗高、陶啓豪、陶啓宗、陶倍倫、陶明周、陶岑望、陶承洪、陶用先、陶在寛、黄氣凌、陶継宗、陶秉庸、陶壽元、陶洪祖、陶壽椿、黄喬元、黄仁元、陶魁八、陶椿元、陶倍友、陶順清、陶仁安、陶學川仝立。

普雲菴碑記

S-55

[簡稱]
普雲庵碑

[尺寸]
高 129.5 釐米，寬 62 釐米，厚
14 釐米

[刊立日期]
清嘉慶十三年（1808）八月

[撰書人]
凌徵耀撰，史銘、唐瑞興書，
蔣正源鐫。

[保存地址]
宜城街道東廟巷周王廟

[備註]
碑首剔地平雕雙鶴雲蝠紋，兩
邊剔地平雕卷草紋，下端剔地
平雕蓮瓣紋。

普雲菴，住持尼願修之所重建也，水環其址，橋跨其旁，嘉木修竹，週繞前後，雖一畝之宮，而閒雅可愛，誠空門之幽境也。始本為願修師尊妙瓏俗姑陳氏居室，皈依後即其地而擴為梵宇，叩諸好善者，相為佽助。不數年，輪奐流輝，牟尼耀碧，梵唄齊喧，鍾磬之聲徹野外，雖非東林之勝，要亦蘭若中不可多得者。戊辰秋，願修請鐫石以記樂輸者氏姓，爰記之若此。

里人邑庠生凌徵耀譔。

嘉慶歲次戊辰桂月日立，穀旦。

助緣姓名開列于左：台抱斗陳曜明助二両二錢，郭家圩郭啓敘、弟啓和、母羅氏助六両，錢家浜錢文光助一両九錢，東岸圩史明書助一両六錢，□陽圩錢金玲助一両二錢，南留村史門陳氏敬助當今萬歲牌位，史門施氏敬助裝金送子觀音壹尊，史門邵氏助一両二錢，河橋程門儲氏助三両二錢，河瀆惠門徐氏助三両五錢，惠門路氏助二両五錢，凌義瀆儲門陳氏助二両六錢，儲門周氏助二両六錢，南留村陳門許氏助二両，陳門李氏助二両，陳門張氏助一両六錢，東岸圩史門毛氏助一両六錢，□□圩呂門蔣氏助二両二錢，呂門吳氏助一両六錢，澄瀆周門史氏助一両六錢，鈕門姚氏助一両二錢，官瀆史門褚氏助二両，塘角蔣門陳氏助壹両六錢，蔣門李氏助一両二錢，蔣悟圓助一両二錢，湯巷里湯悟安助一両六錢，趙庄王門陳氏助壹両六錢，陳門徐氏助一両二錢，新瀆王門李氏助一両六錢，王橋顧張門薛氏助壹両六錢，張門崔氏助一両六錢，朱門張氏助一両二錢，厚河周門沈氏助一両三錢，□家圩方門史氏助壹両二錢，□□圩趙門王氏助壹両六錢，□□□門□氏助壹両二錢，□瀆孫門吳氏助一両二錢，湖澤嘴湯門顧氏助壹両二錢，□□村沈門□氏助□□六錢，□□村陳門錢氏壹両二錢，薛家巷薛門袁氏助一両□錢，西窰圩范宮桂助一両七錢，薛家巷薛宗億助一両二錢，寒字六伯十四号平田三畝零，九十三号平田六分六厘。東岸圩史永康助一両六錢，史南書助一両二錢，俗叔王國禎子享元助銀六両正。

里人史銘、唐瑞興書，蔣正源鐫，住持尼願修徒淨空敬立。

重建法華禪寺大殿碑記

S–56

［簡稱］
重建法華禪寺大殿碑

［尺寸］
高 190 釐米，寬 70 釐米

［刊立日期］
清嘉慶十五年（1810）七月

［撰書人］
釋真禪記，任惇典書丹，湯翼綸篆額，
吳玉璘鐫。

［保存地址］
宜城街道東廟巷周王廟

［備注］
碑首剔地平雕雙龍戲珠紋。

《宜興風土舊志》（永樂《常州府志》卷六輯）：西法華庵，在縣西北竹園寺，今廢，不復紀錄。

萬曆《重修宜興縣志》卷十載（略）：西法華寺，舊志名西法華庵，在縣西北隅。宋咸淳二年，僧智明建。

嘉慶《增修宜興縣志》卷末載：順治四年僧本高重整，名西成庵。

道光《續纂宜荊縣志》卷十之一載：西法華寺，嘉慶十五年僧貫一重建大殿山門。

光緒《宜興荊谿縣新志》卷九載（略）：西法華寺，俗名西庵；東法華寺，俗名東庵，俱在縣西後街。

重建大殿碑記（篆額）

重建法華禪寺大殿碑記

寺傍邑西城闉，舊仰古院，由孫吳肇緒，重闢宋咸淳間，寺始大嗣更廢興，士夫輒撰文紀實；今真禪住持此寺，重構佛殿，幸底落成，亦思丐文以記。顧真禪少奉師訓，其勤劼使成厥志者，恐非乞言所能悉，用敢自書顛末，以溯其所自云。真禪甫八齡即皈依本寺，侍長老三乘為剃度師，師持戒律，邑中稱樸訥比邱，嘗誨曰："我佛弟子固應留心教法，一意精進，而頓悟正因，要在辦得誠實地位耳。"師又曰："我寺自國朝順治初，本高大師從雲棲來駐錫扵此，業丕振改。建大悲閣及東西樓，則由一麟先師；師係臨濟宗法席，為本寺中興師祖。迄自度、大圓、本徹及吾師撥凡，漸次繕完。而殿工未舉，恒以費繁，力有不逮。故惟建佛殿、飾寶相寘為急務，汝其成吾志，以承諸先師之志乎！"真禪和南識之弗敢忘。越數年，廼渡涮泛錢塘，航海登落伽峰，禮大士像。整擔而歸，仰瞻殿宇，益滂湉，心不寧。爰積衣缽貲，鳩工庀材，始丙寅冬、歷戊辰春而殿工竣。墻宇門廡，以次修整，費朱提以兩計者贏三千；內藉檀越布施，約三百餘緡，事賴以濟。蓋距吾師僧臘之終垂二十年矣，敢謂善承厥志乎？我佛說："一切有為法，如夢幻泡影。"其視漢晉以來，琳宮紺宇，照耀金碧，且與無住宗旨，渺不相涉，僅如此構殿材、范金像，亦復何有？然而佛宇就頹，弗加整飭，非所以堅願力、崇供養，扵吾師之垂訓以有待者，尤悖焉。今寺中有田可給、有山可採，而大殿業完好，稍逾舊觀矣。後之竪拂此間者，尚慎守之，永無負吾師諄誨之旨，是所厚望焉爾。

嘉慶十五年歲次庚午秋七月吉旦。

住持僧真禪貫一氏謹記。印溪居士任惇典書丹，拳石湯翼綸篆額，吳玉璘鐫。

恭建三皇廟碑

S–57

[簡稱]
恭建三皇廟碑

[保存地址]
宜城街道東廟巷周王廟

[尺寸]
高 156 釐米，寬 82 釐米

[備注]
碑身斷裂成數塊。
碑身上端剔地平雕雲蝠紋，
兩邊剔地平雕卷草紋。

[刊立日期]
清嘉慶十五年（1810）八月

[撰書人]
劉錫康撰，張雲際書丹并篆
額，蔣正源鐫。

[文獻著錄]

　　《毗陵續志》（永樂《常州府志》卷六）載：（宜興）三皇廟，元在州治東三百步。至正壬辰毀於兵。本朝洪武初移置西南隅，與文廟相鄰。

　　光緒《宜興荊谿縣志》卷二載：三皇廟，亦稱藥王廟，在法藏寺西，祀伏羲、神農、黃帝。兵毀，後藥市人捐貲重建。按：元元貞元年，命郡縣追祀三皇，有司春秋行事，而以醫師主之。（見《元經世大典》）至明洪武四年禁止至今。《會典》：前代帝王廟在皇城西，殿曰“景德崇聖”，中一室奉三皇，此中祀也；其祭先聖之禮則為羣祀，廟在太醫院內，殿曰“景惠”，中奉太皥伏羲氏，左炎帝神農氏，右黃帝軒轅氏，兼有四配兩廡。春冬二仲月上甲日，遣官致祭，特不令郡縣通祀耳，然則藥市之奉三皇有來已。

恭建三皇廟碑

蓋聞三墳始啟，百彙未昌；絪縕化醇，聿荷生成之德；陰陽愆伏，莫遂調燮之功。迺惟祖聖肇興，首出建極；參天贊地，茂育群生；俾知寒暑燥濕之宜，免夭札危亡之患；嘗百草，作方書；三皇之恩溥德洋，所謂與世無極者也！崇德報功，巍巍翼翼，祀典昭垂，不綦重哉？予邑素缺岢廟，始建於法藏寺之東室三楹，湫隘不堪，継附像於西郊道院。乾隆四十六年，經董王孟榮、周開岐、談起潛、吳廷珍、黃仲華、陳德周、俞祥雲、徐美英、孫萬涵、徐芳惠、章贊育、章忝育、錢聚源等，卜吉邑西南隅地藏殿之左故有臥雲隙地，主僧洪菴違衆獨售，人因起而攻焉，并有曹、蔣二姓宅基牽混，稟之邑宰，親臨詣勘，始獲釐正，斷歸廟中。其地係天字九十九號壹畝四分，乃曹姓得價捐入；一百零七號兩種共壹畝壹分四厘四毫，乃蔣姓得價捐入，揔共貳畝五分四厘陸毫。東至法藏寺，西至水潭，南至潘墻，北至地藏殿。挑浚瓦礫，鳩工庀材，建大殿、軒殿、頭門、垣墻；後因所募不敷，衆心不一，中道停輟，迄今二十餘年矣，垣墻傾圮，丹堊剝蝕。經董姚志遠、孫標、周文、吳鏞、王丕顕、陳秀峯、余丕承、孫珍祥、魏景揚、孫朝珍等，及任事朱全斌，目擊情形，亟思整飭。除前貯各料外，復先倡捐，具呈兩邑宰，勸募各藥舖。復建歌臺、儀門，傾者築，舊者新，督率辛勤，無問寒暑，廟貌告成，功垂不朽矣。然恐歷年久遠，基址不明，滋生他議，後之有志修葺者束手而莫究其由，大可慮也；爰因告竣之日，備詳經始之基，勒諸貞珉，昭茲來許。是為記。

乾隆四十六年募建。知宜興縣事袁知、李敷文，典史鄒天保，知荊溪縣事馬世觀、蕭瑾，宜、荊城守副府姚得禄、韋元凱，(典史)揭樹芸。董事：朱全斌、王孟榮、周開岐、談起潛、吳廷珍、黃仲華、陳德周、徐萬豐、王仲陽、俞祥雲、徐美英、孫萬函、徐芳惠、章贊育、章忝育、錢聚源、章克明、章齊亨、葉茂生、劉翼藩。

嘉慶十四年四月，紳士、地耆隣佮公置公捐廟前皂角樹壹株，以為廟中蔭木，不得侵損。紳士：潘朝賚、李太章、潘南臨、蔣敬修、毛瑞荣。地耆：杭惠成、卜紳組、邵松盛、蔣徑南、徐懷德、葉時茂。經修董事：姚志遠、周文、孫標、陳秀峯、王丕顕、吳鏞、余丕承、黃元吉、魏景揚、孫珍祥、黃泫泰、孫朝珍、陸炳煌、周其天。

峕維大清嘉慶十五年歲次庚午仲秋穀旦。

里人劉錫康撰，毘陵張雲際書丹并篆額，住持趙永才，石工蔣正源鐫。

廣福庵捐田碑記

S-58

[簡稱]

廣福庵捐田碑

[尺寸]

高 114.5 釐米，寬 39 釐米，厚 10 釐米

[刊立日期]

清嘉慶十五年（1810）十二月

[保存地址]

丁蜀鎮陶都路龍山豪庭翰陶精舍

[碑文]

　　潛洛六庄許隆聚亡妻夏氏，積蓄餘銀五十兩；所生第三女，配於蠡莊馬順元為妻，不幸早亡，亦蓄餘銀五十兩；共一百兩。願將此銀捐入廣福庵內，代僧贖囬彼字二百九十六號平田五畝，以增庵產。言明：庵內每年正月初九、初十禮懺兩日，薦饗亡魂。此田自捐入之後，僧人永遠執業，不得再賣，立此碑銘存鑒。計開：每年□每日大□四兩……大錠二十對、小錠二十提。信士許隆聚敬助田五畝。住持僧宏開。

　　嘉慶十五年歲次庚午季冬月穀旦。

重修福泉寺募捐各姓細數

S-59

[簡稱]
重修福泉寺募捐各姓細數

[尺寸]
高 64.5 釐米，寬 104 釐米，厚
9 釐米

[刊立日期]
清嘉慶二十二年（1817）十月

[保存地址]
張渚鎮南門村荷花組禪院（荷
花寺舊址南側）

[備注]
四邊剔地平雕回紋。

重修福泉寺募捐各姓細數

張渚司范捐貳拾千，余歸厚堂伍拾兩，何公祠四拾貳兩，礶公堂叄拾貳兩，俞奉璋叄拾兩，洪廣生貳拾肆兩，朱（正、同、隆）茂貳拾壹兩，盧遇時貳拾兩，汪復昌、同興貳拾兩，張致中祠拾捌兩，余友松拾陸兩，張仲輝拾陸兩，查聚源拾陸兩，盧崇善堂拾陸兩，盧維琛拾肆兩，楊孝友堂拾叄兩，黃公祠拾貳兩，黃龍年拾貳兩，單中和堂拾貳兩，余永德堂拾貳兩，徐燕詒堂拾貳兩，黃芝蘭堂拾貳兩，查集成拾貳兩。

汪培元拾兩，汪裕舟□兩，□企山□兩，盧守德□兩，□□陳虔祠□兩，徐大章拾兩，黃大文拾兩，朱正□□兩，徐恒昌□□兩，錢位□□兩，王□生□兩，朱□□□兩，□□□□兩，陳□文陸兩，余保□陸兩，曹□□伍兩，吳錫祥伍兩，□□□伍兩，蔣豹文伍兩，徐順藩伍兩，黃□源伍兩，葛□泰伍兩，王□□伍兩。

□□□四兩，□□□四兩，□□□四兩，□□□四兩，□□□四兩，□□□叄兩，□□□□兩，曹文茂□兩，程□□□兩，褚□□□兩，□□□□兩，方□□□兩，余□□□兩，□□□□兩，□□□□兩，□□□□兩。

捴共捐、捴共用計開募捐灰石：董方仁大篷壹百塊，周祥發大篷壹百塊，盧義成大篷捌拾塊，何定安大篷捌拾塊，湯敬安大篷陸拾塊，華五虎大篷四拾塊，趙盈良大篷叄拾塊，王會文大篷貳拾塊，李有壽大篷陸拾塊。

□□□石灰□□□，□□亭石灰□□□，□□□石灰□□□，余□定石灰□□□，徐□□石灰□□□，□祥□石灰□□□，丁□□石灰□□□。

住持僧廣林。

嘉慶歲次丁丑孟冬穀旦。

計登福泉寺業辦田山細目

S–60

［簡稱］
福泉寺田山細目

［尺寸］
高 62 釐米，寬 103 釐米，厚 8 釐米

［刊立日期］
清嘉慶二十二年（1817）十月

［保存地址］
張渚鎮南門村荷花組禪院（荷花寺舊址南側）

計登福泉寺業辦田山細目

交字九百九十六號低叁分乙厘八毛，七低乙分四厘八毛，八低四分五厘八毛，九低四分五厘二毛，一千號塘式分八毛，一茶地肆分八厘八毛，二山地二分五厘，三平肆分，四高式分乙厘八毛，五平三八毛，六平叁分一厘八毛，七塘壹分八厘六毛，八平叁分八厘，九平叁分八厘四毛，十平式分七厘二毛，一平叁分乙厘，二平四分七厘五毛，三平伍分七厘，四平叁分三厘，五平陸分六厘五毛，六高壹分六厘四毛，七山地叁分二厘四毛；交字□□□八九高式分四厘七毛，二十高柒分四厘三毛，一山地柒分一厘，二平三分一厘九毛，三高三分三厘三毛，四山地八分三厘一毛，五山地六分六厘一毛，六塘壹分，七平伍分□□毛，八平壹畝四分八厘，九高四分，三十高式分三厘八毛，三平壹畝四分六厘八毛，仝高□厘七毛，三平捌分八厘二毛，四平陸分六厘六毛，五平捌分四厘三毛，六平玖分式厘，七平□□□六厘九毛，八平五分八厘五毛，九平壹畝二分八厘，仝塘壹分，四十高捌分六厘九毛，一山地壹分八厘，二平式畝五分八厘四毛，三高陸分四厘二毛，四灘式分七厘五毛，五山地九分七厘五毛，六平五分三厘二毛，七平捌分七厘八毛，八平玖分一厘六毛，九平柒分四厘七毛，五十塘五分，一平三分六厘三毛，二山地四分七厘三毛，三平三分二厘六毛，四平四分三厘八毛，五平□□半分四厘，六□□七厘五毛，七□□□□六毛，八高□□□三厘，九□□□□□，十高四分三厘□毛，一□□□□□，二□□□□□，三□□□□□，四□□□□□，五□□□□□，六□□□□□，七□□□□□，八□□□□□，……百二十八山地壹分，九山地壹分八厘八毛，三十高式分五厘，一灘壹分乙厘四毛，二平式分五厘七毛，三高式分五厘，四灘壹分四厘二毛，五平式分六厘四毛，六山地壹分五厘三毛，七塘式分五厘，八灘壹分，九高□三九厘一毛，四十高陸分七厘，一高伍分八厘，二□□□分乙厘六毛，三灘壹分二厘五毛，四灘壹分六厘七毛，八十一□□□式分九厘七毛，二山地壹分三厘，三山地壹分，六平壹畝七分四厘，七□□□□五厘，九十五高□□□□，六□□□□，八□□□□，九□□□□□□，字一千二百二□□□平□□□□□，仝□□□□□□□，仝□□□□□□，三□□□□□□，四□□□□□，六□□□□□……

交字十四号丁銀□□□□十四□□□□，三十八号山南山拾式畝，共計業山式百陸拾三畝九分。以上現業田山具照官冊謄清，永作寺中萬年香火之資，特此公同勒石。

嘉慶歲次丁丑孟冬。

田舍楊有之庵田況
田舍橋南北通衢迤村名
其創建年月
額庵田不滿四畝香火養
國朝康熙四十七年住名

粲此今
上士有八年住持留士昌本
分鵲字号二八敬字号二八
泯因歷敘庵田之顛末為記
嘉慶歲次戊寅仲春

田舍橋青龍庵田記

S-61-1

[簡稱]
田舍橋青龍庵田記

[撰書人]
楊汝佩撰

[尺寸]
高 125 釐米，寬 56 釐米，厚 15 釐米

[保存地址]
官林鎮都山村三木園藝場

[刊立日期]
清嘉慶二十三年（1818）二月

[備注]
下半部碑文漫漶莫辨。
上端及兩邊剔地平雕卷葉紋，下端剔地平雕蓮瓣紋。

[文獻著錄]

《凌霞村志》第八章：佃舍橋，又名平安橋，田舍橋，位於凌霞村小楊家村。

[碑文]

田舍橋青龍庵田記

田舍橋南北通衢也，村東南隅有古廟□□萬楊……其創建年月未詳，迨國朝康熙四十七年徑甯修理……匪□之力……源額庵田不滿四畝，香火或未……田三畝，稍覺盈餘，洵善舉也。今上十有八年，住持僧士昌本蔣氏之苗裔……田二畝二分，竭字号二畝，敬字号二分有零。香火於茲益……士昌之儉勤漸泯，因歷叙庵田之顛末，共鐫之於石，以垂諸不朽……也，是為記。

嘉慶歲次戊寅仲春，楊汝佩譔。

地耆：萬宇□、楊文□、蔣鳴暎、□□山、楊□元、蔣聖和，住持僧□□、洪法全立。

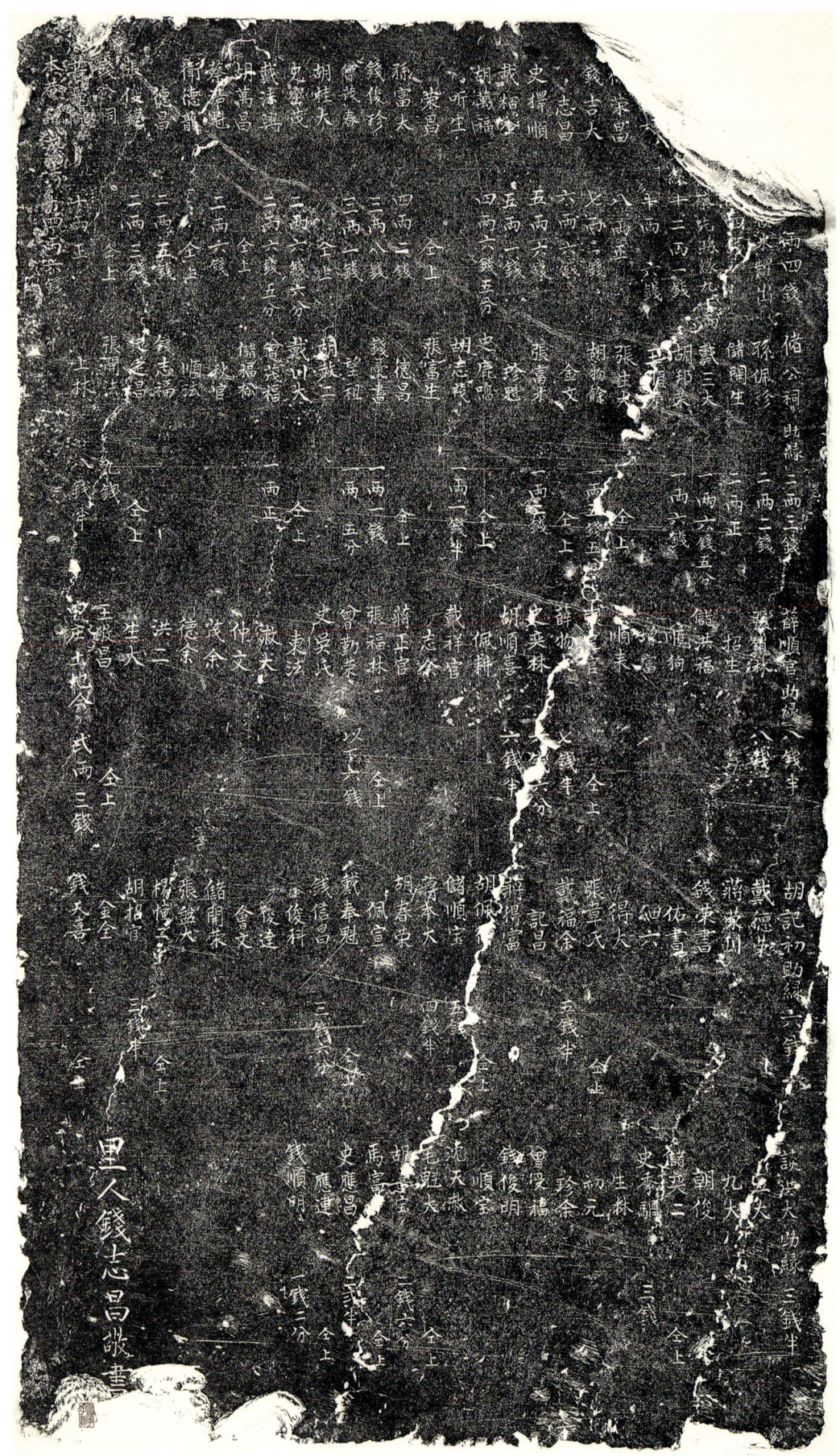

樂輸芳名

S-61-2

[簡稱]
樂輸芳名

[撰書人]
錢志昌書

[尺寸]
高 107 釐米，寬 62 釐米，
厚 22 釐米

[備注]
碑身右上角殘缺。

[碑文]

……両四錢……米糶出……四錢……蔡先助緣九十両，□□大十両六錢，衛荣昌八両正，錢吉大七両二錢、志昌六両六錢，史擇順五両六錢，戴栢金五両一錢，胡萬福四両六錢五分、听生、荣昌全上，孫富太四両二錢，錢俊珍三両八錢，曾茂春三両一錢，胡桂大全上，史生茂二両六錢六分，戴法興二両六錢五分，胡萬昌全上，蔡浩魁二両六錢，衛德龍全上、德昌二両五錢，張俊德二両三錢，錢公祠全上，普覺院十両正，本菴僧洪法十四両六錢。儲公祠助緣二両三錢，孫佩珍二両二錢，儲開生二両正，戴三大一両六錢王分，胡邦荣一両六錢，王順芳、張生大全上，胡物鐰一両五錢五分、金文全上，張富才一両二錢、珍魁，史鹿鳴全上，胡志茂一両一錢半，张富生、德昌全上，錢彙書一両一錢、望祖一両五分，胡赦二，戴川大全上，曾茂福一両正，儲福松、秋官、順法，錢志福，史定昌全上，張開法九錢、上林八錢半。薛順官助緣八錢半，張鎖林八錢、招生，儲洪福、順狗、增富順来，張□官全上，薛物大七錢半，史奕林六錢六分，胡順喜六錢半、佩耕、戴祥官、志余，蔣正官，張福林全上，曾勤荣以下六錢，史吳氏、東法、赦大、仲文、茂余、德余、洪二、生大，王敬昌全上，四庄土地会弍両二錢。胡記初助緣六錢，戴德荣，蔣荣川，錢荣書、佑書、細六、得大，張韋氏全上，戴福余五錢半、記昌，蔣得富，胡佩□全上，儲順宝五錢、蔣本大四錢半，胡春荣、佩宣，戴奉魁全上，錢信昌三錢六分、俊科、俊達、會文，儲開荣，張盤大、楊恒二全上，胡招官三钱半、金全，錢天喜全上。談洪大助緣三錢半、五大、九大、朝俊，儲奕二全上，史季驦三錢、生林、初元、珍余、曾受福，錢俊明、順宝，沈天赦，毛魁大全上，胡善宝三錢六分，馬富□全上，史應昌二弍半、應連全上，錢順明一錢二分。

里人錢志昌敬書。

永安寺香火田碑記

永安寺香火田碑記

S-62

[簡稱]
永安寺香火田碑

[撰書人]
釋粹中撰書

[尺寸]
高 134 釐米，寬 65.5 釐米，厚 19 釐米

[保存地址]
官林鎮韶巷村殷莊永安禪寺

[刊立日期]
清嘉慶二十三年（1818）十一月

[碑文]

永安寺香火田碑記（額）

永安寺，殷庄河東西兩社之香火也；創自前朝，功德有銘矣。恒產既尠，住持者□無法力，叺致廟貌傾危，神像剝落。乾隆庚子，有禪師戒明來茲駐錫，□□□□經茚嗇，不十年，內外修飾整潔而莊嚴，復得信士吳翻益入香資田六畝七厘，前人重立石誌之矣。戒翻，傳道拎龍池澄光禪寺者也，後為澄光方丈□□□歸圓寂於茲，而其徒他徙。兩社耆老，邀今覺圓大師來主是寺，覺圓□□□□□法藏禪寺者也，主法藏方丈者，年行高而識卓，其□□好從名士遊，□□□時較諸戒明有過之無不及焉，慮寺田無幾，出所蓄□□□□□□□□□□前所遺，及吳明益所入，共成念一畝二分，今□□□畢□□□□□□□□誠永安也哉！今夫寔意經營之□□不與人以可□而□□□□□□□□□□□年之後，與荒煙衰草而俱盡，僧與俗有同情也，師自傳道以□□□□□□□不為不多矣，所閱世道升沉，不為不□矣，而一念知止，□為□□□□□□□□有恃而無恐，倘後之人不思其功苦，或漫為變易之，詎或蕩廢之，此□□□□□□者，爰請兩社耆老，復勒碑而記之。茅菴僧粹中撰書。僧戒明戶：一千六百三十六平一畝八分二厘，三十五平一畝七分二厘，……九平……九平一平一分五厘，廿一平三分，卅五平一分，十四平二厘，……僧覺圓戶……

嘉慶二十三年歲次戊寅仲冬月。

兩社耆老、住持僧性和立石。

重建善慶菴門槽暨觀音殿碑記

S-63

［簡稱］
重建善慶庵門槽暨觀音殿碑

［保存地址］
徐舍鎮聯星村善慶禪寺

［尺寸］
高 138 釐米，寬 63 釐米，厚
20 釐米

［備注］
碑身下部橫斷。

［刊立日期］
清道光二年（1822）二月

［碑文］

重建門槽觀音殿碑（額）

重建善慶菴門槽暨觀音殿碑記

　　吾圩之有善慶菴，由來久矣。自宋嘉定時，妙法和尚住持是菴，以後代有名僧，已詳碑矣。……
茆儉力行，增置田畝，建造樓房，誠足以媲美前人矣。歲庚辰二月，前進門槽特遭囬祿；未幾，後進
觀音殿、殿西洪順所建僧房客座……躊躇久之，慨然叩請二、十畐耆，酌議再建。兩畐允助前進門槽
七間，後進觀音殿暨殿西客座共五楹，洪順獨自承當，于是拮据兩周，功……之力，然非有洪順之才
幹經營，而又不辭勞苦，亦安能令煨燼之餘，煥然復新也？若洪順者，詎非大有功於是菴也哉？是為記。

　　旹維大清道光歲次壬午中和月，二、十兩畐耆老公立。

　　陸仁祠助洋弍拾八元，兆熊助和字一百四十四田一畝八分、以緣□錢八元，小橋村公助洋八元，蔣奎
四公助洋六元五角，王士栢助洋五元，吳錫乾公洋四元，陸彙公洋三元，录公助洋三元，王大朋洋三元，蔣

法官助錢三兩, 陸信公、任大公祠、周赦大、蔣听官以上各助洋式元, 尤達墻助錢式兩五錢, 陸沛華助錢乙千六百文, 蔣祥法助錢乙千二百文, 陸正夫、尤三元、趙文彝公助錢一千一百五十文, 潘元法、張文大以上各助錢一兩五錢, 王志行、景賢、景昌、陸士□、泰昌、惠元、蔣學勤、三大、楊敘東、文裕、周惟趙、吳公祠以上各助洋乙元, 周□廣錢一兩二錢, 蔣□法錢八百文, 趙效年、仁儉、仁浩、懷珩、鳳貞、鳳祥、鳳山以上各助錢七百五十文, 陸順成、道和各助錢七百五十文, 莫福大、陸長庚、蔣奕桂、羅照、任順官、慶友、允大、尤五一、滕餘以上各助錢乙兩, 周得順助錢六百五十文, 蔣學福、任得昌、尤如大以上助錢六百文, 蔣連官、潘元興各助錢八錢, 趙位坤、廷塤各助錢五百廿文, 陸次雲、侃如、鶴如、級鴻以上各助錢五百文, 楊敘生、文六、吳正佩、正高、勤耕、法耕、周同春、尤正開以上各助錢五百文, 吳順清助錢四百五十文, 張邦俊、尤右運、叟大、和大、惟保、周惟沖、惟朝、惟俊、任順官、正隆、蔣明高、天壽、陸俊山、邦直、潘壽生以上各助錢四百廿文, 趙順川助錢四百零五文, 王志山、周仲仁、季友、任福喜、陸秀川以上各助錢四百文, 陸道行錢三百七十文, 惟三、東陽、協篾、福昌、規官、周雲大、虎大、陸雲卿、華三、周孝生、蔣明元、孝元、鎖奎、赦奎、鎖定、群林、大明、福榴、法隆、任右官、求定、潘秀元、張五牙以上各助錢三百五十文, 蔣望生、庚山、趙福壽、效尊、廷校、廷榮以上各助四錢五分, 陸朝陽、坤山、順元、順三、任双奎、蔣敘官、定大、吳廷桂、勤山、定福、志珍、右才、右昌以上各助錢□□, 陸奎光、方英、敘三、蔣庚生以上各錢□□□, 趙廷椿、奎保以上各□□□, 吳福大助錢□□□, 陸道明、趙廷蔡以上各助七十五文, 陸秀夫、招生、□興、連大、□生、林生、吳臘耕、法大、爱一、喜大、□大、位招、福招、盤龍、順招、元招、奕招以上各助乙錢, 吳淂受、進寶、華庚、張邦達、蔣士榮、福九、陸應恂□、任纏大以上各助錢七十文, 任萬昌助錢九分, 陸有方、趙昌□、洋□□、念助錢二百文, 書太助二錢, 敘方、蟠叟各助錢一百文……□灰洋八元四角, □摁共付洋式百九十元零七角, □菴西村共助洋三元六角, 僧洪順垫用洋壹百元。

萬壽菴

S-64

[簡稱]
萬壽庵碑

[尺寸]
高 200 釐米，寬 76 釐米，
厚 18 釐米

[刊立日期]
清道光二年（1822）三月

[撰書人]
儲如梧撰，馮秉貞書。

[保存地址]
新建鎮閘上村典巷自然村萬
壽庵舊址

[備註]
碑首高浮雕雙龍戲珠紋，兩
邊剔地平雕卷草紋，下端剔
地平雕蓮瓣紋。

萬壽菴（篆額）

　　壬午之春，族姪廷儀言於余曰："德眞大師，吾村萬壽菴之重興梵刹者也，其徒自明、自省、自成念其師屮創業艱難，勒諸石以垂永遠，請為文，以誌之。"余於乾隆戊申、己酉年間，舌耕於外家史氏，族弟恩錫為其孚廷儀等延余在塾，偶過是菴，傾折不堪入目，諸檀越不忍坐視，欲捐資修葺，而住持寔難其人。厥後徧訪禅林，延請德眞師来；師入門，即以振興殿宇為己任。當是時，瘠田僅數畝耳，饔飱且不能給，而師食粗衣惡，拜禮屮餘，服勤畎畝。越數十餘年，殿宇則更新矣，田畝則開擴矣，而師之形神日以憔悴矣，創業之難固如是也。吾嘗憑眺萬壽菴，背枕鶴溪，面挹銅官、南岳諸峰，洮湖在其上流，迤邐數十里，傾注長壽河，東入滆湖以為壑，而是菴蟠踞於其中，真福埊也！然而不得其人則十方無主，得其人則三界增輝；古人云："人傑地靈"，豈其然乎！師幼患殘疾，曾被淄永盛寺，年未二十，受戒瀍藏信機和尚座下，龍池道明和尚付以衣鉢。吾思慈雲法雨，化被無私，向使師而猶在法藏也，猶在竜池也，其功德亦不過如是，而孰難孰易，必有能辨之者。余年過七旬，以句讀課諸孫，猶憶舘於典巷時，率弟子散步禅房，其師從容茶話，語及畢生乏勞瘁，輒肅然敬之，居常每耿耿不能去懷。今廷儀囑余為記，余知留名於後，非師意也，苟是菴而日新月盛，則師之深願也，因樂為一言以著其美云。

　　官林里廩生儲如梧譔，韭橋馮秉貞書。

　　計開：古菴田已載舊碑，兹不錄。續置田畝：臨字一千零四十二號平八分五厘九毛六絲；七百二十二高五厘五毛，全　平一畝三分五厘；五伯八十平二畝二分二厘六毛二絲；八伯五十一平三畝四分八厘七毛八絲，全　平二畝一分；五伯四十五平乙畝四分，三十二平乙畝三分五厘九毛九絲，三十三高八毛三絲；七百七十四平九分三厘四毛五絲，九十一平一畝零一厘一毛三絲；八百四十五平二畝五分八厘一毛三絲；九百七十一平一畝七分八厘四毛二絲；一千零十九平一畝七分六厘八毛八絲；一千零十八平一畝三分一厘七毛六絲；二千三伯五十三平一畝七分零三毛，全　塘二分八厘八毛七絲，全　塘八厘八毛七絲，五十六平二分。

　　住持僧德眞，徒自明、自省、自成，徒孫雲来、雲如仝立。

　　道光二年歲次壬午三月穀旦。

重修靈山殿記

S-65

[簡稱]
重修靈山殿記

[保存地址]
新街街道潼渚村靈山殿

[尺寸]
高 180 釐米，寬 75 釐米

[備注]
碑身斷裂成數塊，且下部有殘缺。

[刊立日期]
清道光二年（1822）十月

[撰書人]
路同辰撰，黃貞刻。

[碑文]

重修靈山殿記（篆額）

重修靈山殿記

談玉珩、錢亦興、潘祥燮、談春富、王瑞林、陳賢記、王增山、王惟志、王聖傳、錢光亨、王志昌、錢亦敦、錢亦盛、錢雲貴、蒋順林、錢亦文、錢孟謙、周富元監修。

靈山殿址踞山亭、從善両區之交，廟祝有東、西寮，分司両區香火；後遂并殿宇亦中分焉，山亭、從善各修其半，遂為腎章。歲己邜，我東廡襄朽，像剝修葺難緩；仲春賽會之辰，咸相與議，山亭則十九、二十両啚獨肩其任，茲役雖巨，不必募資外啚。僉曰："善。"蓋不待勸諭督率，靡不竭誠盡力以捐輸者也。扵是木之腐（者）更堊之，漫者朗象之，滅者新，焕然改觀焉；計鳩工庀材，合門樓、大殿、樓廡、暨寮房內外，靡不整飭，又於□□觀音堂，重建大門，增設窻櫺；都費百數十千有奇，而比戶率錢得

重修靈山殿記

重修靈山殿記

靈山殿址距山亭從善兩圖之交處祝有東西寮分司兩圖香火後遂并殿宇亦中分焉由亭

半遂為厲章藏己邜荄東廊樑柱傾圯咸相興議

任茲役薩巨不必募資外畫僉曰吾鄉山亭刲十九二十

漫者明象之滅者新煥然改觀馬計鳩工庀材合門懷

重建大門增設簷檻都費百數十千有奇而此下平錢得三百十千不忩則以禁約公存錢

濟之而其崖岭如是昔　　神刻已為鄉隆風俗之美矣工既畢將以

余為志其事以巖　　此盖見吾鄉業董勸功尊

道光二年歲次壬午五冬

勅授修職郎安徽泗州五河縣儒學教諭甲子科舉人楝選知縣丁丑科大挑二等先以教諭用里人路同春敬

全立

三百十千，不足則以禁約公存錢□□□□□濟之，而事以葳。於此益見吾鄉樂事勸功，尊神刻已，為鄉隣風俗之美矣！工既畢，將以輸□書石，請記扵余，為志其崖略如是。

嘗道光二年歲次壬午孟冬。

勅授修職郎安徽泗州五河縣儒學教諭甲子科舉人揀選知縣丁丑科大挑二等先以教職用里人路同辰撰。

錢光亨捐錢六十五千文，潘祥發十六千文，錢亦盛十四千文，談春富十二千文，錢儒曾十二千文，錢公祠十千文，錢亦文八千文，王珍山七千文，周富元七千文，談玉珩六千文。錢蒙山六千文，路桐庄六千文，王志昌六千文，錢云二六千文，蔣順林六千文，錢孟千五千文，周華豐五千文，王公祠四千文，陳賢記四千文，錢亦佩四千文。

錢得榮、錢得華合捐錢七千文，張遇隆三千文，王聖傳三千文，王南祠三千文，王初祠三千文，張公祠三千文，王岳林三千文，王惠英三千文，王信大三千文。

王惠清三千文，王懷西三千文，錢庚林三千文，錢三林二千文，錢兆豐二千文，錢五壽二千文，王旭初二千文，談恒坤二千文，朱芝山二千文，蕭代序二千文。

潘學全二千文，潘俊明二千文，潘巧大二千文，談康林二千文，周兆中二千文，蔣継成二千文，劉正通二千文，錢春榮一千文，張仲華一千文，王敘福一千文。

張喜生一千文，蔣順康一千文，王義才一千文，錢行若一千文，錢恆若一千文，周連山一千文，周時大一千文，陳小保一千文，黃志昌一千文，黃士昌一千文。

王瑞林一千文，王耕余一千文，王惟志一千文，王聲逺一千文，王愛朝一千文，王榮源一千文，錢鳴江一千文，衡思明一千文，衡思再一千文，談春來一千文。

周順成一千文，蔣張氏一千文，蔣孟生一千文，吳滿章四百二十文；張遇隆、張仲華又合捐觀音堂門枕一對，錢光亨又入改字伍百三十號平田壹畝四分四厘三毫八絲。仝立。

重脩大殿、內外合堂、神聖油漆、開光、勒石，費用共三百四十四千三百文。

祝陵黃貞刻。

善慶禪院碑記

S-66

[簡稱]
善慶禪院碑

[尺寸]
高 122 釐米，寬 56 釐米

[刊立日期]
清道光七年（1827）二月

[撰書人]
陸次雲書，沈文蕙鐫。

[保存地址]
徐舍鎮聯星村善慶禪寺

[備註]
碑額兩側篆書"主寶"兩字（疑
為"生寶"誤刊），下端剔地平雕
蓮瓣紋。

[文獻著錄]
　　光緒《宜興荊谿縣新志》卷
九載：善慶庵，兵毀重建。（在從
五區）

　　《徐舍鎮志》第二十九章輯
錄碑文（田畝字號未錄），有錯訛。

善慶禅院碑記（額）

吾鄉曰從善，吾圩有菴，即顔之曰"善慶"，言乎一鄉中楽善者多而尤慶。住持是菴者代有能人，而善不勝收也。前若有宋嘉定時妙法和尚、明正統時可立禪師尚已。本朝康熙年間，有方丈涯峯暨其徒崑月，炳載邑乘，彰彰可攷。最後有智德師，一農僧也，然其人朴茂誠懇，能感動乎通圩施主，故尔時募化修整，焕然一新，亦可謂善守創者矣。迨嘉慶初年，又有住持僧洪順，同其師父彦生暨其徒子性源者，後先繼起，踵其事而增新之；百廢具修，覩規模之宏遠；一塵不染，瞻法象之荘嚴；已極功程浩大，茲又於大士殿、佛殿西建立客座僧房，文昌殿後復造楼房三間，門槽東直接廚房，平屋共七楹。自嘉慶至道光数十年間，廓田数十餘畝，增屋十餘間，其材幹經管實更跨乎智德之上，理合勒之碑石，以垂永遠，然此非洪順與其徒意也，亦吾圩諸君子不沒人善之意焉尔。是為記。

里人陸次雲沐手敬書，平陵沈文蕙謹鑴。

計開：

正和字一百四十四号平叁畝四分零，五十号低肆畝五分零；五百十四号平九厘零，五号平弍畝弍分零，六号平壹畝六分零；五十五号平弍畝零，六号平五畝七分零，八号平六分零。

正和字五百五十九号低五畝一分零，六十号平五分零，六十一号平五畝三分零，五号低捌分零，八号平肆分零，九号低弍畝九分零。

又和字二百九十一号平弍分零，九十二号平壹分零，三百号塘叁厘零，零一号平弍分零，七号平六分零，八号平叁畝八分零，九号平肆畝七分零，十号平壹畝零。

又和字三百十一号平弍分零，十二号平弍畝零，十三号平壹畝七分零，十六号平壹畝捌分零，十七号平叁分零，十八号平弍畝六分零，十九号平叁畝三分零。新置十四、五号平弍畝四分零。

以上共田伍拾捌畝柒分零，僧徒各照交付单，止許耕種，不許廢賣，如有不守法戒，通連地方，私賣菴產者，即以不法論。

道光歲次丁亥中和月。

二、十両矗耆老公立。

續置菴田碑

S-67

[簡稱]
善慶庵續置田碑

[尺寸]
高 100 釐米，寬 50 釐米，厚
18 釐米

[刊立日期]
清道光十年（1830）十一月

[撰書人]
沈文蕙鐫

[保存地址]
徐舍鎮聯星村善慶禪寺

[備注]
上端及兩邊剔地平雕卷草紋。

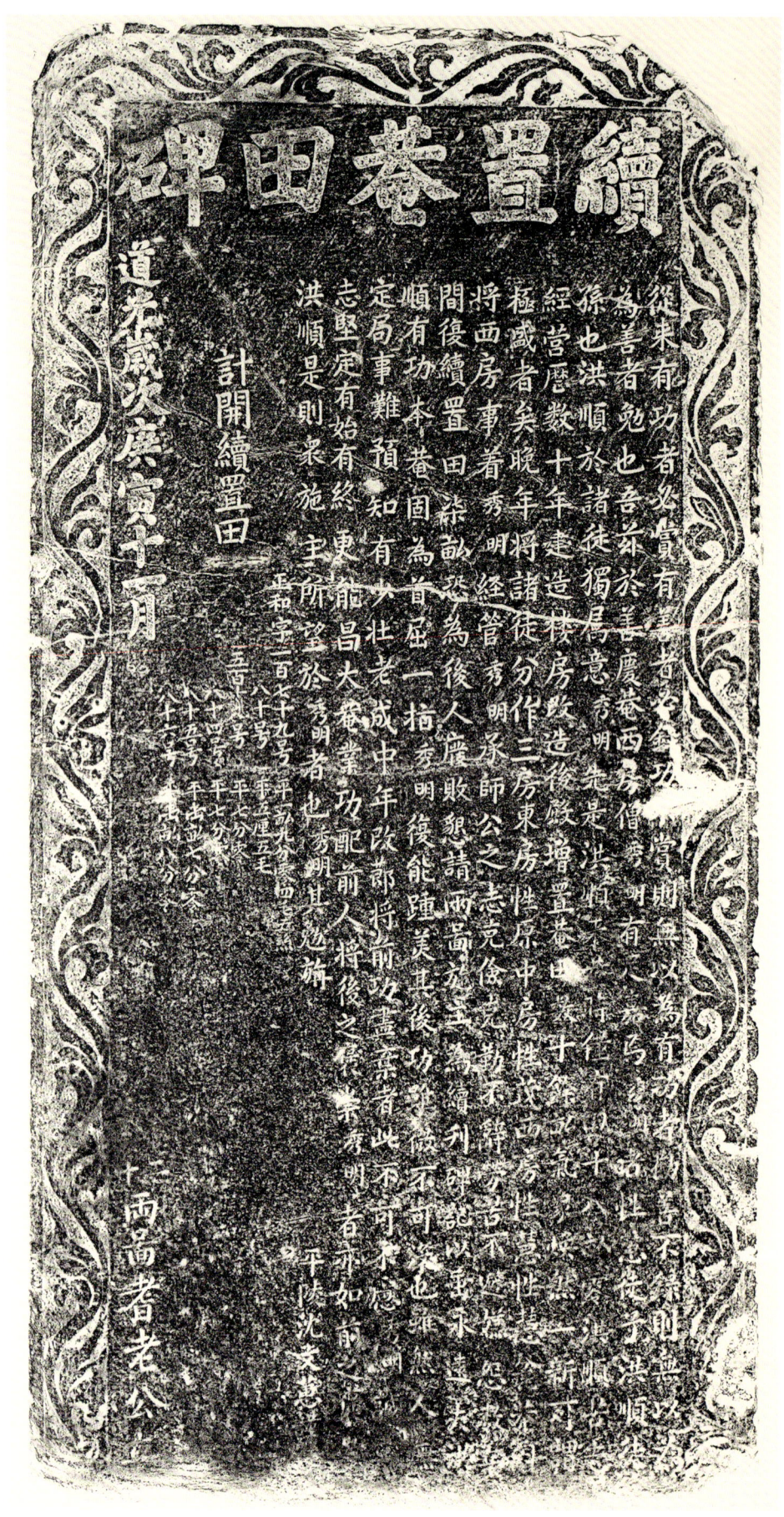

續置菴田碑（額）

　　從來有功者必賞，有善者必錄；功不賞，則無以為有功者勸；善不錄，則無以為為善者勉也。吾茲於善慶菴西房僧秀明有足嘉焉，秀明者，性慧徒子、洪順徒孫也，洪順於諸徒獨属意秀明。先是，洪順來菴時，僅有田十八畞零，洪順苦志經营，歷数十年，建造楼房、改造後殿，增置菴田数十餘畞，氣象焕然一新，可謂極盛者矣。晚年将諸徒分作三房：東房性原，中房性茂，西房性慧。性慧麓莽，因将西房事著秀明經管，秀明承師公之志，克儉克勤，不辭勞苦，不避嫌怨，数年間，復續置田柒畞，恐為後人廢敗，懇請兩畼施主，為續刊碑記，以垂永逺。夫洪順有功本菴，固為首屈一指，秀明復能踵羙其後，功雖微，不可没也。雖然，人無定局，事難預知，有少壮老成、中年改節，将前功盡棄者，此不可不慮。秀明誠立志堅定，有始有終，更能昌大菴業，功配前人，将後之褒崇秀明者，亦如前之褒崇洪順，是則衆施主所望於秀明者也，秀明其勉旃！

　　平陵沈文蕙謹鐫。

　　計開續置田：正和字一百七十九号平一畞九分零四毛五絲，八十号平五厘五毛，五百十九号平七分零，八十四号平七分零，八十五号平七畞七分零，八十六号平七畞八分零。

　　道光歲次庚寅十一月。

　　二、十兩畼耆老公立。

巖庄宗茂源助田崇聖院契

S-68

[簡稱]
宗茂源助田崇聖院契

[保存地址]
官林鎮東堯村中巖莊 15 號
東南角觀音堂舊址

[尺寸]
高 115 釐米，寬 45 釐米，厚
16 釐米

[備注]
碑身下端有一圓孔，應曾
作它用。
上端及兩邊剔地平雕卷草
紋，下端剔地平雕蓮瓣紋。

[刊立日期]
清道光十二年（1832）十二月

[碑文]

　　立助契巖庄宗茂源自願將□□□□□□□□□六十三號平田乙瓱六分有零助于本于本鄉崇聖院
內執業助糧，為萬年之香資，自助之後，永無反悔異說，欲後有凴，立此助契為照。

　　大清道光十二年十二月日。

　　立契人宗茂源，住持僧明修。

河橋化城寺記

S-69

[簡稱]
河橋化城寺記

[尺寸]
高 39 釐米，寬 133 釐米

[刊立日期]
清道光十三年（1833）七月

[撰書人]
吳德旋記，吳鴻燮書丹。

[保存地址]
和橋鎮東橫街化城禪寺

[備注]
碑身右半部縱裂。

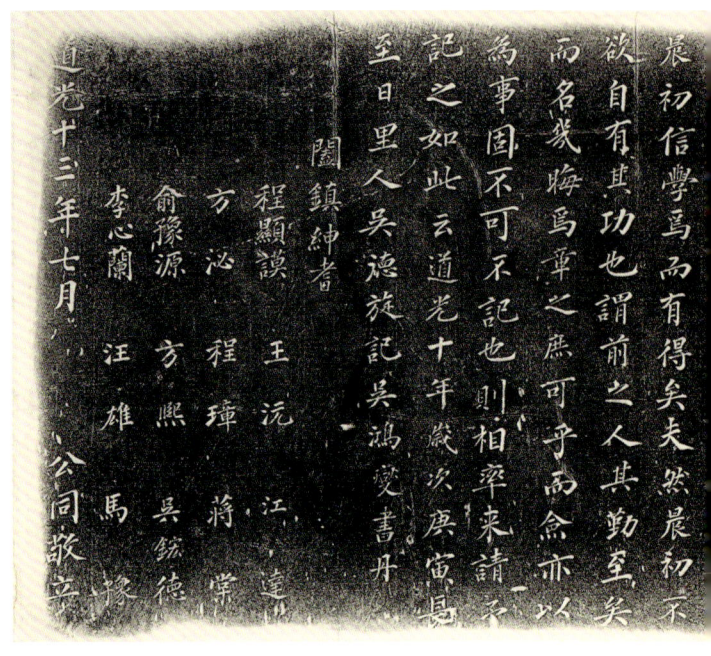

[文獻著錄]

嘉慶《增修宜興縣志》卷末載：化城庵，在和橋鎮下塘。明隆慶中，有僧結茅於此，俗名茅庵。國朝康熙初，僧惠生募基創建。（隸萬全二區）

嘉慶《新修宜興縣志》卷四載：化城庵，俗名茅庵，乾隆丁未僧覺明因庵久圮，募貲建樓藏經，廣增寮舍。

道光《續纂宜荊縣志》卷十之一載：化城寺，道光五年，僧晨初及其徒羣修重建大殿前殿，又增建廊屋十餘楹，邑人吳德旋撰記。

光緒《宜興荊谿縣新志》卷二載：河橋，在和橋鎮下塘。舊時下塘成市，故《通志》所載尚稱河橋市，今則知有和橋，罕知有河橋者。

河橋化城寺記

西域至人之道，以為有而非有也，以為無亦非無也，有無不立，而後一切治生、語言與實相不相違背。是故善學佛者，應而不窮，為而不功，是謂真空。河橋化城寺者，當國初時，由在水禪院浮屠慧生誅茅結屋扵此，招徒衆，安禪習靜；守古德，共住規約；其堅苦之志、卓絕之行，長老至今猶稱道之，然其詳不可得聞矣，中更衰替，僅綿不絕。乾隆間，有浮屠覺明住持兹寺，扵殿後增建大士殿、禪堂、藏經樓，凡若干楹，率其徒講說經論，學佛者稱之。已而覺明示寂，講誦希闊，僉以為道非其人不行，則復延在水禪院浮屠晨初来主講席。晨初始至，晦不自曜，數年之後，道俗景附，宗風大振。晨初謂可恢宏前人之規，以示應迹，而非侈也。爰與其徒群修等，運致木石瓦甓之材甚具，撤大殿及前殿而新之，高廣悉加扵其舊，又增諸天尊、阿羅漢像，設成妙莊嚴地，又增建廊屋十餘楹。經始扵道光某年月日，以某年月日告成，共靡白金萬有餘兩。其致之也，不覺其煩；其成之也，不見其勞；西域至人之道，晨初信學焉而有得矣夫！然晨初不欲自有其功也，謂前之人其勤至矣，而名幾晦焉，章之庶可乎，而僉亦以為事固不可不記也，則相率来請予記之如此云。

道光十年歲次庚寅長至日。

里人吳德旋記，吳鴻爕書丹。

闔鎮紳耆：程顯謨、王沅、江達、方泌、程璋、蔣棠、俞豫源、方熙、吳鋐德、李心蘭、汪雄、馬豫。道光十三年七月公同敬立。

薛盆元所存田三畝有零非字以百五十九號自願帶到
大士菴內永遠供奉
大士香火死後每年兩忌三月初二月七月
十二日共兩忌欲後有憑立此絕單存照

道光十六年十二月　日立　本村耆老

唐三夫
蔣桂大
蔣興大
王德戊
王德昇
普秀林
周栢春
張永全

全具

薛益元助田大士菴絕單

S-70

[簡稱]

薛益元助田大士庵絕單

[尺寸]

高 105 釐米，寬 56 釐米，厚 12.5 釐米

[刊立日期]

清道光十六年（1836）十二月

[保存地址]

官林鎮鈕家村楊潭圩 19 號東側觀音堂
（大士庵舊址）

[碑文]

薛益元所存田三畝有零，非字八百五十乙、八百十九號，自願帶到大士菴內，永遠供奉大士香火，死後每年兩忌：二月初二日，七月十一日，共兩忌。欲後有憑，立此絕單存照。

道光十六年十二月日立。本村耆老唐三大、蔣桂大、蔣興大、王德昇、王德盛、普秀林、周栢春、張永全全具。

重建福泉寺大殿山門碑記

S–71

[簡稱]	[撰書人]
重建福泉寺大殿山門碑	曹炳燮撰文，萬樹森書丹。

[尺寸]	[保存地址]
高75釐米，寬101釐米， 厚6釐米	張渚鎮南門村荷花組禪院（荷 花寺舊址南側）

[刊立日期]	[備注]
清道光二十五年（1845） 九月	碑身左下角斷裂。 上端及兩邊剔地平雕卷草紋。

嘉慶《增修宜興縣舊志》卷末：福泉寺，一名何家寺，在西南七十五里。明萬曆甲辰何其愚建。

民國《光宣宜荆續志》卷一載：何家寺，一名福泉寺，在張渚西山崗，咸豐庚申兵毀。光緒二十年，僧明洪募建旁寮。宣統三年，僧達洪又募建門廡、樓屋。（在荆谿永豐舊區）

［碑文］

重建福泉寺大殿山門碑記

出桃溪鎮西南，行不數里，有福泉寺者。群山糾紛，繚曲往復，松竹交輝，清流映帶，往來其間，不見其中有寺也。寺中相傳有古井三泉，甘而常洌。《易》曰："可用汲，王明並受其福"。然則寺名福泉，其來有自矣。寺中居僧十數，皆操耜而耕，世其業。時住持僧廣林，稱真實不虛之老僧也。讀其碑建於前明，重修於嘉慶丁丑，始作記，歷有歲年，大殿傾頹，山門亦圮，意欲募緣重建，皆曰："功成大，經費繁，非為易也"。事遂寢，張萬全、何昂霄、張際勳等志本虔誠，心懷慨惻，竭力勸捐。紳商士庶，樂善好施，咸不吝資樂助，鳩工於道光甲辰孟春，告浚於乙巳季秋。上棟下宇，煥然巍然，玉殿齊輝，金容重整。既畢，經董者慨然曰："是役也，始以為難，而今既成矣，是誰之功與？盍歸功於佛乎。"其辭曰：

南無佛兮今現在，心有經兮可□悔。花拈兮微笑，輪轉兮法妙。一天化雨兮佛之功，三教同源兮佛并隆。道稱元妙兮色即是空，□□□□兮誠與為通。眾生普度兮佛德至公，慈雲廣覆兮佛力至洪。永貞清淨兮乃安斯宮，飲此甘泉兮獲福無窮。

賜進士出身翰林院庶吉士曹炳燮撰文，邑人萬樹森書丹。

峕維大清道光歲次乙巳季秋穀旦，住持僧廣林。

古愚邵公諱璿上元懺田碑記

S-72

[簡稱]
邵璿上元懺田碑

[尺寸]
高 45 釐米，寬 90 釐米

[刊立日期]
清道光二十六年（1846）二月

[撰書人]
丁汾撰

[保存地址]
高塍鎮賦村村鴨蛋房 6 號
（金銘寺舊址）

[備注]
碑身左半部縱裂。
四邊綫刻回紋。

古愚邵公諱琀上元懺田碑記

昔蘇老泉生平嗜畫，所致百餘品，而以吳道子所繪菩薩四版為第一。公沒後，其子長公以是繪捨於成都寺，僧惟□并畫公像於其上，且助錢十萬建大閣，以奉之。世疑謂東坡先生乃佞佛者，是豈知二人孝子之用心哉？今夫琳宮梵宇，清净之場也；寶珞芝幢，莊嚴之境也；松風水月，瀟洒之緣也。每見身都富貴者，家有臺榭園亭之勝，然往往棲息名山，逍遙禪院，思欲解脫塵網，與古佛同龕，非所謂"遊心物外"者乎？東坡先生以事死如事生者體其志，洵孝思不匱矣！九苞里信士邵倫言公，曾於乾隆三十五年助田金銘寺，追薦先人，歲朝禮懺；裔孫古愚公欲踵前澤而未遂，令嗣裕成、曾、康等，仰承父志，亦以公暨德配張氏孺人並藏一龕，捐田數畝，禮懺兩天，定期日於上元，綿香火於累代，亦猶行坡公之志也；但恐歲年久遠，僧人怠於供養，因勒諸貞珉，以垂不朽云。里人春帆丁汾撰。

計開規條：

一、捐田細號係首字三號平壹畝柒分柒厘玖毫，四號平弍畝弍分弍厘柒毫，八號平壹畝捌分壹厘伍豪陸絲，共平五畝八分零，办粮。

一、此田并無坟塚，既係懺田，無從更動。或事逢兩便，執領僧人湏告明施主，將自業田畝照墩抵入，懺事照常拜禮，兩相情願，方得權移，否則仍不得擅易。

一、懺期定於每歲正月十五、六兩日，擇僧六人誦經拜佛，懺事照依前懺舊例，懺期風雨無移。

一、禮懺兩天，本僧于供給佛前祖前眾客僧外，另办素筵一席，以俻施主拈香禮佛，自朝至暮，儘己之長。

一、懺田外，另助大錢壹両正，其生息為每歲開懺喜封；又另助大錢壹千陸伯文，其生息為每歲佛前施主格外添補香火之費，自後不得復有他說。

大清道光歲次丙午二十六年春仲穀旦。

重修城隍廟記

S–73

[簡稱]
重修（周鐵橋）城隍廟記

[尺寸]
高 200 釐米，寬 88 釐米

[刊立日期]
清道光二十八年（1848）四月

[撰書人]
畢登瀛跋，程保安書丹并篆額，
芮龍書刻。

[保存地址]
周鐵鎮小街城隍廟

[備注]
碑身下部斜裂。
碑首高浮雕雙龍戲珠，兩邊及
下端剔地平雕回紋。

重修城隍廟記（篆額）

重修城隍廟記

周鐵鎮城隍廟建自前朝，載於邑志，其報功崇祀，立廟周鐵，乾隆十三年，太史方來吳公已勒石詳記之。兹因廟西墙壁向建在石帮中間，雷祖尊神正殿年久墙脚朽壞，嘉慶年間倒坍，未克興修。上年春，看其形□，又將傾圮，僉議修造。遂捐貲購料築壩興工，工料幾至千緡，不逾月而石帮告竣，不逾時而廟貌重新。雖在士商踴躍赴功，然非神靈默佑，曷克臻此？爰詳其工料之費，并書衆姓樂輸之数以勒石云。

里人邑庠生畢登瀛謹跋。

邑人程保安書丹并篆額。

一付演戲、請酒起捐計洋拾元，一付蓋椿、石鎖、石脚、鋪明堂石計洋九拾壹元、錢五十五千八百五十文，一付石灰計洋五十二元、錢九千七百二十文，一付泥、木、石作器用傢伙計錢拾弍千五佰六十文，一付泥、木匠工計錢八十六千六百二十文，一付供匠茶浴計錢九千三伯三十文，一付祭河香燭、寫緣船隻計錢七千一伯文，一付油漆、補金、顔料計洋七元、錢念叁千叁伯五十文，一付紙張筆墨、錢輕少串計錢九千五百七十文，一付配明角燈□□、糊燈籠計洋壹元、錢弍□□百五十文，一付赴縣呈請禁河諭捐告示計錢七千八百文，一付椿木房料木計洋壹百念四元、錢七千弍百文，一付磚元鋪地合方陰溝得□計洋四十五元、錢弍拾千叁百八十文，一付石匠工連喜封計洋捌拾叁元、錢四十一千四百八十文，一付襯漆匠工計洋拾四元、錢五十五千弍百文，一付寫緣待匠酒席計洋捌元、錢叁拾壹千文，一付鐵搭釘計洋弍元、錢五千五八百十文，一付粉壁頭髮計錢壹千弍伯九十文，一付鋪地砂、釘明瓦計洋叁元、錢叁千八百四十文，一付竪碑、待匠、籌賬、酒席、灰磚、泥作、書字、刻字計洋弍拾元、錢弍拾陸千文。以上捴共計付洋肆伯陸拾元、錢四百拾六千一伯弍十文，其樂輸捐数另立書条石四塊呈明於後。董事：曹了斌、畢登瀛、畢用中、畢士霖、曹子廷。經辦：吳景元、朱慶恩、項震邦。

道光二十八年歲次戊申孟夏穀旦。

芮龍書刻石。

魯僎宮碑記

S-74

[簡稱]
（和橋）魯僎宮碑

[撰書人]
馬豫撰，舒祥元書丹，水源篆額。

[尺寸]
高 131 釐米，寬 68 釐米，厚 15 釐米

[保存地址]
和橋鎮鵝洲南路和橋公園

[刊立日期]
清道光二十八年（1848）五月上旬

[文獻著錄]

《和橋鎮志》第二十九章有載，參見 S-16《博濟禪院飯僧碑》之"文獻著錄"。

[碑文]

魯僎宮碑記（篆額）

吾里雷祖殿前楹，今立為魯仙之宮。魯仙者，魯人公輪子也；按：公輪子諱班，字依智，公輪其氏也。公輪之巧，王良之乘，弈秋之弈，皆嘗見於《孟子》之書。夫秋之弈、良之乘，小技耳，俱不足以為法。至於公輪之巧，所以成物也，技莫大乎成物，宜為後世百工相尊崇而廟食之。聞之公輪初從遊子夏之門人，已而用心於規矩曲直之中，盡其聰明為百工之師；又聞公輪以才力奔走天下，遇洪崖之徒，遂飛昇白鹿山，後每見降靈、代獲封榮，故所稱魯仙，亦頗有自是，舉為梓人、石人、圬者三眾所成。梓人有郁鳳儀者，來請余為文以記之。余既愛鳳儀之於藝，可比於柳宗元所傳梓人楊潛，且其人能絕去梓人習，故從其請而為之記云。

道光辛卯恩科舉人大挑亞等即補教諭里人馬豫謹撰。

郁鳳儀捐錢四仟式佰文；張廷陞、郁勝隆、永德、勝昌、朱安德，以上各捐錢式千五伯二十文；裴錦昇、蔣洪如，以上各捐錢式千一伯文；黃福年捐錢壹千六佰文；張復安捐錢一千五伯四十文；潘坤元、陸坤元、

董增路、吳禄增，以上各捐錢乙千四百文。

陸正南方作捐錢四千式百文，周慶增捐錢叁千文，趙壽書敬助刻碑鐫字，呂順茂捐錢乙千四百文，蔣朝元捐錢乙千式百文；陳維元、邵霞斌，以上各捐錢乙千乙百念文；黃阿義、范永德、蔣觀德、春榮、聞德興、周林書、陳順芳，以上各捐錢八伯四十文。

朱榮魁即盤大、余萬興、錢添富、添福、張明佩、周龍大、吳德寶、范庚元、程維盛、張起增、管正魁、蔣觀生、鮑長壽、張應全。

周德保、黃坤法、周紀盈，以上各捐錢七伯文正；邵羅富、錢士高、陳富川、張鳳林、趙天生，以上各捐錢六伯文正；馮順安捐錢五伯六十文；吳順年、蔣龍大、朱義全、邵祥法、黃永元、聞虎元。

唐佛祖、黃元龍、許龍慶、會行、邵祖庚、陸德洪、王玉立、金永盛、匡柏昌、胡大亨、周玉林、陸正南、孫九大、劉喜安。

周萬榮、邵起增，以上各捐錢四百二十文；周雲章捐錢四伯念文、神枱面一張；鮑全義、張富南、丁聖保、張惠元、許順龍，以上各捐錢叁百五十文；陳廣敘、李紀法、王富昌、鄭榮大、張永生、敖大，以上各捐錢叁百文。

胡達坤、談順昌、馬書田、符阿二，以上各捐錢七百文；余德順捐錢五百六十文；馮舜祖、唐書大、汪盤大、談朝桂，以上各捐錢四百念文；蔣法二、李敦大，以上各捐錢叁伯文；沈福元敬助瓦筒對一副。以上共捐足錢柒拾叁仟陸伯叁拾文，裝塑神像、油漆、裝金并神樓、神廚、萬年樓及一切費用，共支錢五十八千乙百四十五文，前開光及今立碑費共支錢拾五千四佰八十五文。建宮之始，同人公議，捐貲津貼脩理雷祖殿，以垂永久。癸邜春，雷祖殿興修，因本宮捐數不敷，郁鳳儀、張廷陞自願格外捐錢式拾千、拾四千文，克蔵其事，並誌。

道光二十八年歲次戊申午月上澣，同人敬立。

安徽黟縣國學生舒祥元書丹，邑人水源篆額。

重修大覺寺碑記

S-75

[簡稱]
重修大覺寺碑

[撰書人]
任子龍撰，徐玉溪書丹。

[尺寸]
高 163 釐米，寬 82.5 釐米，厚 15 釐米

[保存地址]
西渚鎮橫山村大覺寺

[刊立日期]
清道光三十年（1850）十月

[文獻著錄]

　　光緒《宜興荆谿縣新志》卷九載：大覺庵，即舊志大覺院，在白塔山，兵毁。（在金泉區）

　　民國《光宣宜荆續志》卷一載：大覺庵，同治十一年，僧品蓮募建後殿。光緒十一年，僧雪峰募建大殿。

　　（保滋堂）《任氏宗譜（家乘）》卷十八輯録碑文（至“因不辭而為之記”），略有差異。

重修碑記

重修碑記（額）

重修大覺寺碑記

大凡寺觀之設，開刱難、守成難，而欲振興於中落之後則尤難，何則？中落之後，其情渙而逆，其事瑣而煩，費廣用宏，望而生畏。使非有才幹者爲之董，謹信者爲之助，與夫戒行深醇、足以聳動一時者爲之住持，而勸募正未易改觀而生色也。白塔山大覺禪院爲九、十、十七三圖香火菴，山水清佳，林樾殊絕，自志宧飛錫來此，繼之者有以超、界仁兩禪師，踵事增華，後先濟美，麗宮壯殿，甲於一方，一時稱極盛焉。厥後僧徒日衆，薪水日艱，彼此齟齬，遂生釁隙，即今住持長老廣亦引嫌辭去，說法龍池。由是經理無人，日以陵替，田園荒廢，殿宇傾頹，向之所謂壯麗甲於一方者，俯仰之間已不可復識矣。於是三圖耆董顧而憂之，相與共迎廣法於龍池，來兹主座，且捐洋壹百圓資助寺僧。越一年，而里中檀信踴躍捐輸，鳩工脩葺，扶傾欹使整飭，易漫漶為輝煌；大千法界，仍開甘露之門；丈六金身，再現曇花之面，未數月而役人告竣。天下之所謂至難者，至此而若不見為難焉，則信乎任事者之得其人，而廣法長老之足以聳動一時也。龍硯游浙省，與梓里日疏，未獲效綿薄，隨諸君後；今幸遇其成，而得掛名其上也，因不辭而為之記。

計開：九圖徐永思助洋五拾圓，十圖任保滋堂助洋四拾圓，七圖任姓助洋貳圓、王姓助洋壹圓、侯家村助洋貳圓五角。

道光歲次庚戌小春月，信士任子龍敬撰，徐玉溪書丹。

緣首耆董金泉區九圖：徐志厚、徐南英、徐奎臻、徐殿鏞、徐得雲，徐玉溪、徐蔭堂、徐紀安、徐蘂荷、徐茂槐。十圖：任鳳廷、任富隆、任麟書、任懌親、任崇德、任定仁，任思濂、任長清、任順生、任春載、任煥昭、任攀桂。十七圖：任壽昌、王鎖觀。住持僧廣法、修整敬立。

勅封東嶽天齊大生仁聖帝碑記

S–76

[簡稱]
復修（五瀆）東嶽殿碑

[尺寸]
高 164.5 釐米，寬 79.5 釐米，厚 16 釐米

[刊立日期]
清咸豐二年（1852）十二月

[保存地址]
新莊街道東氿村委會

[備註]
碑身中部橫裂。
兩邊及下端剔地平雕卷草紋。

<h2 style="text-align:center">復修東嶽殿碑（額）</h2>

<h2 style="text-align:center">勅封東嶽天齊大生仁聖帝碑記</h2>

粤稽東嶽尊神，昔盤古氏第九世苗裔，其父少海氏，其母彌輪僊女也，夜夢吞二日，覺而有娠，後生二子，長為東華帝君，次即東嶽帝君。追述其始封之時，伏羲氏封于古嵗，為太華真人，遂以嵗為姓，諱崇；神農朝賜“天符都官”號；至漢明帝時，封“太乙元帥”；又至唐朝武后通天元年，封“天齊君”，開元十三年加封“天齊王”；至祥符四年五月，尊為“仁聖帝至淑明皇”，后聖朝加封“大生”二字。古之典籍，彰彰可攷。普天下之廟宇巍峨，不知凡幾，蓋神威顯赫，歷千古而不磨；德被生靇，感萬民而無暨。無論京都大郡，即州邑偏隅，無不慕其恩澤也。固宜如陽羨五讀谿口，建東嶽殿，設立前朝康熙間，威靈一振；再至乾隆五十七年，民發疫癘，賴神醫痊，蓄□□事，朸置田宅，迨今花甲一週，神像圮損；又至咸豐元年，復塑增輝，威靈丕振，一時城鄉踴躍捐輸者，如同雲□，共成六百餘千之數。里人邵聽生、史順德、邵寶元、許亨齡等朝夕于斯，畫策謀猷，仍置田產，起造痘司殿後平屋二間，前後鋪地六七間，不數月而工成告竣。緣首來商序于予，予遂愛筆而直書之，是為記。

新置田畝細號開左，計開：

列字六百十五又五百八十號共平一畝九分，八百三十（二、五）号平一畝三分，八百七十七号平二畝八分八厘一毛，六百七十五号平三畝二分九厘，七百十四号平一畝二厘三毛，六百四十五号平六分三厘四毛，七百十一号平一畝正，七百十三号平一畝五分六厘二毛，一千二百九十八号平五分，五百号平二畝五分二厘七毛，□□□□□□□□□□西南。

緣　四庄：姚師珍、倍元、茂高、□林、德壽、□元、李明德、仕□、□望、□元、王轉□、吳□□。

五庄：陳金福、□元、□□、□大、□云、□云、志云、吉生、□□、□□、□□、邵天德、大林、□□□、□□□、□□、□□、□□。

六庄：李永林、貴山、□□、信□、□山、昌□、□□、□□。

七庄：徐庚啟、錢本昌、順□、姚玉明、元□、□□、□□、□□。

大清咸豐嵗次壬子嘉平月穀旦立。

新建石岸碑記

S-77

[簡稱]
新建化城寺石岸碑

[尺寸]
高 53 釐米，寬 86 釐米

[刊立日期]
清咸豐三年（1853）

[撰書人]
馬之常撰，談聘璋書丹。

[保存地址]
和橋鎮東橫街化城禪寺

[文獻著錄]

《和橋鎮志》第二十九章

輯錄碑文。（善士芳名略）

新建石岸碑記

和橋鎮之東北隅有化城寺焉，流水當門，田疇夾道，雖無山巖之勝，而顧盼林泉，足以滌煩襟而捐俗慮。寺中代有名僧，其尤著者：覺明、晨初、羣修長老，創建之功載諸邑誌。昌潔上人主持是寺，承先志，勵清修，至今聞風皈依者益衆。予遊學京師，癸丑春，旋里進香，忽見寺門外路徑迤邐，石岸峙立，仰瞻廟貌，尤覺相映增輝，固不僅為遊人往來之便也。予與昌公為方外交，知其蓄志有素，竭数載之勞，集千金之貲，藉諸君子樂助好施，竟成是舉，藏事之日，復為勒石，以表彰姓氏，何其善與人同而功不自居也？！予因其事而嘉其志，遂援筆識之。

里人馬之常撰，談聘璋書丹。

謹將善士芳名悉書於左：

本鎮四當房助錢四拾両正，煙業行次助念六両，程鼎茂助錢拾弍両，俞成裕助錢拾両正，隴西青蓮、平陽懷德、安定麐振合助全上，京貨業合助拾弍両，汪烈輝助錢拾両正，俞德裕助錢捌両正，趙長春全上，倪（和、德）興合助七両二錢正，俞允裕助錢六両正，俞蘭溪全上，天成號助三兩弍錢正，恒孚號、李裕興、染坊同業全上，吳誠益助錢三両正，王裕盛全上，程信成助弍両六錢正，郁大昌、黃大昌全上，裴廣大助錢弍両正，程大興、徐恒吉全上。

捐田記畧

S–78

[簡稱]
永潮庵捐田記

[尺寸]
高 48.5 釐米，寬 71.5 釐米，
厚 7.5 釐米

[刊立日期]
清同治八年（1869）

[保存地址]
丁蜀鎮蜀山社區顯聖禪寺

[備註]
四邊剔地平雕變體回紋。

[文獻著錄]
民國《光宣宜荊續志》
卷一載：永潮庵，在（宜興
成任舊區）馮家三洞橋，舊建。

捐田記畧

蓋聞集福橋東有永潮菴，由來舊矣；緣庚申十年，粵匪竄宜，殿宇燒燬，片瓦無存。迨甲子克復後，馮大章、王香林等彙合捐資，重建前進屋三楹；又募捐戌字平田拾捌畝有零為菴主祭田，歷年春秋設祭，以垂永遠弗替云。

計開：

西壩頭：馮大章、成高、洪生、盤大、福生、清元，公捐戌字號平田拾伍畝有零；

曹家壩：曹姓捐戌字號平田弍畝有零；

北坂：周瑞明捐戌字號平田壹畝有零。

同治八年歲次己巳穀旦。

萬福禪院碑記

S–79

[簡稱]

萬福禪院碑

[尺寸]

高 39 釐米，寬 85 釐米，厚 10 釐米

[刊立日期]

清同治十年（1871）

[保存地址]

和橋鎮福巷橋村萬福禪寺

[備注]

碑身佚，僅存碑首。

高浮雕雙龍戲珠紋。

[文獻著錄]

光緒《宜興荊谿縣新志》卷九載：萬福庵，咸豐間
兵毀，同治十年里人白錦宣等重建。

[碑文]

萬福禪院（額）

重建城隍廟碑記

S-80

[簡稱]
重建（張渚）城隍廟碑

[尺寸]
高 173 釐米，寬 92 釐米

[刊立日期]
清光緒七年（1881）六月

[撰書人]
徐澤霖撰，余汝務書丹，朱發大刻石。

[保存地址]
張渚鎮下場街城隍廟

[備注]
四邊剔地平雕卷草紋。

[碑文]

重建城隍廟碑記

城隍廟故址，向在新橋河口，其地與龍王廟相隔數武，屹然並峙，其制不甚宏敞。道光初，鎮人咸議改建，鳩工庀材，勢將告竣，忽狂風飛石，遽爾棟折，事遂寢止。粵逆南竄，燬於兵火，但見頹垣敗壁，荊棘叢生，而廟貌悉為秦燼矣。同治辛未，僉議重建，因故址地苦湫隘，乃卜筑於大塲。程氏聯義創捐基地，羊氏金彪、盧氏益謙、昇奎、張氏渭坤、佩林、高氏義大、陸氏甯川、陳氏學川、余氏法南，亦慨助焉。徐君維城、余君維清暨余維序、虞景鏞、盧崇本、盧文彪、堵大藩、曹士昌、徐嘉培、張經綸、何亨衢、黃文彪、程忠洵、楊元瑞、李福和、方肫仁、何毓英、盧啟豪、沈振清等勸捐。先建正殿三楹，暨西首廳堂、厨灶等屋。經始於辛未季春，落成於壬申孟秋，計費三千餘緡，巍煥嵯峨，美輪美奐，洵一時之壯觀也。正殿既成，宮牆未竣，維城乃喟然嘆曰："古人制廟，有門

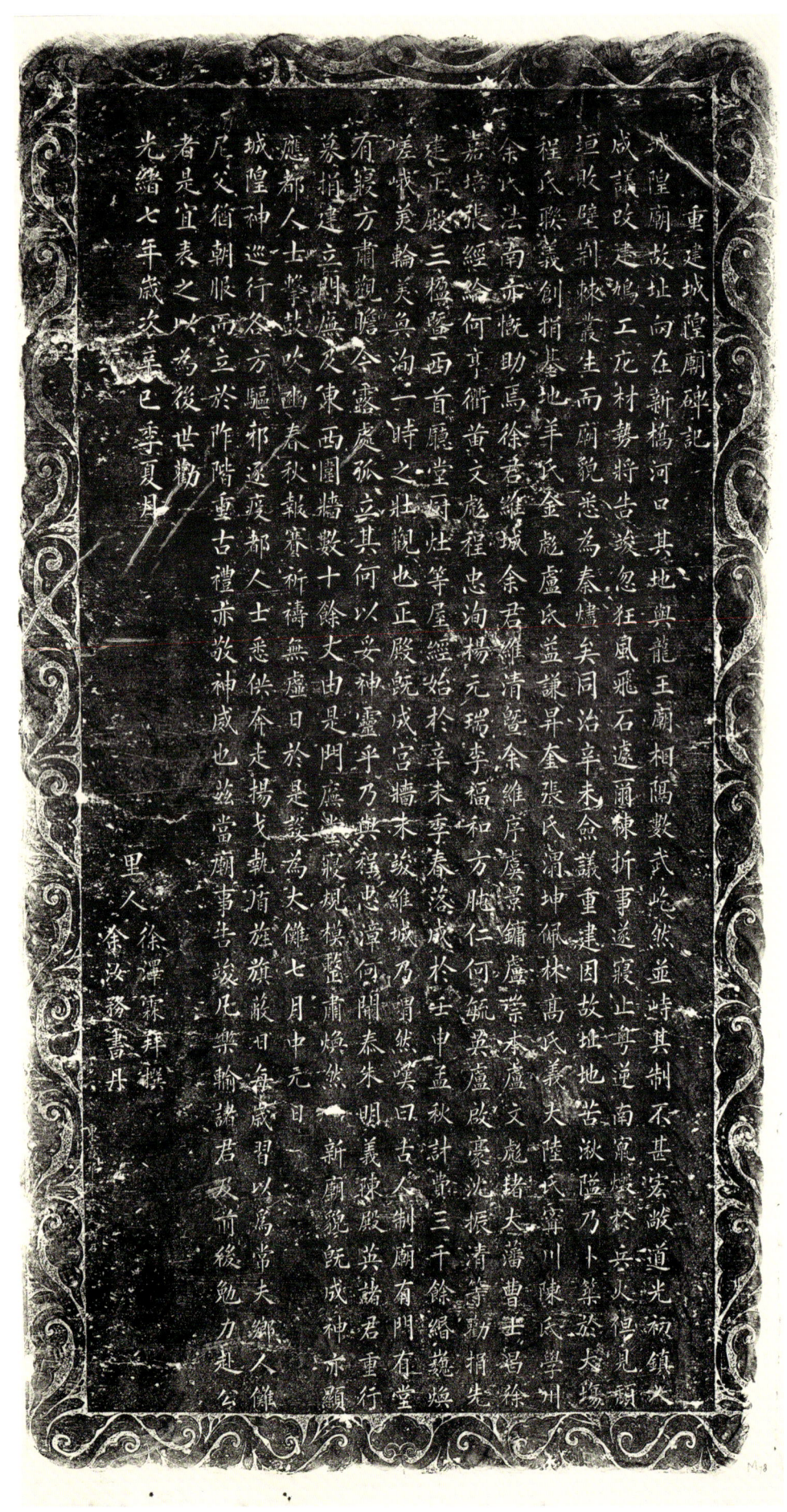

重建城隍廟碑記

城隍廟故址向在新橋河口其地與龍王廟相隔數武屹然並峙其制不甚宏敞道光初鎮火

城議改建鴻工庀材梓勢將告竣忽狂風飛石遽爾折事遂寢止尊逆南竄燹於兵火祖見顧

垣收壁剗棘叢生而廟貌悉為秦燼矣同治辛未僉議重建因故址地苦湫隘陟乃卜築於大場

程氏法義創捐基地羊氏金處盧氏益謙昇奎張氏濕坤佩林高氏義大陸氏齊川陳氏學州

余氏培南亦慨然助馬徐君維清暨余維序廬崇本盧文龍褚太藩曹圭碣徐

嘉正殿西首廳堂同壯等屋經始於辛未季春落成於士申孟秋計常三千餘緡巍

三楹鼇西首廳堂同壯觀也正殿既成宮牆未竣城乃與程忠漳何開泰朱明義速殿英端君重行

嵯峨美奐一時之壯觀也露處立其何以妥神靈乎乃規模鼇肅焕然一新廟貌既成神亦顯

有寢方肅觀瞻今露處立其何以妥神靈乎乃由是閒庶雜沓為大儺七月中元目每歲習以為常夫鄉人儺

墓捐建立閒廬及東西圓牆數十餘大由是閒庶雜為大儺七月中元目每歲習以為常夫鄉人儺

應都人士擊甚吹幽春秋報賽祈禱無虛日於是議為大儺七月中元目每歲習以為常

城隍神巡行各方驅邪逐疫都人士悉供奔走揚戈戟旆敝日

者是宜表之以為後世勸

光緒七年歲次辛巳季夏月

里人

徐澤霖拜撰
余致祿書丹

有堂有寢，方肅觀瞻，今露處孤立，其何以妥神靈乎！”乃與程忠漳、何開泰、朱明義、陳殿英諸君重行募捐，建立門廡，及東西圍墻數十餘丈，由是門廡堂寢，規模整肅，煥然一新。廟貌既成，神亦顯應，都人士擊鼓吹簫，春秋報賽，祈禱無虛日。於是設為大儺，七月中元日，城隍神巡行各方，驅邪逐疫，都人士悉供奔走，揚戈執盾，旌旗蔽日，每歲習以爲常。夫鄉人儺，尼父猶朝服而立於阼階，重古禮，亦敬神威也。茲當廟事告竣，凡樂輸諸君及前後勉力赴公者，是宜表之，以為後世勸。

光緒七年歲次辛巳季夏月。

里人徐澤霖拜撰，余汝務書丹，東霞埠朱發大刻石。

重塑城隍神像碑記

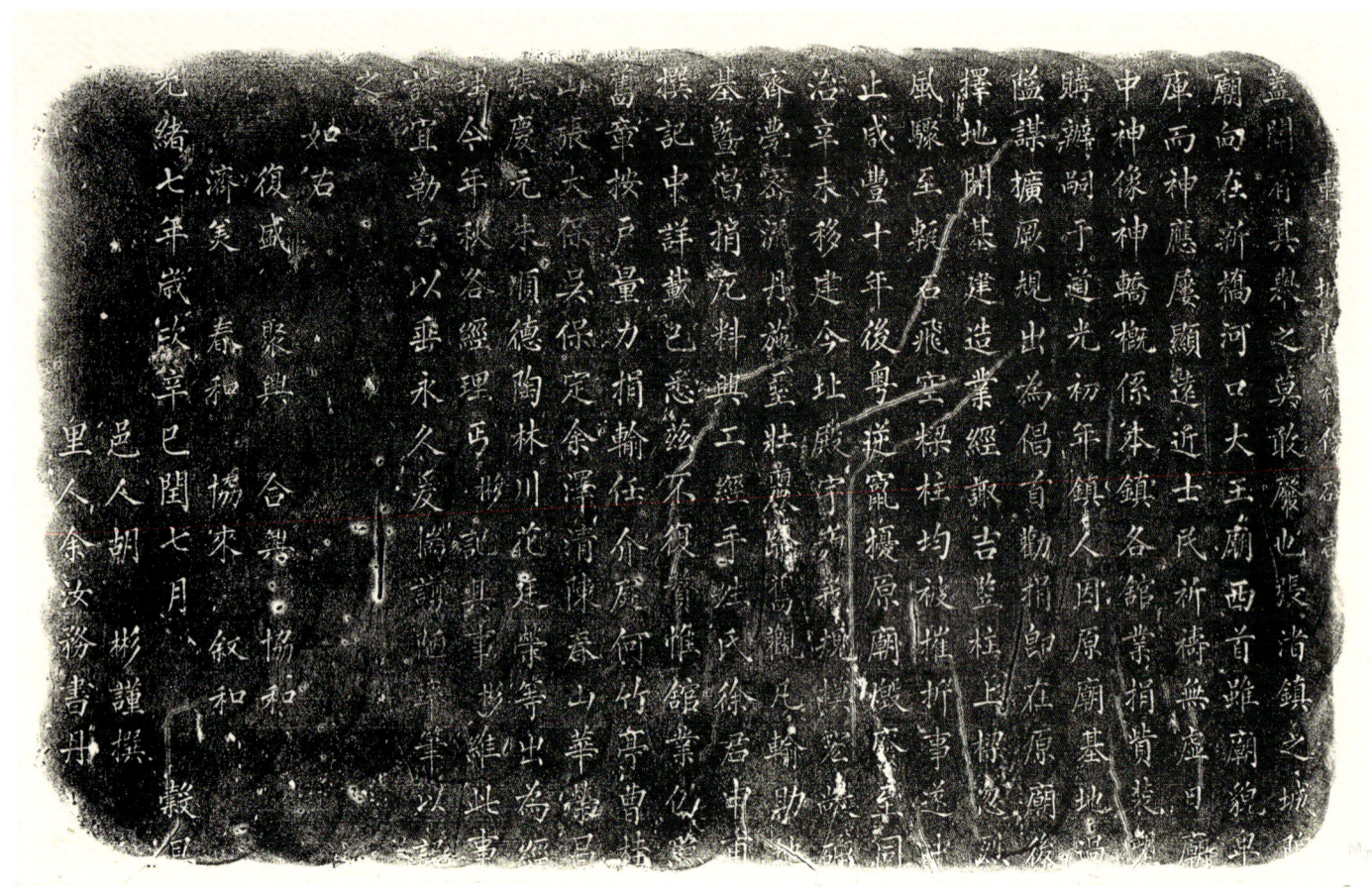

S–81

［簡稱］
重塑（張渚）城隍神像碑

［撰書人］
胡彬撰，徐汝務書丹。

［尺寸］
高 60 釐米，寬 95 釐米

［保存地址］
張渚鎮下場街城隍廟

［刊立日期］
清光緒七年（1881）閏七月

重塑城隍神像碑記

盖聞"有其舉之，莫敢廢也"，張渚鎮之城隍廟，向在新橋河口大王廟西首，雖廟貌卑庳而神應屢顯，遠近士民，祈禱無虛日，廟中神像、神轎概係本鎮各舘業捐貲裝塑購辦。嗣于道光初年，鎮人因原廟基地過隘，謀擴厥規，出為倡首勸捐，卽在原廟後擇地開基建造；業經諏吉，豎柱上樑，忽烈風驟至，甄石飛空，樑柱均被摧折，事遂中止。咸豐十年後，粵逆竄擾，原廟燬廢。至同治辛未，移建今址，殿宇巍峩，規模宏敞，础齊甍密，流丹施堊，壯麗踰舊觀。凡輸助地基暨倡捐疕料、興工經手姓氏，徐君申甫撰記中，詳載已悉，茲不復贅。惟舘業仍照舊章，按戶量力捐輸，任介庭、何竹亭、曹桂山、張大保、吳保定、余澤清、陳春山、華榮昌、張慶元、朱順德、陶林川、花廷榮等出為經理。今年秋，各經理丐彬記其事，彬維此事誠宜勒石，以垂永久，爰揣譾陋，率筆以記之如右。

復盛、聚興、合興、協和、濟美、春和、協來、敘和。

光緒七年歲次辛巳閏七月穀旦。

邑人胡彬謹撰，里人徐汝務書丹。

光緒五年七月添置傷堂袍帽收付碑記

S-82

［簡稱］
添置傷堂袍帽收付碑

［刊立日期］
清光緒七年（1881）八月

［尺寸］
高 60 釐米，寬 93 釐米

［保存地址］
張渚鎮下場街城隍廟

光緒五年七月添置傷堂袍帽收付碑記

□□龍捐洋錢肆拾員，□□山、朱明義、□□溪、程法科、□德榮、朱和尚、□培德、復盛館、□榮茂、李福勝、□法林、曹七大、□□邦、董義川、□書林、吳安才、□根源、任隆茂、□□大，以上各捐錢叁千陸百文；□芝芸捐錢壹千捌佰文，黃榮吉捐錢拾貳千文，程福舟、陳殿英、盧兆奎、盧聽官、陶林川、陳紀昌、馮瑞隆、張齊大、虞鴻成、余如山、張恒泰、周金富、王春大、曹士昌、卞細三、路道生、王兆根、廣興號，任會川捐錢叁千文，李三大捐錢壹千捌百文，合鎮布店李福和經手捐錢柒千貳百文，何開泰、何亨□、曹桂山、沈保輝、陳寶義、張大寶、潘紀江、周廷宣、莫少菜、馬大郎、蔡炳耀、張金□、曹敘昌、曹元昌、陳宣文、李□□、余象乾、張□□、黃細丫頭捐錢貳□文。以上通共捐洋錢肆拾元、錢貳百念陸千肆百文。

袍甲拾貳件付洋錢七拾七元，馬靠六件付洋錢念四元，馬褂拾壹件付洋錢拾捌元七角，旗傘拾把付洋錢拾五元，紅呢背心四件付洋錢四元，短靠拾壹副付洋錢拾捌元七角，毛拾壹副付洋錢四元五角，武盔拾叁頂付洋錢捌元四角半，蔦盔兩頂付洋錢壹元二角，虎皮貳張付洋錢叁元，衣箱兩隻付洋錢拾元。起馬牌盔壹頂付洋錢六角，紮額叁拾副付洋錢四元捌角，紗帽壹頂付洋錢壹元，六房帽六頂付洋錢兩元四角，背旗七副付洋錢叁元五角，玉帶六条付洋錢叁元四角，馬傘壹把付洋錢叁元，清道飛虎旗兩對付洋錢四元，令箭肆枝付洋錢兩元，裁縫工付洋錢五元四角二分，酒席捌棹小帳酒付洋錢拾元三角三分。三角領拾壹条付洋錢□□□，軍半衣帽四副付洋錢□□□，獠牙馬鈴付洋錢兩□□□，花担宮扇付洋錢四元□，網巾叁拾只付洋錢四□□□，神鬚六掛付洋錢壹□□□，書茶童日式夜式付洋錢壹□□□，馬夫衣拾件付洋錢五□□□，修舊冠付洋錢壹元□□□□，紅布褲料絲綿線付洋錢四元七角，買袍船錢費用付洋錢拾□□□□。以上通共付洋錢貳百六拾五員柒角五分，出入俱照市價壹千貳百文申，除捐透付洋錢叁拾柒員零捌分正。

男歡會首捐款，光緒七年辛巳六月起：□正邦、張齊大、陳培德、潘紀綱、任亢元、蔣根生、□庭椿、楊鴻義、俞麒大、任義大、丁佩珍、張得金、□開忠、周盛蘭、周肇祥、王怡生、路甫大、楊聽大、□德順、潘洪川、金連芳、張蔭廷、鄭金懋、朱登大、□廷宣、任福珍、徐丫官，辛巳年共捐錢三十九千文，壬午年共捐錢十七千八百文（五月十一日止），癸未年共捐錢六十二千文，甲申年共捐錢二十千文，乙酉年共捐錢十一千一百廿，丙戌年共捐錢。

光緒七年歲次辛巳仲秋月穀旦。

增建張公廟寢殿碑記

S-83

[簡稱]
增建張公廟寢殿碑

[尺寸]
高 178 釐米，寬 87 釐米

[刊立日期]
清光緒十五年（1889）八月

[撰書人]
徐致章撰，任沄篆額，盧葆
文書丹，周映山鐫。

[保存地址]
宜城街道東廟巷周王廟

[備注]
碑首佚。
兩邊剔地平雕卷草紋。

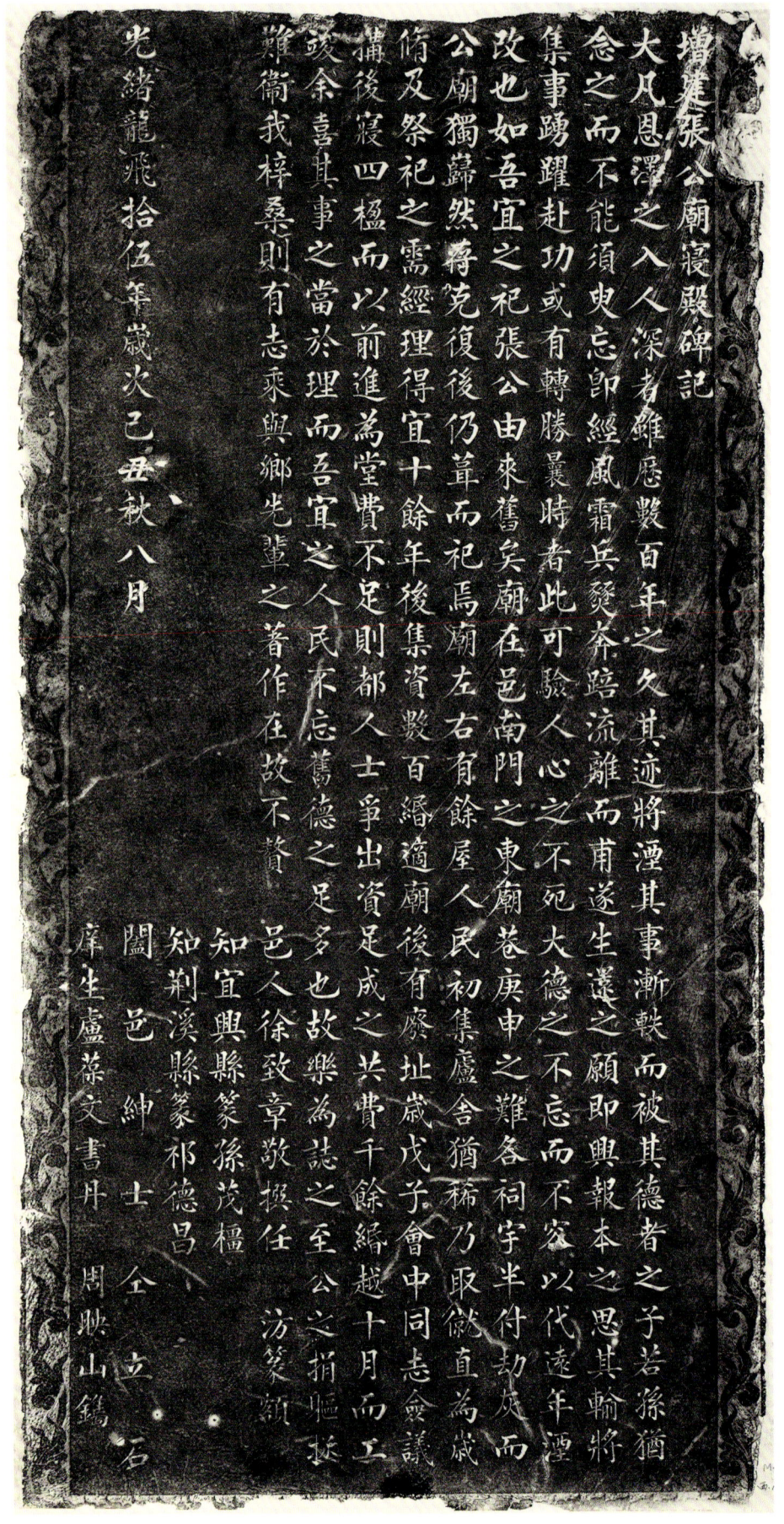

增建張公廟寢殿碑記

大凡恩澤之入人深者雖歷數百年之久其迹將湮其事漸軼而被其德者之子若孫猶
念之而不能須臾忘即經風霜兵燹奔踣流離而甫遂生遠之願即興報本之思其輪將
集事踴躍赴功或有轉勝曩時者此可驗人心之不冺大德以代遠年湮
改也如吾宜之祀張公由來舊矣廟在邑南門之東廟巷庚申之難各祠宇半付劫灰而
公廟獨歸然蔣兖復後仍葺而祀焉廟左右有餘屋民人初集廬舍猶稀乃取微直爲藏
脩及祭祀之需經理得宜十餘年後集資數百緡適廟後有廢址歲戊子會中同志僉議
構後寢四楹而以前進爲堂費不足則都人士爭出資足成之共費千餘緡越十月而工
竣余喜其事之當於理而進爲民亦忘萬德之足多也故樂爲誌之至公之家捐恇拯
難衛我梓桑則有志秉與鄉先輩之著作在故不贅

邑人徐致章敬擬任
知宜興縣篆孫茂楣
知荊溪縣篆祁德昌
闔邑紳士仝立
庠生盧葆文書丹
周映山鐫

光緒龍飛拾伍年歲次己丑秋八月

嘉慶《增修宜興縣舊志》卷二載：張公祠，在東廟巷附邑城隍廟後，祀常鎮兵備道張公鍵，康熙丁酉年建。

光緒《宜興荊谿縣新志》卷二載（略）：潘先序題楹聯云"體聖主不嗜殺之心，止戈為武；慰蒼黎紹見休之願，大德曰生"。當時即用其語請給編銀致祭建修。道光二十六年，邑紳潘騂、任杓等經理脩葺。同治七年，邑人捐貲重修，周湛霖記（略）。

民國《光宣宜荊續志》卷二載：光緒十四年，邑人重建後寢四楹。徐致章撰記（錄文至"故樂為誌之"，且有錯漏）。

《宜城鎮志》第二十四章載：張鍵自盡後，邑人以其留宿的東廟巷王期升宅建廟，另在大人巷底東側堆土作墩紀念，稱張公墩。1987 年，張公廟拆建為青雲菜場。

增建張公廟寢殿碑記

大凡恩澤之入人深者，雖歷數百年之久，其迹將湮、其事漸軼，而被其德者之子若孫，猶念之而不能須臾忘，即經風霜兵燹、奔踣流離，而甫遂生還之願，即興報本之思。其輪將集事、踴躍赴功，或有轉勝曩時者，此可驗人心之不死、大德之不忘，而不容以代遙年湮改也。如吾宜之祀張公，由來舊矣；廟在邑南門之東廟巷，庚申之難，各祠宇半付劫灰，而公廟獨巋然存，克復後，仍葺而祀焉。廟左右有餘屋，人民初集，廬舍猶稀，乃取僦直為歲脩及祭祀之需，經理得宜，十餘年後，集資數百緡。適廟後有廢址，歲戊子，會中同志僉議搆後寢四楹，而以前進為堂。費不足則都人士爭出資足成之，共費千餘緡，越十月而工竣。余喜其事之當於理，而吾宜之人民不忘舊德之足多也，故樂為誌之。至公之捐軀拯難，衛我梓桑，則有志乘與鄉先輩之著作在，故不贅。

光緒龍飛拾伍年歲次己丑秋八月。

邑人徐致章敬撰，任沄篆額，知宜興縣篆孫茂橿，知荊溪縣篆祁德昌，闔邑紳士仝立石。庠生盧葆文書丹，周映山鐫。

重建西乾菴前進碑記

S-84

[簡稱]
重建西乾庵前進碑

[尺寸]
高 66 釐米，寬 66 釐米

[刊立日期]
清光緒十七年（1891）四月

[保存地址]
和橋鎮閘口村永定自然村
西乾寺

[備注]
磚質，局部損泐。

[文獻著錄]
《和橋鎮志》第
二十九章有載。

［碑文］

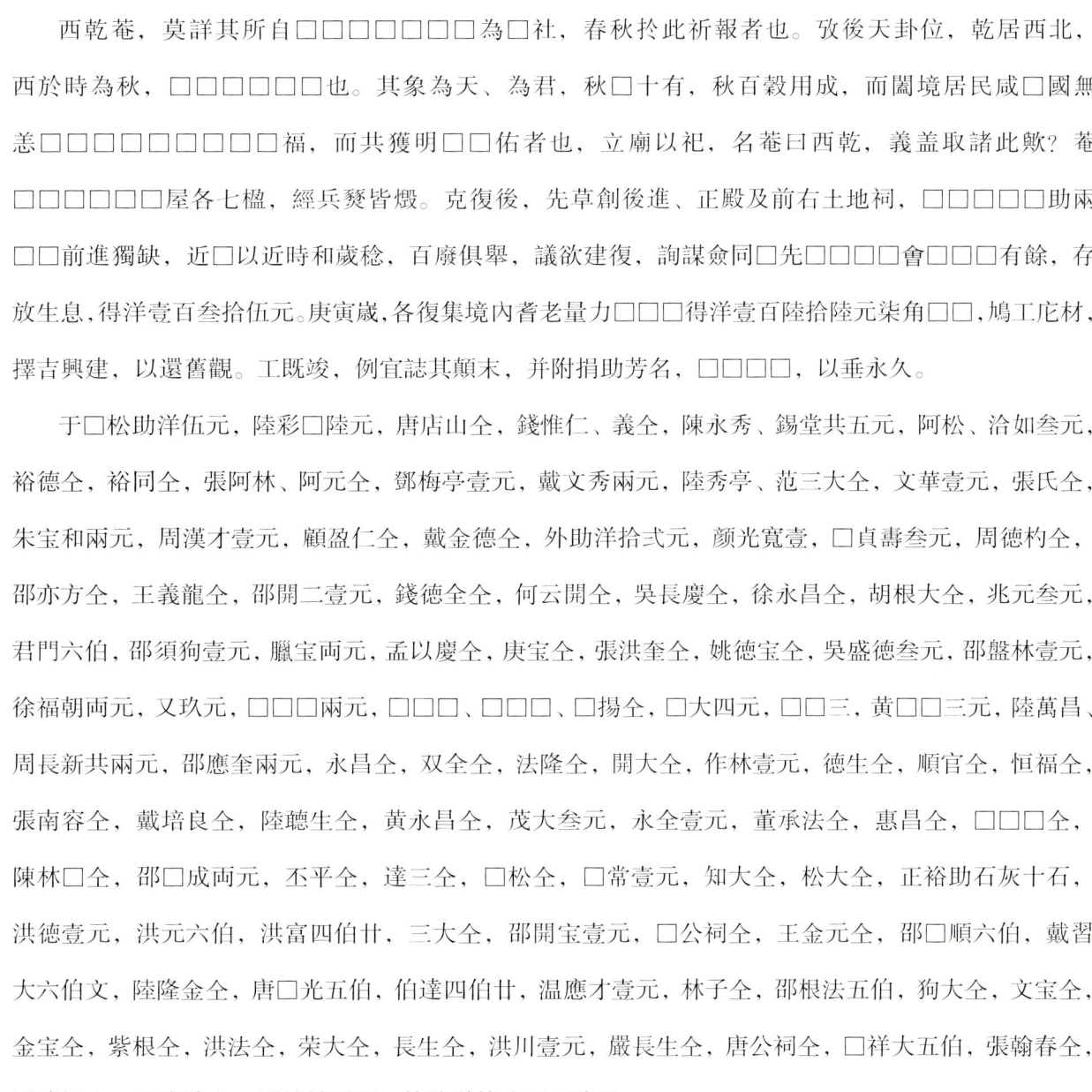

重建西乾菴前進碑記

西乾菴，莫詳其所自□□□□□□□為□社，春秋扵此祈報者也。攷後天卦位，乾居西北，西於時為秋，□□□□□□也。其象為天、為君，秋□十有，秋百穀用成，而闔境居民咸□國無恙□□□□□□□□福，而共獲明□□佑者也，立廟以祀，名菴曰西乾，義盖取諸此歟？菴□□□□□屋各七楹，經兵燹皆燬。克復後，先草創後進、正殿及前右土地祠，□□□□□助兩□□前進獨缺，近□以近時和歲稔，百廢俱舉，議欲建復，詢謀僉同□先□□□□會□□□有餘，存放生息，得洋壹百叁拾伍元。庚寅歲，各復集境內耆老量力□□□得洋壹百陸拾陸元柒角□□，鳩工庀材，擇吉興建，以還舊觀。工既竣，例宜誌其顛末，并附捐助芳名，□□□□，以垂永久。

于□松助洋伍元，陸彩□陸元，唐店山全，錢惟仁、義全，陳永秀、錫堂共五元，阿松、洽如叁元，裕德全，裕同全，張阿林、阿元全，鄧梅亭壹元，戴文秀兩元，陸秀亭、范三大全，文華壹元，張氏全，朱宝和兩元，周漢才壹元，顧盈仁全，戴金德全，外助洋拾弍元，顏光寬壹，□貞壽叁元，周德杓全，邵亦方全，王義龍全，邵開二壹元，錢德全全，何云開全，吳長慶全，徐永昌全，胡根大全，兆元叁元，君門六伯，邵須狗壹元，臘宝兩元，孟以慶全，庚宝全，張洪奎全，姚德宝全，吳盛德叁元，邵盤林壹元，徐福朝兩元，又玖元，□□□兩元，□□□、□□□、□揚全，□大四元，□□三，黃□□三元，陸萬昌、周長新共兩元，邵應奎兩元，永昌全，双全全，法隆全，開大全，作林壹元，德生全，順官全，恒福全，張南容全，戴培良全，陸聽生全，黃永昌全，茂大叁元，永全壹元，董承法全，惠昌全，□□□全，陳林□全，邵□成兩元，丕平全，達三全，□松全，□常壹元，知大全，松大全，正裕助石灰十石，洪德壹元，洪元六伯，洪富四伯廿，三大全，邵開宝壹元，□公祠全，王金元全，邵□順六伯，戴習大六伯文，陸隆金全，唐□光五伯，伯達四伯廿，温應才壹元，林子全，邵根法五伯，狗大全，文宝全，金宝全，紫根全，洪法全，荣大全，長生全，洪川壹元，嚴長生全，唐公祠全，□祥大五伯，張翰春全，周連初全，王慶珍全，邵德呉兩元，外助洋拾弍元又玖元。

木料、磚瓦、石灰、水木作零星共用洋叁伯拾叁元壹角壹分正。

光緒拾柒年清和月穀旦。

建造萬年臺及左右樓房捐數付款（一）

S–85–1

[簡稱]
建造萬年臺及左右樓房捐
數付款（一）

[刊立日期]
清光緒十七年（1891）
十一月

[尺寸]
高 64 釐米，寬 94 釐米

[保存地址]
張渚鎮下場街城隍廟

金泉區：頭啚陸恆寿經手捐洋五元，二啚宗爱生經手捐洋六元、錢四千文，三啚陳兆珍經手捐洋十元零七角五，四啚陳金荣、汪山高經手捐洋式十元、錢四百文，五啚湯慶雲經手捐洋叁元，六啚陳金荣經手捐洋拾四元，七啚張務生經手捐洋柒元、錢叁百八十文，八啚朱漢亭經手捐洋柒元，九啚任超元、徐济亭經手捐洋拾式元五角，十、十一、十七啚任玉堂經手捐洋拾壹元，十二、十三、十四、十五啚任樹槐經手捐洋叁拾元，十六啚湯香岩經手捐洋五元。永丰區：敬莭會程松泉手捐洋叁拾元，盧劍泉捐洋拾元，王永孚堂捐洋捌元，徐冠時捐錢四千五百文，慕園捐洋叁元；頭啚陳福川經手捐洋六元、錢五百十文；二啚何慕溪捐洋式元，又經手捐洋七元、錢壹千六百六十文，盧敦復堂捐洋式元，黃安奎卷洋式元；三啚張國勝經手捐洋十二元、錢七百文；四啚吳萬荣經手捐洋四元、錢三千式百九十文。五啚陳林奎捐錢壹千六百文，黃盤大捐洋壹元，盧三大經手捐洋式元、錢四千九百六十文；六啚徐初生捐洋兩元，盧金鐸捐洋壹元，余樂山、陳美、吳玉和、義高，以上全，張祥雲經手捐洋四元、錢壹千式百九十文，盧金鐸經手捐洋叁元、錢七千五百五十文。七啚庄金科捐洋壹元，路于文、何福春全上，莊金科經手捐洋三元、錢八百四十文。八啚陳慶部捐錢式兩，周根寿捐錢式兩，史于珍捐洋一元。

董川秀捐洋壹元，八啚共計廿九戶散捐洋壹元、錢十四千式百五十文；徐松奎捐洋壹元，楊協禮、浦鍾源、莊听書、周惠山，以上全，九啚沈明山、張任宝、丁順昌共捐洋拾元；十啚馬謙益堂捐洋式元，凝瑞堂捐洋壹元，思補堂、（天錫、尚志）堂、容文、陳亭茂、亨嘉、鎖林、吳忠法，上全；十壹圖共計八戶散捐錢四千三百十文；董林芳捐錢式兩，瑞雲捐洋壹元，張兆先全上；十二圖共計散捐洋叁元，黃人欽捐洋壹元五角，懷根全上，信松捐洋壹元，松寿、松福、王道宗，以上全；十三圖周山林、朱听金經手捐洋拾式元；十四圖沈雲山捐錢柒千文，蔣和義捐洋壹元，潘兆占、順大、曹含章、蔡雲林、李川寿、蔣雙喜、淡恩大、王川生，以上全，朱立堂捐錢柒百文，王漢廷捐錢六錢。

十五啚共計散捐錢十一千二百文，盧佛山捐洋叁元，聚春捐洋壹元，懷本堂、馮会高，以上全；十六啚蔣用（良、宾）共捐洋四元，盧芝培捐洋叁元，寿芝捐洋式元，荣富、生荣，以上全，富川捐洋壹元，才元、勝昌、錦懷、煥章、寿林、鎖根、赦大、寿福，以上同，朱（金寿、銀奎）共捐洋四元，佑才捐洋壹元，蔣貞祥、順奎、長寿、於義安、周招大；十七啚共計戶散捐洋壹元、錢式十千零一百六十文，黃志仁捐錢叁兩，盧兆興捐錢壹兩，許餘大捐洋壹元，徐巽峯、栢福昌，以上全；十八啚共計十八戶散捐洋六元、錢四百八十文，陳成之捐洋壹元，洪川、史順海，以上全；十九啚陳厚之經手捐洋八元；二十啚丁奉先祠捐錢五兩，陳听夷堂捐洋三元，穀詒堂捐洋式元，世德堂全上；廿一啚馬益承經手捐洋八元。

建造萬年臺及左右樓房捐數付款（二）

S-85-2

［簡稱］
建造萬年臺及左右樓房捐數付款（二）

［尺寸］
高 62 釐米，寬 96 釐米

永豐區兩湖客　第叁號

頭圖：戴全詩手捐洋五元、錢壹百五十文，楊昇堂手捐洋叁元、錢壹千四百九十文，許建荣手捐洋九元、錢六百六十文，吳文臭手捐洋四元、錢壹百廿文。八、九圖：華俊賢手捐洋五元、錢壹百文，曹學德手捐錢壹千四百文，戴泰春手捐洋九元五角，陳臭荣手捐洋五元七角五分。十三圖：黃松亭手捐洋九元八角五分，蔣方清手捐洋六元，古鳳来手捐洋九元、錢三千六百八十文，唐斗見手捐洋七元、錢壹百七十文。十三圖：宮立有手捐洋六元、錢九百四十文，程和亭手捐洋八元、錢壹千二百文，唐德先手捐洋四元、錢八百文，蔡光漢手捐洋式元、錢壹百文。七圖：朱永茂手捐洋六元。八圖：吳加雨手捐洋五元、錢式百文。十五圖：黃人和手捐錢叁千五百文，馮志強手捐洋五元、錢九百文，張茂林手捐洋四元、錢九百文。十四圖：喬金貴手捐洋五元九角二分，曾紀泰手捐洋叁元。

永豐區河南客

二圖：朱明亮手捐洋壹元、錢一千八百文。五圖：范文明手捐洋叁元、錢一千七百文。七圖：吳炳發手捐洋七元、錢式百六十文，陳義臭手捐錢七百五十文，陳德陽手捐洋四元、錢式千文，李維星手捐錢四千零六十文，章金元手捐錢壹千八百廿文。十八圖：劉文恆手捐洋兩元。二圖：舒正明手捐洋壹元、錢四百廿文。六圖：陳長勝手捐錢六百文。八圖：陳正東手捐洋十一元、錢五百文。十三圖：黃世富手捐錢四百文，金復臭手捐洋五元、錢四千零八十五文。十四圖：游建功手捐洋四元、錢五千零七十文。十七圖：馮耀珠手捐洋七元、錢一千六百七十一文。二十圖：李開仲手捐洋三元、錢五百文，徐元有手捐洋叁元、錢一千六百文，方貢喜手捐洋壹元、錢一千八百文。二十圖：鄧啓華手捐洋三元、錢八百文，張世華手捐錢一千七百文，楊湧冰手捐錢一千七百五十文。十五圖：武之茂手捐錢六千式百文，陳友如手捐洋一元、錢式千四百文，江雲山手捐洋式元。

金泉區湖北客

四圖：徐國本手捐洋十一元、錢一千一百四十文，何正容手捐錢九百五十文，龔登楷手捐洋六元六角五分，鄭世芳手捐錢一千九百五十文，劉開芝手捐洋三元、錢式千零八十文，又收南星宮洋念元，收當袍洋叁十五元，收房租洋六十一元八角七分八、錢一百十千零零卅文。

以上通共總收捐洋玖佰玖拾壹元陸角式分、錢壹仟仟零九十九千叁百三十七文。

建造萬年臺及左右楼房付歀

付章順之包工洋六百零六元、又付計工洋式十八元、付顧根法工錢式十二文，又付包工食錢五十八千文，付廣木洋一百廿三元三角，付□木双全洋十三元、錢式百五十文，付椽只洋十九元（王本裕）、錢四千九百六十八文，又付錢十四千四百八十四文（冑三郎），付樹錢廿八千七百五十文（楊六），又付錢式千零十文（陳兆珍），又付洋叁十八元三角八分（楊六），付包磚瓦工食洋叁百元（王盛春），又付包工食錢五十五千文，又付柳岸路洋三元、橋埠工錢四千七百五十文。付罗磚工作錢七十六千六百文，付罗磚花瓦洋卅一元七角、錢四千一百二十文，付磚洋四十元、錢一千九百文（史近良），又付洋六元（陳順德），付磚瓦洋廿元、錢二百五十文（王客），付瓦洋廿三元五角五分（正山），付叚磚洋五元、錢十九千五百文，付石料工洋十八元、錢卅二千五百十四文（朱法大），付石磚料洋廿一元、錢三百八十文（金石匠），付墻沿桑板洋七元、錢二千九百八十文，付新旧石料洋三元、錢四千零六十文，付老石基抬石工錢十四千五百四十文，付石腳洋五元、錢四十二千五百五十文，付小工錢廿五千五百十文。付金漆顏料洋卅七元九角、錢一千七百十文，付油漆裝金工錢五十九千文，付船力洋五元、錢十八千三百六十文，付謝風水洋六元，付利市包錢廿二千二百六十文，付石灰洋五十八元一角二分（徐公和），付石灰洋三元、錢一千八百四十三文（沈雲山），付釘洋十五元、錢五百文（蔣洽㠯），付釘芦席錢一千八百四十文，付草帋竹望磚洋式元、錢廿千〇六〇六十文，付竹園枏洋式元、錢十二千七百七十文，付鉄料錢廿七千四百文（王水㠯），付蔣永㠯錢二千九百文，付柴米酒席洋卅六元三角、錢七十三千一百八十八文。付香烛帋酒油蘇錢七十四千式百六十文，付請兵洋卅八元七角、錢三百八十五文，付銅罳洋式元、錢三千二百六十文，付玻璃灯洋式元三角五分，付連子灯洋六元七角，付过户洋式元，付酒席洋一元、錢廿七千八百九十四文，付碗盃洋一元、錢一千九百廿文，付酒席洋九元、錢四千八百六十文，付燒餅錢廿千六百六十文，付小菜錢八千零七十六文，付魚錢八千四百四十九文，付肉錢四十千零五百七十文（余立盛），又付貨錢三千九百十五文（朱永㠯），付石料錢廿二千零廿文（余雁内手，満路），付兩旁圍牆錢十千文，付捕籃錢一千五百四十文，付演戲酒席洋卅八元、錢十九千七百卅文，付東西楼房板内洋五元、裝修錢十八千九百五十六文，付正信置袍垫洋廿一元，付馬姓樹椽板料錢四十式千四百四十文，又付磚瓦石灰洋卅七元七角一分三，又付堦沿石脚板洋八元、錢十九千弍百八十文，付斫木工作洋廿七元九角五分、錢六千弍百八十二文。一切用在內。付息洋九十三元一角、錢六千一百三十八文。

以上通共付洋壹仟柒佰拾陸元五角八分五、錢壹仟仟零十三千六百七十五文；通共除收，透付洋壹佰九十元、錢一百八十五千七百廿文。此歇將廟內房租錢歸還。

光緒拾柒年仲冬月穀旦。

男歡會續捐欵

S–86

[簡稱]
男歡會續捐款

[尺寸]
高 62 釐米, 寬 96 釐米

[刊立日期]
清光緒十二年（1886）至
二十七年 (1901) 間

[保存地址]
張渚鎮下場街城隍廟

[備註]
捐款始於光緒十二年, 訖止
光緒二十七年。

男歡會續捐欵

丙戌年共捐錢念仟八百五十文，丁亥年共捐洋拾元、錢五十千零五百四十文，戊子年共捐洋壹元、錢念九千三百七十文，己丑年共捐錢念柒仟零九十文，庚寅年共捐錢柒拾四仟八百文，辛卯年共捐錢叁拾壹仟四百文，壬辰年共捐錢拾式仟四百文，癸巳年共捐錢念捌仟五百文，甲午年共捐洋拾捌元，乙未年共捐洋貳拾伍元，丙申年共捐洋壹百元，丁酉年共捐洋乙百十五元，戊戌年共捐洋八十五元，己亥年共捐洋七十八元六角，庚子年共捐洋七十三元五角，辛丑年共捐小洋三十六元八角。壬寅年共捐，癸卯年共捐，甲辰年共捐，乙巳年共捐；

丙午年共捐，丁未年共捐，戊申年共捐，己酉年共捐，庚戌年共捐，辛亥年共捐，壬子年共捐，癸丑年共捐，甲寅年共捐，乙卯年共捐，丙辰年共捐，丁巳年共捐，戊午年共捐，己未年共捐，庚申年共捐，辛酉年共捐，壬戌年共捐，癸亥年共捐，甲子年共捐，乙丑年共捐；

丙寅年共捐，丁卯年共捐，戊辰年共捐，己巳年共捐，庚午年共捐，辛未年共捐，壬申年共捐，癸酉年共捐，甲戌年共捐，乙亥年共捐，丙子年共捐，丁丑年共捐，戊寅年共捐，己卯年共捐，庚辰年共捐，辛巳年共捐，壬午年共捐，癸未年共捐，甲申年共捐，乙酉年共捐。

新建(和橋)魯仙宮碑記

S-87

[簡稱]
新建（和橋）魯仙宮碑

[尺寸]
高 155 釐米，寬 78.5 釐米，
厚 15 釐米

[刊立日期]
清光緒十九年（1893）十
月上旬

[撰書人]
徐達聲撰并書丹，史榮慶、
郭長壽刻。

[保存地址]
和橋鎮鵝洲南路和橋公園

[文獻著錄]

　　《和橋鎮志》第二十九章有載，參見 S-16《博濟禪院飯僧碑》之"文獻著錄"。

[碑文]

　　《周禮·攷工記》曰："智者創之，巧者述之。"是凡物之成，未有不恃乎智巧，而古來之盡乎智巧者，莫若公輸子。公輸子，魯人，諱班，字依知。初從遊於子夏之門人，既而用心於規矩準繩，盡其聰明以為方員平直，孟子嘗稱其巧焉。又聞，公輸子以才力奔走天下，遇洪崖之徒，遂飛昇白鹿山，厥後英靈時現，代獲榮封，故又稱為魯仙云。要之為天下後世之法者，即宜食天下後世之報；夫以魯仙之神乎其技，為百工之師，凡業曲藝者，安得不尊崇之、而享祀之？吾邑和橋鎮，素有是宮，但先是設其神位於雷祖殿前，尚未專立其宮。至同治五年，木水作工師郁開忠、范洪發建議立魯仙宮，以為百工所崇奉之處，爰集木工、水工、石工三家工師，慷慨捐資，擇其地於南興橋西園閒，定其規制，造其宮室；厥後開忠、洪發辭世，而水木工師與百工業已增捐而續成矣。今年秋，水工洪福之子隆慶者，來乞余為文以記之，余愛其克承先志，並嘉諸工師之不忘其本也，爰不揣譾陋，而為之記云。

邑人邑庠生徐達聲謹譔并書丹。

本廟基地係愛字第三千九百三十七號壹分四釐六毫六絲，辦糧郁雲中助。郁開忠、范洪發、蔣德明、范洪大、吳君義、范洪福、金阿四、范盤洪、王恩大、黃祿大、邵僧大、董大三、董定祥、周錫大、金盤法、程南奎、程細寶、周復大、秦義源、王福年、蔣耀乾、談三郎、裴永敘、周富年、王保大、王開盛、裴松盛、許生大、張三殼、方正用、韋恩大、倪阿虎、王興大、程春奎、唐根榮，以上各捐錢六兩；吳鎖根、周三郎、蔣盤明、張丫頭、王順虎，以上各捐錢五兩；趙見中、張懷芝捐洋錢三元；許聚保、范龍大、閔虎大，以上各捐錢壹兩六錢；褚德寶、□定富、吳榮銓、陳奎林、邵聰大、邵富元、歐順福、吳玉□、余壽□、丁朝大、郁洪三、邵順法、朱五大、邵生周、褚順方、李洪大、張錦成、朱有槐、左有儒、邰選芝、徐茂芝、耿文三、徐順朝、韓盛隆、季惟倫，以上各捐洋錢兩元。王廣林、邵榮三、蔣瑞大、閔洪茂、唐聚保、張家法、李近德、吳榮茂、丁登高，以上各捐錢式兩□分；張子順、盛□康、徐召生、談蛟大、徐永發、許同高，以上各捐錢式兩六錢；朱元記、孫通大、馮金德、吳學順、褚德保、史順福、黃方秀、錢三大，以上各捐錢式兩；吳彀大、周裕來、袁國茂、吳洪義、蔣阿義、朱継儒、楊開盛、邵順隆、談康蔭、費有興、蔣書耕、陸雙龍、仲生成、管順洪、蔣洪昌、顧長根、吳金寶、袁和尚、陳富餘、盛勤餘、陸召開、蔡德二，以上各捐錢一兩六錢；蔣富南、費增壽、徐順保、王洪三、范川大、范隆慶、董佛保、許盤大、湯德荣、聞金川、卜三保、吳成瑞、周細寶、謝順德、郭長林、蔣鳳梧、沈三大、王美富、蔣德銓、朱阿高，以上各捐洋錢一元；唐錦華、談洪順、趙雍生、趙龍生、趙順三、袁順三、蔣元盛、孫義和，以上各捐洋錢兩元；刻碑史榮慶、郭長壽，捐洋錢一元五角；蔣明茂、談福康、湯伯益、李子初、徐松齊、吳土君、陶根福、許富榮，以上各捐洋錢一元；荊兆初、趙川法、陳裕三、湯順德、朱金川、錢長松、王會興、鄧益寶、邵宜興、吳兆西、彭春山、徐之洪、孫志和，捐洋錢兩元；郁阿林、汪生奎，捐錢六兩；項伍大捐錢式仟八百文，殷正華捐錢式仟四百文，馮洪德捐洋兩元、錢四百文；邵三觀，以上各捐錢三兩；劉進明、吉仁祥、蔡裕林、張圓才、華亭正，以上各捐洋錢兩元；高孝伍、韋松岩、萬三大、白銀福，以上各捐洋錢一元、錢六元；黃芳秀、丁朝三、邵定全、張全盛、湯有甫、劉二郎，以上各捐錢式兩；劉春二、陳順保、徐濟昌、□□本、楊彩林、王佩珠、丁応林、虞裕泉、許春發、邵元豐、談咬芳、李德福、董秋林、吳盤福、金全大、殷金高、張長裕、湯裕唐、陳玉林、張倍川、陸廷祥、周增福、陳剛茂、孫根福、顧金先、□永厚，以上各捐洋錢一元；潘細順、陳孝弟、蔣慶裕、陸裕豐、吳明大、戴敦法、張元明，以上各捐錢□□□；徐春山、花祥大、盛荣大、易司務、聞正福、馮長大、陸朝年、蔣三牙、杜順昌、錢洪興、楊朝荣、强桂大、袁永林、馬洪福、馮長大、陳方奎、孫盤貞、堵順南、蔣恩隆、金洪昌、許順福、劉金雲、陸桂大、王書三，以上各捐錢八百四十；張三保、張德保、袁福茂、陳榮大、蔣金雲、□法大、袁洪大、蔣同茂、錢順法、邵云開、堵岳慶、陳生大、孫丫頭、渲榮慶、葉方興、王□章、徐正林、周朱大、周全大、王進西、路福大、蔣川大，以上各捐錢一兩；孟間寶、蔣順隆、孫岳壽、王盤福、王兆卿、宋圓大、孟錦倫、徐榮大、吳根用、陸金華、楊銀保、趙阿三、黃啟大、繆天法、陸召開、陳正大、吳海大、費錦芳、陸荣德、李榮高、湯敬三、郁川法、周根大、姜順虎、萬瑞名、錢茂佳、潘有才、張根榮、陸四枚，以上各捐錢六百文；陸茂傳、徐順傳、羊順川，以上各捐錢五百六十文；邵鳴大、沈咬川、邵裕大、白正大、劉盤溝、何安德、何福全、吳兆華、陳林元、吳萬用，以上各捐錢五百廿文；盛鳴珊、裴洪大、蔣川二、蔣保大，以上各捐錢五百文；楊立大、邵永德、蔣盤大、邵法余、左裕豐、馮金可、蔣佛保、蔣洪川、張洪大、黃永昌、周盤川、許听大、鄧三大、鄧德大、周洪大、周四保、陸苟大、夏同生、尹阿金、丁壽金、丁壽海、丁壽三、裴順林、許盤福、李洪保、湯裕和、江德順、王富郎、蔣法林、周丕承、薛長保、周洪撰、蔣永福、董洪大、李金川、徐三大、王信成、陳方堃、孫盛餘、蔣其祥、王致祥、朱雲祥、邵秀奎、邵三大、邵老昌、邵洪盛、呂成裕、戚順名、孫志在、周德保、蔣士撰、周菊亭、潘自南、談瑞龍、張子龍、黃義大、王聖高、沈方榮、許川大、徐榮大、徐根慶、邵兆慶、錢二郎、俞永根、談茂二、邵香林、吳長法、王叩志、朱萬初、趙祥法、顧阿巧、朱有才、程明福，以上各捐錢四百廿文。

同治五年捐款開消起廟、塑像費用；光緒十九年捐款水、木、石作收錢六十五千七百四十、十二千六百五十文，開消修理、油漆、開光、立碑、上匾、演戲、壹切零用七十四千八百廿文、八十七千五百六十文。

光緒拾玖年歲次癸巳孟冬上浣。

同人敬立。

重建静壽禪寺碑序

S-88

[簡稱]
重建靜壽禪寺碑

[尺寸]
高 144.5 釐米，寬 75.5 釐米，
厚 13 釐米

[刊立日期]
清光緒二十年（1894）正月

[撰書人]
謝洪撰序并書丹篆

[保存地址]
周鐵鎮分水村慧林禪寺

[備注]
碑身中部橫裂，上下端略殘缺。
四邊剔地平雕卷草紋。

[文獻著錄]
　　康熙《重修宜興縣志》卷
十載：靜壽庵，在縣東北六十
里蔣灣山，宋咸淳二年建，明
洪武四年僧鑑平重建，崇禎間
僧靜觀重修。

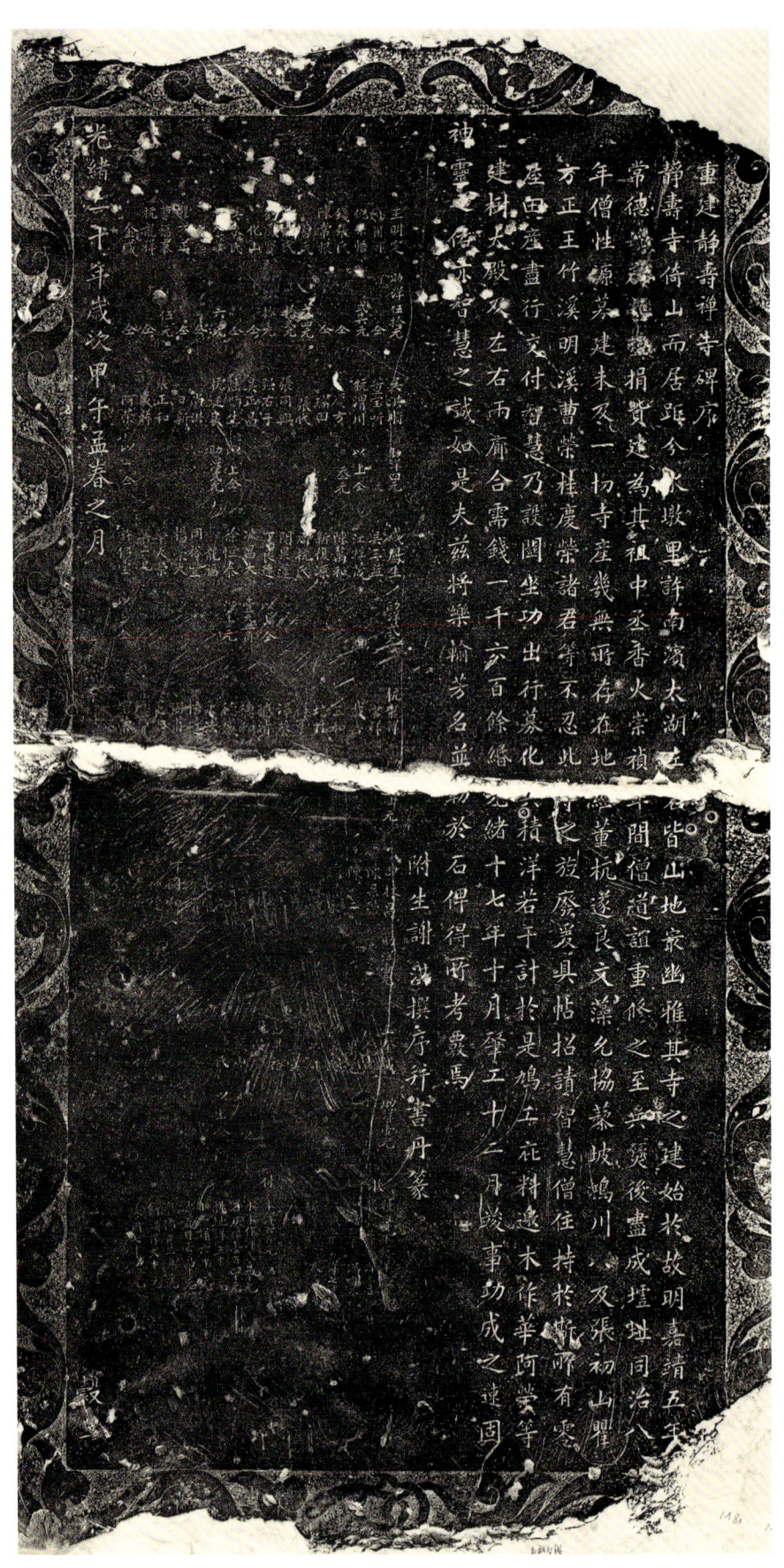

光緒《宜興荊谿縣新志》：静壽庵，在蔣灣山南麓，兵毀。同治八年，僧性源募建。舊志入洞上區（今萬二區）。

《分水村志》第十二章有載述並輯錄碑文（捐項略，有錯漏）。

按：碑文所載清以前静壽寺興廢實為舊志所載同里慧林禪院歷史（參見第二冊 M-36《道誼禪師塔》之"文獻著錄"），不知所以。

[碑文]

重建静壽禪寺碑序

静壽寺，倚山而居，距分水墩里許，南濱太湖，左右皆山，地寂幽雅。其寺之建始於故明嘉靖五年，常德□□□□捐貲建，為其祖中丞香火；崇禎年間，僧道誼重修之；至兵燹後，盡成墟址；同治八年，僧性源募建未及，一切寺產幾無所存。在地經董杭遂良、文藻、允協、藜坡、鴻川以及張初山，瞿方正，王竹溪、明溪、曹榮桂、慶榮諸君等，不忍此寺之旋廢，爰具帖招請智慧僧住持於斯，所有零屋田產盡行交付。智慧乃設闔坐功，出行募化，共積洋若干計，於是鳩工庀料，邀木作華阿榮等建樹大殿及左右兩廊，合需錢一千六百餘緡；光緒十七年十月肇工，十二月竣事；功成之速，固神靈之佑，亦智慧之誠如是夫。茲將樂輸芳名並勒於石，俾得所藪焉。

附生謝淇撰序拜并書丹篆。

王明定助洋伍拾元，妙相師全，倪果悟弍十六元，錢張氏全，陳常根全，曹氏弍十四元，□□氏拾弍元，劉鳳寶拾元，化山全，吳朱氏全，□金華六元，文藻全，瞿方正全，曹福泰伍元，杭龍祥全，金盛全。

吳洪順助洋四元，董寶听、杭渭川，以上全；慶方叄元，瑞田、張氏、張同興、强右于、吳正昌、陸炳生，以上全；杭遂良助洋弍元，尚洪、日新、張正和、盛祥、阿榮，以上全。

戚鳳生助洋弍元，吳三益、江甡茂、陳萬和、新復源、周杭氏、閔果蓮、丁良達，以上全；凌昌大壹元三角，徐恒泰洋壹元，龍福、同裕豐、楊榮大、華大榮、吳二兄、許佛寶，以上全。

杭龍祥助洋□元，雲祥、載喜、三和、培林、復亨、澤葵、德漬、德和、德盛、永法、悟道、周甫、芝田、曹慶□、增榮。

曹林昌助洋壹元，陳果榮、陳□□、□金成助洋壹元，□銘□、果蓮、强□氏、□□□、道善堂、彭果裕、周榮慶、漢山、張陳氏，以上全。

付木洋六百元，水木作洋弍百四十元，石灰洋壹百四十元，挑池洋五十□元，水工洋六十元，磚瓦洋壹百四十元，塑佛洋三百元，□□洋二十元，零用七十□元。

光緒二十年歲次甲午孟春之月穀旦。

重建靈山殿碑記

S-89

[簡稱]

重建靈山殿碑

[尺寸]

高 166 釐米，寬 83 釐米

[刊立日期]

清光緒二十一年（1895）九月

[撰書人]

蔣冠芬撰，吳浩書丹并篆額。

[保存地址]

新街街道潼渚村靈山殿

[備注]

碑首佚。

兩邊及下端剔地平雕卷草紋。

　　嘉慶《增修宜興縣舊志》卷二載：廣惠行祠，祀漢張渤，俗稱張王殿。（明鍾卿密碑云：“其先名秉，佐夏禹治水有功。渤生於漢神雀三年二月十一日，能役陰兵治水，在邑開聖瀆有功，民多祀報之。”）境內祀宇頗多……一在潼渚，名靈山殿，邑人蔣應震撰碑……其廟祀之多，答其開聖瀆之功也。凡各鄉於歲二月八日祭禱，屢有靈驗。）

　　《西餘蔣氏宗譜》卷十二輯錄碑文，略有差異。

［碑文］

重建靈山殿碑記

　　且古今之盛衰廢興，亦大矣哉！當見廟貌巍峨、神靈赫濯，或數年而無聞，或數十年而無聞，或數十百年而無聞者，不知凡幾。惟山川靈秀之所，神有功德在民，當廟食千秋者，始麼久而不替，茲所謂靈山殿者近是。殿踞銅官、離墨間，紫霞山麓中，祀祠山大帝，夫固開通百瀆、治水有功德於民者也。廟建不知昉於何代，向唯小屋三楹；明萬曆時，我祖建昌公以名進士起家，開基度地始建大殿，其他屋則山亭、從善兩鄉土民集資而成；後三百年來，疊有舉修，舊碑林立，悉在殿廷。咸豐時，復見圮（圯）壞，我先君子晴洲公與兩區紳耆合議重脩，大殿、戲樓、合廟神身煥然一新。我西房兼有餘資，置田若干，先兄頌芬記之。未五、六年，突遭兵燹，片瓦無復存者，余時過往，歎息久之。同治間，以民多癘疫，蟲蝗害物，詣神禱之，立見平安，乃與會首等始議撥資，歲丙寅建土樓六楹：中供大帝暨李、柳、趙三夫人像，東則痘部、監生、水母在焉，嗣建觀音、城隍等廟；二月八日，規為一如其舊。歲甲戌，復建戲樓、十王殿、東西看樓，咸歡欣鼓舞，以為頓復舊觀也；唯大殿三楹，經費浩絫，無從措手。越丙戌歲，溧邑蔣君德懋助洋柒伯員、邑東呂君吉葆助錢貳緡，由是復集餘資，鳩工庀材，不數年間，縈青繚碧，刻桷丹楹，而大殿竟巍然復成矣！終始閱念餘春秋工遂竣，度支亦不下萬金。嗚呼！殆以山明水秀，靈氣所鍾，神之靈以地之靈耶？抑救災捍患，靈貺所昭，地之靈又以神之靈耶？始創建者，東房則山亭傅君春山族季秋，西房則從一、先兄貽芬、吳君德元、濮叔甲、潘寶慶等主之。茲則大殿戲樓、看樓之役，沈君大昌司其出納；而襄事諸人如王君濟川、族侄福成則東房會首也，談君鴻逵、吳君昇高則西房會首也。凡夫輸將之欵，則刻之他石焉，是為記。

　　光緒二十有一年歲次乙未季秋月。

　　誥授奉直大夫五品銜賞戴藍翎附貢生里人蔣冠芬謹撰，邑增生吳浩薰沐書丹幷篆額。

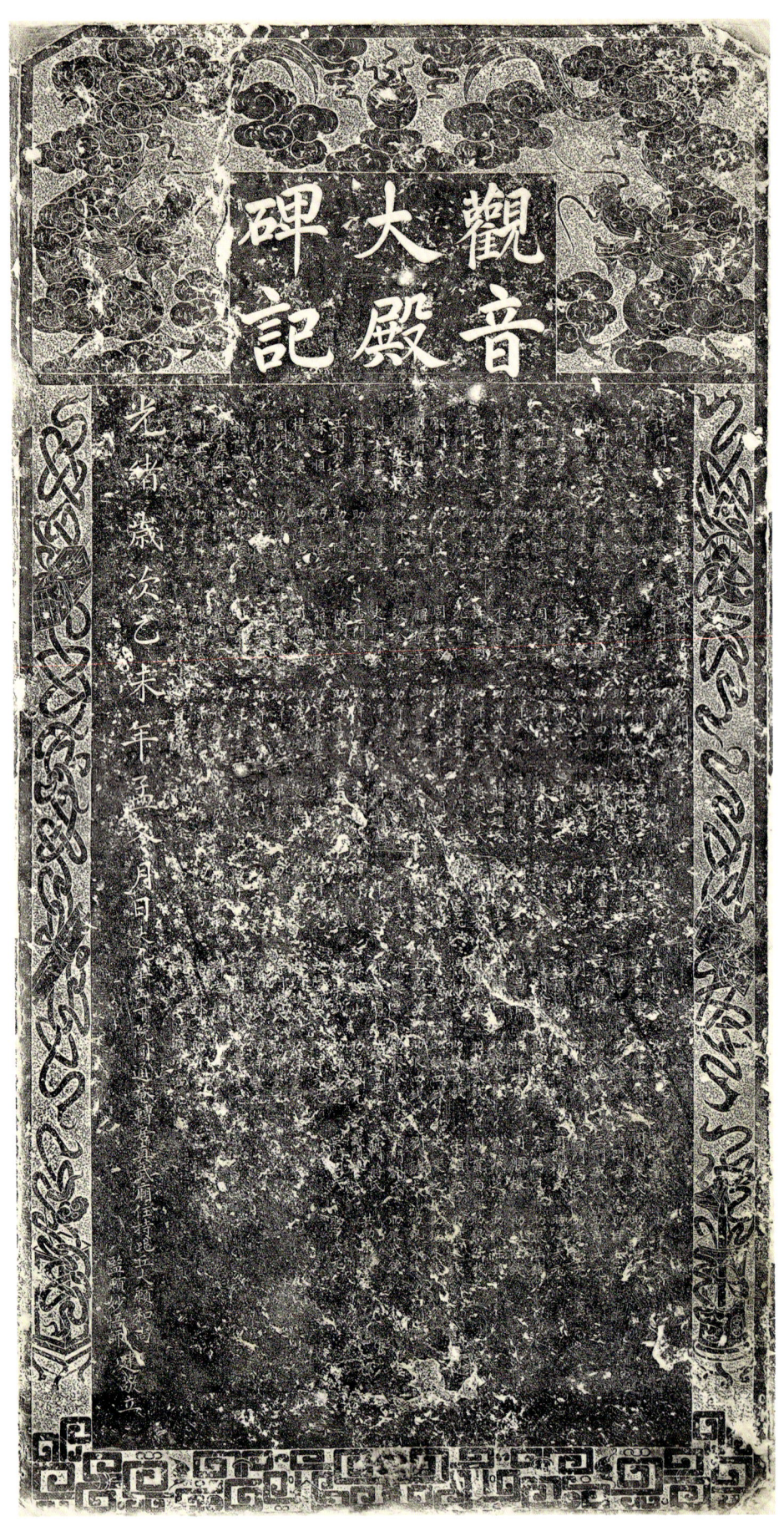

観音大殿記碑

重建梧桐塘真武禪院助緣芳名

S-90

［簡稱］
觀音大殿碑

［尺寸］
高 162 釐米，寬 82 釐米，厚
20 釐米

［刊立日期］
清光緒二十一年（1895）十月

［保存地址］
官林鎮桂芳村梧桐自然村真武廟

［備注］
碑首剔地平雕雙龍戲珠紋，兩邊
剔地平雕博古綬帶紋，下端剔地
平雕拐子紋。

［碑文］

觀音大殿碑記（額）

重建梧桐塘真武禪院助緣芳名開列於左：

敬助韋馱神座

許門劉氏助洋叁拾壹元，談門盧氏助洋拾元，王門徐氏助洋柒元，史門周氏助洋陸元，劉鶴泉呂氏助洋陸元，薛文田助洋陸元，薛正榮助洋陸元，吳鳳祥湯氏助洋陸元，劉小溪助洋陸元，史門吳氏助洋陸元，許門劉氏助洋陸元，顧門薛氏助洋陸元，劉在明妻蔣氏助洋陸元，劉望芝妻陸氏助洋陸元，劉裕春妻戴氏助洋陸元，桃源里吳門王氏助洋陸元，王門黃氏助洋陸元，蘇起順助洋陸元，楊德慶助洋陸元，周門朱氏助洋陸元，周門湯氏助洋陸元，蔣門陸氏助洋陸元，劉庚年助洋陸元，劉玉貴助洋陸元，蔣裕隆史氏助洋四元。

陸門產氏助洋陸元，王門劉氏助伍元，史杏明助洋四元，王氏助洋弍元，楊門戴氏助洋弍元，周錦祥助洋式元，公常元助洋式元，不書名助洋式元，許志國助洋式元，沈有仁助洋壹元五角，周元大助洋壹元五角，顧佑高助洋壹元，張金山助洋壹元，史門陳氏助洋壹元，查門張氏助洋壹元，陳門史氏助洋壹元，蔣門史氏助洋壹元壹角五分，周德裕助洋壹元，舒琴堂助洋壹元，王玉新助洋壹元，周長如助洋壹元，華門王氏助洋壹元，陳門宗氏助洋壹元，田成洪助洋伍元。

積穀稻助洋叁元，吳耀庭助洋壹元，陳門孫氏助洋壹元，蔣門從氏助洋壹元，陸金城助洋壹元，邰門王氏助洋壹元，陳門史氏助洋壹元，馮門潘氏助洋壹元，蔣門趙氏助洋壹元，馮門史氏助洋壹元，馮門史氏助洋壹元，吳門戚氏助洋壹元，戴玉蘭助洋壹元，周常盧助洋壹元，朱口明助洋壹元，李成元助洋壹元，孫時德助洋壹元，袁德成助洋壹元，單春桂助洋壹元，錢門吳氏助洋壹元，高如松助洋壹元，韓成仁助洋壹兩，馮有仁助銀壹兩，楊德余助銀壹兩。

王門徐氏助洋壹元，董雲彰助銀陸錢，韓治仁助銀陸錢，王得耀助銀陸錢，劉儀助銀陸錢，路福如助銀陸錢，蔣門余氏助銀陸錢，周昌官助銀陸角，韓輔仁助銀三錢，周景彰助銀叁錢，馮門郁氏助銀叁錢，任殿魁助銀四錢，王殿英助銀四錢，邰慶雲助銀叁錢，郭壽民助錢壹百五十文，孫映山助洋式元，彭榮盛助洋壹元，史門戴氏助洋壹元，史門談氏助洋壹元，蔣門史氏助洋壹元，馮門孫氏助洋壹元，許門蔣氏助洋壹元，許志如助洋壹元，馮在林助洋壹元，劉德玉助洋壹元。

徐門劉氏助洋壹元，周門嚴氏助洋四元，沈門房氏助洋叁元，王門戚氏助洋式元，楊門吉氏助洋壹元，周門楊氏助洋式元，宗萬元助銀陸錢，周順根助銀陸錢，劉茂芝助銀陸錢，劉貫南助銀陸錢，宗順先、芮變之助銀叁錢，劉聽大助銀式錢，馮門劉氏助銀式錢，徐門蔣氏、戴門陳氏共助架檠壹對，吳門周氏助洋式元。

光緒歲次乙未年孟冬月日。

大九華山下院圓通菴轉居真武廟住持比丘大願和尚、監願妙悟師建敬立。

一匡上人田產記

S-91

[簡稱]
一匡上人田産記

[撰書人]
吴浩記并書

[尺寸]
高 157 釐米，寬 83 釐米

[保存地址]
新街街道潼渚村靈山殿

[刊立日期]
清光緒二十二年（1896）
六月

[備注]
碑身上半部碎裂成數塊，且有殘缺。
上端及兩邊剔地平雕回紋，下端剔
地平雕蓮瓣紋。

[碑文]

一匡上人田産記

　　一匡上人鶴皋者，靈山殿東房住持也，系出隴西李氏，其先世與余家同里居，且有戚誼焉。歲丙申，余館於西餘蔣翁家，時一過往；上人性葃儉識道理，而又善居積，與之語，其言吶吶，若不出諸口。噫，上人蓋謹慎者流也！上人為余言曰：幼失怙恃，遂著靈山殿道士籍；憶祖師自邑之惠真菴分支，居果利廟，後又徙居於此。而某雖遭庚申之亂，未嘗他適，迨兵燹後，殿中除土樓外，無一椽之蔽可禦風雨；蒙諸檀越伙助，始構祖先堂三楹，立庖湢等屋數間；後又置山若干畝、田若干畝、蕩若干畝，收其息為度口資。然恐日久，有不肖生徒無端售賣，乃商久遂計於諸檀越，僉曰："必將某號山、某號田、某號蕩，一一刻諸石，庶幾代遠年湮，可計畝而稽，則不肖生徒，無從售賣；即無恥者，亦不至乘間侵蝕矣。"執是說而乞余記之，余思上人半世辛勤、積銖累寸，遂有斯産，不冀旋得而旋失者，其持守之意，亦良可嘉。余與上人誼關桑梓，有不能以不文辭者，為之記其顛末如此。

一匹上人田廬記

余館於西餘蔣翁家時一過往上人性節儉識道理而又善居積與之語其言吶吶若不出諸口憶其先世與余家同里居且有戚誼焉歲丙申

上人蓋謹慎者流也上人為余言曰幼失怙恃遂著霉山殿道士籍祖師自邑之惠真養分支居

果利廟後又從此始循祖師堂三楹屋數前後又置山若干畝田若干畝蕩若干畝田若干畝葢歲可糶可禦

其息為不肖生徒無端售賣即無恥者亦不至乘間侵漁得而旋失者其持守之

風雨蒙檀越彼助始庚申之亂未嘗他遠迫兵燹後殿中除土樓外無一稼之穫必將某畝某蕩某田某山某畝收

意亦良可嘉余與上人讙即意亦良可嘉余與上人讙

田產細號

光緒二十二年歲次丙申夏六月同里吳□□記并書

十五世孫周洪□順敬立

田產細號：

改字九百五十九号平三畝五厘，六十号二畝五分四毛七絲，六十一号三畝七分，六十二号五畝三分二厘七毛，六十四号五畝八分三厘三毛三絲，六十五号一畝一分，六十六号式畝一分，六十七号一畝九分四厘一絲，六十八号四畝乙分六毛二絲，六十九号三畝九分二厘三絲，九百七十号二畝六分四厘三毛二絲；得字廿三号平乙畝八分九厘，廿七号六分三厘九毛九絲，廿八号乙畝四分一厘三毛五絲，卅一号九分，卅五号二畝二分五厘三毛一絲，改字二百九十三号一畝二分三厘五毛九絲，三百廿九号二畝九分二厘八毛六絲，三百卅八号五分一毛四絲，卅九号二畝九分二厘□□，七十九号五分二厘，三百八十五号二畝四分，四百十五号一畝三分七厘七毛□絲，九百七十二号一畝五厘八毛二絲；得字卅六号一畝□□，四十一号四□□毛二絲，四十二号□□□分六厘九毛三絲，四十七号一畝一分八厘三毛三絲，五十一号二畝三分三厘六毛，五十二号八分三厘四毛一絲，七十五号一畝三分六厘，八十三号一畝一分八厘五毛六絲，八十六号一畝四分五厘九毛五絲，九十六号六分二毛四絲，一百〇一号一畝四厘三絲，一百四号九分五厘九毛一絲，一百五号三畝五厘八毛；一百六号一畝一分九厘三毛七絲，九号一畝，十一号一畝一（厘）□絲，十二号一畝三厘五毛，十四号一畝八分一厘五毛三絲，十五号一畝一分一厘三毛七絲，十六号一畝六分二厘五毛，十七号一畝三分五厘二毛，十八号一畝六分二厘八絲，廿号三畝四分四厘四毛五絲，廿二号一畝四分四厘一毛二絲，廿三号一畝九分三厘五毛六絲，廿四号七分四厘分七六絲；一百廿五号二畝九分七厘一毛三絲，廿六号二畝六分五厘九毛二絲，卅号一畝六分八厘八毛九絲，卅二号一畝九分三厘四毛五絲，卅三号六分五厘六毛二絲，卅四号七分七厘一毛一絲，四十六号九分一厘二毛，四十七号八分六毛四絲，四十八号八分七厘六毛五絲，五十号一畝一分六厘三毛厘，五十一号二畝三分五厘二毛一絲，六十五号六分四厘，七十六号七分七厘六毛□絲；一百八十二号一畝二分五厘二毛八絲，二百卅八号一畝三分一厘六毛一絲，卅九号八分六厘八毛三絲，四十一号六分，四十二号二畝二分四厘四毛三絲，三百廿八号八分八厘七毛九絲，卅二号七分七厘八絲，卅六号二畝三厘四毛二絲，四十二号一畝四分一厘九絲，四十八号二畝六分一厘六毛四絲，六十二号九分五厘九毛，四百廿号一畝三分三厘三毛六絲，卅五号七分四厘六毛二絲；四百卅六号七分八厘六毛二絲，卅八号一畝五分七厘三毛七絲，卅九号一畝七分六厘三毛，四十二号五分四厘二毛八絲，四十三号七分九厘五毛三絲，七十七号一畝四分二厘五毛九絲，五百四号一畝二分八厘一毛二絲，廿二号二畝四分四厘六毛二絲，廿三号一畝一分六厘二毛五絲，廿五号七分四厘二毛一絲，廿九号九分七厘九毛九絲，四十七号二分九厘八毛七絲，四十八号九分二厘四毛四絲；

五百五十八号六分三厘五毛六絲，六十号六分三厘四毛五絲，七十六号高五分九厘八毛五絲，八十四字号一畝七分三毛六絲，八十八号二畝二分三厘一毛二絲。改字七十一号民山卅三畝六分；得字一、二、三号山若干畝，二十号民山五十畝；改字第一号蕩六畝，九百五十七号蕩卅七畝六分，九百五十八号極低六畝七分七□；永豐區二十一區改字九百七十一号平十五畝，坐落石烏龜頭；又單順竇戶改得字平共八畝三分有零過入二月初八會内。

光緒二十二年歲次丙申夏六月　日立。

同里吳浩記并書，十五世孫周洪興、順敬立。

重建化城寺增置田產碑

S-92

[簡稱]
重建化城寺增置田產碑

[尺寸]
高 176 釐米，寬 86 釐米

[刊立日期]
清光緒二十四年（1898）四月上旬

[撰書人]
盧慶鈐撰文并書

[保存地址]
和橋鎮東橫街化城禪寺

[備注]
上端及兩邊剔地平雕卷草紋，下端剔地平雕蓮瓣紋。

光緒《宜興荊谿縣新志》卷九載：道光初，僧晨初、友月重建大殿；二十三年僧昌吉重修山門，增建石闌。咸豐間兵毀。同治十三年，僧覺正建復大殿並東西兩寮，光緒二年建復山門。舊志入萬二區（今隸洞下區）。

民國《光宣宜荊續志》卷九（中）載：覺正，和橋化城寺僧。庚申兵燹，寺毀。亂平，覺正主斯寺，次第規復，戒律精嚴，宗風丕振。由是宏啟道場，檀施日積。覺正亦刻苦節嗇，為寺置田數百畝，建藏經樓，丈室極宏敞。迨其徒洪仁克傳衣缽，遂應龍池澄光寺聘為主席，傳釋迦文佛戒，大開洪門，抑亦清尚已。

《和橋鎮志》第二十九章輯錄碑文，略有訛誤。

重建化城寺增置田產碑

邑治北三十里，有寺曰化城，吾宜首刹也；西距和橋鎮僅數百武，清溪亘前，平疇繞後，龍脉隱伏，望之若了無足異者；然代有賢僧，振興殿宇，大宏法教，即當浩劫之乘，而朅林再闢、梵行精持者，其故何哉？故老相傳：昔者，暹羅國王子金地藏，渡海擇地至九華山，曾結茅留宿扵此，故初名茅菴，為菩薩應化道場，理固然歟？自明以前，無論矣。聖朝龍興之鼎，兼崇釋教，中外風行，有在水菴浮屠慧生暨晨初等易菴為寺，廣建樓房，顏曰“化城寺”，開堂傳戒。延至道光季年，昌潔上人繼席，規模大備，赫然與郡邑諸叢林埒。咸豐庚申，赭寇下竄，寺隣驛站，焚毀無遺，僧衆散佚殆盡，所兀然獨存者，僅石獅兩座、石闌一道而已。同治甲子，東南逋寇肅清，難後餘僧咸思初地，扵是瑛通禪師先至其地，剪除叢莽，收葺斷垣，葺茅屋三間，建廂屋五楹，以蔽風雨。未幾，而瑛禪大師毅然念此寺之不可不重為締造也，出外募資，以其所得概付法徒覺正和尚，總持其事。維時有史子良、蔣天德二居士首輸鉅金，以為之倡，即鎮鄉各善信咸發菩提心而踴躍恐後。覺正心精力果、鉅細必親，不數年，而天王殿、大雄殿頓復舊規矣；資斧不給，覺身發誓閉關三載，拜華嚴經全部，為地方祈福；亦以其佈施之資歸住持支應。覺正乃外築繚垣，內造殿堂房屋若干楹，越數年而又告工竣矣。前者，寺有藏經樓五間，覺正與法徒洪仁，諦觀默運，立願再建；日積月累，以其經懺餘資購料估工，不十稔，而經樓且巍然在望矣，其樓較前愈為寬廣深邃，氣勢堂皇；增置兩廂，鏤刻門牆，其經費亦更為浩大，夫然後寺宇告成。統計前後，凡閱時三十有餘載，約費二萬有餘金，悉覺正一手支持佈置。吁！和尚其出家之雄乎！何法筵經濟有此鴻才也？繼而思夫舊產無多，後日之住持必為之計久遠也。爰增置業田三百餘畝，以所入租籽供常住萬年香火並掛單接衆者之用，且必以法流傳，稟請縣憲立案，俾後人不得賣出，賣主不得回贖，其立法之謹嚴也又如是。今者化城之建復已無遺憾，而內外之僧衆永得沾恩，乃以寺事交洪仁主持管理，為傳授衣鉢計，己則退入靜室瓣香奉佛，深究內典，糸求上乘，而乞余為誌。余維此寺之興也，有善緣三焉：法界莊嚴，福田廣種，而慈恩所被，利有羣沾，一也；冥途超薦必藉清修，而梵唄宏宣，咸登極樂，二也；地逼官塘，行腳尤衆，而棲身餬口各滿其願，三也。有是三者，而烏能已扵言乎？！爰備書顛末，而並附區圖字號、畝數於後云。

里人盧慶鈴品珊氏譔文並書。

萬一區：仝圖湯字號平田十三畝零，十一圖湯字號寺基六畝零，又護寺平田二十七畝有零，六圖讓字號平田共一百畝有零，四圖推字號平田三十三畝有零，二十五圖平字號平田八十畝有零；開下區：三十五圖金字號平田十八畝零。

光緒二十四年歲在戊戌孟夏月上澣吉旦。

住持僧覺正仝徒洪仁、洪宗、洪蓮、徒孫智德、智通立石。

蜀山公園關帝廟

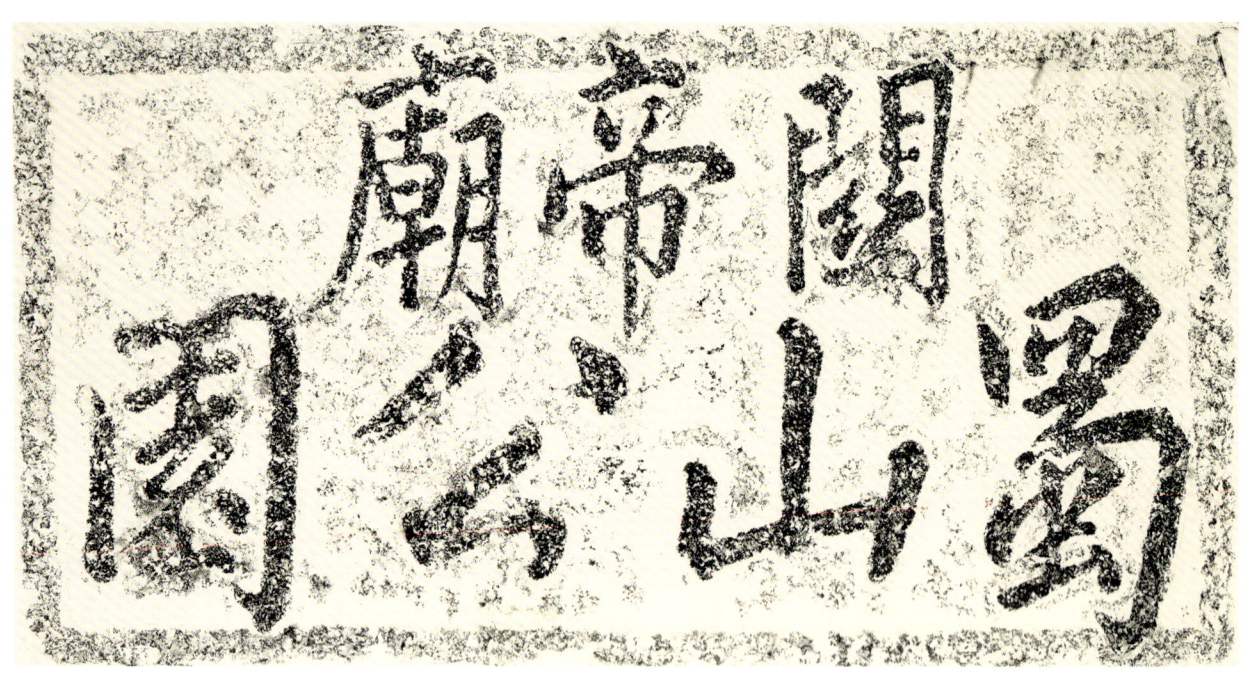

S-93

[簡稱]
蜀山公園關帝廟匾

[尺寸]
高 46 釐米，寬 90 釐米，厚
24 釐米

[刊立日期]
清光緒三十一年（1905）後

[保存地址]
丁蜀鎮陶都路龍山豪庭翰陶
精舍

[備注]
金山石。

[文獻著錄]

道光《續纂宜荆縣志》卷一之三載：關帝行宮，
在蜀山，乾隆十九年潘永季等建，王鉞撰記。嘉慶
四年重修，任烜撰記。一在丁山，一在白宕里。

按：光緒三十一年，由名流士紳倡議並集資，
在無錫市中心創建"公花園"，又稱"城中公園"，
被園林界公認為我國第一個公園。故蜀山公園創立
當在其後。

[匾文]

關帝廟

蜀山公園

重建陽山潮音寺碑記

S-94

[簡稱]
重建陽山潮音寺碑

[撰書人]
許雨人撰，仁慈書。

[尺寸]
高 97 釐米，寬 68.5 釐米，厚
8 釐米

[保存地址]
芳橋街道龍眼社區潮音寺

[刊立日期]
清宣統三年（1911）正月

[備註]
碑首佚。
兩邊剔地平雕卷草紋。

[文獻著錄]

光緒《宜興荆谿縣新志》卷九載：潮音寺，兵毀。光緒五年，僧雲清建復大殿五楹。（隸開下區）

[碑文]

重建陽山潮音寺碑記

潮音寺之建在邑東北三十里陽山西麓之南，由來久矣。溯自晉，平西周孝侯因母疾，築拜斗壇於後洲，輒生甘草，咸以為孝感所致，母服之頓然疾愈，由是名其墩曰甘草墩，又云孝感墩焉。迄至有明天啟年間，便於後洲墩上建宇，崇宏典、麗喬皇，設孝侯遺像，祀隆春秋，傳為盛事。斯時，有史來廷者散步前洲，觀勝景之無窮，覽流波之不竭；山水清音，爽人耳目；爰延上人通鏡、通監者刱造梵宇，與孝侯祠先後相輝映，正值落成，會當挹齋周公晉謁侯像，禮拜大雄，覩寺址宛在水中央，靜聽波濤澎湃之聲，奔騰浩瀚，如潮聲無異，因顏其寺之額曰潮音，而潮音寺之名於是乎著。嗚虖！多歷年來，時代更變，寺宇興替，可勝道哉！後之嗣通鏡、通監有世雄者，在雍正年間；有法輪者，於乾隆癸巳之年偕方丈廣成、大力等，慨古刹之傾圮，臨勝境而浩嘆；由是奮志振興，追踵舊跡，殿之壯麗遽爾卓然可觀，此皆曩事，有碑之可攷者。逮咸豐辛酉間，

劫遇紅羊，復遭兵燹，蘭若之地，轉成灰燼，洵足感已。越自今，衣鉢之祖肇基起於同治晚年吾先祖雲清老和尚，自梁溪削髮於毘陵天甯寺朗公、授法二上人，同志協力，大振禪林，闢榛莽，理瓦礫；扶臥地之豐碑，建大士之寶殿；芒鞋踏破，遍求善男之輸將；苦口勸成，全仗信女之飲助；資斧不少，本地良多；備極經營，雲公特甚；昕夕辛勤，不遑寢食；可謂勞矣。如是者數載，於龍集光緒四年，爰建三寶大殿，於光緒八年復建金剛樓及廊廡諸舍，又數年建客堂、齋堂、方丈等處，即後隄之重修、龍眼磯馬道庵臺路均與有力焉。噫，雲公老人之於潮音寺其功偉矣！而於光緒二十四年春二月初八日吉時圓寂，絕無有碑誌可按其事者，至後世而不傳，則其傳衣鉢者亦可謂數典而忘其由來矣。又雲清之徒龍慶者，為寺住持亦有十年有餘之勤；今茲住持名了絲，乃龍慶之徒、雲公之孫，思祖其功而欲傳其事，請紀於序，序始以不文辭；既以有功而不傳其名，倘臻積久而後世等於漸滅無聞者，則其有功之人誠為可深惜也，爰直筆而謹為之記，俾後之僧足式前之僧無憾，亦使入寺者知寺中之顛末，庶幾垂諸久遠，與天地山川同為不朽云。爰為之歌曰：

天長地久兮與寺無疆，山靈川秀兮佛號宣揚。孝侯名著兮先後爭光，千秋萬歲兮勝境汪洋。徃來過客兮如遊帝鄉，春夏秋冬兮四時安康。

又蔣本寺田畝開列於左：

麗字一千二百十四號低田叁畝二分九厘三毫九絲；全低叁畝正；三十二号平式畝五分；三十七号平壹畝九分七厘六毫三絲；全平式畝五分七厘三絲；四十号平八分八厘九毫六絲；四十一号平四畝式分五厘式毫五絲；四十二号平式畝五厘三毫三絲；全平壹畝六分六厘八毫一絲；四十三号平式畝一分四厘一毫六絲；四十四号平叁畝二分二厘九毫二絲；全平叁畝八分五厘；一千三百九十七號高七分三厘七毫五絲；四百二号平五畝五分；三号平十四畝四分三厘七毫五絲；全平叁畝正；二十四号灘七分八厘一毫一絲；共實平伍拾叁畝三分一厘三毫四絲。一千二百三十五號平式畝一分五厘三毫二絲；全平六分九厘二毫一絲；全平叁畝四厘八絲；全平式畝一分五厘三毫三絲；全平六分九厘二毫二絲；全平式畝一分五厘三毫二絲；二十六号平式畝五分八厘八毫五絲；三十八号平式畝二分七厘八毫九絲；三百九十六号平五畝六分二厘五毫；四百一号平叁畝五分；全叁畝正；二十六号灘叁畝七分五厘；折平九分四厘八毫八絲；共實平式拾捌畝八分二厘六毫一絲。又馬道菴田一千四百一十號平七分；二号平叁畝正；三百九十七号高三分折平二分五厘八毫；共實平叁畝九分五厘八毫。

時在宣統叁年歲次辛亥孟春之月日，住持龍慶、監院了絲敬立。

龍慶、龍德、龍慶脩，龍法、智慧、龍海，了緣、了絲、了修，了塵。常定、常明、常慶，常林、常照、常慈，常松。本智、本慧、本悅，本海、本固、本空。來德、來滄、來修。

許雨人先生謹譔，中州仁慈學書。

重建集慶菴碑

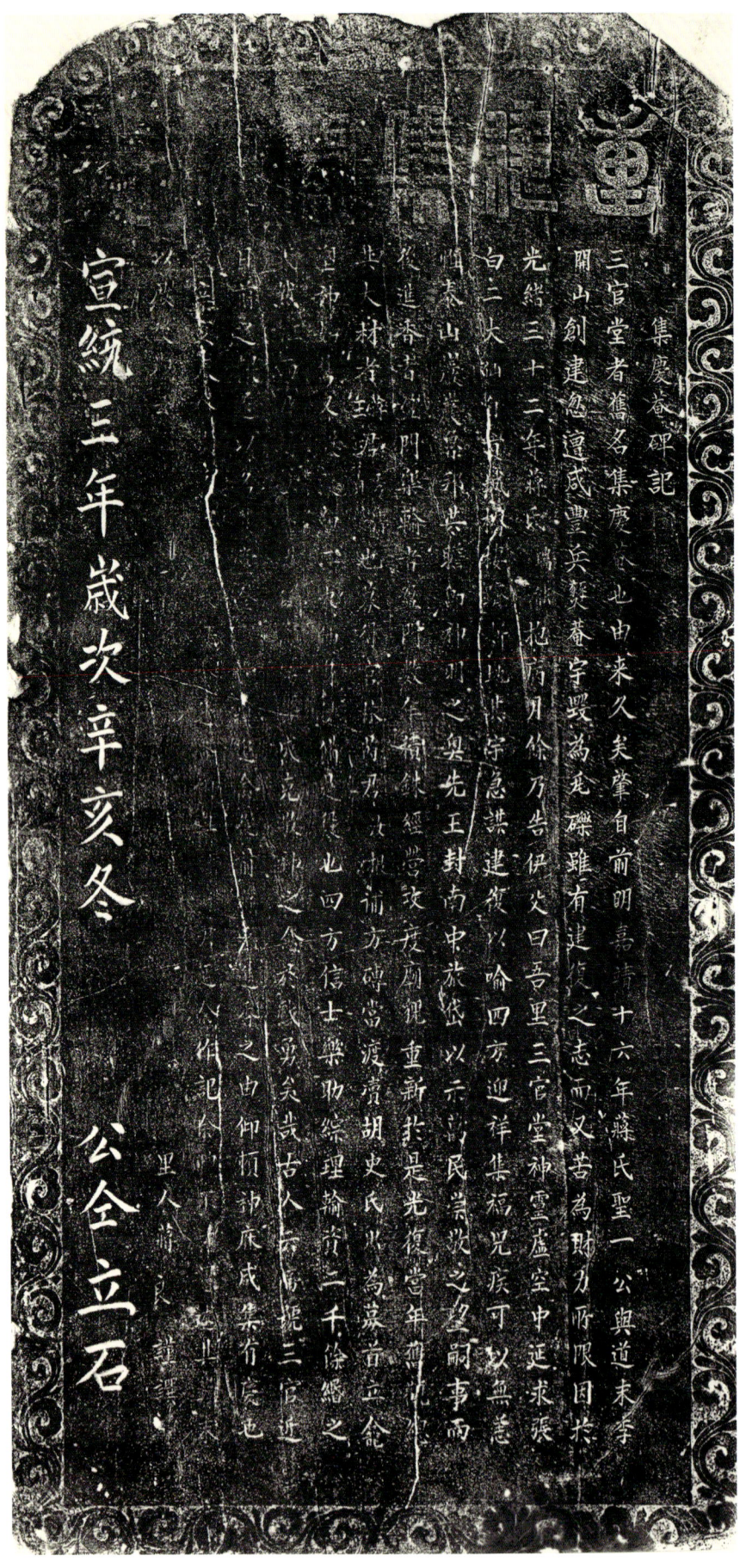

S-95-1

[簡稱]
重建集慶庵碑

[尺寸]
高 137 釐米，寬 66 釐米，
厚 8 釐米

[刊立日期]
清宣統三年（1911）冬

[撰書人]
蔣良撰

[保存地址]
高塍鎮梅家瀆村朱家瀆集
慶庵

[備註]
四邊剔地平雕卷草紋。
2003 年 3 月 19 日，集慶庵
碑群（計 7 通）公佈為宜
興市文物控制單位。

重建集慶菴碑（篆額）

集慶菴碑記

　　三官堂者，舊名集慶菴也，由来久矣；肇自前明嘉靖十六年，蔣氏聖一公，與道末、李開山創建。忽遭咸豐兵燹，菴宇毀為瓦礫，雖有建復之志，而又苦為財力所限；因於光緒二十二年，蔣氏瑞能抱病月餘，乃告伊父曰：“吾里三官堂，神靈虛空中，延求張白二大仙，自貢城桥棲躋斯地，其宇急謀建復，以喻四方，迎祥集福，兜疾可以無恙。”惟泰山巖巖，魯邦共瞻，即神明之奧；先王封南中旅岱，以示萬民崇敬之望。嗣事而後進香者盈門，樂輸者盈門，數年積銖，經營攻度，廟貌重新，扵是光復當年舊觀。總其大材者，蔣君秀清、王(君)貞榮也。募得官林芮君汝根補方磚，當渡濆胡史氏出為募首、立龕塑神如舊，又設張白二大仙身像備。是役也，四方信士樂助綜理，輸資二千餘緡之數，然□□□□□□□□□□成克敬神之念，扵戲！勇矣哉！古人云：“廟號三官，近目前之報還以名其堂登□□□”。追念從前蔣氏進香之由，仰賴神庥咸集有慶也哉。辛亥□□□□□□□□□□□□□蔣君延余作記，余愧不才，畧述其巓末，以啟後昆云。

　　里人蔣良謹撰。

　　宣統三年歲次辛亥冬。

　　公仝立石。

S-95-2

[簡稱]

各姓捐數

[尺寸]

高 143 釐米，寬 76.5 釐米，
厚 14 釐米

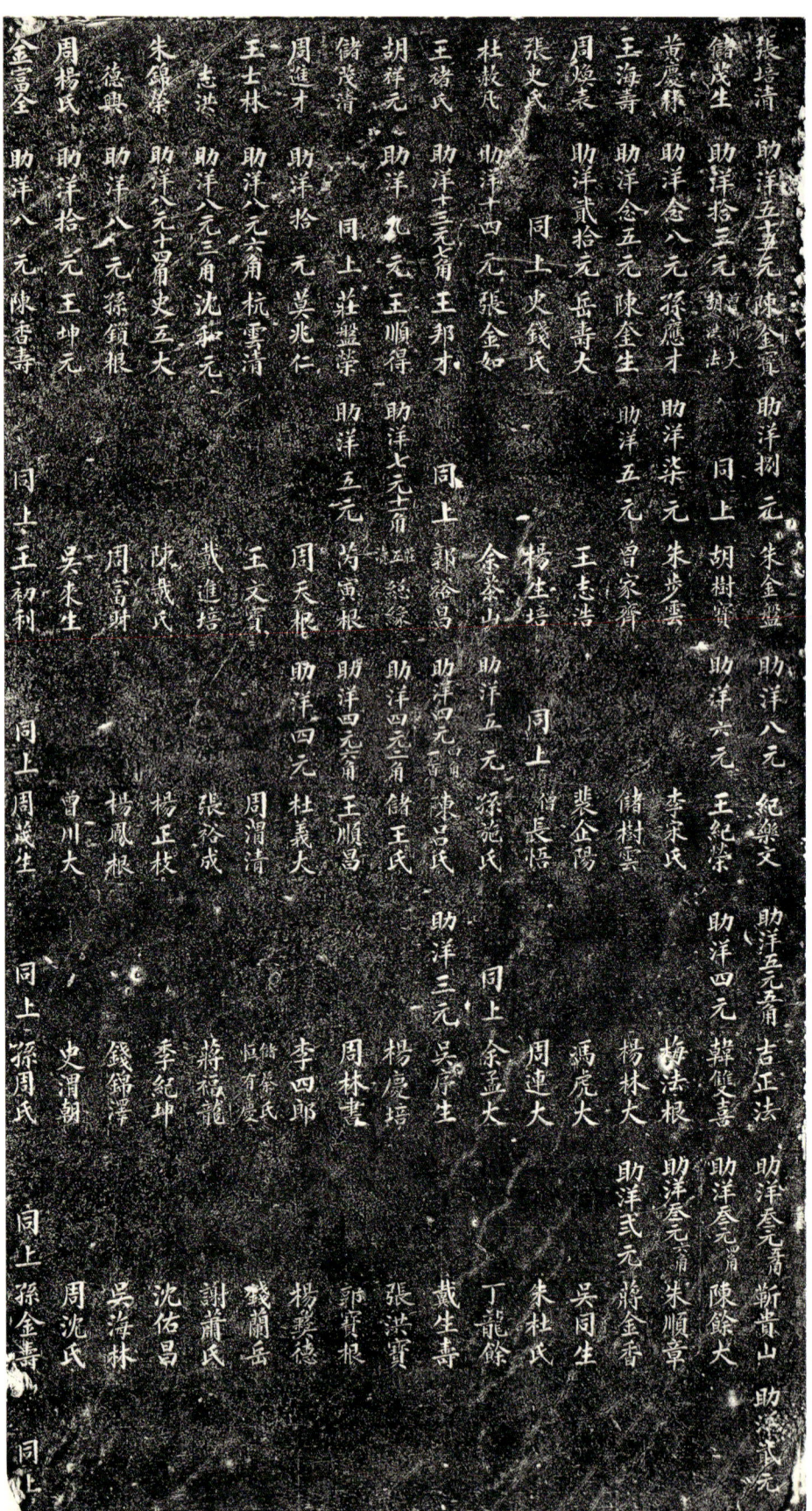

張培清　助洋五元五甫　陳金霖　助洋捌元
儲戊生　助洋拾三元　胡洪釗　同上　胡樹寶　助洋六元　王紀榮　助洋五元五甫　吉正法　助洋叄元青　靳貴山　助漆贰元
黃慶榮　助洋念八元　孫應才　朱步雲　王紀榮　助洋四元　韓雙喜　助洋叄元甫　陳餘犬
王海壽　助洋念五元　陳全生　儲樹雲　李宋氏　梅法根　助洋叄元甫　朱順章
周煥表　助洋贰拾元　岳壽大　助洋五元　曾家齊　裴企陽　楊林大　助洋贰元元　蔣金香
　　　同上　火錢氏　王志浩　馮虎大　吳同生
張史氏　助洋十四元　張金如　　王壽大　僧長悟　周連大　朱杜氏
杜鼓氏　助洋十三元六甫　王邦木　　　楊生培　同上　余孟大　丁龍餘
王褚氏　助洋九元　王順得　同上　郭裕昌　孫施氏　吳存生　戴生壽
胡祥元　助洋七元十甫　儲呂氏　助洋五元　　張洪寶
儲茂清　同上　莊盤榮　助洋四元甫　陳呂氏　助洋四元甫　楊虔培　郭寶根　楊興德
周進才　助洋拾元　莫兆仁　王順昌　周林書　　　錢蘭德　謝蕭氏
王士林　助洋八元六角　杭雲清　助洋四元　李四郎　季紀坤　沈佑昌
志洪　助洋八元三角　沈和元　王文寶　杜義大　儲藝氏　蔣福龍　吳海林
朱錦榮　助洋元元十眉　史五大　周天根　助洋四元　周渭清　張裕成　楊鳳根　周沈氏
德典　助洋八元　孫鎖根　陳戴氏　　蔣福龍
周楊氏　助洋拾元　王坤元　戴培增　周富財　　錢錦澤
金富全　助洋八元　陳香壽　吳未生　　楊正枝　史渭朝
　　　同上　王初利　同上　周咸生　同上　孫周氏　同上　孫金壽
　　　　　　　　　同上

　　張培清助洋五十五元，儲茂生助洋拾三元，黃慶林助洋念八元，王海壽助洋念五元，周煥表助洋貳拾元，張史氏同上，杜赦凡助洋十四元，王褚氏助洋十三元七角，胡祥元助洋九元，儲茂清同上，周進才助洋拾元，王士林助洋八元六角、志洪助洋八元三角，朱錦榮助洋八元十四角、德興助洋八元，周楊氏助洋拾元，金富生助洋八元。

　　陳金寶助洋捌元，曾川大、胡洪法同上，孫應才助洋柒元，陳奎生助洋五元，岳壽大、史錢氏、張金如、王邦才同上，王順得助洋七元十一角，莊盤榮助洋五元，莫兆仁、杭雲清、沈和元、史五大、孫鑽根、王坤元、陳香壽同上。

　　朱金盤助洋八元，胡樹寶助洋六元，朱步雲、曾家齊、王志浩、楊生培同上，余茶山助洋五元，郭裕昌助洋四元四角一百，莊五瀆總緣助洋四元二角，芮寅根助洋四元六角，周天根助洋四元，王文寶、戴進培、陳戴氏、周富財、吳來生、郭初利同上。

　　紀樂文助洋五元五角，王紀榮助洋四元，李宋氏、儲樹雲、裴企陽、僧長悟、孫施氏同上，陳呂氏助洋三元，儲王氏、王順昌、杜義大、周渭清、張裕成、楊正枝、楊鳳根、曾川大、周茂生同上。

　　吉正法助洋叁元五角，韓雙喜助洋叁元四角，梅法根助洋叁元六角，楊林大助洋式元，馮虎大、周連大、余孟大、吳序生、楊慶培、周林書、李四郎，儲蔡氏、恒有慶、蔣福龍、季紀坤、錢錦澤、史渭朝、孫周氏同上。

　　靳貴山助洋貳元，陳餘大、朱順章、蔣金香、吳同生、朱杜氏、丁龍餘、戴生壽、張洪寶、郭寶根、楊彝德、錢蘭岳、謝蕭氏、沈佑昌、吳海林、周沈氏、孫金壽同上。

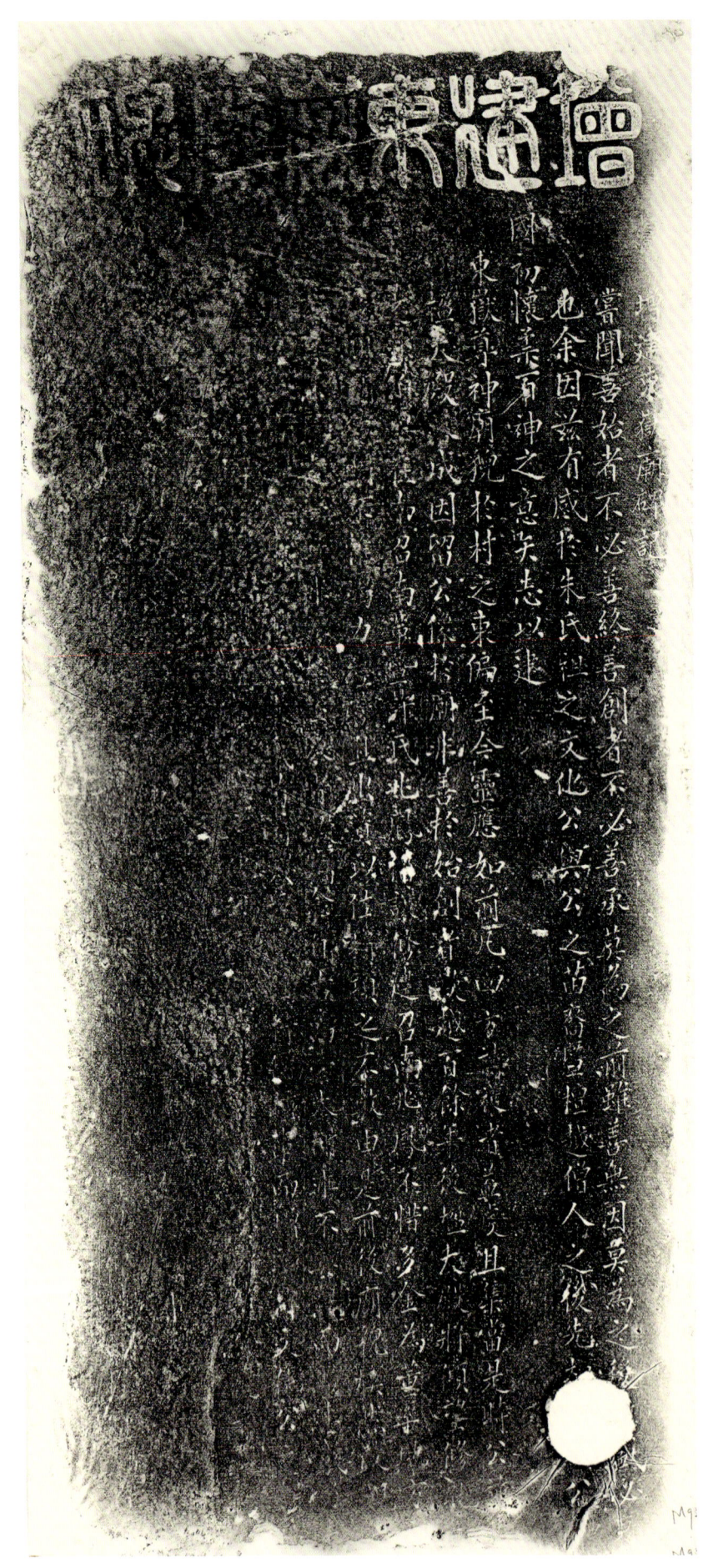

當聞善始者不必善終善創者不必善承其為之而難善壽魚因莫為之……僧人之後先之……

也余因茲有感於朱氏性之文化公與公之苗裔智□□□……

初懷善舉有神之意失志以述……

東嶽哥神廟祝於村之東偏至今靈應如□□……

增建東嶽廟碑記

S-96

[簡稱]
增建東嶽廟碑

[尺寸]
高 92.5 釐米，寬 42 釐米，
厚 12 釐米

[刊立日期]
清

[保存地址]
新莊街道洪巷村浯泗瀆東嶽
廟東古銀杏下

[備注]
碑身右下角有一圓孔，應曾作
門坎，左半部碑文損泐莫辨。

[碑文]

增建東嶽廟碑（篆額）

增建東嶽廟碑記

嘗聞：善始者，不必善終；善創者，不必善承。莫為之前，雖善無因；莫為之後，雖盛必衰也。余因茲有感於朱氏祖之文化公，與公之苗裔暨檀越僧人之後先□□□。公體國初懷柔百神之意，矢志以建東嶽尊神廟貌於村之東偏，至今靈應如前；凡四方請禳者，益虔且集。當是時，公旋□楹大殿落成，因留公像於廟，非善於始創者歟？越百餘年，後楹大殿將傾望修，□之□□□在南、召南董暨許氏兆鳳、侶讓修建，召南、兆鳳不惜多金，為董率地方，□□□□□□不惟竭力經營，且出資以佐捐項之不敷，由是前後廟貌煥然改觀，□□□□□□□□者□□念自古□□大□非不□□而□□□□□□□□氏苗裔□□□□□而□□□文化公□□□公□□□□□□□□□□□□□□□□□□□。

重建集慶菴碑記

S-97-1

［簡稱］
重建集慶庵碑

［尺寸］
高 141 釐米，寬 77
釐米，厚 14 釐米

［刊立日期］
民國十年（1921）

［撰書人］
蔣淦廷撰并書

［保存地址］
高塍鎮梅家瀆村朱家
瀆集慶庵

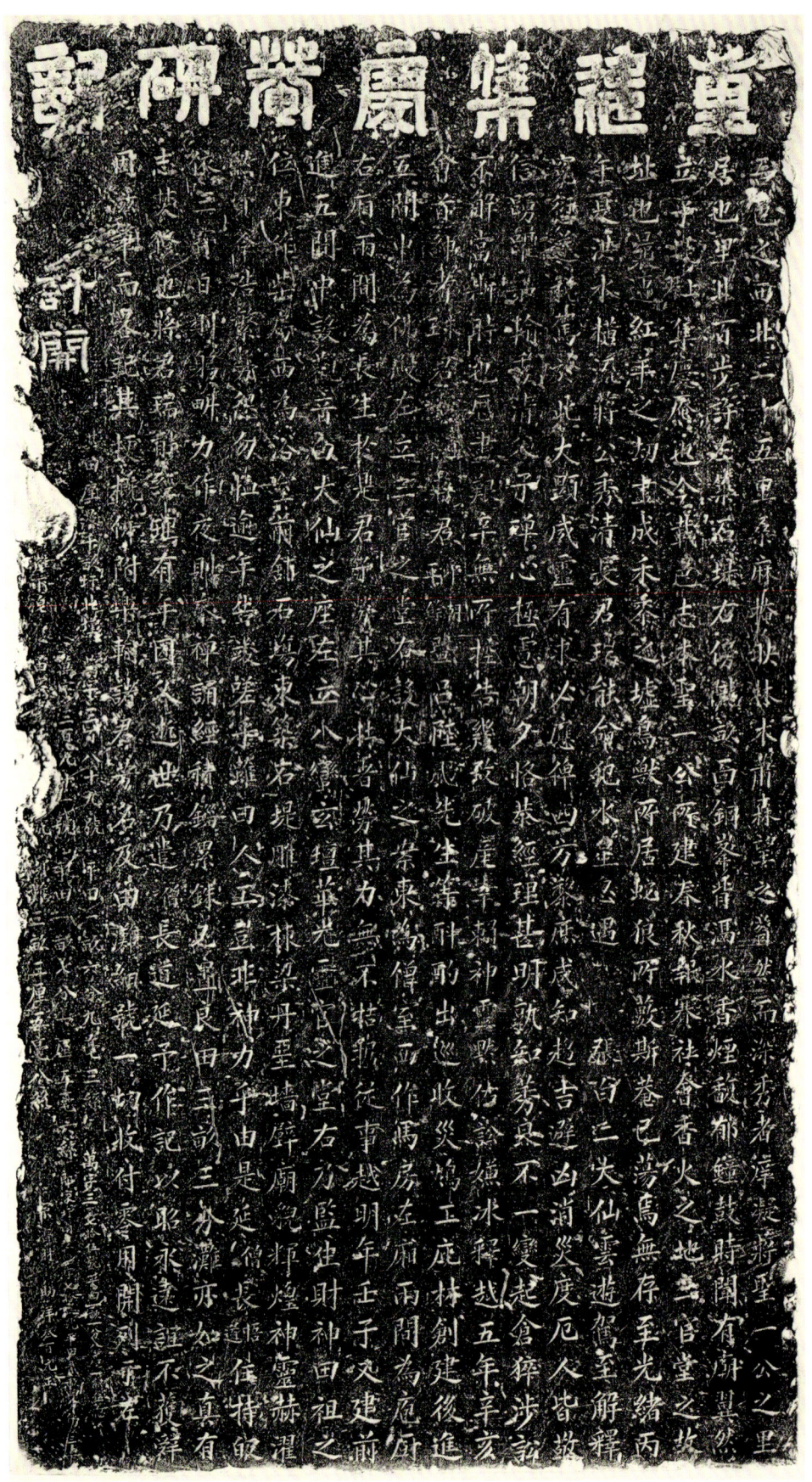

重建集慶菴碑記（篆額）

　　吾邑之西北二十五里，桑麻掩映，林木蕭森，望之翁然而深秀者，庠凝蔣聖一公之里居也。里北百步許，左築石堤、右傍隴畝、面銅峰、背漏水，香煙馥郁，鐘鼓時聞，有廟翼然立乎堤上，集慶庵也。今載邑志，本聖一公所建，春秋報賽、社會香火之地，三官堂之故址也。曩遭紅羊之劫，盡成禾黍之墟；鳥獸所居，蛇狼所藪；斯菴已蕩焉無存。至光緒丙午夏，洪水橫流，蔣公秀清長君瑞能，命犯水星，忽遇張、白二大仙雲遊駕至，解釋冤愆，遂稅駕於此，大顯威靈，有求必應，俾四方黎庶咸知，趨吉避凶，消災度厄，人皆敬信，踴躍樂輸。秀清父子，殫心極慮，朝夕恪恭，經理甚明；孰知莠良不一，變起倉猝，涉訟不解。當斯時也，歷盡艱辛，無所控告，幾致破產，幸賴神靈默佑，訟嫌冰釋。越五年辛亥，會首紳者朱君懋昇、王君增榮、蔣君訓朝、正餘暨呂陛颺先生等，酌酌出巡收災，鳩工庇材，創建後進五間，中為佛殿，左立三官之堂，右設大仙之案，東為僧室，西作馬房，左廂兩間為庖厨，右廂兩間為長生。扵是君子勞其心，壯者勞其力，無不拮据従事。越明年壬子，又建前進五間，中設觀音、白大仙之座，左立八蠻玄壇，華光靈官之堂，右乃監生、財神、田祖之位，東作柴房，西為浴室，前舖石塲，東築石堤，雕漆棟梁，丹堊墻壁，廟貌輝煌，神靈赫濯。然資斧浩繁，勞怨勿恤，逾年告竣。嗟乎！雖曰人工，豈非神力乎！由是延僧長（悟、道）住持，皈依三寶，日則躬畊力作，夜則糸禪誦經，積錙累銖，已置良田三畝三分，灘亦如之，真有志焚修也。蔣君瑞能，經理有年，因父逝世，乃遣僧長道延予作記，以昭永遠。誼不獲辤，因滋筆而畧記其梗概，併附樂輸諸君芳名及田灘細號，一切收付零用，開列于左：

　　計開其田座落千畝圩北壋：萬字三百八十九號平田一畝六分九毫三絲，萬字三百七拾伍號平田一畝一分八毫一絲五忽，萬字三百九十一號平田一畝七分一厘五毫六絲；郎家圩南□□字七拾伍號平田貳畝四分伍厘三毫二絲。灘下滾宙字壹仟□□□號湖灘三畝三厘五毫八絲。宗濟財助洋叁百元正。

鴻南祥□□里□□巷之左
際道路候隘烟行
石堤不可然□資□
顯靈謁將君瑞祉與人持
□也欲築石堤誠非力
安此以子自拱宸橋小吉於茲□歷
頓新規礼舊雖子之石求所
以固卷此次以便行旅二以
可盈尋君任其勞子
時邀集紳者曰君既顯
生起而舉手曰此誠善
典築谷恭爾事逾年乃仙
澆尊之工於是□□
欣羨紅塵不到乃
可垂釣於堤上錦鱗可
養性怡神有超塵出俗
事以昭永遠余本誦
□諸不獲舉遂援筆而誌其顛末云

嚴心而默俗之事無不乃告以
朱君懋昇王君增築等酬酢
竣斐然可觀余適授徒於其里瑕時輒徘徊堤上觀之
公曰善私雨便水則可阻止流之泛旱則可省
僉曰可也象皆踴躍樂輸議定而後鳩工庀材擇吉
既而坐以玩之可濯足於堤下水聲淙淙立而觀之
和風習習清水盈盈嗟夫居斯地也殊堪洗心滌慮
豈不快哉凝想間宗台秀清揖余人廟囑余記

有石磴而遠年久弊屬頹圯任當寡而利渉之
域名思塗爲得仁人而濟之孔由此觀之非築
□非人力可能爲者辛有張白二大仙出入之
長悟曰斯堤雖非通衢亦河西社會申來出今廟貌
亦君之任怨任勞也其爲石堤長六餘吳造今廟貌
須用河工長丈餘其二丈有奇潤一
增□先告□紳董呂陛颺先
其公陛秀清即

興築菴東石堤碑記

S-97-2

[簡稱]
興築庵東石堤碑

[備注]
碑身中部斷裂成三塊。

[尺寸]
高 143 釐米，寬 66.5 釐米，
厚 15 釐米

[碑文]

興築菴東石堤碑記（篆額）

　　漏南祥凝里集慶菴之左□有石磴，而代遠年久，半属頹坍；每當春雨秋潦之際，道路狹隘，烟水泥濘，行人咸目為畏途，焉得仁人而濟之哉？！由此觀之，非築石堤不可，然工程浩大、資斧浩繁，固非人力所能為者。幸有張、白二大仙顯靈，謂蔣君瑞能與住持僧長悟曰："斯堤雖非通衢，亦河西社會車乘出入之要途也，欲築石堤，誠非易易。予自拱宸橋卜吉於兹，僅歷十六稔矣，迄今廟貌頓新，規模愈舊，雖予之有求有應，亦君之任怨任勞也。議築石堤，其利有三：一以固菴址，次以便行旅，三以保圩埂。既築石堤，須用河工，長可億二丈有奇，闊可盈尋，君任其勞，予癉厥心而默佑之，事無不可。"乃使僧長道語其父秀清，即時邀集紳耆呂君陛颺、朱君懋昇、王君增榮等酬酌，告以斯言。紳董呂陛颺先生起而舉手曰："此誠善舉，公私兩便，水旱有益，水則可阻北流之泛，旱則可省浚導之工。"於是朱君懋昇、王君增榮僉曰："善哉！"眾皆踴躍樂輸，議定而後鳩工庀材，擇吉興築，各恭爾事，逾年告竣，斐然可觀。余適授徒於其里，暇時輒徘徊堤上，不勝欣羨，紅塵不到，真乃仙鄉！既而坐以玩之，可濯足於堤下，水聲淙淙，立而觀之，可垂釣於堤上，錦鱗可数，和風習習，清水盈盈。嗟夫！居斯地也，殊堪洗心滌慮，養性怡神，有超塵出俗之態，豈不快哉！正凝想間，宗台秀清，挹余入廟，囑余記其事以昭永遠。余本譾陋，誼不獲辭，遂援筆而誌其顛末云。

又將建作巷左石堤一切資費刻後

蔣彝根助洋壹元 宗金川助洋壹元 邵慶行助洋壹元
沅清　龍川　周樹昌
賀順卿助洋十五工　戴廣清助十五工全
胡三記助十四工　任根火全
錢氏　鐺林助十三工全
方氏　陳長芽　集萌
張定初　何氏　陸川大　珍輝
吳榮生　杏邨　山清　盤銘
殷氏　順林　芝山
葛丁氏　全上　富棠　全上

周惠根　林大　黃氏　史氏　六大　金大　金孝
尹榮大
戴發祥　全上
蘇晉生

以上共收洋柒伯念六元貳角

胡海元　蔣盤華助五工　陳祖恩助十三工　周兆坤助十二工　宗記裔助十一工　龍高生全
邵盤清　朱德大　曾蘭根　靳老二
胡餘大助七工
蔣作被助六工
胡金大助八工
楊芝元助六工
朱同大助五工
楊阿招助洋五角
史盤榮助洋貳角
胡洪高助洋壹元
付零用共洋五拾八元
付連磷洋肆拾九元八角
付喜封洋柒元二角六分
付碑石工洋拾大元一角
又鐺磕工洋八元八角
付石工洋九拾七元
付石邨洋
付石灰洋
付橋木洋

以下共付洋柒伯念五元四分

建作菴左石堤一切資費

S-97-3

［簡稱］
建作庵左石堤資費

［尺寸］
高 97 釐米，寬 65 釐米

［碑文］

又將建作菴左石堤一切資費列後：

蔣彝根助洋壹元，流清、錢氏、張定（初、高）、何氏、方氏、吳榮生、杏邨、山清、芝山、順林、殷氏、葛丁氏全上；

宗金川助洋壹元，龍川、靳雨霖、陸川大、陳長才、集明、珍輝、錫山、盤銘、福斌、吳鑽亨、邵鵝大、富棠全上；

邵慶行助洋壹元，周樹昌、汝君、尹榮大、周惠根、林大、黃氏、史氏、六大、金大、榮根、金孝、戴發祥全上；

戴廣清助十五工，任根大全；賀順卿助十四工，胡三記全；鑽林助十二工，信高助十工，龍高全；戴兆生助十三工，宗記福助八工，周兆坤助十二工，陳祖恩助十三工，曾蘭根助十工，靳老二助七工，朱德大、陳清大全，蔣盤華助五工，胡福亨、海元、邵盤清全；蔣餘大助七工，作坡助六工，胡金大助八工，楊芝元助六工，朱同大助五工，蘇晉生助洋五元。

付椿木洋壹百四拾元八角，付石灰洋五拾五元七角四分，付石腳洋三拾三元二角六分，付碑石洋拾六元三角，付石工洋九拾七元八角，又鐫碑工洋八元八角，付喜封洋柒元二角六分，付河工石、頂棚、九半洋洋二伯五拾七元五角，付連磉洋四拾九元八角，付零用共洋五拾八元四角八分。胡洪高助洋壹元，史盤榮助洋貳元，楊阿招助洋五角。以上共收洋柒伯念六元貳角。以下共付洋柒伯念五元七角四分，餘四角交泥工訖。

S-97-4

[簡稱]
樂輸諸君芳名

[尺寸]
高 137 釐米，寬 78 釐米

[備注]
碑身下端埋入砼地坪，
實際尺寸應略大於標注
尺寸。

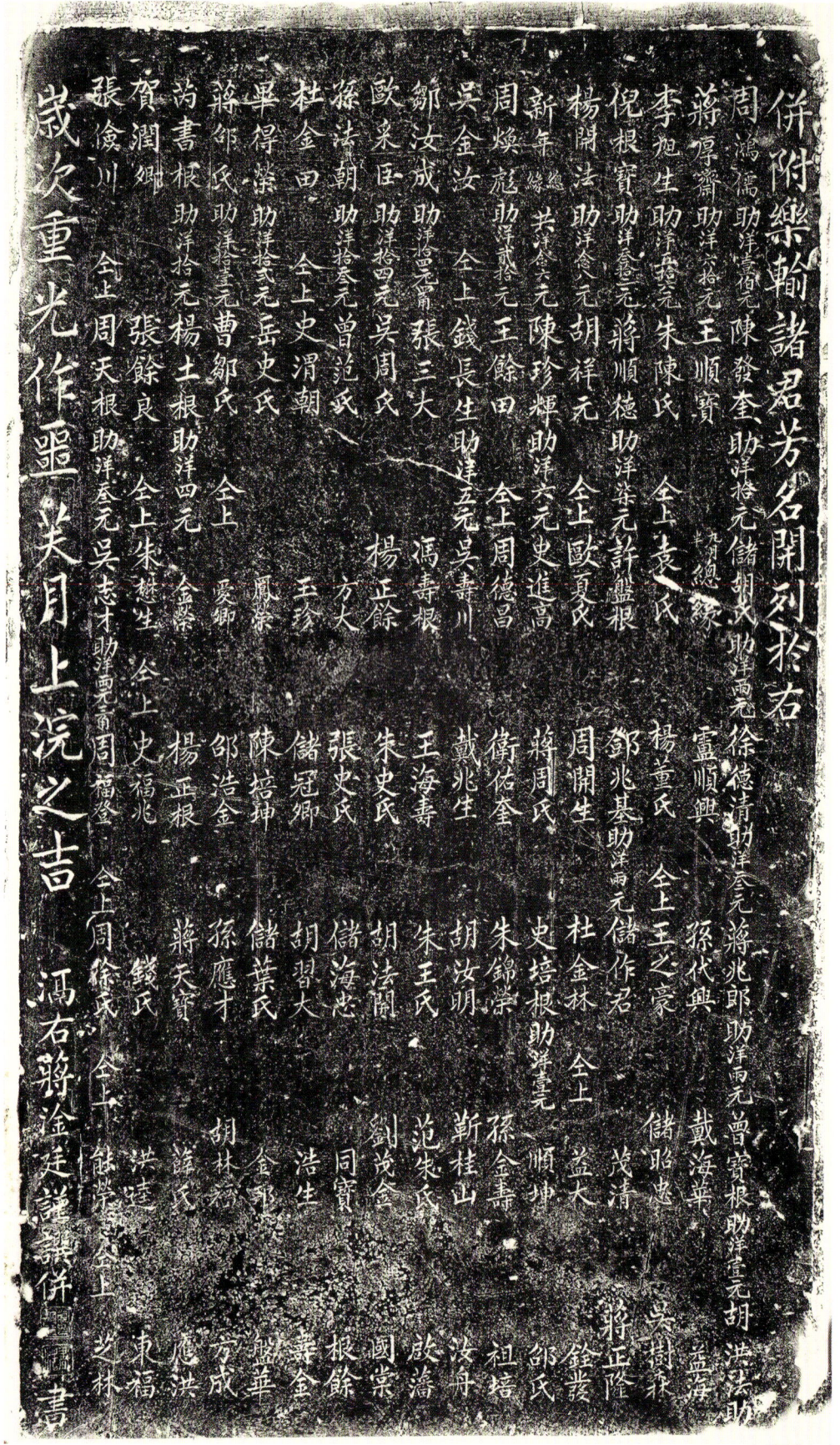

併附樂輸諸君芳名開列扵右：

周鴻儒助洋壹佰元，蔣厚齋助洋六拾元，李旭生助洋五拾六元，倪根寶助洋叁拾二元，楊開法助洋念八元，新年總緣共洋念六元，周煥彪助洋貳拾元，吳金汝全上；鄒汝成助洋拾四元四角，歐采臣助洋拾四元，孫法朝助洋拾叁元，杜金田全上；畢得榮助洋拾弍元，蔣邵氏助洋拾壹元，芮書根助洋拾元，賀潤卿張儉川全上。

陳發奎助洋拾元，王順寶、朱陳氏全上；蔣順德助洋柒元，胡祥元全上；陳珍輝助洋六元，王餘田全上；錢長生助洋五元，張三大、吳周氏、曾范氏、史渭朝、岳史氏、曹鄒氏全上；楊土根助洋四元，張餘良全上；周天根助洋叁元。

儲胡氏助洋兩元，九月半總緣、袁氏、許盤根、歐夏氏、史進高、周德昌、吳壽川、馮壽根、楊正餘、方大、玉珍、鳳榮、愛卿、金榮、朱懋生全上；吳志才助洋両元三角。

徐德清助洋叁元，盧順興、楊董氏全上，鄧兆基助洋兩元，周開生、蔣周氏、衛佑奎、戴兆生、王海壽、朱史氏、張史氏、儲冠卿、陳培坤、邵浩金、楊正根、史福兆、周福登全上。

蔣兆郎助洋兩元，孫代興、王之豪、儲作君、杜金林全上；史培根助洋壹元，朱錦榮、胡汝明、朱王氏、胡法開、儲海忠、胡習大、儲葉氏、孫應才、蔣天寶、錢氏、周徐氏全上。

曾寶根助洋壹元，戴海華、儲昭忠、茂清、益大、順坤、孫金壽、靳桂山、范朱氏、劉茂金、同寶、浩生、金邦、胡林福、薛氏、洪達、能榮全上。

胡洪法助洋……益海、吳樹森、蔣正隆、鈴棻、邵氏、祖培、汝舟、啟藩、國棠、根餘、壽金、盤華、方成、應洪、東福、芝林全……

歲次重光作噩芙月上浣之吉，漏右蔣淦廷謹譔併書。（印：□□、□□）

妙泉院僧志來田畝碑記

S-98

[簡稱]
妙泉院僧志來田畝碑

[尺寸]
高 156 釐米，寬 69.5 釐米，厚
24 釐米

[刊立日期]
民國十四年（1925）秋

[撰書人]
秦介臣撰，秦以澤書丹。

[保存地址]
楊巷鎮英駐村瑯玕馬燈陳列館

[文獻著錄]

　　萬曆《重修宜興縣志》卷之十載：
妙泉庵，今名妙泉院，在縣西北七十里
清津鄉瑯玕山。宋咸淳二年僧原祥建。
國朝洪武三十五年（建文四年），僧價
吳重建。宣德七年，僧文琳再建。前有
龍潭，周廣三丈，深不可測。

　　光緒《宜興荊谿縣新志》卷九載：
妙泉禪寺，即妙泉庵，在瑯玕山，兵毀。
同治五年，里人曹文玉等建復大殿三楹。

［碑文］

妙泉院僧志來田畝碑記

甞聞院内昔多田産，香火清閒，僧徒以耕種□□□□□□毛□三姓之公有，自宋迄今□為□□□□姓□□之□官紳殷富施捨□，多因是孤□捨身入院□有□獨□産歸山，以致院僧日益充盈，厥後析為前、中、後三房，各姓有□□護持之費。迨清洪楊變起，院□悉遭焚毁，克復後僅存一二僧人不能托足。洎乎□□丙寅開丈不□□□□□□遂付諸渺茫。曩時三姓集有遺老，慮神靈無式憑之所，採訪句曲，得裴姓之屋木成材出，重貲以購之，因故址而重建，至戊辰冬始行裝塑龍王諸神像於其間，每逢歲旱祈禱，朔望瞻拜，可盡敬穆之忱，然空洞一室，住持無僧，久之風雨剝蝕，牆垣又傾圮矣，時值光緒庚寅，三姓士民倡議募捐，托神貺之福庇，遠近輸將，殿宇為之煇煌，牆垣為之修葺，庭廡廟貌為之重振一新，創作之規模固已具矣，而守成則未得人也，議聘九華百歲宫廣勝禪師，来山數載，不耐寂寥而辭去，未幾，志来師接踵而来，遂卓錫於此，主持三十年，辛苦艱難，銖積寸累，置田七十餘畝，以為終老永遠接續之計，其對於此院豈不慮之深而謀且遠耶？嗟乎！以一跛足瘦羸之僧，茹荼劃粥，困守窮山，有承先啟後之志，則神亦當鑒其苦心矣！余既憫其境遇，且復嘉其志行，因援筆而為之記。

清國學生六品州同銜民國市董事縣議員秦介臣謹撰，（印：□□□、秦介臣）命男以澤書丹。（印：□□□、□□）

中華民國歲次乙丑秋月穀旦。

院内原有田畝開列於後：

……畝弍分，……畝弍分，……畝弍分，丁塘……畝弍分，丁塘……畝弍分，……畝四分，……畝弍分，……壹畝四分，…弍畆，西水塘東□畝，西水塘西弍畝；……壹畝，……畝弍分，……畝弍分，……畝叁分，玖分，玖分，叁畝弍分。

續志来所置田畝開列於後：

丁塘……弍畝四分，弍畝四分，弍畝四分，弍畝四分，玖分，壹畝捌分，丁塘西玖分。丁塘西肆分、柒分、捌分、柒分、壹畝四分，五□□塘壹畝柒分，壹畝柒分。……壹畝捌分，壹畝陸分，□堂店捌分。壹畝，壹畝四分，壹畝，玖分。捌分，捌分，肆分，北塘壹畝两分，壶畝四分，叁畝□□。窑山□塘弍畝，绍山小私塘四畝四分，□林弍畝四分，石山□仙田柒分，南□尚塘两畝捌分，山南頭神仙田二畝，梭只塘壹畝四分。长塘河壹畝□分，壹畝捌分。

咏橋敬節堂碑記

S-99

[簡稱]
和橋敬節堂碑

[尺寸]
高 161 釐米，寬 83 釐米，
厚 16 釐米

[刊立日期]
民國十五年（1926）三月
上旬

[撰書人]
朱蔭博撰、徐津篆額書丹，
郁協泰刻石。

[保存地址]
和橋鎮鵝洲南路和橋公園

[備注]
碑文隸書。

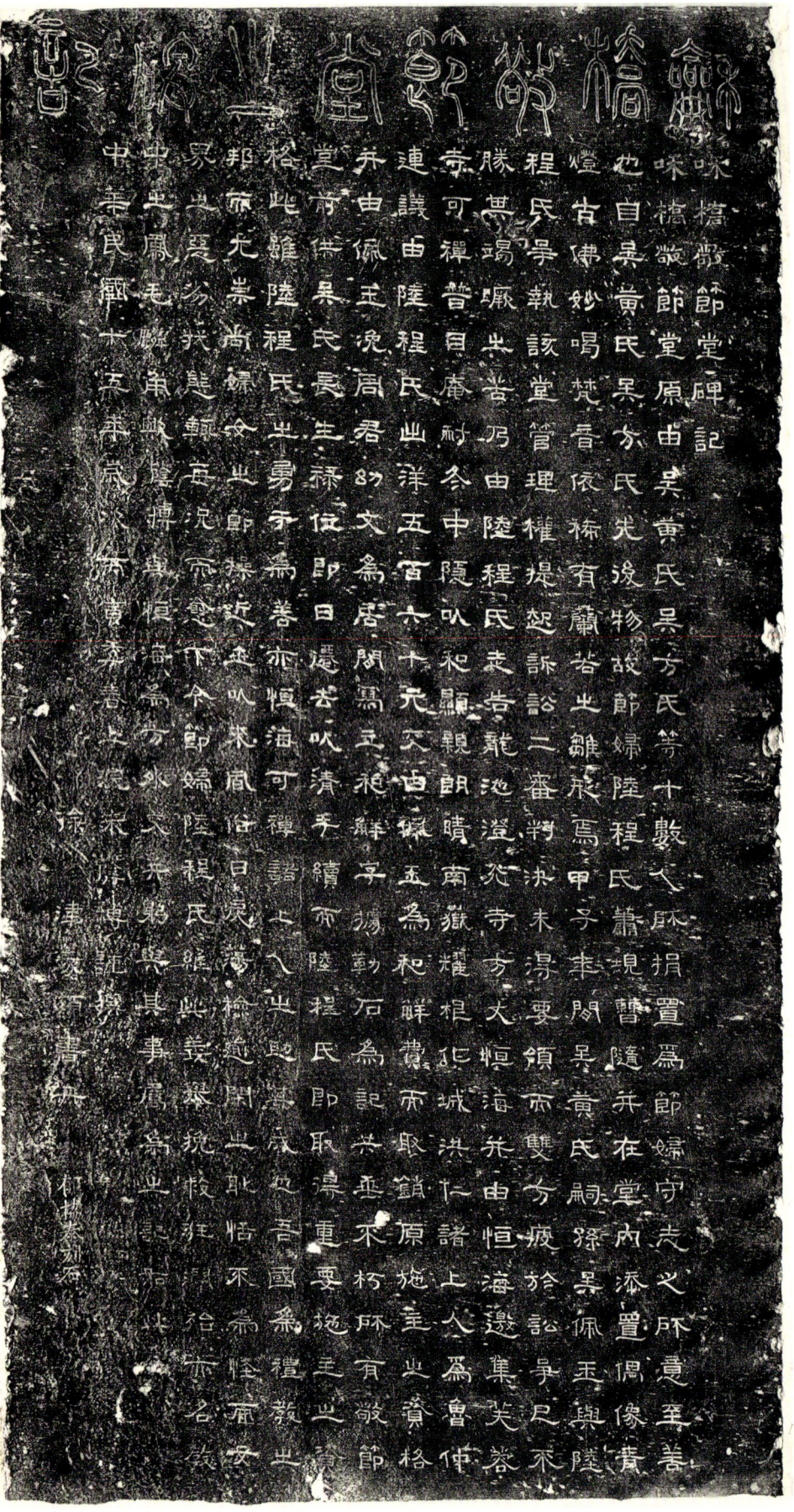

民國《光宣宜荆續志》卷八載：敬節堂，在和橋下塘。光緒八年，由吳黃氏、吳方氏等捐建，平房三間，樓屋六間，茹素清修；十六年，宜興令萬立鈞製"霜雪清操"額褒之。

《無錫日報》（2008 年 5 月 7 日）載（略）：碑原存和橋飼料廠，2007 年初，該廠搬遷，碑移存今址。

《和橋鎮志》第二十九章輯錄碑文，略有訛誤。

［碑文］

龢橋敬節堂之碑記（篆額）

咮橋敬節堂碑記

咮橋敬節堂，原由吳黃氏、吳方氏等十數人所捐置，爲節婦守志之所，意至善也。自吳黃氏、吳方氏先後物故，節婦陸程氏蕭規曹隨，並在堂內添置偶像，青燈古佛，妙唱梵音，依稀有蘭若屮雛形焉。甲子年間，吳黃氏嗣孫吳佩玉，與陸程氏爭執該堂管理權，提起訴訟，二審判決未得要領，而雙方疲於訟爭，已不勝其竭蹶屮苦。乃由陸程氏走告龍池澄尐寺方丈恒海，并由恒海邀集芙蓉寺可禪、普目庵耐冬、中隱叺和、顯親朗晴、南嶽耀根、化城洪仁諸上人，爲魯仲連議。由陸程氏出洋五百六十元，交由佩玉為和鮮費，而取銷原施主屮資格，并由佩玉浼周君幼文爲居間，寫立和解字攄，勒石爲記，共垂不朽。所有敬節堂前供吳氏長生禄位，即日遷去，叺清手續，而陸程氏即取得重要施主屮資格。此雖陸程氏屮勇于爲善，亦恒海、可禪諸上人屮助其成也。吾國爲禮教屮邦，而尤崇尚婦女屮節操，近古叺来，凬俗日戻，蕩檢逾閑屮耻，恬不爲怪，而女界屮惡劣狀態，輒每況而愈下。今節婦陸程氏維此義舉，挽救狂瀾，殆亦名教中屮鳳毛麟角歟！蔭博與恒海爲方外交，并躬與其事，屬爲屮記如此。

中華民國十五年歲次丙寅季春上浣。

朱蔭博謹撰，徐津篆額書丹，郁協泰刻石。

萬福庵碑記

S-100

[簡稱]
萬福庵碑

[尺寸]
高 161 釐米，寬 80 釐米，厚
15 釐米

[刊立日期]
民國十五年（1926）十（十一）月

[撰書人]
王躬如題，句月書。

[保存地址]
官林鎮戈莊村韶莊小學（由萬
福庵改建，今廢棄）

萬福庵碑記（額）

萬福庵者，邵庄之東廟也；而無殘碑可攷，不知建扵何代、肇扵何人。自遭洪楊之變，前堂後宇蓋為灰燼，止留瓦礫。社中耆老會議集資，至扵光緒之末，僅創前廡，因無蓄積不得裝塑神像，社中人民莫不指而嘆曰：“此庵也，既創之而無財力裝塑，若不延僧主持，欲觀其氣象重新而難矣哉！”扵是公請村南東都寺之僧月明主持。僧即糾經会誦経三載，藉経資以裝塑神佛；不數年間又會耆老公議募化建造後殿，乙丑年成，神佛煇煌。此中経營締造無一不週，佈置井然，而其規模壯麗，迨過前人；此皆僧月明之法力玄妙，佛心虔誠而亦諸君子之踴躍樂輸者有以致之。僧因請記扵余，余辭之不獲，不揣鄙陋而為之記。

中興緣首：唐德芹，吳鏡嵩，陸林盛，王耀明，唐□□，□順□……陳儲凡敬助□元，幸□一□□具全，邱招大，胡徐氏一元，唐公祠公助，吳君玉助二元，丁周氏，王根大，張宝坤，施培根，□□龍，□□氏，□□□，胡□岳，湯祖輝，汪洋圩公助，西庄公助，蔣裕□、茂青、進忠、集忠、王氏、陳孫氏，吕祥根，儲刘氏，舒怵坤。

吳錦松助一元、丙生、昌生、生根、公穆、桂生、清松、□林、永生，曹□發、□□、蔣金生，王吳氏、培生、路□邦、道然、蔣申甫、李為大、龙根、王集全，蔣殿良，施荣根、宝娘、□□□、蔣□余，□□根。

曹三大一元、文得、采荣、厚德、楊如福、蔣律成、用朝、全林、慶朝，王根福，豐小根，吳木根，天順娘，蔣克来、楊志福、王临川、徐如大、四大、王根山，張旭初，龔荣大，馬笠根，趙唐氏，儲秀松，史陳氏、全大、保金。

王□□一元，克昌，徐招林、寿林，毛儲氏，王蔣氏，曹彭氏，张思芳，謝□氏，宗珍秋，余浩西，蔣兆辰、孫氏，儲紀通，薛查氏，秦宝元，陸許氏，芮蔡氏，儲仲□，任祖根、木坤法，磚标頭公助，王祖□、志龙、生龙、水龙、史幼芬、唐天法。……吳……方正……吳……江徐氏。……唐氏……益大……福住……蔣智許，曾文林，陆留林，楊三大、順根……四十四號平八分，……百乙十瓩有零，……南田兩坵式瓩四分……

王躬如先生題，句月書。

中華民國拾五年小陽月仲冬建立，本菴住持僧月明叩募。

S-101

［簡稱］
儺禮出巡名單序列

［尺寸］
高 143 釐米，寬 74 釐米，
厚 14 釐米

［刊立日期］
民國十六年（1927）九月

［撰書人］
蔣淦廷誌

［保存地址］
高塍鎮梅家瀆村朱家瀆集
慶庵

　　嘗讀《禮》曰：“命國儺，以畢春氣。”鄉人儺，孔聖朝服立阼階。盖儺所以逐疫，雖近扵戲，亦古禮也。（今）張白二大仙顯靈，出巡過境，香煙馥郁，鑼鼓喧闐，驅邪逐疫，錫福消災，人民安堵，雞犬不驚，無非率由舊章，遵循古禮也。茲將各執事、出巡人員、先後秩序用書于右：

　　頭炮：蔣培餘。頭旗：裏外墻門六社通村。開路牌：五林圩蔣生榮。會首：張五濱蔣訓朝。飛報：士濱圩周洪儒。起馬牌：天生圩戴法祥。肅靜，迴避，鑼鼓，旗傘，會首：馬川大。頭報：朱步高。五色報：會頭湖頭楊正餘。值符，土地：儲巷海中。功曹，天官堂：三司橋、會首芮汝根。靈官堂：蔣庄蔣順德，五家濱杜竹生通村，會首裴岳松，後儲巷儲治南通村，周家村周兆龍，前儲巷儲輝祖、邵忠、習忠、鏡忠。利市堂：前新濱杜鏡保，上馬湖王志浩，會首前新濱杜盤福，湖頭楊生培，南塍劉兆祥，張五濱胡法開、鎖林、胡三記、祥元。八蠻堂：會首下庄王順德，本濱任根川、太歲，本濱朱懋生、金盤，王家村黃慶林、鄭官壽，定士河歐彩臣、根來，西村殿魯亨大，下央王文保，下庄王順保通村，大興濱蔣根富、土皇娘々，曾家齊通村，天生圩滕兆基、戴川流、戴祖根、煥大，本濱朱雪初、朱德新，監生堂：會首杜盤福、賀能大，獄官堂：馬艸、會首周煥標通村，玄壇：太婆圩張揚大，招財：儲巷儲福大，進寶，花光：大興濱曾川大，土地，觀音，鸞駕，執事，皁班，陽皁：會首五林圩周廷榮、德昌，內外班全，捆綁手，劊子手，燈籠，罪廂，令旗，護衛，籤筒、扶印、筆架：百望村，轎班：會首朱茂生，本濱王定保通村，大纛，後勇，後炮：蔣盤大。其餘不注名者，総歸自有承認。

　　民國十六年丁卯菊月望日，溽右蔣淦廷謹誌。

重建圓通堂李王廟碑記

S-102

［簡稱］

重建圓通堂李王廟碑

［尺寸］

高 125 釐米，寬 50 釐米，厚 11 釐米

［刊立日期］

民國十六年（1927）十二月

［撰書人］

盛振聲、成夏謨誌，崔肇驊書。

［保存地址］

丁蜀鎮洑束村大潮山福源禪寺

［備註］

雙面刻銘。

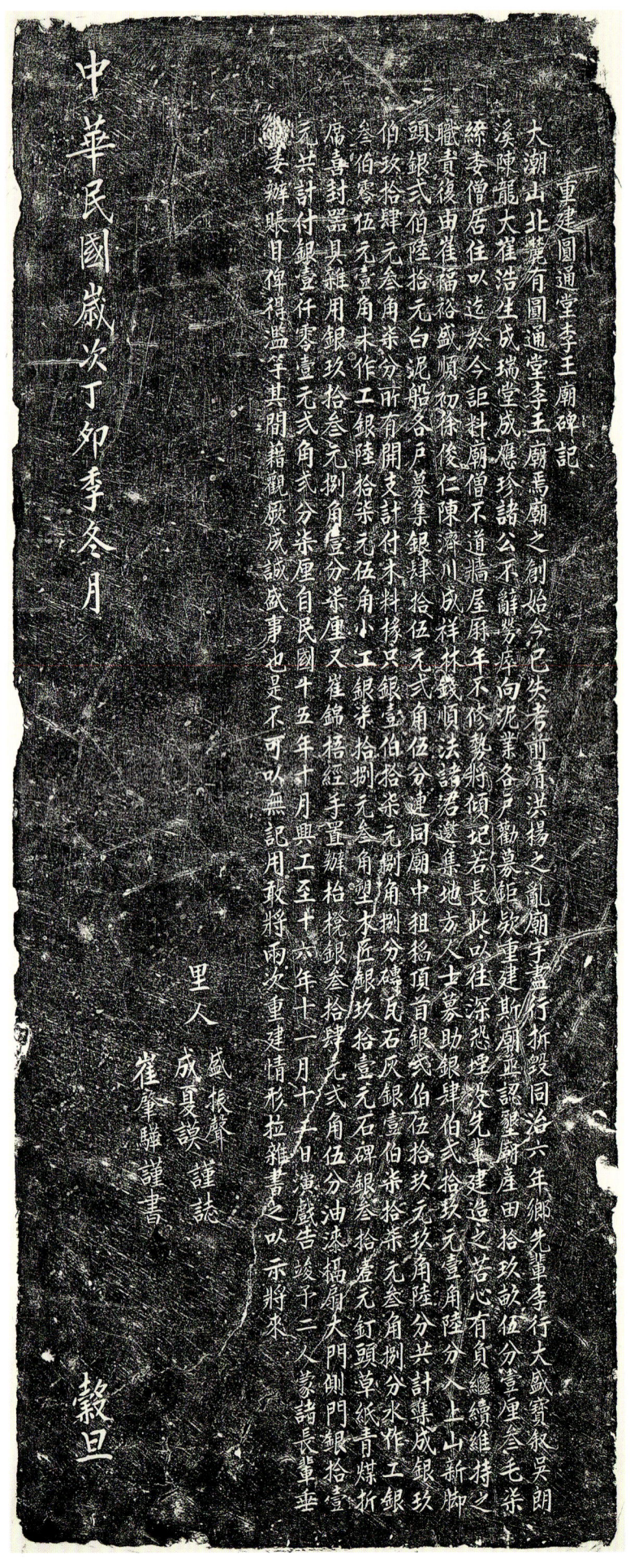

嘉慶《增修宜興縣舊志》卷二載：李侯祠，在縣周孝侯廟之右。《搜神記》云：“侯姓李，名祿，長興童莊人，沒初為神，每有靈跡。”宋寶慶間，有司列狀諸路州縣祀之。又一在瓦窰，一在鳳川。

光緒《宜興荆谿縣新志》卷二載：李王廟，即李侯廟，在周王廟東，祀宋李祿，見舊志及荆谿志。春秋二仲月上戊日給編銀致祭。廟兵毀。一在瓦窰東白泥場，一在鳳川，俱兵毀重建，地隸荆谿。按：李祿與方通皆祠山之佑神，見《廣德志》。方，廣德人；李，長興人，皆封侯，宋代舊時竝祀於靈山殿右廡，今洮滆湖濱祀蔣秣陵尉者，俱坿祠方、李焉。

《大潮福源禪寺》第二章載（略）：圓通堂李王廟坐落於大潮山北麓104國道旁原白泥小學舊址內，今已不存。輯錄碑文錯訛頗多。

重建圓通堂李王廟碑記

大潮山北麓有圓通堂李王廟焉，廟之創始今已失考。前清洪楊之亂，廟宇盡行拆毀；同治六年，鄉先輩李行大、盛寶叙、吳朗溪、陳龍大、崔浩生、成瑞堂、成應珍諸公，不辭勞瘁，向泥業各户勸募鉅欵，重建斯廟；並認墾廟產田拾玖畝伍分壹厘叁毛柒絲，委僧居住，叭迄於今。詎料廟僧不道，牆屋厤年不修，勢將傾圮；若長此叭往，深恐埋没先輩建造之苦心，有負繼續維持之職責。復由崔福裕、盛順初、徐俊仁、陳濟川、成祥林、錢順法諸君邀集地方人士，募助銀肆伯式拾玖元壹角陸分，入上山新脚頭銀式伯陸拾元，白泥船各户募集銀肆拾伍元式角伍分，連同廟中租稻頂首銀式伯伍拾玖元玖角陸分，共計集成銀玖伯玖拾肆元叁角柒分。所有開支計付：木料椽只銀壹伯拾柒元捌角捌分，磚瓦石灰銀壹伯柒拾柒元叁角捌分，水作工銀叁伯零伍元壹角，木作工銀陸拾柒元伍角，小工銀柒拾捌元叁角，塑木匠銀玖拾壹元，石碑銀叁拾壹元，釘頭、草紙、青煤、折席、喜封、罳具、雜用銀玖拾叁元捌角壹分柒厘；又：崔錦梧經手置辦柏橃銀叁拾肆元式角伍分，油漆、槅扇、大門、側門銀拾壹元；共計付銀壹仟零壹元式角式分厘。自民國十五年十月興工，至十六年十一月十二日演戲告竣。予二人蒙諸長輩垂□委辦賑目，俾得濫竽其間，藉觀厥成，誠盛事也，是不可叭無記，用敢將兩次重建情形拉雜書之，叭示將來。

里人盛振聲、成夏謨謹誌，崔肇驊謹書。

中華民國歲次丁夘季冬月穀旦。

中華民國十六年歲次丁卯季冬月

疫苫堂量字壹析肆伯陸拾肆號　平田畝貳糧公壹柒毛叁絲

認墾田畝細開列於左

量字壹仟肆佰拾號　廟基肆分

其高畝貳糧公叁厘柒毛伍絲

李主酒

約互畝兒塘殼叐錢柒公厘

吳寨大助量字壹仟陸佰叁拾肆號　田捌分

圓通堂量字壹仟叁佰柒拾號　廟基陸分

壹仟叁佰陸拾叁號　田壹朔分壹厘壹毛
四捌公伍厘伍毛叁絲

土地公量字壹仟肆佰叁拾柒號
平田玖畝陸分柒毛叁絲

此係公產　不得典賣　聯單作廢

楊連根助洋肆元

成夏謨助洋拾壹元
鐵順初助洋拾伍元
鐵慶祥助洋拾捌元
崔林大助洋拾柒元
崔景梧助洋拾伍元
鐵錫之助洋拾壹元
陳振聲助洋拾伍元
陳濟川助洋拾叁元
陳叙福助洋拾...元

江盛水山助洋伍元
沈圭春助洋柒元
許俊仁助洋肆元
徐海春助洋肆陸元
徐連榮助洋陸元
許連福助洋柒元
陳坤福助洋肆元
吳森助洋肆元
陳炳輝助洋捌元
徐晋培助洋壹元
張榮坤助洋拾式元
許榮坤小助洋拾式元

陳林生助洋叁元
盛盤大助洋肆元
盛齊增助洋伍元
陳杏大助洋陸元
劉道春助洋陸元
陳順根助洋恆元
沈黃壽助洋肆元
船戶助洋...

成祥林助洋式元
崔福裕助洋式元
蔣德清助洋式元
陳蘭泰助洋式元
蔣長根助洋式元
楊龍大助洋式元
許虎犬助洋式元
岡珍壽助洋四元
武元助洋式元
施恆勝助洋式元

錢順法助洋式元
錢細根助洋式元
徐珍大助洋式元
吳松南助洋式元
陳根法助洋式元
徐榮福助洋式元

錢珍培助洋式元
吳炳榮助洋式元
陳壽龍助洋式元
陳慎之助洋式元
錢林川助洋式元
張裕元助洋式元
陳朝桂助洋式元　不在泥業內
管承林助洋式元

款旦

成夏謨助洋肆拾壹元, 盛順初助洋拾柒元, 崔慶祥助洋拾捌元, 錢林大助洋拾柒元, 崔錦梧助洋拾伍元, 崔長福助洋拾伍元, 徐錫之助洋拾肆元, 盛振聲助洋拾元, 陳濟川助洋拾壹元, 盛盤芝助洋拾式元, 陳叙福助洋拾叁元, □□□助洋拾□元。

江西盛水山助洋拾伍元, 沈廷章助洋拾柒元, 徐俊仁助洋肆元, 許海春助洋陸元, 陳連福助洋陸元, 吳森榮助洋柒元, 陳坤福助洋捌元, □□福助洋捌元, 盛炳輝助洋拾壹元, 徐晋培助洋拾壹元, 張四小助洋拾元, 許榮坤助洋拾式元。

陳林生助洋叁元, 盛盤大助洋肆元, 盛杏大助洋伍元, 陳濟增助洋伍元, 劉道洪助洋陸元, 陳順根助洋陸元, 船户沈廣壽助洋陸元, □□□助洋肆元, □□□助洋伍元, □□□助洋陸元, □□□助洋陸元, □□□助洋捌元。

成祥林助洋式元, 崔福裕助洋式元, 船户施恒勝助洋式元, 崔祖祥助洋式元, □□□助洋式元, 崔听元助洋式元, □□□助洋式元, 徐□□助洋式元, 許虎大助洋叁元, 周珍壽助洋叁元, 武老四助洋肆元, 楊連根助洋肆元。

錢順法助洋式元, 錢細根助洋式元, 蔣德清助洋式元, 陳蘭春助洋式元, 蔣龍大助洋式元, 楊長根助洋式元, 高壽福助洋式元, 徐珍大助洋式元, 吳松南助洋式元, 陳根法助洋式元, 徐榮福助洋式元, 楊友連助洋式元。

錢珍培助洋式元, 吳炳榮助洋式元, 陳壽龍助洋式元, 陳慎之助洋式元, 錢林川助洋式元, 張裕元助洋式元, 陸朝桂助洋式元, 管承林助洋式元 (不在泥業内)。

李王庙認墾田畝細號辦粮開列扵左 : 量字壹任肆伯□拾□號庙基肆分、壹仟肆伯□拾□號草高叁畝叁分叁厘柒毛伍絲、壹仟壹伯拾柒號平田式畝, 念字柒伯肆拾玖號約五畝完塘粮式錢柒分式厘。

圓通堂量字壹仟叁伯陸拾玖號田壹畝捌分壹厘壹毛、壹仟叁伯柒拾號田捌分伍厘伍毛叁絲、壹仟肆伯肆拾式號庙基陸分。

土地公量字壹仟叁伯叁拾柒號平田式畝陸分玖毛叁絲、壹仟叁伯柒拾伍號平田玖分零柒毛柒絲、壹仟叁伯肆拾伍號平田伍分陸厘伍毛陸絲。

痘司堂量字壹仟叁伯陸拾肆號平田壹畝肆分式厘柒毛叁絲。吳恭大助量字壹仟陸伯叁拾肆號田捌分。此係公産, 不淂典賣, 聯單作廢。

中華民國十六年歲次丁邜季冬月穀旦。

重興芙蓉寺碑記

S-103

［簡稱］
重興芙蓉寺碑

［尺寸］
高 166.5 釐米，寬 80.5 釐米，
厚 17 釐米

［刊立日期］
民國十八年（1929）四月

［撰書人］
蔣維高撰，俞心湛書。

［保存地址］
張渚鎮芙蓉山莊（芙蓉寺遺址）

［備注］
碑身上部橫裂，局部殘缺。
四邊剔地平雕回紋。

光緒《宜興荊谿縣新志》卷九載：芙蓉寺，在芙蓉山，兵後正殿獨存，光緒三年，僧明廣募修。（隸永豐區）

重興芙蓉寺碑記

芙蓉古剎在宜興縣南之芙蓉山，實銅官山之南麓也。唐乾元年間，大毓禅師始扵此建道場，歷宋、元、明，代有興廢。至清康熙時，自閒和尚率其法嗣雪厂禪師復重興之，規模宏邃，勝扵開創之時，徐喈鳳碑記載之詳矣。太平天國之後，以天主教為號召，挟宗教成見，對寺觀祠廟一律焚毀，江南遭亂既久，受害尤烈，古代梵剎殆無倖免者，以芙蓉寺亦然。邇時寺僧星散，徧山榛莽，除大殿未圮外，餘屋皆夷為平地，雪厂時代之宗風乃渺不可覩矣。光緒初元，有吉祥和尚自镇江金山来銅官結茅以居，專修禪業；諸山長老及地方紳耆欽其苦行，乃敦請為芙蓉寺住持，吉祥亦以祖庭衰頹至此，慨然有興復之志，以艱辛刻苦督率僧衆梵修之外，躬親耕稼，墾開山荒種植樹木，數十年如一日，以其積年所入，買山置田若干畝，並建韋馱殿、禪堂、僧房、大寮數十間，昔日成規乃得稍稍恢復。吉祥既寂，雲峯和尚繼之，其苦行一如吉祥，終歲草履短衣與佃工同操作，又建法堂五間、從屋若干間。然雲峯本善慶寺住持，一人不暇兼顧，乃與諸山公議請中隱寺退居可禪和尚為主席。可禪才具開展，長扵辦事，自住持後，舉凡雲峯未竟之切，努力續成之；又建東西廂樓、客堂各若干間，倉房、碾房、馬廄一一咸備，金碧莊嚴，焕然一新；並扵東澗之上築造石橋、平治道路、添置山田，扵是芙蓉寺得以中興，實吉祥作扵前，雲峯、可禪述扵後也。夫佛教流傳中土二千餘年，梵剎徧宇内，其間盛衰成毀如水泡、如空華，生生滅滅，倏忽不常；然當其衰也、毀也，觀厥外緣或由王難或由兵革，而其内因則大抵後代人才之不昌；苟有人馬，則衰者盛之，毀者成之，可操券而致耳。自宋至今，臨濟一宗幾獨步天下，豈非以其子孫人才之衆多？而芙蓉寺之得以重興豈偶然哉？今可禪已退居，其法嗣溥鑑遵守典型，日以光大舊業為職志，於芙蓉之前途未可量也。余扵己巳仲夏，思入山掩關，老友儲南强謂："交通便而地復幽静者，莫如宜興之芙蓉寺，且昔之麗居士曾三到此山，子盍往馬？"余固未敢仰企麗居士扵萬一，而扵芙蓉深有因緣也，乃往居月餘；可禪、溥鑑料量四事，供養周至。可禪恒居中隱（不）常見，溥鑑則晨夕晤對，為述芙蓉寺中興之艱難，恐日久遺忘後人勿能論也，囑余為記以垂久遠。余未敢以不文辭，乃（叙其）始末如此而系之以頌曰：銅官結脈，峩峩芙蓉。山勢蜿蜒，儼若神境。芙蓉古剎，歷唐宋元明清，而為臨濟之宗；雖興衰之靡定，其間必有人焉乘時崛起，而成中興之功。吉公創始，陶穴明晨；雲峯、可禪，二老繼蹤。覩今日之巍巍，佛像紺宇碧宮；皆 (前人) 一手一足之烈，滲澹而呈工，惟後嗣之永保，縣道風扵無窮。

中華民國十八年歲次己巳仲夏。

武進蔣維高敬撰，宜興俞心湛謹書。

司徒廟碑記

S-104

[簡稱]
重建司徒廟碑

[尺寸]
高 176 釐米，寬 84 釐米，
厚 15 釐米

[刊立日期]　、
民國二十二年（1933）
六月

[撰書人]
劉國安撰，謝萬鐘書，史愛
生刊。

[保存地址]
官林鎮官林村司徒禪寺

[備注]
上端及兩邊剔地平雕卷草紋。
參考 S-31《司徒廟碑》。

[文獻著錄]

《官林村志》第八章輯錄碑文，錯訛頗多。

[碑文]

司徒廟碑記（額）

《祀典》云："捍大災，禦大患，凡有功德於民者，世世祀之。"可知祀事之修，非邀福於鬼神，乃崇德報功之謂也。官林西北三里司徒廟，相傳祀宋户部尚書吳邦翰，邦翰葬賽村西西座頭，此蓋其墓祠也；繪像以祀，屢著靈異，民有抱冤抑者，禱之輒得白。歷數百年，靈應如響，香火之盛，冠於他廟。雖其肇建時代邈不可知，然考厥由來，亦已久矣。夫司徒者，敷教之官也；廟者，貌也，彷彿其人之形容也。構宇以祭，當有特像，而木主之上，形圖六遵，其殆合祀禮、户、吏、兵、刑、工六部之意歟？且特祀固以明嚮慕，而合祀亦所以示尊崇也。故殿之正中，又特繪張、陳、蔣三大帝並立而奉祀之，則推尊之意、欽仰之誠，不益可見乎？攷《高淳志》："張帝，名渤，漢龍陽人，生有異術，

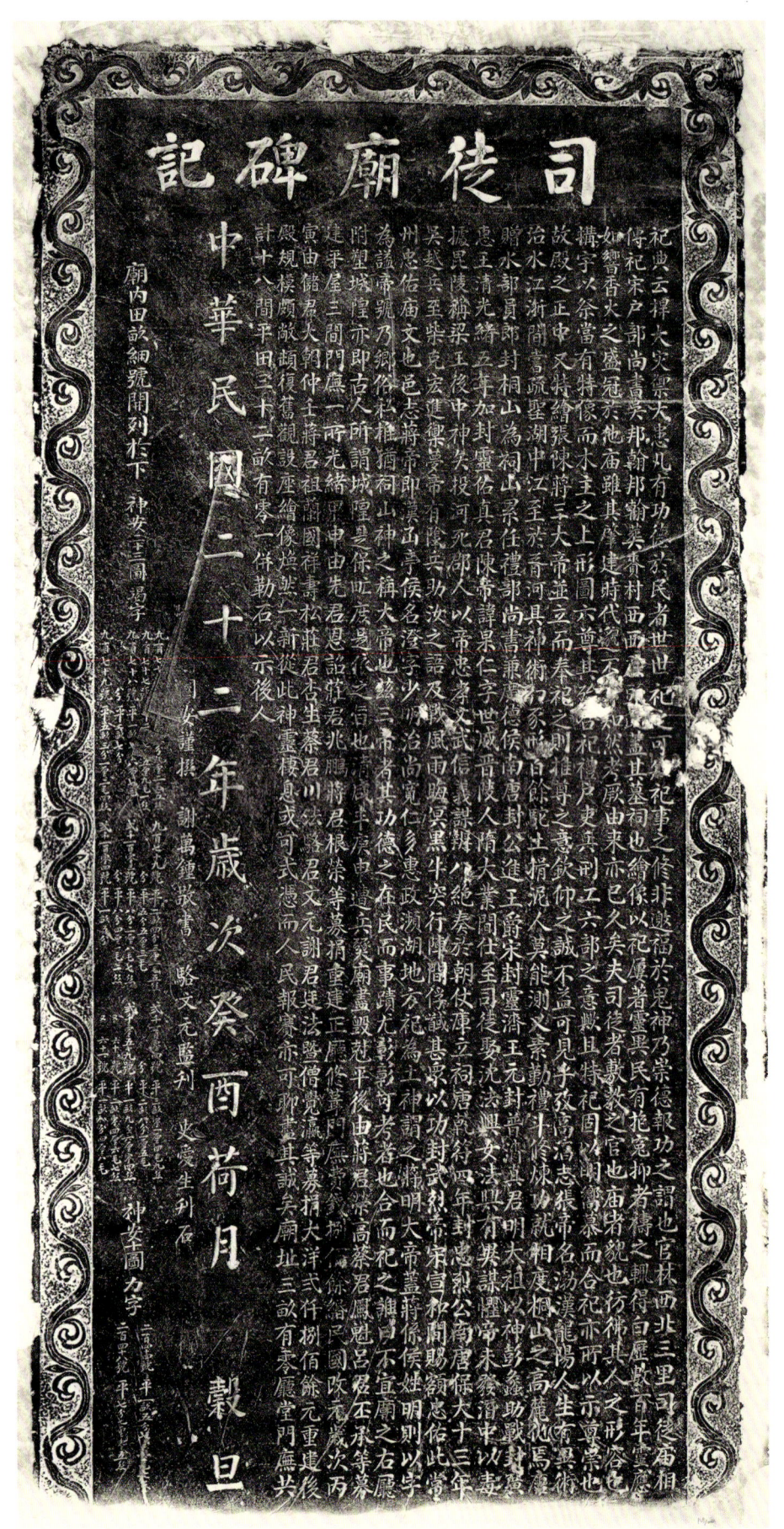

司徒廟碑記

祀典云禪大災禦大患凡有功於民者世世祀之司徒廟之□□□□□□□□□□□□□□官林西北三里司徒廟相

（以下碑文漫漶，難以盡識）

廟內田畝細號開列於下　神安王圖昌字

中華民國二十二年歲次癸酉荷月穀旦

女謹撰　謝萬鍾敬書　駱文元鑒刊　史震生刊石

神葵圖力字

治水江浙間，嘗疏聖湖中江至於胥河；具神術，幻豕形百餘，駝土捐泥，人莫能測；又素勤禮斗修煉，功就相度桐山之高麓化焉。唐贈水部員郎，封桐山為祠山，累任禮部尚書，兼廣德侯；南唐封公進王爵，宋封靈濟王，元封普濟真君，明太祖以神彭蠡助戰，封廣惠王；清光緒五年，加封靈佑真君。"陳帝，諱杲仁，字世威，晉陵人，隋大業間仕至司徒，娶沈法興女。法興有異謀，懼帝未發，潛中以毒，據毗陵，稱梁王，後中神矢，投河死。郡人以帝忠孝文武信義謀辨八絕奏於朝，仗庫立祠。唐乾符四年，封忠烈公。南唐保大十三年，吳越兵至，柴克宏進禦，夢帝有'陰兵助汝'之語，及戰，風雨晦冥，黑牛突行陣間，俘馘甚眾，以功封武烈帝。宋宣和間，賜額'忠佑'"。此常州忠佑廟文也。邑志："蔣帝，即漢了亭侯，名澄，字少明，治尚寬仁，多惠政。瀕湖地方祀為土神，謂之蔣明大帝。蓋蔣係侯姓，明則以字為諡，帝號乃鄉俗私推，猶祠山神之稱大帝也。"茲三帝者，其功德之在民，而事蹟尤彰彰可考者也，合而祀之，誰曰不宜？！廟之右廳，附塑城隍，亦即古人所謂"城隍是保，畎庶是依"之旨也。清咸豐庚申，遭兵燹，廟盡毀。尅平後，由蔣君榮高、蔡君鳳魁、呂君丕承等募建平屋三間，門廳一所。光緒甲申，由先君恩詔、莊君兆鵬、蔣君根榮等募捐，重建正廳，修葺門廳，費錢捌佰餘緡。民國改元，歲次丙寅，由儲君大朝、仲壬、蔣君祖蘭、國祥、壽松、莊君杏生、蔡君川法、駱君文元、謝君廷法，暨僧覺瀛等募捐大洋式仟捌佰餘元，重建後殿。規模頗敞，頓復舊觀，設座繪像，煥然一新；從此神靈棲息，或可式憑；而人民報賽，亦可聊盡其誠矣。廟址三畝有零，廳堂門廳共計十八間，平田三十二畝有零，一併勒石以示後人。

中華民國二十二年歲次癸酉荷月穀旦。

劉國安謹撰，謝萬鐘敬書，駱文元監刊，史愛生刊石。

廟內田畝細號開列扵下：

神安二十三圖竭字九百七十□號□□□□分九厘二毛五絲，九百七十七號平二畝七分五厘九毛一絲，九百七十八號平一畝七分八厘七毛，分平二畝七分，九百七十九號平五畝三分一厘二毛四絲，九百七十九號平二畝四分三厘一毛五絲，分平五分五厘三毛，式千一百零三號平八分二厘八毛七絲，分平八分四厘一毛二絲，式千一百零四號平一畝五分，式千一百零四號平三畝零一厘四毛九絲，分平二畝八分一厘五毛，式千零五十九號平一畝九分六厘零四絲，又六十號平二畝零四厘六毛七絲，又六十一號平一畝八分四厘八毛；神安十圖力字二百四十四號平一畝五分七厘□毛□絲，二百四十八號平七分七厘零五絲。

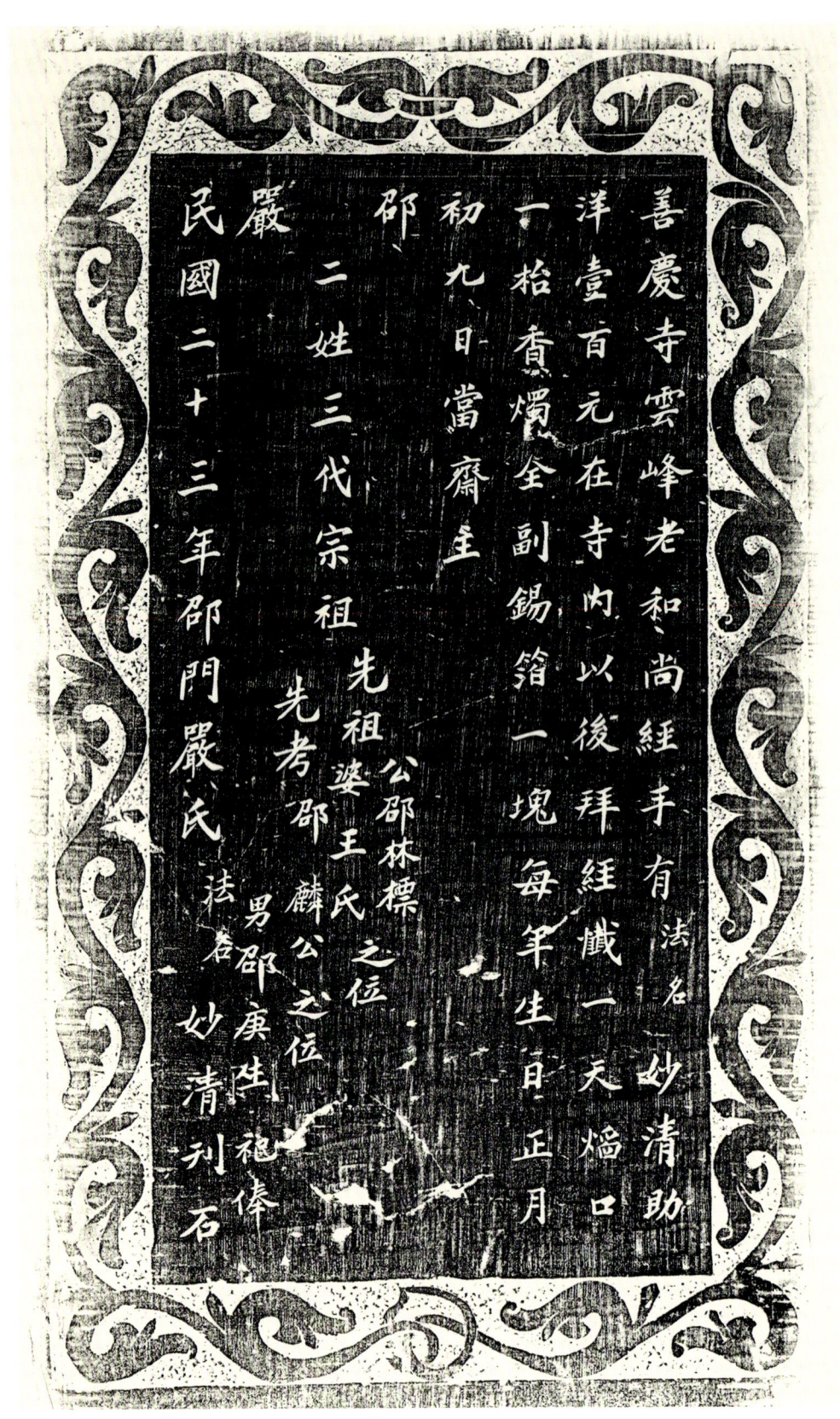

善慶寺雲峰老和尚經手有法名妙清助

洋壹百元在寺內以後拜經懺一天燭口

一柏賁燭全副錫箔一塊每年生日正月

初九日當齋主

邵二姓三代宗祖

先祖婆王氏之位
公邵林標之位
先考邵麟公之位
男邵庚生袍俸

嚴

民國二十三年邵門嚴氏
法名妙清刊石

妙清助錢拜懺碑

S-105

[簡稱]
妙清助錢拜懺碑

[保存地址]
徐舍鎮聯星村善慶禪寺

[尺寸]
高 95 釐米，寬 42 釐米

[備注]
四邊剔地平雕卷草紋。

[刊立日期]
民國二十三年（1934）

[碑文]

善慶寺雲峰老和尚經手，有法名妙清助洋壹百元在寺內，以後拜經懺一天，焰口一枱，香燭全副，錫箔一塊，每年生日正月初九日當齋主。

邵、嚴二姓三代宗祖，先祖公邵林標、婆王氏之位，先考邵麟公之位。

男邵庚生祀俸。

民國二十三年，邵門嚴氏法名妙清刊石。

萬畝圩善慶菴田產碑

S-106

［簡稱］
善慶庵田產碑

［尺寸］
高 227 釐米，寬 91 釐米，厚 26 釐米

［刊立日期］
民國二十五年（1936）二月

［撰書人］
恒海撰文，王之佐書丹。

［保存地址］
徐舍鎮聯星村善慶禪寺

［備注］
碑身橫斷成三截，並有兩道橫向凹槽，
應曾作它用。

善慶庵田產碑（額）

萬畝圩善慶菴田產碑

語曰："得人者興"。天□□不僅開剏者得人，守成者尤貴得其人焉。如宜興□□之萬畝圩，有庵曰"善慶"，蓋取於"福緣善慶"之義，該庵剏建於宋嘉定間，開山第一代祖師妙法和尚，道行高潔，戒律精嚴，本九華甘露寺之退院，見萬畝圩風俗醇厚，置田產、供饘粥，以為清修之所，開剏者可謂得人矣。嗣後代有功名比邱，故能歴千百年而不敝。明正統間有可立禪師，清康熙朝有涯峰禪師，繼之者為其徒崑月，載諸邑乘，班班可攷。数傳之後，有智德者，以一農僧而能以誠率物，以德化人，故感化十方善士，不僅通圩口碑載道已也。嘉慶時，有彥生師住持該庵，其徒洪順，徒孫性源，皆一時傑出，先後数十年間，廓田若干畝，建屋数十間，規規然真皆中興功行，不僅能守成已也。光緒中葉，兩圖紳民恭迓雲峰和尚，卓錫是庵，墐置田產一百三十餘畝、建屋十餘間，可謂守成又兼開創者，與妙法和尚先後媲美矣。雲公和尚為銅峰芙蓉寺之退隱，不□□德高尚，並且勞苦功深，對於是庵，尤為艱辛，願佛光之普照，希奕禩之常□，誠恐際此末刼，或有不肖子孫，昧於寺廟財產屬於寺廟，住持只能管理，□□□□變更之意義，由宜地諸山會同閤圩之紳耆，勒碑於石，記其顛末。

龍池山退隱恒海撰文。

本庵供奉神：聖王、猛將、土地、灵官、監生、眼光、華駞、大佛、觀音、地藏、羅漢、文昌、武帝、許公長生之神位、觀音堂、痘官堂、痧官堂、地母宮、蚕娘殿、萬玉堂。

田產和字坐落：南圩□兩壥壹千零式號平田三畝三分九厘九毛，叁塘乙畝二分八厘三毛，四平田乙畝四分，五三畝五分七厘，六三畝乙分二厘八毛，七一畝乙分一厘，八二畝四分二厘，九三畝七分一厘，十九畝五分九厘，十一式畝九分一厘，十二式畝九分一厘，十三五畝一分三毛，十四四畝一分五厘，十五六畝九分四厘，十六五畝九分四厘，十七式畝一分一厘五毛，十八式畝六分一厘，二十七六分一厘二毛，二十九式畝六分二毛，三十三畝二分五厘四毛，三十一五畝四分一厘二毛，三十二五畝八分二厘一毛，五百六十九號平田三畝零七厘六毛，七十三五畝二分五厘□；和字西壥壹千零三十四號平田二分五厘，五十四四畝九分六厘七毛，五十五三畝六分五厘三毛，乙百九三畝四分四厘五毛，十三畝二分八毛。善東平田玖拾九畝式分捌厘捌毛，善西田伍拾壹畝肆分柒厘式毛。

□川又五百八十號平田□畝式分六厘六毛，□談田八十□號平田式畝□分□厘六毛，四至：東至橋会，西（至）壩河，南至奎七公，北（至）史家駒。

□四戶内下墐□字七百五十五号平田叄畝四分九厘三毛，仝壹畝七分二厘五毛，仝壹畝叄分八厘七毛五絲，仝壹畝七分七厘七毛五絲，仝式畝五分八厘七毛，仝捌分七厘七毛五絲，仝玖分七厘捌毛五絲，仝式分五毛，仝柒畝二分二厘一毛，仝肆畝六毛，仝玖分八厘，仝四畝八厘一毛，仝六分一厘，仝玖分一厘，仝肆畝叄分九厘一毛，仝肆畝叄分四厘二毛，壹伯伍拾畝零柒分陸厘，仝上柒畝六分。計開和字坐落南圩伍百陸拾捌平田式□□□□□三毛。

　宜興諸山住持：芙蓉可禅、澄光恒海、化城洪仁、普目耐冬、中隱以和、潮長了参、磐山漢禅、南岳耀根、海會得一、顕親紹果，協仝通圩保長、耆老沈儀大、蔣登書、陸金生、陸榮三、吳芹芝、□得餘、□竹梅、□漢林、□汝松、□桂生、錢法保、蔣祖根、任水根、趙正餘、周法林敬立。住持雲峰，徒能靜、定、福，徒孫仁慈、開，徒曾孫□悟仝。蔣史氏樂助勒石費銀。

　福全王之佐沐手書丹。

　中華民國二十五年歲次丙子仲春月穀旦。

重修和橋魯仙宮

碑記

S-107

[簡稱]

重修和橋魯仙宮碑

[撰書人]

吳楨識并書丹

[尺寸]

高 163 釐米，寬 78 釐米，
厚 14 釐米

[保存地址]

和橋鎮鵝洲南路和橋公園

[刊立日期]

民國二十五年（1936）八月

[文獻著錄]

《和橋鎮志》第二十九章有載。

參見 S-16《博濟禪院飯僧碑》。

[碑文]

重修魯仙宮碑記（額）

重修和橋魯仙宮碑記

宜邑和橋水木兩工，均尊祀魯仙，先設神位於和橋鎮雷祖殿前，至遜清同治五年，即合資分建魯仙宮於鎮之南興橋西園衖內，并將魯仙事跡勒石流傳。民國十八年，水工范生庭、洪南慶、許長發、堵全生、范浩根、馮洪生、湯盤順、陳寶芳、楊高福、木工韋近大、趙飛熊等，奉令籌備組織工會，因工友參加踴躍，未幾成立；凡屬通工合作事件，悉由會議決定辦理。近年兩業工友，更將前建之魯仙宮兩處房屋三間，從事□□，□免傾圮。又兩業所組織之工會會員姓名，暨此次重修魯仙宮房屋捐欵數目及兩處基地細號，一併附載於石，俾資查考。今年夏，范隆慶之子生庭，擘劃其事，於竣事後

重修魯仙宮碑記

乞予為記。予乃嘉其克繼父志，弗替前業，並兩業工友之能組織而□紀律也，是為記。坿記：水木兩作議定嗣後春作、□作、以及磨作等不得加入兩業工會。

中華民國二十五年八月吉，吳楨謹識並書丹。（印：吳楨）

魯仙宮基地細號：雷祖殿同號愛字三千九百三十號平田，庄愛字三千九百三十七號平一分四釐六毫六絲。

水作業工會會員姓名暨捐款數：范生庭、生祥、福榮、浩根、許云發、海隆、金根、洪祖尚、堵全生、陳寶芳、細根、順寶、志雲、志根、徐土根、桂福、徐洪金、培祥、茂根、根大、彭□云、馬立珍、楊昌福、子靖、□春涵、□□、錫全、□□、□□、□□、□□、□□、蔣成大、康大、坤榮、勛根、□□培、裕大、□榮、義大、蔣浩盈、培荣、坤林、岳生、□兆、順清、法林、惠竹、王□□、□□、雲□、□□□、和清、全大、□□、□□、□□、□□、□□、□□、根壽、□□□、□□□、根祥、張錫元、□荣、根生、金宝、炳全、□□、法善、永傳、正福、孫汝根、阿根、志林、洪祿、張□福、金荣、孫洪福、朱松大、金福、宝昌、阿菊、炳南、余洪大、周□□、兆□、顧□初、尹老虎、李林生、明太、渭全、邵清如、聰荣、周世法、玉生、邵士臣、元大、蔡根法、鄧芝錦、吳子興、九林、永海、王洪生、和尚、吳根元、松大、春芳、培松、胡順官、韋根牙、三大、潘益生、永方、韋福根、施佐清、劉其良、細狗、費金太、□□□、□□□、李根法、洪福、聞佑坤、杭金法、金生、二大、慕金根、盤川、□洪□、許永隆、益福、秦岳荣、金生、孫洪坤、沈裕法、生大、管芝大、裴煥根、熊丫頭、徐貴法、裴福榮、盧福祥、加裕、談根富、華行兆、若山、黃煥林、蔣林貴、韋根福、謝玉其、生才、周金生、根培、金荣、書法、金法、錫大、沈生大、裴福康、周玉生、世荣、袁五大、丁管義、順根、何炳大、高洪大、單金大、吳福生、李金海、柯德隆、萬茂荣、史洪盤、褚盤根、劉景法、繆順根、金生、福根、盧法祥、孫志根、王東根、唐龍大、盛金生、金棠、朱盤海、魯川根、萬細培、寶根祥、邵福林、朱□荣、葉裕祥、譚長生、邵伯祥、蔣堃林、陳洪宝、王洪保、蘇蘭大、馮順來。

木作業工會會員姓名暨捐款數：韋近大、趙飛熊、堵盤大、朱清華、蔣福記、張明生、陸三大、陳洪大、□□子、朱培金、閏大、有道、金盛、生林、才元、虎大、金林、□榮、朱少良、陳何根、泉根、宝昌、洪順、桂榮、友福、全福、□仲、陳林大、英宝、宋煥清、徐洪全、錫田、清來、蔣源興、根大、金海、張玉良、桂辰、王招根、荣□、錫錦、廷荣、□行、長生、□□、汪長根、根培、金根、揚山、來法、金林、順坤、煥清、□□、吳玉泉、永宝、成興、成器、茂生、良甫、夏連喜、德荣、□生、□榮壽、丁順□、成林、□□、金大、成大、銀廣、如和、承根全、邹泉根、岑品盛、顏金□、荣根、岳山、天福、同大、坤根、林細、永生、福祥、張富根、邵安細、山根、培金、金大、□清、元富、袁盛興、東大、正德、銀生、陸春和、林大、祥林、金根、聽大、邦祺、吉細林、全根、房山□、華堂、王吉成、卞荣高、于松林、沈慶發、方國榮、裴俊生、談荣大、白佩荣、張德章、白世福、坤林、王紀根、周三大、金敘、□坤、紀福、蔣□根、玉□、□□、山宝、玉祐、紀□、田洪昌、蔣培根、盛永、根福、金根、□□□、□□□、□□□、□□□、□□□、□□□、陸年□、余如山、馬巧林、湯富荣、年扣□、楊耀荣、□□□、□□□、曹□□、□四牛、□洪□、吳永根、□□□、□□□、□□□、□□□、□□□、□□□、□□□、□□□、□荣川、邵林根、萬福培、包慶荣、□□□、□□□、□□□、□□□、□□□、□□□、趙煥其、謝忠英、戴洪大、蔣宜根、堵志芬、□□、□□、□□、□元、□□□、金奎、謝厚寬、俞廷貴、崔廣福、□□根、長三元、褚荣宝、宦正根、馮國銀、中明、錢金華、王淵志、劉金茂、金福、產福、曹生大、何□金、福和祥、華根宝、張荣華、許德林、楊荣生、□順生、袁金林、黃继根、陳金培、宦正嘉、夏進源、解其壽、承生金、楊仙富、曹益大、薛福宝、王槐□、正成、長米、常懷甫、解法奎、賈岳新、□順根、蔣順發、郭根宝、顧金南。